全国财政职业教育教学指导委员会审定
全国高职高专院校财经类专业规划教材

# 银行授信实务

石月华　曾赛红　主编

中国财经出版传媒集团
中国财政经济出版社

# 图书在版编目（CIP）数据

银行授信实务/石月华，曾赛红主编．—北京：中国财政经济出版社，2017.4

全国高职高专院校财经类专业规划教材

ISBN 978－7－5095－7412－6

Ⅰ.①银… Ⅱ.①石…②曾… Ⅲ.①商业银行－贷款管理－高等职业教育－教材 Ⅳ.①F830.5

中国版本图书馆 CIP 数据核字（2017）第 075975 号

责任编辑：王　芳　王晓敏　　　　责任校对：徐艳丽

封面设计：华乐功

中国财政经济出版社　出版

URL: http://www.cfeph.cn

E-mail: jiaoyu@cfeph.cn

（版权所有　翻印必究）

社址：北京市海淀区阜成路甲 28 号　邮政编码：100142

营销中心电话：010-88191537　北京财经书店电话：64033436　84041336

三河市宏图印务有限公司印刷　各地新华书店经销

787×1092 毫米　16 开　22.5 印张　538 000 字

2017 年 6 月第 1 版　2020 年 8 月河北第 2 次印刷

定价：49.00 元

ISBN 978－7－5095－7412－6

（图书出现印装问题，本社负责调换）

本社质量投诉电话：010－88190744

打击盗版举报热线：010－88191661　　QQ：2242791300

# 前言 Preface

"银行授信实务"是金融管理专业课程体系中的核心课程。教育部等六部门印发的《现代职业教育体系建设规划（2014～2020年）》（教发〔2014〕6号）文件中提出：职业教育专业课程体系的改革要建立产业技术进步驱动课程改革机制，按照科技发展水平和职业资格标准设计课程结构和内容，到2020年基本形成对接紧密、特色鲜明、动态调整的职业教育课程体系，建立真实应用驱动教学改革机制，职业院校按照真实环境真学、真做、掌握真本领的要求开展教学活动。本教材编写以服务财经金融高等职业教育发展改革的需要为出发点，以职业能力和职业技能的培养为重心，在编写方面突出教材的通用性，既便于教，又利于学。我们按照高职教育教学改革的要求，结合经济管理类职业教育的特点和规律，按照项目化课程结构编写了《银行授信实务》教材。本教材主要特点：

1. 遵循以满足职业教育需要为原则构建教材框架体系。教材中每一教学项目由多个教学任务构成，每一教学任务下安排多个教学活动，每一教学活动由基础知识和单元实训内容构成，每一教学项目后安排综合实训。基础知识的阐述符合职业岗位的需要和高职教育层次的素质要求，使知识体系的完整性与知识层次定位准确性的关系得到平衡，舍弃高深的理论和处于探讨阶段的理论；单元实训与综合实训的设计注重学生职业能力和职业技能的培养。

2. 设计教学项目坚持便于实践教学的原则。本教材按照高技能型人才培养目标要求和满足实践教学需要采用项目教学模式编写。我们根据对银行授信过程、授信产品的梳理，把教材分成九个项目。每一个项目既是一个教学项目也是授信过程的工作项目，基本按照工作过程安排教学项目顺序，在设计体例上突出对高职学生实践能力的培养。教材内容编排便于学生边学边练，做到学中做、做中学，提高学生学习积极性和学习兴趣，教材服务于知识本位向能力本位的转变。

3. 教材内容选取注重与我国金融实践相结合。本教材与银行授信业务的实践紧密结合，融入了授信政策改革、新的授信产品等最新银行实务内容和数据，书中的很多案例都来自于银行实务，力争避免课堂教学与实践脱节。

4. 体现学习过程与能力考核相结合及知识点考核与能力考核并重的原则。在教材体例设计与内容安排上突出了上述原则，基于对学生自主学习能力和团队精神的培养，在每一学习任务后设计了"单元实训"，基于知识点与能力考核的目标，每一项目后设计了"综合训练"栏目。训练题型的多样化，便于学生在课后学习中对知识点的把握，便于通过渐进式的训练方法提高学生职业能力和职业技能。单元实训和综合训练是对学生学习结果的考核，实现了教材与教学辅助资料的一体化。

本书经全国财政职业教育教学指导委员会审定，为全国高职高专院校财经类专业规划教材。

本书不仅满足金融管理专业的教学需要，而且适合商业银行、政策性银行、村镇银行、农村信用社、合作性金融机构、小额贷款公司等非银行金融机构以及其他信用机构的从业人员对授信业务学习的需求。

本书由石月华和曾赛红担任主编。石月华负责拟订全书编写提纲、修改全书稿并定稿。侯迎春、杜峰和吴红蕾担任副主编。张晓晖、邓明健和汤国明等对书稿的编写提出了许多宝贵的建议。具体分工：石月华，项目一和项目二；曾赛红、谭婷婷，项目三和项目五；赵蕊，项目四；侯迎春，项目六和项目七；杜峰，项目八；韩梦娟，项目九。

本教材在编写过程中参考了大量的国内外文献，在此，对所有文献的作者表示诚挚的谢意！为使本教材内容更贴近银行业务实际，在编写过程中到中国建设银行、交通银行、晋商银行、北京银行和平安银行等作了调研和搜集相关资料，得到了很多专家学者和银行授信业务人员的大力支持和帮助，在此由衷地表示谢意！由于编者水平所限，书中难免存在疏漏和不足之处，恳请读者指正。

（索取教学课件邮箱13381107988@189.cn）

编　者

2017年5月

# 目 录 Contents

**项目一 银行授信的基础** ……………………………………………（1）

　任务一　银行授信概念、分类及银行授信产品……………………（1）
　　教学活动 1　银行授信的概念与分类 ………………………………（2）
　　教学活动 2　银行授信的基本要素 …………………………………（5）
　　教学活动 3　银行授信的主要产品 …………………………………（7）
　　【单元实训】………………………………………………………（18）
　任务二　银行授信的部门与岗位……………………………………（19）
　　教学活动 1　银行授信的部门与岗位设置 …………………………（19）
　　教学活动 2　银行授信部门与岗位的职责 …………………………（21）
　　【单元实训】………………………………………………………（23）
　任务三　银行授信的基本原则和操作流程…………………………（23）
　　教学活动 1　银行授信的基本原则 …………………………………（24）
　　教学活动 2　银行授信的操作流程 …………………………………（26）
　　【单元实训】………………………………………………………（30）
　　综合训练……………………………………………………………（30）

**项目二 银行拓展授信客户及授信申请与受理** ……………………（33）

　任务一　银行授信的营销与客户开发………………………………（33）
　　教学活动 1　银行授信的营销 ………………………………………（34）
　　教学活动 2　银行授信的客户开发 …………………………………（37）

教学活动3　银行授信的客户维护 …………………………………（46）

　　　【单元实训】……………………………………………………………（48）

　　任务二　银行授信申请与受理 ………………………………………（49）

　　　教学活动1　客户向银行提出授信申请 ………………………………（49）

　　　教学活动2　银行受理客户授信申请 …………………………………（53）

　　　【单元实训】……………………………………………………………（57）

　　　综合训练…………………………………………………………………（57）

# 项目三　银行授信调查 ………………………………………（60）

　　任务一　公司客户的授信调查 ………………………………………（60）

　　　教学活动1　公司客户基本情况调查 …………………………………（61）

　　　【单元实训】……………………………………………………………（63）

　　　教学活动2　公司客户财务状况调查分析 ……………………………（65）

　　　【单元实训】……………………………………………………………（77）

　　　教学活动3　公司客户非财务状况调查分析 …………………………（77）

　　　【单元实训】……………………………………………………………（87）

　　　教学活动4　公司客户信用等级评定 …………………………………（87）

　　　【单元实训】……………………………………………………………（95）

　　任务二　担保情况调查 ………………………………………………（95）

　　　教学活动1　保证情况调查 ……………………………………………（95）

　　　【单元实训】……………………………………………………………（98）

　　　教学活动2　质押情况调查 ……………………………………………（98）

　　　【单元实训】……………………………………………………………（105）

　　　教学活动3　抵押情况调查 ……………………………………………（105）

　　　【单元实训】……………………………………………………………（111）

　　任务三　个人客户授信调查 …………………………………………（112）

　　　教学活动1　个人客户基本情况调查 …………………………………（112）

　　　【单元实训】……………………………………………………………（114）

　　　教学活动2　个人客户信用评分 ………………………………………（115）

【单元实训】…………………………………………………………（119）

　任务四　撰写授信调查报告………………………………………………（119）

　　教学活动1　撰写公司客户授信调查报告……………………………（120）

　　【单元实训】…………………………………………………………（126）

　　教学活动2　个人客户授信调查报告和面谈记录……………………（126）

　　【单元实训】…………………………………………………………（132）

　　综合训练…………………………………………………………………（135）

## 项目四　银行授信的审查与审批 …………………………………………（141）

　任务一　银行授信审查……………………………………………………（141）

　　教学活动1　授信对象基本要素审查…………………………………（142）

　　教学活动2　授信对象主体资格审查…………………………………（146）

　　教学活动3　授信政策审查……………………………………………（148）

　　教学活动4　授信风险审查……………………………………………（155）

　　教学活动5　撰写授信审查报告………………………………………（161）

　　【单元实训】…………………………………………………………（168）

　任务二　银行授信审批……………………………………………………（170）

　　教学活动1　银行授信审批制度………………………………………（170）

　　教学活动2　银行授信审批机构………………………………………（174）

　　教学活动3　银行授信审查审批表……………………………………（179）

　　【单元实训】…………………………………………………………（184）

　　综合训练…………………………………………………………………（185）

## 项目五　银行授信合同签订与履行 ………………………………………（188）

　任务一　银行授信合同签订………………………………………………（188）

　　教学活动1　银行授信审批条件的落实………………………………（189）

　　教学活动2　银行授信主合同的主要条款……………………………（192）

　　教学活动3　银行授信从合同的主要条款……………………………（202）

教学活动 4　银行授信合同的签订……………………………………（210）

　　【单元实训】……………………………………………………………（215）

任务二　银行授信合同的履行………………………………………………（216）

　　教学活动 1　银行贷款发放管理…………………………………………（216）

　　【单元实训】……………………………………………………………（220）

　　教学活动 2　银行贷款支付方式和发放方式……………………………（221）

　　【单元实训】……………………………………………………………（224）

　　综合训练……………………………………………………………………（224）

## 项目六　银行授信后管理……………………………………………………（230）

任务一　银行授信后管理的基本要求………………………………………（230）

　　教学活动　银行授信后管理的主要内容和相关岗位职责

　　　　　　　………………………………………………………………（231）

　　【单元实训】……………………………………………………………（234）

任务二　银行授信后检查……………………………………………………（235）

　　教学活动 1　银行授信后检查的方法……………………………………（235）

　　教学活动 2　银行授信后检查的内容……………………………………（237）

　　教学活动 3　银行授信后检查的操作流程………………………………（240）

　　【单元实训】……………………………………………………………（245）

任务三　银行授信资产风险分类和风险预警………………………………（246）

　　教学活动 1　银行授信资产风险分类……………………………………（246）

　　教学活动 2　银行授信风险预警方法……………………………………（250）

　　教学活动 3　银行授信风险预警操作流程………………………………（253）

　　【单元实训】……………………………………………………………（256）

任务四　银行授信到期处理…………………………………………………（256）

　　教学活动 1　银行授信到期的三种情形…………………………………（257）

　　教学活动 2　银行授信正常回收的业务处理……………………………（259）

　　教学活动 3　银行授信提前归还的业务处理……………………………（261）

　　教学活动 4　银行授信展期的业务处理…………………………………（263）

【单元实训】 …………………………………………………… (265)
　　　综合训练 ……………………………………………………… (265)

## 项目七　银行问题授信的管理 …………………………………… (268)

　　任务一　银行问题授信的管理 …………………………………… (268)
　　　教学活动　银行问题授信及其处置措施 ……………………… (269)
　　　【单元实训】 …………………………………………………… (275)
　　任务二　银行不良贷款授信的处置方式 ………………………… (276)
　　　教学活动1　现金清收 ………………………………………… (276)
　　　教学活动2　贷款重组 ………………………………………… (279)
　　　教学活动3　以资抵贷 ………………………………………… (281)
　　　教学活动4　呆账核销 ………………………………………… (284)
　　　【单元实训】 …………………………………………………… (287)
　　　综合训练 ……………………………………………………… (287)

## 项目八　银行非贷款授信业务 …………………………………… (290)

　　任务一　银行担保授信业务 ……………………………………… (290)
　　　教学活动1　银行担保授信基本知识 ………………………… (291)
　　　教学活动2　银行担保授信业务操作 ………………………… (294)
　　　【单元实训】 …………………………………………………… (302)
　　任务二　银行的汇票授信业务 …………………………………… (302)
　　　教学活动1　认知银行承兑汇票业务 ………………………… (303)
　　　教学活动2　银行承兑汇票贴现 ……………………………… (308)
　　　【单元实训】 …………………………………………………… (312)
　　任务三　认识贷款承诺、票据发行便利、透支额度、信贷
　　　　　　证明、信用证 …………………………………………… (313)
　　　教学活动1　认知贷款承诺业务 ……………………………… (313)
　　　教学活动2　认知票据发行便利、透支额度、信贷证明
　　　　　　　　　和信用证业务 …………………………………… (315)

【单元实训】……………………………………………………………（319）
　　综合训练…………………………………………………………………（319）

## 项目九　银行授信基础管理……………………………………（323）

　　任务一　银行授信基础管理………………………………………（323）
　　　教学活动　　银行授信基础管理的内容…………………………（324）
　　【单元实训】……………………………………………………………（325）
　　任务二　银行授信基础管理的方式………………………………（326）
　　　教学活动1　银行授信管理信息系统的管理……………………（326）
　　　教学活动2　银行授信档案管理……………………………………（331）
　　　教学活动3　银行授信业务台账管理………………………………（337）
　　　教学活动4　银行授信业务统计报表与报告………………………（338）
　　【单元实训】……………………………………………………………（340）
　　综合训练…………………………………………………………………（341）

**参考答案**……………………………………………………………………（343）

**参考文献**……………………………………………………………………（349）

# 项目一 Project 1
# 银行授信的基础

【知识目标】
1. 了解银行授信的概念、主要种类、主要产品
2. 了解银行授信部门岗位设置及其职责
3. 掌握银行授信的基本原则和操作流程

【能力目标】
1. 能够解读授信品种
2. 能够识别各部门岗位的职责
3. 能够解读授信业务基本原则

## 任务一
## 银行授信概念、分类及银行授信产品

【教师任务】
1. 指导学生理解并掌握银行授信的相关概念
2. 指导学生对银行授信业务进行正确分类
3. 指导学生上网查找不同类型银行的授信产品
4. 指导学生对不同银行的授信产品进行比较

【学生任务】
1. 理解并掌握银行授信的相关概念和产品的基本要素
2. 学会对银行授信业务或产品进行分类
3. 学会上网搜集银行授信产品
4. 掌握银行主要授信产品的特点，并能对银行授信产品进行比较

# 教学活动1　银行授信的概念与分类

【活动设计】

通过引入案例启发学生与已学专业知识的联系、回忆，讲解授信的基本概念和授信业务的分类。

【案例导入】

### 工行助推中国核电技术首次商业出口

中国工商银行已获得阿根廷经济部委任，为中国与阿根廷核电项目合作安排等额51亿美元融资，其中人民币贷款近300亿元，贷款由中国出口信用保险公司承保。

近年来，工行紧紧围绕国家战略布局，深入推进国际化、综合化经营发展，积极推动我国核电、高铁、通信设备等高端装备制造业"走出去"。截至2015年6月末，工商银行仅支持装备和产能"走出去"的融资已超过2 000亿美元，融资余额约1 100亿美元。

思考：案例中用到哪些与授信相关的概念？此项授信可以从哪几个方面进行归类？

【基础知识】

### 一、银行授信的基本概念

（一）资金授信与非资金授信的概念

授信业务包括资金授信和非资金授信两大类。在银行业内，把授信称之为"信贷"，但这个意义上的信贷是指广义的信贷。

资金授信，即信用或借贷，它是指以还本付息为条件的借贷行为，其基本特征是还本付息。

银行资金授信是指以银行等金融机构为中介、以社会公众为服务对象，以还本付息为条件，出借货币资金使用权的经营活动。银行借贷的标的是货币，仅限于货币借贷，不包括实物借贷。银行资金授信业务包括各类贷款业务和票据贴现业务等。资金授信在银行实务中也称"信贷"，但这个意义上的信贷是指狭义的信贷。

银行的非资金授信是指银行等金融机构以自身信誉代客户承担债务，并以客户支付费用和最终承担债务为条件的经营活动。非资金授信包括票据承兑、担保、信贷承诺业务、票据发行承诺等。非资金授信活动发生时不占用银行资金，但授信期满也可能形成银行的资金占用，即银行履行承诺垫付了资金，因此它是银行的或有资产业务。

（二）授信额度、综合授信额度、单项授信额度

授信与授信额度紧密相连。开展授信业务必然是一定金额下的授信业务，没有只授信不涉及金额的授信。

授信额度是指银行在对拟授信客户的风险进行综合评价的基础上确定的、在一定时间内授予客户的最高可使用的信用额度。

银行的授信额度可以是针对单一客户多种授信产品合计的最高限额，称之为综合授信额度；也可以是针对单一客户某一种授信产品的最高限额，称之为单项授信额度。

**二、银行授信的主要种类**

银行授信可以从多角度来观察，形成多种授信。

**（一）从授信层次来看分为基本授信和特别授信**

1. 基本授信

基本授信是指银行根据国家经济和社会发展政策以及辖区内地区、客户的基本情况所确定的信用额度。它一般既可以是资金授信也可以是非资金授信还可以是二者的综合。基本授信可以全行分地区、分行业、分客户、分机构确定授信额度。基本授信的具体范围应包括：

（1）全行对各个地区的授信额度；

（2）全行对单个客户的授信额度；

（3）全行对单个客户分别以不同方式（贷款、贴现、担保、承兑等）授信的额度；

（4）单个营业部门和分支机构对单个客户的授信额度；

（5）单个分支机构对所辖服务区的授信额度。

2. 特别授信

特别授信是指银行根据国家政策、市场情况变化及客户生产经营的临时需要，对特别项目和超过基本授信额度的项目所给予的授信，特别授信的额度是一次性的，不可循环使用。它是基本授信的对称。特别授信的具体范围包括：

（1）因地区、客户情况的变化需要增加的授信；

（2）因国家货币信贷政策和市场的变化，超过基本授信所追加的授信；

（3）特殊项目融资的临时授信。

**（二）从授信的品种来看分为单项授信和综合授信**

1. 单项授信

单项授信是指银行对某客户某个授信品种核定的控制额度。

2. 综合授信

综合授信是指在一定金额及期限内，银行向借款人核定的可循环使用的授信额度。它是银行在对客户的财务状况和信用风险进行全面评估的基础上，确定能够和愿意承担的风险总量，即综合授信额度，并加以集中统一控制的信用风险管理制度。综合授信额度是资金授信额度和各种非资金授信额度之和。

**（三）从授信对象来看分为单一客户授信、行业授信、集团授信**

1. 单一客户授信

单一客户授信是指银行对于某一特定借款人的授信。

2. 集团授信

集团授信是指由银行总行牵头组织多家相关分支行共同参与，专门为集团客户核定的集团综合授信额度。

3. 行业授信

行业授信是指银行按照银监会授信政策指引，依据银行的具体情况，结合各种行业的风险水平制定授信政策，根据本行的授信政策分行业确定的授信限额。它是银行控制行业系统性风险的重要手段。

### （四）从管理方式来看分为内部授信和公开授信

1. 内部授信

内部授信是指银行在对单一法人客户或者集团客户的风险和财务状况进行综合评价的基础上核定的综合授信额度。它由银行内部掌握，对客户不予公开。

2. 公开授信

公开授信也称客户授信，是指银行在客户内部授信额度内，对符合规定条件的客户可以将部分授信额度向客户做出公开承诺，即给予公开授信额度。在公开授信额度内客户用信可以简化授信手续，提高用信效率。

### （五）从会计核算来看分为表内授信和表外授信

1. 表内授信

表内授信是指在银行资产负债表中反映的授信，即资金授信，包括贷款、项目融资、贸易融资、贴现、透支、保理、拆借等。

2. 表外授信

表外授信是指不在银行资产负债表中反映的授信，即非资金授信，包括贷款承诺、票据发行便利、保证、信用证、票据承兑等。

### （六）从期限长短来看分为短期授信和中长期授信

1. 短期授信

短期授信是指银行的授信期限在1年以内（含1年）授信。

2. 中长期授信

中长期授信指银行的授信期限在1年以上的授信。一般期限大于1年又不超过3年的为中期授信，期限超过3年的为长期授信。

### （七）从授信渠道来看分为线下授信和线上授信

1. 线下授信

线下授信是指银行在其物理营业场所进行的授信，是传统的授信方式。目前对大客户或大额授信一般仍然采用线下授信方式。

2. 线上授信

线上授信是指银行在"互联网+"时代，借助互联网设施和银行操作系统所作的授信。目前它是对传统授信渠道的补充，主要用于对小微企业、个人和从事电子商务经营者的小额授信。

## 教学活动2　银行授信的基本要素

【活动设计】

通过引入案例，讲解银行授信的基本要素构成，并指导学生分析具体授信产品的基本要素。

【案例导入】

山西××科技股份有限公司以购买原材料为由向华夏银行某支行申请流动资金贷款200万元，签订借款合同，合同约定借款期限为2年，即自2015年12月4日至2017年12月3日止，借款利率为年利率5.25%，还款方式为分期等额还款，还款时间为贷款期内每月的20日。山西××股份有限公司向华夏银行某支行承诺为其提供担保，签订保证合同。

思考：案例中银行贷款授信的基本要素有哪些？

【基础知识】

银行资金授信主要由授信对象、授信金额、授信期限、授信利率与费率、授信用途、授信担保、清偿计划7项基本要素构成。银行非资金授信一般包括上述除清偿计划外的6项内容，但关于利率更多的是费率的约定。

### 一、授信对象

授信对象即借款人或承兑申请人、保函的申请人、承诺申请人等。

按照《贷款通则》，借款人应当是经国家行政管理机关（或主管机关）核准登记的企业（事业）法人、其他组织、个体工商户或具有中华人民共和国国籍的具有完全民事行为能力的自然人。但企事业法人、其他组织和自然人还要满足银行授信的具体规定。

作为企事业法人或其他组织作为授信对象应符合的基本条件：①从事的经营活动合规合法，符合国家产业、环保政策和社会发展规划要求；②企业法人应持有合法有效的法人营业执照和具有组织机构代码、税务登记号码等；③持有核准发放并通过年检的贷款卡；④无不良信用记录；⑤实行公司制的企业法人必须符合法律法规和公司章程的规定；⑥具有生产经营场所和一定比例自有资金，有稳定的经济收入，具备偿还本息的能力；⑦在本行开立基本存款账户或一般存款账户，自愿接受银行信贷监督和结算监督（银团贷款可根据银团贷款协议在代理行统一开户，接受代理行统一信贷监督和结算监督）；⑧申请授信用途合法合规；⑨未批准可采用信用方式用信的，应提供符合规定条件的担保。

这里的其他组织主要是指：依法登记领取营业执照的独资企业、合伙企业；依法登记领取营业执照的联营企业；依法登记领取营业执照的中外合作经营企业；经民政部门核准登记的非以公益为目的的社会团体;经核准登记的乡镇、街道、村办企业。

## 二、授信金额

授信金额是指银行承诺向受信人提供的、以货币计量的授信产品数额。

## 三、授信期限

授信期限是指银行每一笔授信业务的具体起止期限,即从授信合同生效日开始至授信合同终止日的时间。对于资金授信业务,授信期限一般是指从银行贷款发放日开始到贷款本息全部收回日为止的时间。与资金授信期限有关的期限包括提款期、宽限期、偿还期:

(1)提款期是指从借款合同生效之日开始至贷款金额全部提完之日为止的时间段。借款人可以一次提取所贷款项,也可以分多次提完所贷款项。

(2)宽限期是指从贷款金额全部提完之日开始到贷款本息或本金开始偿还日为止的时间段。

(3)偿还期是指从贷款本息或本金偿还日开始到贷款本息全部偿还完为止的时间段。

## 四、授信利率或费率

### (一)贷款利率

贷款利率是银行办理的各类资金授信业务使用的利率。它是在中国人民银行规定的贷款基准利率或其总行规定的利率及允许浮动范围内,根据有关规定和业务具体情况确定的。

确定贷款利率时一般考虑的因素有:①国家金融政策;②贷款的风险;③同业竞争;④与客户的关系。考虑到与客户的长远合作和银行的综合效益,在利率的确定上可在政策允许范围内表现出适当弹性,以追求银行长远和综合效益的最大化;⑤银行向客户所能提供的贷款品种和服务质量(服务网络、资金划拨速度等);⑥银行的资金筹集成本。

### (二)费率

费率主要是银行非资金授信业务的构成要素。费率是在一定时期内收取费用数额与同期所提供的担保、承诺或服务金额的比率。费率的类型包括:承诺费、承兑费、银团安排费、开证费等。

## 五、授信用途

银行在授信方案中必须明确授信用途。不同品种的授信规定的用途不同,授信用途不同则风险不同,银行制定的授信方案都是基于相应授信用途的。即银行授信的审批是为了控制风险以保证风险程度在可接受范围内,银行授信的发放是以约定用途为前提和基础的,授信资金的挪用,就意味着授信审批前提和基础的改变,授信审批也就失去应有之意。因此,银行在办理授信业务时,要密切关注授信对象是否按照合同约定用途使用信贷资金。

## 六、授信担保

授信担保是指银行授信对象无力或未按照合同按时还本付息或支付相关费用时的授信

偿还的第二资金来源，它是授信项目审查的重要内容之一。

在银行开展授信业务时，授信担保主要有保证、质押、抵押三种。在银行实务中，当授信对象采用一种方式不能足以对授信风险进行担保时，允许借款人使用保证、质押、抵押进行组合的担保方式进行担保。

### 七、清偿计划

贷款本金的清偿包括一次还款和分次还款。分次还款包括定额还款和不定额还款。定额还款包括等额还款和约定还款。等额还款包括等额本金还款和等额本息还款。

## 教学活动3　银行授信的主要产品

【活动设计】

通过引入案例，讲解银行授信的主要产品，并指导学生上网查找银行网站上的授信产品，在教学过程中体现理论联系实际的理念。

【案例导入】

**建行互联网金融服务创新**

"我在家里点点鼠标贷款就能到账，不用跑银行了？"

"以前说我信用评级低，没有抵质押物，不给我贷款，我是天物会员，有交易记录，能贷吗？"

在天津物产集团天物大宗电子商务平台会员大会上，中国建设银行现场演示了网络银行"e贷通"贷款发放流程，仅用了短短几分钟，贷款就已到账，现场沸腾了。

"足不出户办贷款？网络信用当钱花？不要财报能融资？"这些难以置信的方式在建设银行网络银行融资服务平台上都能实现。

早在2007年10月，中国建设银行率先破解互联网金融之道，在信贷这一金融核心领域走出了一条新路，首创网络银行，引入网络信用概念，独创网络E评级，客户评价不再依赖报表，金融服务不再受时空限制，全程线上操作，为客户量身定制方便、快捷、高效的全方位信贷服务。

当前，建设银行网络银行业务的合作平台已达百余家，覆盖了B2B大宗商品交易平台、行业细分领先平台、核心企业供应链平台、第三方支付平台等多种类型。通过与不同类型平台合作，成功研发出网络信息流类、网络物流类、网络资金流类、网络供应链类四大类产品及十个"e贷款"系列子品牌，创新了电子仓单及电子订单、自动化微贷技术及"一点对全国"等业务模式，整合了信息流、物流、资金流，有力地支持"三农"、支持小微企业、支持实体经济的发展。

截至2015年12月末，网络银行业务已累计向1.8万家企业投放近1900亿元网络银行贷款，2015年累计发放信贷资金500亿元，主要投向汽车制造、家电制造、建筑业、电力、电子商务等行业，有力地支持了这些领域实体经济的发展。

**思考**：银行授信产品不断创新，你了解银行有哪些授信产品吗？

## 【基础知识】

### 一、资金授信品种

银行资金授信是指银行的贷款，其贷款从不同角度来看分为不同的贷款品种。从期限长短来看有短期贷款品种、中期贷款品种和长期贷款品种。从担保性质来看有信用贷款品种、保证贷款品种、质押贷款品种和抵押贷款品种。从贷款资金用途来看有生产性贷款品种和消费贷款品种。

以下围绕贷款资金用途不同，介绍一些主要贷款品种。

#### （一）生产经营性贷款

生产经营性贷款是指银行向企业、单位或个人发放的用于生产经营性支出所需资金的贷款。生产经营性贷款包括固定资产贷款、流动资金贷款、房地产贷款、并购贷款、贸易融资、个人助业贷款。

1. 固定资产贷款

固定资产贷款是银行为企业提供的主要用于固定资产项目的建设、购置、改造及其相应配套设施建设的中长期本外币贷款。固定资产贷款包括基本建设贷款和技术改造贷款。基本建设贷款是指用于基本建设项目的中长期贷款，技术改造贷款是指用于技术改造项目的中长期贷款。固定资产贷款能够满足企业对固定资产项目的固定资产投资和垫付流动资金需求。期限一般不超过8年，实际贷款期限根据项目评估结果确定。

2. 流动资金贷款

流动资金贷款是指银行发放的满足企业用于正常生产经营周转或临时性资金需要的本外币贷款。流动资金贷款期限灵活，能够满足借款人临时性、短期和中期流动资金需求。临时性和短期的流动资金贷款期限一般不超过1年，中期最长为3年。

3. 房地产贷款

房地产贷款是指银行向借款人发放的与房地产开发、经营、销售活动有关的贷款。房地产贷款包括房地产开发贷款和土地储备贷款等。

4. 并购贷款

并购贷款是指银行向并购方或其子公司发放的用于支付并购交易价款的贷款。贷款期限一般不超过5年。并购贷款是支持股本权益性融资的信贷产品。

5. 贸易融资

贸易融资是指银行对企业在国际国内贸易业务中，以贸易单据等为凭证向企业发放的与货款金额相关联的贷款。贸易融资主要有进出口押汇、议付、打包放款等。

近几年银行的贸易融资业务十分活跃，围绕供应链金融（供应链金融是银行向客户提供融资和其他结算、理财服务，同时向这些客户的供应商提供贷款便利，或向其分销商提供预付款及存货融资服务。也就是银行将核心企业和上下游企业联系在一起提供灵活运用的金融产品和服务的一种融资模式）做了一系列的产品创新，主要如下：

（1）金银仓融资。它是指经销商持银行认可的购销合同和订单，基于优质生产厂商信用，以银行认可的仓储公司出具的仓单作为质押，向银行申请的短期融资信贷业务。

（2）保兑仓融资。它是指生产厂家（卖方）、经销商（买方）和银行三方合作，以银行信用为载体，由银行控制提货权，生产厂家受托保管货物并承担回购担保责任融资服务。它是解决经销商面临资金短缺问题的贷款。

（3）仓单融资。它是指企业持银行认可的以其自有货物存放专业仓储公司而得到的仓单进行质押，向银行申请的资金融通业务。

（4）订单融资。它是指企业持银行认可的购销合同和买方发出的真实有效的购货订单向银行申请的资金融通业务。

（5）动产融资。它是指企业以其自有动产如钢材、有色金属、贵金属（黄金、白银）以及化工原料等进行质押申请银行贷款融资。动产质押期间因为不转移占有权因而不影响销售，企业销售时，可采取多种形式提取货物。

（6）电子商务融资。它是专门为网络交易电子商务客户量身定制"e贷通"系列产品。

（7）保单融资。它是指企业持银行认可的境内外保险公司开具的国内贸易信用保险保单，并将保单项下赔款权益转让给银行，银行按保单项下的应收账款金额的一定比例给予资金融通的业务。

（8）法人账户透支。它是指商业银行同意客户在约定的账户、约定的额度内进行透支以满足临时性支付融资便利的信贷业务。透支金额视同贷款，银行收取贷款利息，未支用的贷款额度银行收取承诺费。

（9）应收账款融资。它是指企业以赊销产生的应收账款进行质押向银行申请贷款或申请银行有追索权或无追索权买进应收账款的融资业务。

（二）消费信贷

消费信贷是指银行向自然人发放的用于置业、改善生活和工作条件、求医就学等消费性支出所需资金的贷款。

它包括的主要贷款品种有：住房贷款、家用轿车贷款、国家助学贷款、旅游贷款、短期信用贷款和信用卡透支等。

1. 住房贷款

住房贷款是指银行向借款人发放的用于购买自用普通住宅或者城镇居民修房、自建住房的人民币专项贷款。从贷款的资金来源看有自营贷款、委托贷款（公积金贷款）和混合贷款。

2. 家用轿车贷款

家用轿车贷款是指银行向在特约经销商处购买汽车的借款人发放的用于购买汽车的人民币专项贷款。车贷类型分为"直客式"和"间客式"两种。直接贷款给买车人的称为"直客式"。贷款给经销商，当经销商收到买车人的分期付款后，经销商向银行还款的贷款形式称为"间客式"。

3. 国家助学贷款

国家助学贷款是指银行向全日制高等学校经济困难的本、专科在校学生发放的用于支付学费和生活费并由教育部门设立"助学贷款专户资金"给予贴息的人民币专项贷款。国家助学贷款分为一般助学贷款和特困生贷款。

4. 旅游贷款

旅游贷款是指银行向借款人发放的用于支付旅游费用的人民币贷款。

5. 短期信用贷款

短期信用贷款是指银行为在本行办理代发工资业务的借款人解决临时性资金需要而发放的人民币贷款。

6. 信用卡透支

信用卡透支是指持卡人在发卡银行给予的信用卡额度内先消费、后还款的信用。

**相关链接1-1**

## 小微企业资金授信品种

为了贯彻和落实中共中央和国务院解决中小企业融资困难,鼓励全民创新、万众创业的精神,各商业银行针对小微企业开发了很多贷款品种,如"成长之路"贷款、速贷通、小额贷、信用贷、小企业网银循环贷等。

**(一)"成长之路"贷款**

1. 小企业一般贷款

小企业一般贷款是银行专为企业信息充分、信用记录良好、持续发展能力较强的成长型小企业在进行客户信用等级评定并经授信后提供金融支持的业务品牌。

其适用对象:经国家工商行政管理机关核准登记的小企业客户;

贷款额度:最高3 000万元;

贷款期限:以1年以内为主,最长不超过3年;

担保条件:以抵(质)押担保或第三方连带责任保证为主。

2. 助保贷

助保贷是银行与政府合作,在企业提供一定担保的基础上,由企业缴纳一定比例的助保金和政府提供的风险补偿资金共同作为增信手段的信贷业务。

其适用对象:经国家工商行政管理机关核准登记的小企业,且已进入小微企业"助保贷"目标客户库名录;

贷款额度:最高不超过3 000万元(含);

贷款期限:贷款期限最长不超过1年,可开通循环额度贷款功能;

担保条件:在铺底风险补偿金基础上,企业缴纳助保金,并提供一定的抵(质)押或保证。

3. 供应贷

小微企业"供应贷"产品是银行为特定优质客户的上游供应商——小微企业办理的,并以两者之间具有真实交易且无争议的应收账款作质押的贷款业务。它的特点是:它属于供应链融资业务、采用应收账款质押方式、以到期的应收账款作为还款来源。

其适用对象：经国家工商行政管理机关核准登记的小型和微型企业；

贷款额度：单户贷款金额最高为1 000万元（含）；

贷款期限：最长12个月（含）；

担保条件：应收账款质押。

4. 小企业固定资产购置贷款

小企业固定资产购置贷款是银行向小企业发放的、专门用于商铺、办公用房、标准厂房、仓储用房等固定资产购置的人民币贷款业务。

其适用对象：有固定资产购置需求的小企业；

贷款额度：最高不超过人民币3 000万元，且不超过所购置固定资产购置价格或评估价格；

贷款期限：一般不超过5年，最长不超过8年；

担保条件：主要以所购置固定资产为贷款提供抵押担保。

5. 保贷通

保贷通是指银行向投保小企业贷款履约保证保险的小企业办理的信贷业务。

其适用对象：经国家工商行政管理机关核准登记的小企业；

贷款额度：最高不超过2 000万元；

贷款期限：最长不超过1年，且在企业贷款履约保证保险的保险期间内。

6. 商盟贷

商盟贷是银行向企业联盟体中的某个企业发放贷款，而联盟体中的每个企业均对其他企业因向银行申请借款而产生的全部债务提供连带保证责任，我们把这种贷款称之为商盟贷。

其适用对象：政府机构或银行认可的行业协会推荐的客户，一般是专业市场、产业园区内的客户或核心大企业的上下游企业等；

贷款额度：单户贷款额度最高2 000万元；

贷款期限：贷款授信有效期最长不超过1年，单笔贷款期限不超过1年；

担保条件：联盟体内借款人对其他所有借款人的债务提供连带保证，企业主及其配偶对联盟体贷款总额度承担个人连带保证。

7. 小企业额度抵押贷款

小企业额度抵押贷款是银行向小企业发放的、采取抵押方式、可在贷款额度有效期内一次抵押、循环使用的贷款。它的特点是办理一次抵押贷款，在额度有效期内循环使用贷款。

其适用对象：经国家工商行政管理机关核准登记的小企业客户；

贷款额度：根据小企业客户资信状况、资金需求、还款来源、抵押物等因素综合评定；

贷款期限：单笔贷款期限最长不超过3年；

担保条件：符合银行规定的抵押物。

8. 小企业"租贷通"

小企业"租贷通"是卖场内的若干小企业商户向银行申请贷款，由卖场提供连带保证责任的流动资金贷款品种。卖场包括百货商场、专业市场、小商品市场、商业街和商贸楼等。其特点是卖场用收取的租金为商户作担保，支持商户申请流动资金贷款。

其适用对象：经国家工商行政管理机关核准登记的、在卖场中经营的小企业客户；

贷款额度：不超过商户与卖场签订的租赁协议中约定的1年租金总额，最高不超过300万元；

贷款期限：不超过1年；

担保条件：卖场或商户缴纳保证金质押、卖场保证。

9. "诚贷通"小额无抵押贷款

"诚贷通"小额无抵押贷款是银行为小企业客户发放，由企业主或企业实际控制人提供个人连带责任保证，无需抵（质）押物，用于小企业客户生产经营资金周转的人民币循环额度贷款。其特点是无抵押、可循环、随借随还，企业年审通过后额度及贷款期限自动延续。

其适用对象：经国家工商行政管理机关核准登记的小企业客户；

贷款额度：最高100万元；

贷款期限：借款额度有效期最长不超过1年（含），在额度有效期内可随时申请支用额度借款。

10. 法人账户透支

法人账户透支是银行同意小企业客户在约定的账户、额度和期限内进行透支以满足临时性融资便利的授信业务。

其适用对象：生产经营正常、财务管理规范、信誉良好、信用状况较好的小企业；

贷款额度：透支额度最高300万元；

贷款期限：透支额度有效期最长不超过1年，透支账户持续透支期限最长不超过90天；

担保条件：可以为特定物的抵（质）押担保和信用状况较好的第三方保证人保证。

11. 资贷通

资贷通是银行向具有向社会公开发行股票潜力的中小企业客户发放贷款并提供选择权投资等综合性金融服务业务。

其适用对象：信用记录较好、持续发展能力较强、具有公开发行股票潜力的中小企业客户；

贷款期限：流动资金贷款期限最长3年，固定资产贷款按照银行相关规定执行。

12. 影视贷

影视贷是指电视剧制作企业将其与电视台订立的《电视剧播放许可合同》所产生的应收账款作为质押，并追加相应版权质押、电视剧项目投资方控股股东或实际控制人承担连带保证责任等担保措施，向银行申请贷款的业务。其特点是面向电视剧制作小企业，支持影视文化产业发展。

其适用对象：经国家工商行政管理机关核准登记的小企业客户，主营业务应包含电视剧拍摄制作；

贷款期限：不超过1年；

担保条件：与电视台订立的《电视剧播放许可合同》所产生的应收账款作为质押。

### （二）速贷通

1. 速贷通一般贷款

银行为满足小企业客户快捷、便利的融资需求，对财务信息不充分的借款人不进行信用评级和一般额度授信，主要依据提供足额有效的抵（质）押担保而办理的信贷业务。

其适用对象：能够提供合格抵质押物的小企业；

贷款额度：单户最高贷款金额2 000万元；

贷款期限：最长不超过3年。对于"速贷通"循环额度贷款，循环额度有效期最长1年（含）；

担保条件：包括金融质押品、商品房住宅、商用物业、标准工业厂房等特定抵（质）押物担保及企业、担保机构担保。

2. 快捷贷

快捷贷是银行为满足企业、个体工商户和自然人生产经营周转的融资需求，为能够提供符合银行要求的质押财产的借款人办理的小额短期流动资金贷款业务。

其适用对象：经国家工商行政管理机关核准登记的企业、个体工商户和自然人；

贷款额度：单户贷款金额最高为1 000万元；

贷款期限：贷款期限最长1年。其中，以个人名义借款的，贷款期限最短1个月（含）。

担保条件：可供办理的质押物包括：定期存单、国债、保证金、银行承兑汇票、银行汇票、银行本票等多种易于变现的传统质物及个人实物黄金、企业债券等新兴质押财产。

### （三）小额贷

小额贷是针对单户授信总额人民币500万元（含）以下小微企业客户办理的信贷业务。其特点是手续简单，流程快捷，满足小微企业客户"短、小、频、急、散"的贷款需求。

其适用对象：经国家工商行政管理机关核准登记的小型和微型企业；

贷款额度：单户贷款金额最高为500万元；

贷款期限：贷款期限最长不超过1年；

担保条件：信用、抵押、质押、第三方保证等。

### （四）信用贷

1. 信用贷一般业务

信用贷一般业务是银行在综合评价企业及企业主信用的基础上，对资信好的小型微型企业发放小额的、用于短期生产经营周转的人民币信用贷款业务。

其适用对象：银行私人银行客户；专业市场（综合市场）、核心大企业上下游、工业园区中信誉良好的小微企业；在银行有持续稳定结算业务的小微企业；能够获得政府鼓励扶持或贷款贴息、有发展潜力的初创期小微企业；

贷款额度：一般客户单户贷款金额不超过200万元；企业主为私人银行客户的，最高不超过1 000万元；

贷款期限：贷款期限最长为9个月（含）；

担保条件：无须担保，纯信用贷款。

2. 善融贷

善融贷是银行对结算稳定并形成一定资金沉淀的小微企业发放的，用于短期生产经营周转的可循环的人民币信用贷款业务。

其适用对象：经国家工商行政管理机关核准登记的小微企业，重点支持在银行结算稳定的小额无贷户；

贷款额度：贷款额度最高为200万元（含），在贷款额度有效期内随借随还、循环使用；

贷款期限：循环额度有效期最长1年（含），在核定的有效期内可随时申请支用；

担保条件：无须担保，纯信用贷款。

3. 结算透

结算透是银行依据企业的交易结算记录，对结算频繁并形成一定资金沉淀的小微企业发放的人民币小额透支业务。其特点是多渠道应用，可以通过企业网银、ATM机、POS机、柜面等渠道，实现多渠道的支用和还款。触发式的贷款支用，当账户支付金额超过透支账户的存款余额时，自动触发透支。

其适用对象：在银行开立结算账户的小微企业；

透支额度：最高50万元，在额度有效期内循环使用；

透支期限：透支额度有效期最长1年（含），在核定的有效期内可随时申请支用。首次办理业务的最长持续透支期限60天（含），正常使用业务1年后最长持续透支期限可达90天（含）；

担保条件：无须担保，信用透支。

4. 创业贷

创业贷是银行对"有业、有责、有信"的小微企业发放的用于短期生产经营周转的可循环的人民币信用贷款业务。

其适用对象："有业、有责、有信"的小微企业客户，创业期的小微企业客户；

贷款额度：最高100万元，在贷款额度有效期内随借随还、循环使用；

贷款期限：循环额度有效期最长1年（含），在核定的有效期内借款人可随时申请支用；

担保条件：无须担保，纯信用贷款。

**（五）小企业网银循环贷**

小企业网银循环贷款业务是银行为提供合格抵（质）押物办理小企业信贷业务的

客户发放的、由客户通过企业网上银行进行自助支用和还款的循环额度贷款业务。其特点是自助申请、担保灵活、按日付息、随借随还。

贷款用途：小企业用于短期的生产经营资金周转；

最高额度：1 000万元；

最长期限：1年；

担保方式：可采用抵押或质押担保方式。抵押物范围包括居住及商业用房产、土地、标准厂房等；质押物范围包括定期存单、100%保证金、凭证式国债质押等。

**相关链接1-2**

助推农业经济发展的"三农"小额贷款产品

1. 农户联保贷

农户联保贷是指由三至五户符合条件的农户、个体经营户组成联保小组，由银行向联保小组成员发放的短期流动资金贷款，联保小组成员相互间承担连带保证责任。"农户联保贷"贷款主要用于种植、养殖、农产品运输加工等与农村经济发展有关的生产经营活动。

2. 三权抵押贷

三权抵押贷是包括林权抵押贷款、土地承包经营权抵押贷款和农村房屋抵押贷款。林权抵押贷款是指借款人以其或第三方依法有权处分的林权作为抵押物向银行申请办理的贷款。土地承包经营权抵押贷款是指借款人在不改变土地所有权性质、不改变土地农业用途的前提下，用其或第三人依法承包享有的农村土地承包经营权及地上附着物作为抵押物，向银行申请的贷款。农村房屋抵押贷款是指借款人以其或第三方有处分权的宅基地上的房屋以及土地使用权作为抵押物向银行申请办理的贷款。"三权抵押贷"贷款主要用于解决农户生产经营、企（事）业法人和其他经济组织的流动资金需求，支持农业生产的产前、产中、产后生产经营活动。

3. 贷款担保协会担保贷

贷款担保协会是由当地农村商户自愿组成，经民政部门批准的具有法人性质的非营利性民间信用担保组织。当地商户交纳一定的贷款风险保证金即成为协会会员。协会负责将会员交纳的贷款风险保证金集中存入银行账户，银行则按照保证金的5~10倍确定会员的贷款限额，单户会员贷款一般不超过30万元。会员的贷款使用遵循"一次授信、随用随贷、周转使用、余额控制"的管理方法。银行负责对担保协会定期进行相关制度培训，对协会和商户进行年审。商户贷款时向协会提出申请，协会负责贷前调查，审核后将资料提交给银行客户经理，由银行客户经理对其评级并制定授信方案，并予以张榜公布。

这种贷款产品的优势表现在四方面：①解决了农村商户"无钱经营、无物抵押、无人担保"的难题。②解决了信息不对称问题。把商户贷款的受理、调查及贷后管理等环节授权委托担保协会协助管理，充分发挥了担保协会与商户之间信息对称、互相制约的作用。③简化了贷款流程，提高了放贷效率。银行客户经理根据担保协会调查结果给商户授信，赋予客户经理放贷权利，简化了贷款发放流程。④构建了银行与客户的和谐关系。对商户的信用等级、贷款授信、贷款额度、利率定价等信息进行张榜公示，接受监督，阳光操作，既提高了商户贷款的透明度和商户信贷评级授信工作的准确性，构建了和谐的银行与商户关系，也是对客户经理权力的监督。

4. "利商宝"果品仓单质押贷款

"利商宝"果品仓单质押贷款是结合果品产业销售环节的实际需要，针对果商收购、储存资金需求量大的情况而创新的信贷产品。它是银行通过对果库、果商进行资信调查、信用评级，在一定的期限内（期限不超6个月）核定的贷款限额（授信额度根据果品经销商贮存果品现行市场价格总量的40%核定贷款限额）。在核定的授信额度内，利用信用卡结算方式，随用随借、随有随还、一次授信、循环使用的一种仓单质押贷款。参与人有三方面：借款人（果商）、监管人（果库）和银行，与普通仓单质押贷款不同的是它把借款人仓储货物由第三方果库掌握在手，可以控制借款人的出库行为。

5. 果库贷

果库贷是银行根据当地贮果业资金链条情况，针对果库经营者难以寻找A级企业信用担保和提供合格抵押而开发的信贷产品。它的授信对象是果库经营者，贷款用途是为果商垫支入库的购果资金的一部分，贷款期限以果品储藏周期来确定，实行实力相当商户信用保证和实物抵押相结合的担保方式。

在果业发展链条上，果库垫资成为一种新的运作形式，即对入库果品，果商支付大部分货款，果库为其垫付一部分货款和包装款，来年果品出库时，统一结算垫付的款项及其利息和仓储费。果库经营者的经营风险是比较小的，但按传统贷款程序申请面临诸多困难。如用传统方法贷款，需要抵、质押担保或A级以上信用企业担保。但果库大多数建在农村宅基地或承包耕地上，果库土地及地上建筑物难以办理抵押登记，而且果库经营者大部分是当地实力较强的农户，要寻求A级以上信用的企业作担保难度也较大。因此"果库贷"产品的推出解决了果库经营者的资金难题，促进了当地果品业和经济的发展。

6. 土地流转贷款

土地流转贷款是指农村土地承包经营权人（或土地流转后使用权人）在法律许可的范围内及不改变土地农业用途的情况下，将农村土地承包经营权或流转后土地使用权预期收益作为银行贷款抵押物发放的贷款。

土地流转贷款的农户可以是"农村土地使用权证"的持有人，也可以是非"农村土地使用权证"的持有人即土地流转后的使用权人，如果是后者要和"农村土地使用权证"持有人达成意向,然后贷款农户凭镇政府颁发的土地确权证到银行提出贷款申请,银行在对贷款人进行初审后,出具贷款意向书,到镇政府物权中心办理他项权利证书,然后银行对此进行调查后办理贷款。

土地流转贷款的特点有:①授信对象范围广。与农村土地生产经营有关的各类主体都可以申请此项贷款。它适用于农民专业合作社及其成员;它适用于农村从事种植、养殖等经营活动的农户;它适用于土地承包经营权流转受让方;它适用于农产品龙头企业、公司化种养大户等。只要农民依附于土地进行产业化经营,均可以通过土地流转的方式得到相应的支持。②额度层次化。农村土地流转贷款额度,依照申请人所提供的农村土地承包经营权或流转后土地使用预期收益权抵押评估价值来确定最高贷款额度。彻底改变了过去"一揽子"发放农户贷款的做法,农户可以根据自身需求,合理确定自己所需贷款额度,按照"一次核定,总额控制,随用随贷,随有随还"的办法,及时使用,减少了农户无效资金占用,避免了多余利息支出。③期限合理化。农村土地流转贷款期限,依据借款人从事产业的生产周期和具体经营项目回报期等因素合理确定,原则上一般控制在两年以内。比如,大棚油桃种植,农户建棚、育苗、成长、挂果,到成熟,需要的生产周期较其他蔬菜等产业周期长,依据这一特点,在农户贷款时,可以根据贷户的意愿将贷款延伸为两年期,较好地解决了农户贷款需求与实际经营存在的矛盾。④担保便利化。农村土地流转贷款,以政府监制的《农村土地使用权证》、县农村土地物权管理服务中心依规出具的《他项权利证书》、县农村土地物权管理服务中心出具的评估报告为依据。以农村土地承包经营权或流转后土地使用权预期收益作为担保。由政府成立专门机构,农户在申请贷款时,再无须担忧担保等问题,较好地解决了贷款担保难问题。⑤办理流程化。农户办理土地流转贷款时,可以持本人身份证、户口簿、政府有权机关颁发的《农村土地使用权证》,到银行初审后,到县土地物权管理服务中心进行登记和评估。然后持农村土地物权管理服务中心依规出具的《他项权利证书》和评估报告,到银行签订借款合同,贷款办理简单快捷。⑥管理精细化。土地流转贷款实行"一账一图一册"管理。即建立农村土地流转贷款台账,逐笔登记贷款的发放、结息和收回情况;建立农村土地流转贷款平面示意图,标明借款人经营项目位置、编号等信息;对农村土地流转贷款合同文本资料逐户装订成册。这样不仅大大提升了贷款标准化管理水平,也让银行了解规模农户发展情况,及时提供必要的资金支持。

这项贷款产品有效解决农民规模化、专业化生产过程中贷款担保难的瓶颈问题,在推动金融支持土地流转,支持农业规模化、集约化、专业化发展方面发挥巨大作用。

## 二、非资金授信品种

非资金授信业务的产品主要包括担保性业务产品、贷款承诺业务产品和票据发行便利等其他非资金授信业务产品。

## （一）担保性业务

担保性业务是指银行接受申请，为客户提供多种类型担保的业务。常见的有银行保函、备用信用证、票据承兑等。

### 1. 银行保函

银行保函是指银行应客户（申请人）的书面申请，向受益人（债权人）出具的书面信用保证，为被担保人提货、投标、履行合同、预付款、产品质量等行为提供担保。在申请人未按其与受益人签订的合同约定偿还债务或履行约定义务时，承担付款或赔偿责任，常用的保函有提货单保函、投标保函、履约保函、质量保函和预付款保函等。

### 2. 备用信用证

备用信用证是指银行根据商业合约的一方（申请人）的要求向商业合约的另一方（受益人）所出具的，旨在保证申请人将履行某种合约的义务，并在该方未能履行该义务时，凭收益人所提交的表面上单单、单证一致的单据，向受益人作出支付一定金额的书面付款承诺。

### 3. 票据承兑

票据承兑是指银行作为付款人，根据承兑申请人（出票人）的申请，承诺对有效商业汇票按约定的条件向收款人或被背书人无条件支付票款的行为。

## （二）贷款承诺

贷款承诺是指银行与借款人达成的一种具有法律约束力的正式契约，银行将在有效承诺期限内，按照双方约定的条件、金额和利率等，随时准备应客户的要求向其提供信贷服务，并收取一定的承诺佣金。

## （三）其他非资金授信业务

常见的其他非资金授信主要包括票据发行便利、透支额度、贷款出售便利等。

### 1. 票据发行便利

票据发行便利是银行提供的一种中期周转性票据发行融资的承诺。根据事先与银行签订的协议，客户可以在一定时期内循环发行短期票据，银行承诺购买其未能按期售出的全部票据或提供备用信贷。银行按承诺票据购买额收取承诺手续费，对垫款购买的票据获取票据利息收入。

### 2. 透支额度

透支额度是银行预先对客户核定一定限额、允许客户根据需要随时使用的贷款额度。透支额度即银行对客户作出的贷款承诺最高限额，银行对未使用的透支额度收取手续费；对客户已使用的透支额度转化为贷款，银行收取相应的贷款利息。

### 3. 贷款出售便利

贷款出售便利是指银行接受其他机构委托，对已形成的贷款进行包买业务。即银行将贷款的债权出售给第三方以获取销售贷款的手续费收入，对于未能卖出的贷款银行垫款买下，按约定收取利息和收回本金。

【单元实训】

实训项目：银行保兑仓融资。

**实训资料**：银行保兑仓融资的网上资料。

**实训要求**：解读保兑仓融资的相关资料，总结概括其优点和存在的问题；描述保兑仓融资过程。

**实训方式**：三人一组学习讨论，拍摄讨论过程，一人作为代表课上交流展示。

## 任务二 银行授信的部门与岗位

【教师任务】
1. 指导学生理解掌握银行授信部门岗位的设置
2. 指导学生理解掌握银行授信部门岗位的职责

【学生任务】
1. 掌握银行授信部门岗位设置情况
2. 掌握银行授信各部门岗位的职责

### 教学活动1　银行授信的部门与岗位设置

【活动设计】

指导学生上网查找几家银行的部门岗位设置资料，讲解银行授信部门岗位设置情况。

【案例导入】

私营企业主李先生的生意出了点问题，公司急需50万元周转资金，可是，他此前已将大部分流动资金用于投资其他项目，身边没有大额现金。情急中，马先生想到自己还有一笔存期5年每月存1万元已存了4年多的零存整取定期存款，于是他急忙与某银行客户经理联系，准备好申请贷款材料。7天后，李先生50万元贷款申请被批准。李先生最终有惊无险地渡过难关。

**思考**：李先生这笔贷款需要经过银行哪些部门受理、审批、发放和贷后管理？

【基础知识】

授信业务是银行的利润来源，授信业务部门是银行的利润中心，授信业务管理组织架构是银行组织架构的重要组成部分。股份制是银行的主要组织形式，实行股份制的银行其授信业务经营与管理的组织架构是：董事会及其专门委员会、监事会、高级管理层和授信相关部门构成。

### 一、董事会及其专门委员会

董事会是银行授信业务的最高管理层和决策部门，承担着银行风险管理的最终责任，负责审批授信业务风险管理的战略决策，确保授信业务在银行可以承受的总体风险水平之内。董事会有若干名执行董事、非执行董事和独立董事组成，通常设董事长1名，为银行的法人代表，副董事长若干名。

董事会为控制和管理授信风险通常下设风险政策委员会，审定风险管理战略、审定重大风险活动，对管理层和授信职能部门履行风险管理和内部控制职责的情况进行监督管理。

### 二、监事会

监事会是银行对董事会进行监督的部门，其对股东大会负责。对银行进行内部尽职监督、财务监督、内部控制监督等工作。监事会通过加强与董事会及内部审计、风险管理等相关委员会和有关职能部门的工作联系，全面掌握银行风险管理状况。监事会通常设监事长和若干名监事，通常有股东代表监事、外部监事、职工监事。

### 三、高级管理层

高级管理层的主要职责是执行风险管理政策，制定风险管理的程序和操作规程，及时了解风险水平及其管理状况，并确保银行具备足够的人力、物力和恰当的组织结构，管理信息系统及技术水平，以有效识别、计量、监督和控制各项业务所承担的风险。高级管理层通常设行长、副行长若干名、董事会秘书、首席风险管理官等。

### 四、银行授信部门与岗位设置

银行授信部门按其职责可以简要地划分为前台、中台和后台部门。按照银监会最新的《固定资产贷款管理办法》《流动资金贷款管理暂行办法》《个人贷款管理暂行办法》的要求，银行应确保其授信的前台、中台和后台部门岗位的独立性。

前台部门岗位：即银行授信业务部门岗位，主要负责客户的营销和维护，各家银行设置不尽相同，主要包括公司业务部门岗位、机构业务部门岗位和个人业务部门岗位。

中台部门岗位：即银行授信管理部门岗位，主要负责授信风险的管理和控制，各家银行设置不尽相同，主要包括授信审批部门岗位、风险管理部门岗位、合规部门岗位、授信执行部门岗位等。

后台部门岗位：主要负责授信业务的配套支持和保障，如财务会计部门岗位、稽核部门岗位、IT部门岗位等。

## 教学活动 2　银行授信部门与岗位的职责

【活动设计】

借助引入案例的分析、讲解，总结概括银行授信部门岗位的职责。指导学生上网查阅《个人贷款管理暂行办法》。

【案例导入】

### 住房贷款变不良谁之责？

2015 年 6 月 10 日某银行经办行上报一笔个人购房贷款申请，贷款金额 65 万元，贷款期限 5 年。初审资料显示借款人杨某在某航空公司担任空警，其年收入 25 万元左右，其配偶在 2013 年 12 月注册成立公司，主要经销消毒产品和化妆品，年收入 36 万元左右。从初审资料来看，提供的借款人配偶卡、折交易明细显示，其最近 6 个月经营状况较好，借款人家庭收入良好，符合银行个人住房贷款条件。初审意见及资料显示借款人此次贷款用于购置住房，所购住房价格为 115 万元，属于二手房。借款人自筹 50 万元，其余 65 万元通过贷款解决，抵押率为 57%，初审未提相关自筹资金证明。该套房屋于 2015 年 5 月已办理过户手续，考虑借款人职业收入稳定，结合借款人目前年实际收入能力和其家庭现有负债情况，银行最终审批同意对杨某贷款 65 万元，期限 5 年，年利率 4.35%，分期等额还款，鉴于家庭年收入存在一定的不稳定性，要求追加借款人家庭名下 1 套建筑面积为 101.91 平方米的楼层为 6 层的住房作抵押；另要求经办行加强贷款资金支付流向，争取将贷款直接打入交易对方账户，对贷款提现的应严格控制，并提供相应凭证以证明贷款用途与贷款合同相符。2016 年 5 月借款人配偶因经济案件被公安机关调查，借款人单位因此暂停借款人执行空中安保任务，导致贷款无力归还。银行处置抵押物时，因地段、楼层等原因无法立即拍卖处置，导致该笔贷款发生不良。

经稽核部门查明该笔贷款直接划入了借款人个人账户，经办行没有在贷前报告中说明，也没有进行三级审核签字确认，在贷款发放后没有详细记录资金流向，没有与贷款用途相符的相关凭证。

思考：依据《个人贷款管理暂行办法》结合授信部门岗位职责，分析在案例中相应部门责任。

【基础知识】

银行授信部门与岗位主要包括授信业务部门岗位、授信管理部门岗位和为授信提供后台支持的会计部门岗位、稽核部门岗位、科技信息部门岗位。授信业务部门岗位、授信管理部门岗位、会计部门岗位、稽核部门岗位、科技信息部门岗位之间相互独立、相互制约，又相互配套与支持以保障授信业务的正常开展和有效控制风险。授信业务部门岗位、授信管理部门岗位、会计部门岗位、稽核部门岗位、科技信息部门岗位的主要职责分别如下所述。

### 一、银行授信业务部门岗位主要职责

（1）受理客户授信申请；

（2）对客户进行授信前调查；

（3）对经有权审批行（人）审批通过后的授信，与授信客户签订借款合同或其他授信合同和担保合同；

（4）对客户进行授信后管理；

（5）负责授信风险分类的基础工作以及相关授信报表的统计分析和上报；

（6）会同有关部门岗位，落实公司客户代收、代付、理财等中间业务的市场营销；

（7）负责搜集与本部门相关信息资料，并加以汇总、分析，与有关部门共享，并及时向领导提出建议。

### 二、银行授信管理部门岗位主要职责

（1）依据法律和银行授信政策制度规定，对授信业务部门岗位提供的客户调查材料的完整性、合规、合法性进行审查，提出是否授信以及授信额度、利率、还款期限、还款方式及保全措施等审查意见；

（2）对授信业务部门岗位提供授信政策制度咨询和解释；

（3）对授信政策和管理制度执行情况进行检查；

（4）对授信发放后的情况进行检查；

（5）负责辖内授信业务风险分类与认定；

（6）负责信贷资产质量检测考核、金融债券的管理和风险资产的出资；

（7）负责相关授信的统计报表编制、分析和上报。

### 三、银行会计部门岗位主要职责

会计部门岗位的主要职责是配合授信业务部门，做好授信资金的管理、运作和收息、收贷、财务、费用开支及现金管理工作，以及负责搜集与本部门相关的信息资料，并加以汇总、分析，与有关部门共享，并及时向领导提出建议。

### 四、银行稽核部门岗位的主要职责

稽核部门岗位的主要职责是对会计、出纳、授信等业务的执行情况和业务办理情况进行稽核，以及对有价证券、印章、密押、重要空白凭证的保管、领用、使用销号、交接情况进行稽核。

### 五、银行科技信息部门岗位的主要职责

（1）贯彻执行国家有关计算机信息系统管理的有关法律、法规和技术标准，落实银监会的相关监管标准。

（2）负责本行计算机系统的管理工作，保障计算机网络系统的正常安全运行。

（3）负责本行科技项目的规划、开发、运行和维护，及时为本行各部门应用信息技术提供日常科技服务和技术支持。

【单元实训】

**实训项目：** 授信相关部门的岗位职责分析。

**实训资料：**

**内部风险控制失灵**

2015年9月至12月，某商贸公司法人A某利用将本公司名下房产出售给员工B某等8人进行虚拟交易的手段，向某银行支行申请8笔20年期、共计398万元二手住房按揭贷款，并且购买了贷款保证保险。贷款发放后出现逾期。授信业务部门岗位人员贷后检查时发现上述二手房交易均为虚假交易，当时是迫于公司压力所为，借款人目前无任何还贷能力，实际用款人已下落不明。上述贷款抵押物位于某高层住宅小区内，经查发现房产存在较大瑕疵。该批住房自2012年建成以来一直无人居住，物业费、暖气费等各种费用拖欠近180万元，加之交易价格虚高，造成法院拍卖后形成近200万元的损失。银行对承担担保责任的保险公司提起诉讼，法院判令银行败诉，理由是银行"未将贷款用途和房屋状况的真实情况告知保险公司"，该笔贷款最后变为损失。

经稽核部门审查发现：贷款授信调查人员仅对借款材料表面进行审查，未能认真对借款交易真实性、客户资信情况、抵押物现状是否存在瑕疵等内容进行审核，在贷款调查表中填写"该笔交易真实、借款人具备还款能力"；在贷款审批表中相应栏目填写同意贷款，并有相关责任人签字；在贷后没有证据表明有效监控贷款使用情况。

**实训要求：** 结合案例情况分析各授信部门岗位职责。

**实训方式：** 分组讨论，展示实训成果。

## 任务三 银行授信的基本原则和操作流程

【教师任务】

1. 指导学生理解掌握银行授信的基本原则
2. 指导学生理解掌握银行授信的操作流程

【学生任务】

1. 掌握银行授信的基本原则
2. 掌握银行授信的操作流程

## 教学活动1　银行授信的基本原则

【活动设计】

以案例为切入点，借助对引入案例的讲解、分析，使学生掌握银行授信的基本原则。

【案例导入】

B企业是一家主要经营小家电及配件制造的电器有限公司，2012年7月19日向某银行提出1 350万元流动资金的贷款申请。银行授信业务岗位的客户经理调查情况如下：

B企业电器有限公司成立于2001年12月20日，注册资金80万美元，公司为合营公司，甲方Z家用电器有限公司认缴出资额为60万美元，占注册资本的75%；乙方香港籍人士陈某某认缴出资额为20万美元，占注册资本的25%。经调查经营状况正常，非财务指标也符合贷款要求，担保方式为公司法人个人房产作抵押。另公司有他行125万元打包贷款，为第三方企业担保。授信业务部门把贷款申请及资料一并提交授信审批部，按照贷款审批程序批准同意放贷1 350万元，期限4年，按月计息到期一次还本。授信业务部与B企业签订了贷款合同，与抵押人签订了抵押担保合同并作了房产和土地使用权的抵押登记。在银行授信合规部门落实了贷款审批条件签注同意放款意见后，银行授信业务部门为B企业办理了放款手续。2012年11月3日放款950万元，按B企业的要求转账到其材料供应商W公司账户上。

2014年5月10日B企业在未经银行同意、也未上报银行的情况下，对H公司向他行贷款350万元提供了担保。

H公司贷款逾期后，2015年3月4日B公司被扣划银行存款350万，导致B公司资金紧张，其银行贷款发生欠息。

2015年10月公司已停止生产，贷款银行已申请冻结抵押物，且已向法院提起诉讼，其中1 350万元已通过调解提前进入评估拍卖。

**思考**：在该案例中体现了哪些银行授信的基本原则？

【基础知识】

贷款授信是银行最重要的授信业务，与非资金授信相比，贷款授信过程更为复杂、期限更长、潜在风险更大。贷款授信的原则也适用于银行非资金授信业务。银监会于2009年、2010年先后发布了四个贷款规定，即《个人贷款管理暂行办法》、《流动资金贷款管理暂行办法》、《固定资产贷款管理暂行办法》、《项目融资业务指引》，通常称之为"三办法一指引"。根据"三办法一指引"的规定，银行在授信工作中要坚持如下原则。

一、全流程管理原则

全流程管理原则是指要将有效的授信风险管理行为贯穿到授信的每一个环节。例如在贷款业务中，打破过去贷前、贷中、贷后的粗略分法，把贷款过程细化为 9 个环节：贷款申请、受理与调查、风险评价、贷款审批、合同签订、贷款发放、贷款支付、贷后管理、贷款回收与处置。在这 9 个环节中都要注意把控贷款风险。

### 二、诚信原则

诚信原则是指在授信业务中，授信对象要坚持诚信原则。诚信原则主要有两方面含义：一是授信对象按银行要求的具体方式和内容提供授信申请材料，并且承诺其真实、完整、有效；二是授信对象应证明其信用记录良好、资金用途合法和还款来源合法。

### 三、协议承诺原则

协议承诺原则是指在授信业务中把承诺协议书面化，杜绝口头协议。它强调合同的完备性、承诺的法制性。例如在贷款时，借贷双方要签订完备的贷款合同和协议。通过合同类的法律文件规定贷款人自己的权利与义务，同时也要求客户承诺一系列事项，并规定违反承诺的法律责任，以约束其行为而保护贷款人的权益。

### 四、授信审查与授信审批发放相分离原则

授信审查与授信审批发放相分离原则是指银行将授信审查与授信审批和发放作为独立环节，分别管理和控制，以达到银行授信业务操作风险降低的目的。审放分控原则既可以加强银行的内控防范风险，又可以推行银行全流程的理念，提高专业化操作水平。银行设立审查、审批和独立的授信发放部门或岗位，由各部门或岗位分别负责授信审查资料的合法性、合规性，判断风险的可控性和可接受性以及审核各项放款前提条件是否落实和确认资金用途是否符合合同约定。

### 五、实贷实付原则

实贷实付原则是指银行根据借款人的有效贷款需求，主要通过贷款人受托支付的方式，将贷款资金支付给符合合同约定的借款人交易对象的方式。

实贷实付原则的优点在于减少贷款挪用、有利于贷款资金进入实体经济、有利于银行加强对贷款资金的管理和跟踪防范信用风险。

### 六、授信后管理原则

授信后管理原则是指银行在授信后所开展的授信风险管理工作。贷款的贷后管理是授信后管理非常重要的内容。贷后管理主要包括：贷款资金的按用途使用、对借款人账户监控、借款合同对贷后管理的指导性和约束性、银行依据监管要求对借款人贷款使用进行监督、协同有关部门对于违反贷款合同规定的借款人追究法律责任。

政策性银行在授信过程中除坚持上述 6 项原则的同时，在选择授信客户时要突出其在国民经济和社会发展中资金投向具有指导性、经营目标的非营利性和在利率和费率方面具有优惠性的特色，以完成和实现政策性银行的经营目标。

# 教学活动2  银行授信的操作流程

【活动设计】

结合引入的贷款授信案例讲解银行贷款的操作流程，进而分析其他授信的业务过程，使学生掌握银行授信的操作流程。

【案例导入】

### 某重工机械有限公司申请固定资产贷款1 500万元

2016年4月12日某重工机械有限公司向A银行提出贷款1 500万元用于车间的改扩建。该公司的基本情况：公司成立于2007年，主要经营混凝土机械、干砂粉浆机械等的制造和销售。公司2011年开始与某银行建立合作关系，截至贷款申请日，该公司在某银行贷款已全部还清。此次申请贷款的担保方式为商铺抵押，并追加第三人和关联企业保证。

思考：结合案例描述A银行向某重工机械有限公司进行贷款的流程。

【基础知识】

银行授信的操作流程如图1-1所示：

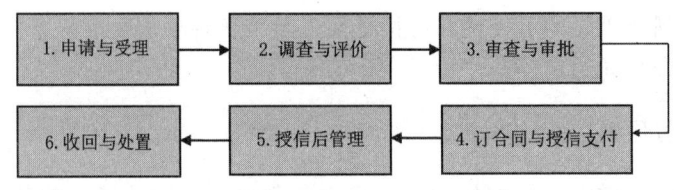

图1-1  银行授信的操作流程

## 一、申请与受理

银行授信业务部门岗位负责授信申请受理，此步骤包括如下工作内容。

（一）客户申请

客户到银行授信业务部门岗位提交授信申请书。在这个环节可以是客户主动联系客户经理提出授信要求，也可以是在银行客户经理主动拓展客户的基础上，建议客户提出授信申请。

（二）与客户面谈

银行与申请授信客户面谈是银行甄别客户的第一步。通过面谈可以确定是否需要开展后续授信调查。对于客户申请授信条件明显不符合银行授信政策的，客户经理无须进行面谈，可以直接拒绝客户。

### （三）资格审查

银行通过资格审查确定客户是否符合银行规定的基本条件、限制性条件及相应授信所需要满足的条件。

### （四）内部意见反馈

银行与客户进行面谈后，应将面谈结果进行反馈，及时向上一级全面、准确地汇报所了解到的信息，并形成书面的访客报告。通过中国人民银行征信咨询系统对客户的资信情况进行初步查询，也不排除采用其他途径、渠道对客户资信情况进行了解和调查。

### （五）准备申请材料

对符合资格要求、通过初步审核的客户，受理业务的客户经理根据授信类型向客户发送相应的银行授信申请书和相应的申请银行授信材料清单，客户按申请材料清单准备相应的申请资料。

### （六）银行初步审查

银行收到客户提交的申请授信的材料后，对照申请材料清单清点客户所提交材料是否齐全，并对材料的完整性、合法性、规范性、真实性和有效性进行初步审查。

### （七）资料移交

银行审核材料后，经过初步判断符合授信申请条件的，在当日将贷款申请资料移交授信业务经办行的调查人员进行调查；对于不符合授信条件的客户资料退还授信申请客户，并说明情况。

## 二、调查与评价

银行授信业务部门负责授信调查，调查人员在此阶段需要完成以下四项工作内容。

### （一）资料接收

银行授信调查人员接收受理授信的客户经理移交的申请授信客户的全部资料，并办理交接手续。

### （二）授信业务调查

授信调查人员独立行使尽职调查职能，调查方式可以是现场或非现场方式，必要时可以委托外部专家或专业机构开展特定的授信尽职调查工作。授信调查内容包括：法律文书的规范和严谨性调查、偿债能力调查、偿债意愿调查、授信项目效益性调查以及授信对象资本状况、组织结构和银企关系等多方面的调查。

### （三）撰写授信调查报告

授信调查人员通过查阅授信客户的财务报告等相关资料、与客户管理人员面谈、实地调查、参考新闻媒体信息和向相关人员了解核查相关信息等方式，对客户进行全面分析后，按规定的格式和内容撰写授信调查与评价报告，为审批人员决策提供可靠依据。

### （四）资料移交

授信调查人员将通过调查的客户的资料整理后报送授信审批部门，同时在授信管理系统中录入客户授信申请资料信息、调查意见和授信方案。对于未通过调查的客户资料退回。

### 三、审查与审批

授信审查人员在此阶段要完成如下工作内容。

#### （一）资料接收与分析

授信审批部门接收授信业务部门移交来的申请授信资料，按移交清单逐一核对并当场登记签收，按照授信审批部门内部分工将申请授信资料分发给授信审查审批人。

#### （二）合规性审查

授信审批部门受理人员负责对接收的申请授信材料进行合规性审查，审查的内容包括：①材料是否齐全；②材料信息充分性审查；③材料内容是否一致；④材料格式是否规范。

#### （三）审批

授信审批是由授信评审委员会集体评审和有权审批人审批来完成的。

#### （四）反馈审批结论，资料移交

审批工作结束后，授信审批部负责整理归纳审批结论及全体审批人意见，并将结论及审批意见及时通知授信申请经办部门。结论为同意的，经办行可直接进入下一授信环节；未通过的授信申请，经办行或部门可以申请复议，一笔授信业务只能复议一次。

### 四、签订合同与授信支付

银行授信业务部门办理与客户签订授信合同和贷款支付的业务，具体工作内容如下。

#### （一）签订合同

授信业务部门与批准授信的客户签订授信主合同，如果有担保的还要签订保证合同或质押合同或抵押合同。

#### （二）落实用款条件

用款条件主要包括在贷款行开立基本结算户或一般账户或授信专用账户。此外还有在贷款审批时是附加条件同意的，其附加条件是否落实。

#### （三）授信支付

贷款支付有两种，即贷款人受托支付和借款人自主支付。在借款合同中要进行约定采用何种支付方式。为了防止挪用贷款的风险发生，原则上采用贷款人受托支付，但不管采用哪种支付方式，贷款银行都要对贷款资金的支用进行管理与控制。

#### （四）授信登记

授信业务部门进入中国人民银行信贷登记咨询系统和本行信贷管理系统登记授信业务的相关信息。

### 五、授信后管理

银行授信业务部门和银行授信管理部门负责授信后管理阶段的工作，其工作内容是进行各种类型的授信检查并完成授信检查报告。

#### （一）授信检查的类型

（1）授信检查按照地点分类有非现场检查和现场检查。

（2）授信检查按照时间节点划分，包括首次检查和月度或季度检查。首次检查是规定贷款发放后15日内，客户经理要进行首次检查，检查的内容主要是贷款用途是否符合合同规定。月度检查或季度检查是指每月或每季对授信客户检查一次。

（3）授信检查按照内容划分有全面检查和重点检查。一般月度检查或季度检查是全面检查，检查内容包括：客户的基本情况，如行业情况、经营情况、内部管理情况、财务状况、融资能力和还款能力等方面的变化情况；授信业务风险变化情况和授信担保的变化情况。重点检查是指授信后一旦发现客户出现新的情况或实际已经影响履行授信合约的重大风险事件，银行从发现之日起两日内进行重点检查。

### （二）授信检查后处置的方式

（1）风险预警。根据多视角的授信检查，判断授信总体风险状况，撰写授信检查报告上报和风险预警。

（2）资产分类。根据所搜集的授信客户资料和授信后检查情况，相关岗位责任人根据本行制定的授信风险分类标准、方法、程序对授信资产按风险程度的大小分为不同档次。

（3）问题处置。相关岗位责任人根据风险预警情况，制定相应的风险防范措施加以实施。

## 六、授信收回与处置

### （一）授信收回

（1）正常收回。短期授信到期前1周，中长期授信到期前1个月，授信人员发送到期贷款通知书；到期贷款收回后，进行会计处理；登记贷款卡；返还质押物和抵押物的权利凭证；登记授信台账。

（2）提前归还。可能是授信客户申请提前归还，也可能是授信行因为授信客户不履行合约要求其提前归还。

### （二）授信展期

授信到期前，客户可根据具体情况申请授信展期，一般授信在符合条件下可以展期一次。

允许展期的条件是：①由于国家调整价格、税率、贷款利率等，使授信客户的经济效益受到影响，造成客户现金流入减少，还款能力下降；②因发生不可抗力；③受国家宏观经济影响使银行授信没有按时发放影响到授信客户正常生产经营的；④授信客户生产经营正常但原授信期限过短。

### （三）授信逾期和问题授信管理

对于到期未能收回的授信，授信行的处置方式有三种：一是按规定加紧催收，二是按规定追究保证人的代偿责任，三是按规定处置抵押物和质押物。

### （四）档案管理

授信业务档案管理也是银行授信业务管理的重要环节。授信业务档案主要包括：客户营业执照复印件、贷款调查报告、贷款申请书及贷款审批书、借款合同、结算户和专用基金户存款余额登记簿、贷款发放回收余额登记簿、主要财务指标、财务活动登记簿、自有资金增减变化表等。

**【单元实训】**

**实训项目**：银行授信的基本原则。

**实训资料**：

A 机械设备有限公司申请贷款 910 万元

A 机械设备有限公司（以下简称 A 公司）流动资金紧张，于 2015 年 3 月申请 910 万元流动资金贷款。

甲银行经调查，A 公司成立于 2002 年，主要生产机床、钻床、砂轮等机械设备。从 2008 年开始，甲银行与 A 公司建立合作关系，截至 2015 年 3 月末，A 公司在甲银行贷款余额 470 万元，担保方式为土地厂房抵押。甲银行客户经理还对 A 公司进行了财务与非财务等多方面调查。

2015 年 4 月甲银行按照审批程序批准了 A 公司 910 万元流动资金贷款的申请。

2015 年 7 月以来，受宏观经济环境影响，A 公司订单不断减少。由于机械制造行业竞争激烈，A 公司主营产品同质性较高，缺乏核心竞争力，导致其议价能力下降，市场份额逐渐萎缩。A 公司因应收账款回笼周期延长，更加剧了资金周转困难，致使其有 300 万元流动资金贷款发生逾期。A 企业为缓解资金紧张状况，将原计划用于扩大生产的厂房及办公楼对外出租，使得企业生产能力进一步降低。

2015 年 9 月，甲银行经与 A 公司协商达成一致，银行对授信方案进行调整，压缩授信敞口额度从 910 万元减少至 470 万元，原抵押物不变，追加企业相关人员的两处房产抵押，总体抵押率控制在 40% 左右，同时追加企业股东无限连带责任保证。

**实训要求**：分析案例中体现了银行授信的哪些基本原则？结合案例，说说银行贷款授信的全过程。

**实训方式**：分组讨论，展示实训成果。

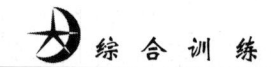

一、知识检测

（一）单项选择题

1. 授信按照会计核算的归属不同，可以划分为（　　）。
   A. 表内授信和表外授信　　　　　B. 资金授信和非资金授信
   C. 中长期授信和短期授信　　　　D. 贷款与非资金授信

2. 按照商业银行（　　），可以将授信业务产品分为资金授信和非资金授信。
   A. 是否给客户提供信用　　　　　B. 是否给客户提供资金支持
   C. 是否贷款给企业　　　　　　　D. 是否给客户提供担保

3. 下列（　　）产品属于非资金授信业务产品。

A. 贷款业务 B. 项目融资
C. 担保性业务 D. 银行承兑汇票贴现
4. 商业银行的后台部门不包括（　　）。
A. 财务会计部门 B. 稽核部门
C. IT 部门 D. 授信管理部门
5. （　　）是银行的"利润中心"。
A. 前台部门 B. 中台部门
C. 后台部门 D. 前台与中台部门
6. 对客户进行授信前调查是银行（　　）的职责。
A. 授信管理部门 B. 授信业务部门
C. 合规部门 D. 稽核部门
7. 银行客户经理的工作内容不包括（　　）。
A. 开发客户，营销产品 B. 授信审批
C. 内部协调 D. 监测客户

（二）多项选择题
1. 表内授信包括（　　）。
A. 贷款 B. 项目融资
C. 贸易融资 D. 贴现
2. 下列（　　）属于特别授信。
A. 对单个客户分别以不同方式（贷款、贴现、担保、承兑等）授信的额度
B. 因地区、客户情况的变化需要增加的授信
C. 因国家货币信贷政策和市场的变化，超过基本授信所追加的授信
D. 特别项目融资的临时授信
3. 授信管理部门的主要职责包括（　　）。
A. 对有权审批行（人）审批后的授信，同客户签订借款合同和担保合同
B. 对客户部提供信贷政策制度的咨询以及法律援助
C. 对信贷政策和管理制度执行情况进行检查
D. 负责信贷资产质量检测考核、金融债券的管理和风险资产的出资

（三）判断题
1. 授信业务中台部门，主要负责授信业务风险的管理和控制。（　　）
2. 授信额度是指银行在对拟授信客户的风险进行综合评价的基础上确定的授予客户使用融资担保的最高限额。（　　）
3. 银行资金授信业务主要指银行贷款业务、贴现业务、项目融资业务、贸易融资业务等对客户提供资金的业务。（　　）
4. 如果客户需求明显不符合银行的信贷政策，授信工作人员则无须进行面谈，可以直接拒绝客户。（　　）
5. 授信尽职调查人员独立行使尽职调查职能，可采取现场或非现场的方式进行调查。（　　）

## 二、技能训练

1. 实地调查一家商业银行,列出该银行的资金授信业务产品和非资金授信业务产品,两种产品之间的区别和特征是什么?

2. 搜集撰写一贷款授信案例,说明银行授信中坚持的基本原则和贷款流程及相关部门岗位的业务与职责是什么?

# 项目二 Project 2
## 银行拓展授信客户及授信申请与受理

【知识目标】
1. 掌握银行营销概念和银行主要营销策略
2. 掌握银行介入公司客户和个人客户的最佳时机
3. 掌握选择授信目标客户和拜访授信目标客户的方法
4. 掌握维护客户关系的方法
5. 掌握客户申请授信的流程
6. 掌握银行受理授信申请的流程
7. 知晓客户申请授信应提交的主要资料

【能力目标】
1. 会运用选择授信目标客户的方法
2. 会制订拜访授信目标客户计划
3. 会与授信目标客户面谈
4. 会维护客户关系
5. 会初审申请授信客户
6. 会撰写拟授信客户的访问报告

## 任务一
## 银行授信的营销与客户开发

【教师任务】
1. 指导学生理解掌握银行营销的概念和营销策略
2. 指导学生学习掌握介入公司客户和个人客户的最佳时机

3. 指导学生学会选择授信目标客户和拜访授信目标客户的方法
4. 指导学生学会制订拜访授信目标客户的计划
5. 指导学生学会与授信目标客户面谈
6. 指导学生学会维护客户关系的方法

【学生任务】
1. 理解掌握银行营销的概念和营销策略
2. 掌握介入公司客户和个人客户的最佳时机
3. 掌握选择授信目标客户和拜访授信目标客户的方法
4. 学会制订拜访授信目标客户的计划
5. 学会与授信目标客户面谈
6. 学会维护客户关系

## 教学活动1 银行授信的营销

【活动设计】

运用多媒体教学手段给学生提供银行营销、推销产品的图片、视频等，指导学生利用互联网查找银行营销的资料；通过对引入案例的分析，讲解银行营销的概念和银行营销的策略。

【案例导入】

### 是营销还是推销

2015年5月10日下午1点30分某银行桃园支行的营业大厅里来了一位中年女士，她身穿十分挺括、以黑色为主色调点缀着酱红色碎花的短上衣和十分合体的黑色西裤，脚穿一双黑色牛皮高跟鞋，脚尖的鞋面上缀着闪闪发光大小正合适的金属环，胳膊上挽着一款深色的GUCCI包。这位女士梳微烫的短发，面部表情平和，五官精致，佩戴一副镜片大小中等的金丝眼镜，一眼看去是气质高雅、干练而不乏柔美的成功女士。大堂经理面带标准微笑，热情地对这位女士说"您好"，并将其引入等候席坐定，开始询问她办理什么业务，帮她排好次序号。不一会，轮到这位女士办理业务。这位女士在柜台前停留了20多分钟，好像隐约听到柜员与她在交流什么，大厅里等候办业务的顾客有点不耐烦了，开始有些小躁动，这位中年女士起身离开柜台时，却听柜台传来一声"王姐，拉住她，让她办张信用卡……"我愕然了。

**思考**：结合案例的情形思考营销与推销的区别、在本案例中银行运用了哪些营销策略？

【基础知识】

### 一、银行授信营销的概念

银行营销是指银行在以市场为导向、以客户为中心的思想指导下，把可盈利的银行产品或服务引向经过选定的客户的一种管理活动。

银行授信营销是银行营销在授信业务中的应用。具体是指银行在既定的经营理念指导下把可盈利的银行授信产品引向经过选定客户的管理活动。

准确地理解银行营销的概念应注意以下五点。

**（一）银行营销不等于推销**

推销是以产品为出发点，它是突出推销业务员个体行为的狭隘的、短期的盈利行为。银行营销是一个管理过程。它是以客户需求为出发点，经过市场调研、目标客户的选择、产品或服务的开发、确定价格、分销与促销、延展相关服务等一系列活动，来满足客户多方面需求从而实现银行盈利的过程。

**（二）客户是银行营销的中心**

客户需求是银行开展营销活动的出发点。银行的客户可以分为公司客户、机构客户和个人客户。不同客户对银行服务有着不同要求。银行必须对客户的现实需求和潜在需求进行深入的研究和分析，在市场中找准自己的目标客户，制定出与市场相符的营销战略和产品、价格、分销、促销组合策略，最终实现银行营销的目标。

**（三）银行营销目标是实现银行与客户双赢**

利润是一切营利性组织的经营目标，但如果一味以追求利润最大化为经营目标，忽略客户的需求与利益，在激烈的竞争环境中，银行客户就会流失，银行利润目标以及长远发展战略也难以实现。现代银行必须注重客户价值，提升客户关系价值，优质客户是银行上帝，在客户与银行之间的利益与风险管理中，实现银行与客户双赢的目标。

**（四）银行营销的内容具有综合性**

银行营销是一个系统工程，从市场调研、市场预测与市场细分到产品开发、价格制定、分销渠道的拓展、广告活动与人员推销等活动构成一个有机体，相互依存、相互制约。银行营销活动除上述内容外还包括客户跟踪服务、二次开发、营销活动组织与管理等各项工作，银行营销是一项综合性的管理活动。

**（五）银行营销是一个连续的管理过程**

银行营销活动贯穿着管理活动的四个阶段。营销活动过程也分为分析、计划、执行、评价和反馈四个阶段，每一阶段环环相扣。对营销活动进行有效评估、检查和反馈，也就是及时发现问题并采取有效措施进行调整，是为了改善营销管理，同时也是新一轮营销管理活动的起点。由此可见银行营销是一个周而复始的管理过程。

### 二、银行授信营销策略

**（一）授信产品营销策略**

授信产品是银行授信营销活动的主要对象，授信产品为银行创造利润的同时也为银行带来风险，授信产品的销售是银行生存、立命之本。银行作为金融服务业与制造业销售的商品有着很大差异，银行经营、销售的授信产品具有下列典型特征。

1. 授信产品是一项组合服务

授信产品作为一项组合服务有两层含义：一是一笔授信业务操作不是由一个人或一个岗位完成的，是多个人、多岗位分工协作的过程。例如一项贷款授信从业务受理、调查、审查、审批、放款、办理抵押等分别由不同岗位人员共同完成，银行把多岗位的服务"打包"在一起提供给客户。二是指银行基于客户对某一授信产品的需要，可以拓展为提供"一揽子"银行产品，满足客户融资、理财、支付结算等一系列金融服务需求。

2. 授信产品是规范产品

授信产品规范性体现在银行对每种授信产品规定了统一的操作规程，例如规定了风险管理原则、定价原则、岗位职责、审批程序等，每一环节的操作都有规定的标准，必须遵循。

3. 授信产品是可调整的产品服务

每一种授信产品都有其特点，也有不同的适用对象。授信产品可以根据客户的需求"量体裁衣"，进行拆分、组合和符合监管要求的创新。随着金融市场的竞争越来越激烈、客户需求的多样化、新情况层出不穷，对授信产品的拆分、组合、创新的需要日益增长。

4. 授信产品对客户的要约是明确的

银行授信产品明确规定了银行、客户双方的权责，银行销售其授信产品公开透明，客户能够满足并接受银行对授信产品所规定的条件，银行会按照既定程序和条件为客户提供金融服务，也表达了"我们已经为客户准备好了一切"的专业自信。

（二）授信品牌营销策略

品牌营销策略是指企业通过利用消费者的品牌需求，创造品牌价值，最终形成品牌效益的营销策略和过程。简而言之品牌营销就是把企业的品牌深刻地印入消费者的心中。

"银行品牌"是指银行在长期的市场营销活动中，在银行产品的开发、管理、销售过程中，逐渐形成的被客户熟悉、与其他同类商品在标志上有显著区别，为客户接受和认同的某一银行产品，以及使客户对其所属银行本身形成偏好、信任感和依赖感的金融企业本身。

授信业务是银行的重要业务之一，授信业务的营销必须符合银行的品牌营销策略。授信品牌营销成功的关键有以下三点。

1. 服从银行品牌定位，培养客户品牌忠诚

银行运用品牌营销策略先要品牌定位明确。定位的目的在于帮助客户了解自己与竞争对手的不同和差异，便于客户清晰辨认能为他们提供最佳服务的银行，实现银行与客户的双赢。银行通过定位在客户中留下别具一格的银行形象，打造成某一细分市场中最佳的银行，提供符合目标定位的金融产品。

对银行品牌的忠诚体现在客户对银行产品服务的高度信任和排他心理。例如，定位高

端的大银行让客户体会到只有这一银行的金融产品和服务才具有自豪感、愉悦感；定位为普通大众服务的银行的产品要使客户放心、舒心、省心，这样才会树立起银行核心产品的形象，赢得竞争优势。

公司企业创设和发展离不开银行业的支持，金融产品的消费也成为普通百姓生活的重要组成部分。各类金融机构不断涌现，树立银行品牌、培养客户忠诚度具有重要的现实意义。

授信产品是众多银行产品的一类，授信产品的开发营销无疑必须服从银行品牌定位。

2. 增强品牌经营意识，建立高效的品牌管理体系

品牌经营与管理是系统工程，银行必须围绕品牌定位，挖掘、整合、创新银行产品，延伸银行产品链，利用银行品牌拓展创新品牌产品，以银行品牌拓展银行业务产生效益，以提供的银行服务不断强化银行品牌，取得巨大的品牌效应。

3. 整合营销传播

整合营销传播指一切营销传播行为必须将各种传播工具和方式进行一元化整合，并采取一个声音、一个形象的整体表现。整合营销传播具备两个特性：一是战略上的高度一致性，二是战术上的层次性和连续性。这样使信息传播都围绕着银行品牌的核心价值来展开，强化银行在客户心理上的整体品牌形象。

（三）授信服务营销策略

1. 授信服务营销的概念

银行服务营销是指银行以满足客户需求为导向，以服务为手段将银行产品销售给目标客户的经营活动。

银行授信服务营销则是指根据客户的需求，把一种授信产品或多种授信产品的组合或以授信产品为核心的一系列银行产品销售给目标客户的经营活动。

2. 授信服务营销途径

（1）创设优良的服务设施和环境。服务营销先要营造良好氛围，银行根据品牌定位布置营业环境、配套相应的服务设施和营业场所办公用品。通过环境改造为客户带来满足感、方便感和尊重感，培养客户忠诚度。

（2）提高银行职员的服务意识和业务素质。银行职员是授信产品的销售者，其业务素质、服务技能关系到授信业务拓展成功与否。银行应持续不断地进行员工培训，使员工树立金融企业现代营销意识，提高专业素质和营销技能，提升服务效率，使客户满意。

## 教学活动2　银行授信的客户开发

【活动设计】

通过对引入案例的分析，讲解如何选择目标客户、介入目标客户的最佳时机；分组扮

演客户经理、客户的角色,模拟约见客户和与客户见面的过程,训练运用营销技巧的能力。

**【案例导入】**

### 为客户雪中送炭

某客户经理有一个客户是集烟草、机械、物流生产和销售于一体的大型集团公司某子公司的主管。该子公司主营施工业务,规模较小,主要为集团配套建设厂房。客户多次向其他银行申请融资200万元,都被拒绝。

该客户经理了解到集团公司从异地迁到昆明后,将进行大规模厂房扩建,对客户的前景十分看好。于是,客户经理果断上报客户授信,很快发放200万元贷款。这本是笔小业务,但对客户来说,却是雪中送炭。在接下来的几年里,随着集团公司大规模改扩建,这个子公司的规模也快速扩张,效益成倍增长,而且存款、支付结算、授信业务都放在这家银行,成为这家银行的忠实客户。

思考:如何选择目标客户?如何寻找目标客户?什么是介入目标客户的最佳时机?

**【基础知识】**

有价值的客户是银行的最重要资源,授信客户的开发是银行重要工作内容之一。开发客户首先要确定目标客户,其次选择最佳介入时机,最后采用恰当方式与客户建立关系,完成客户开发任务。

### 一、银行授信目标客户的选择

#### (一)银行授信目标客户的选择依据

银行授信目标客户选择的依据有三个:一是本行制定的授信政策;二是本行的品牌定位,即本行经营战略或银行特色业务所适合客户;三是客户的价值,其中客户价值是银行选择客户的核心标准。

银行授信客户开发是营销管理的一个环节,其品牌定位是开发何种客户的关键。如中国建设银行的品牌定位是"始终走在中国经济现代化的最前列,成为世界一流银行",宣传口号是"中国建设银行建设现代生活"。中国农业银行的品牌定位是"建设城乡一体化的全能型国际金融企业",中国农业银行的使命是面向"三农",服务城乡,回报股东,成就员工。建行和农行二者定位不同,目标市场则不同。银行做好品牌定位后,就可以确定目标市场。客户经理必须明确本银行的目标市场,在目标市场范围内选择客户,做到使客户满意,培育出忠诚客户。一个成功的银行客户经理,应该是"沉稳的分析师+优秀的营销员"。国外商业银行研究认为,商业银行10%的利润由一般客户带来,30%的利润由满意客户带来,60%的利润由忠诚客户带来。

银行已建立了一套相对成熟的客户价值分析方法和比较科学的评价指标体系。客户价值分析的结果是选择客户的直接依据,授信客户评价体系是公司客户资信等级评估的标准,银行通过定性与定量分析找到收益与风险的最佳结合点。

（二）银行授信目标客户的确定

1. 公司授信的目标客户

在目标市场范围内选择优质客户。例如中国建设银行资金实力雄厚，宣传口号是"中国建设银行建设现代生活"，在项目贷款方面有自己的优势，因此把目标客户确定为：①优势行业和基础设施项目中的优质客户，如"两桶油"、通信行业、电力等垄断客户。②金融需求多样化，授信风险较小的文化、教育、医疗、环保等领域的优良客户。③以信息技术为基础的新兴产业和高科技产业中的优良客户。④国际知名公司在国内的总公司、子公司和经授权的分公司。⑤优良的金融同业客户。⑥符合本银行授信政策或者根据本行所特有的授信产品找到的适合本行的目标群体。

2. 个人授信的目标客户

在目标市场范围内选择风险小的人群，或是收入稳定的人群，或是高净值的人群。例如：国家公务人员；有稳定收入来源的企、事业单位员工；经营良好的私营业主、能提供符合银行要求担保的自然人等。

## 二、银行寻找目标客户的方法

（一）客户自我推介法

1. 自我推介法的内涵

自我推介法是指客户主动与银行客户经理接触，要求银行提供授信服务。

自我推介的客户主动来到银行网点，或经熟人介绍找到银行客户经理，介绍自身情况，咨询能否取得授信，此类客户一般都急需银行授信服务。

2. 银行客户经理对自我推介客户应采取的态度

（1）对客户热情、周到，做好自我介绍，给客户留下好印象。

（2）认真倾听客户需求，分析客户能否达到授信要求。

（3）对风险可控，可以成为银行目标客户的，应积极推进业务。

但银行客户经理切忌盲目应允客户。对于把握不准的业务应先与上级或相关部门沟通或咨询，然后再及时向客户反馈。

（二）资料查阅法

1. 资料查阅法的内涵

资料查阅法是指银行客户经理通过查阅相关资料来寻找目标客户。

2. 可供查阅的资料

可供银行客户经理查阅的资料主要有：工商企业名录、企业法人录、政府及其他部门可供查阅的资料、电话黄页、统计年鉴、商会或专业团体的名册、广告（媒体广告、路牌、灯箱、车身广告等）、大众传播媒体公布的信息、互联网相关信息等。

银行客户经理在运用此法寻找客户时，应注意判断资料与信息的可靠性、时效性。

（三）逐户确定法

1. 逐户确定法的内涵

逐户确定法被称为"陌生拜访法"，或称"扫街"或"扫楼"，即在特定区域内，用逐户登门拜访的方式确定有合作价值的客户。

### 2. 逐户确定法的优点与缺点

逐户确定法的优点：可以使银行客户经理寻访目标客户的同时，了解市场、客户和社会，又可以锻炼和提高银行客户经理的沟通交往能力。这种寻找客户的方法能够快速提高客户经理的心理素质和个人交往能力。

逐户确定法的缺点：比较费时费力，带有盲目性。大银行除信用卡授信外和银行业中一些小的金融机构的小额贷款采用这种方式外，一般很少采用这种方法。

### 3. 运用逐户确定法的要点

（1）客户经理应制订计划，确定走访的区域。对拟走访区域内的公司、住户情况要尽量摸底，尽可能多地了解情况，以减少盲目性。例如，银行国际业务部市场拓展经理可以有针对性地在当地的外贸大厦进行"扫楼"，寻找目标客户。

（2）初次造访，客户可能没有准备，拜访时间不宜过长。

（3）宜采用老带新的方式，2~3人一组逐户拜访。

（4）做好自我介绍，准备一个好的开场白，尤其是斟酌好第一句话和第一个动作，以减少被拒之门外的可能性。

（5）为消除客户的戒心，应着工装、佩戴员工牌，并第一时间递上名片。

（6）要注意基本的商务礼仪以及营销技巧。

## （四）连锁寻找法

### 1. 连锁寻找法的内涵

连锁寻找法是指银行通过具有典型意义的成功客户，找到与该客户有相同需求的一类企业或一类人，向他们推广银行的授信产品。银行也可围绕现有客户通过一定营销手段向其深度发掘，或向其广度延伸。连锁寻找法的精髓为"顺藤摸瓜"。

### 2. 连锁寻找法的途径

连锁寻找法有两个途径：一是深度发掘，二是广度发掘。

深度发掘的途径：把企业客户内的高管或财务人员营销为个人客户，或把个人客户所在的企业营销成为企业客户。

广度发掘的途径：沿着企业客户的上下游，寻找新业务合作机会，或将个人客户的身边人发展为银行客户。

## （五）中间人介绍法

### 1. 中间人介绍法的内涵

银行客户经理可以通过中间人介绍，找到银行目标客户。如果介绍人在政务和市场方面具有很强的影响力，有可能帮助银行客户经理介绍很多客户。

### 2. 中间人介绍法的优点

（1）介绍人了解目标客户情况，有助于减少盲目性。

（2）通过中间人增加客户的信任度。

（3）省时省力，直接接洽目标客户即可展开营销。

### 3. 中间人的类型

（1）政府部门。

（2）社会团体。

（3）银行的现有客户。
（4）家庭成员及亲属。
（5）同事、朋友、邻居等。
（6）配偶及其亲属、朋友。
（7）所购商品的供应商或其他有商业联系的人。
4. 运用中间人介绍法的注意事项
（1）银行客户经理的人品是第一位的，必须讲诚信，才可能交上能够互相帮助的朋友，为客户经理介绍新客户。
（2）扩大社会活动圈子，多交朋友；朋友越多意味着可利用的资源越多。
（3）将自己关系资源列成清单，在使用时能一目了然。
（4）介绍人介绍客户后，向其表示感谢；在拜访新客户后，应及时向介绍人汇报进展情况，并再次表示感谢。感谢方式要掌握恰当和适度原则，谨防变为商业贿赂。
（5）对于介绍来的新客户，银行客户经理应该积极跟进，一鼓作气，使业务尽快取得进展。

### 三、银行收集目标客户情报

银行客户经理不论通过哪种方式找到目标客户，在确定与客户合作之前，要尽可能多地收集目标客户的相关信息，抓住成功拓展客户的机会。

#### （一）企业客户的情报

企业客户的信息既包括目标客户的特点、行业特征、资金运动规律、经营现状、主要目标、目前遇到的突出问题、人事结构及变动情况、与银行的合作情况等，也包括客户的关键人物如法人代表、分管领导、财务负责人的个性特征、家庭情况、个人爱好等。

#### （二）个人客户的情报

个人客户的信息主要集中于年龄、个人资产情况、职业情况、主要家庭成员及社会关系、主要投资及合作银行、个人兴趣爱好等。

银行客户经理对掌握的客户情报，进行深入分析研判，并及时学习掌握与客户所在行业相关的专业知识。例如与电信部门客户商谈需要了解电信方面的相关知识，与医药公司客户商谈需要了解该种类医药方面的知识。还有与电力、公路、铁路等行业的客户交谈，客户经理也需要知晓相应方面的专业知识。客户资料掌握越详尽，越有利于银行客户经理在拓展客户时占据主动地位，并在与客户商谈中预见性地提出建议和意见，与客户进行具有专业水准的沟通，会增加拓展客户成功的概率。

### 四、银行介入客户的最佳时机

选定目标客户后，把握与客户商谈的最佳时机关系到拓展授信客户的成败。

#### （一）企业客户介入的最佳时机

根据企业大中小类型不同，选择合适介入时机。
1. 对于中小型企业

在中小型企业中，有很多是从来没有使用过银行授信的企业，我们可以把其称之为原生态企业。这些企业融资渠道狭窄、融资能力比较差。这些企业的数量十分庞大，挖掘、培育原生态客户，对银行而言具有两个优点：一是业务的高盈利性。银行对中小型企业有较强的议价能力，能够从中获取较高的综合业务收益；二是客户关系的持久性。银行通过独家介入并给予最及时的支持，可以培养客户的忠诚度。这些客户鉴于某银行的"雪中送炭"，在做大做强之后，即使该银行已经不能满足客户的全部授信需求，仍能与之保持持久的合作关系、维持尽可能多的业务。但拓展原生态客户时要注意控制风险，使风险控制在可承受范围内。只有在资金安全的情况下，拓展原生态客户，才能给银行带来较大收益。

中小企业筹备组建或开张营业之初，是银行介入的最好时机。此时客户正需要银行授信产品，银行介入伴随客户一同成长，特别是能够解决客户燃眉之急，拓展客户成功的概率就比较大。一旦银行授信展业成功、客户经营发展势头良好，该客户就很容易成为银行的忠实客户。

2. 对于大型集团企业

很多大型集团企业属于银行优质客户，这类企业规模大、效益好、信用好。此类客户一家银行难以满足其全部授信需求，一般形成多家银行"利益均沾"的格局。

（1）介入方式。银行对此类客户的介入方式有四种：①补充型介入。即一家银行难以满足企业全部授信需求，在已有银行授信的情况下，其他银行作为补充参与进来。这种方式是利用银行间存在的授信政策差异而实现介入目的的。②替代型介入。即企业受信已经饱和，但银行仍要进入或扩大自己的授信份额，便以更优惠条件挤掉其他银行的份额。这种替代型介入往往导致最为激烈的银行同业竞争。③综合型介入。即银行提供一个产品组合，设置跨部门、综合性的服务方案来吸引客户，或者培养"全能型"客户经理，向客户提供"一揽子"服务，例如可以集各种授信、国内国际结算、票据业务于一体，为客户提供全程金融服务，让客户形成依赖，成为企业财务顾问。④创造型介入。即当上述三种介入都比较困难的情况下，银行客户经理通过研究分析客户经营特点，寻找或创造客户新的授信需求，然后推出适合该客户需求的新产品，为客户提供授信服务。

（2）介入时机。一般对于大型企业，当企业发生某些变化时，就为银行介入创造了好时机。银行具体介入时机包括：①当客户发生重大体制变革时，如客户机构的合并或分离、资产重组、行政管理体制的变革。②当客户经营管理方式发生重大变革时，如一些集团企业对所属企业的销售资金由原来的单独管理改革为集并式管理或由原来的统收统支变为收支两条线管理等。③当客户发生重大人事变动时，如主要负责人、分管财务的负责人、财务或资金管理部门负责人发生变动。④当客户筹备上新的项目时，如公司上新的生产线、进行技术改造等。⑤当原金融机构不能满足客户授信需要时，本行客户经理抓住时机介入，通过提供符合客户需要的授信产品和更优质的服务与客户建立新的银企关系，赢得客户。

3. 特定事件的介入契机

无论何种类型企业，在特定事件发生时，以情打动客户为成功介入提供良机。常用的方法有：①履约守信打动客户。例如：约好拜访客户的时间后，天气骤变，经验表明，此时履约守信正是银行客户经理打动客户的绝好时机。但需注意，应尽量避免阴天临时约见客户，因为阴天气压较低，人们普遍感觉心情抑郁，会降低拜访客户的成功概率。②当客户举办工程竣工、大楼奠基、厂庆等重大庆典活动时，客户经理参加庆典活动，将为以后介入该客户，开展公关活动打下良好的基础。③当企业客户中重要的人遇到喜事吉庆或为家庭事务为难时。例如某公司客户的主要负责人晋升提拔、获得某种奖励等情况发生时，银行客户经理前去拜访祝贺、联络感情，可为今后争取该客户提供良机；又如公司客户关键人物有困难时，银行客户经理助其解决难题、渡过难关，这就为拓展授信客户打下良好基础。④当企业生产经营遇到暂时重大困难、急需银行帮助的时候，在风险可控范围内，客户经理如果能急客户之急，主动为客户排忧解难，客户定当铭记在心。但此法需要注意对授信风险的控制，一定在确保银行资金安全下方可使用。银行一般只做锦上添花之事，不做雪中送炭之人，这是银行稳健经营使然。

**（二）个人客户介入的最佳时机**

（1）当客户购买房产、家用轿车等大件商品时。

（2）当客户境内、境外旅游消费支出较高时。

（3）当客户子女就读高等学校、出国留学时。

（4）当客户投资新产业或当个人客户有意向明确的资金需求时。

**五、银行客户经理制订拜访计划**

制订的拜访计划应包括访问对象、访问目的、访问策略、访问内容、访问具体细项。

1. 明确访问对象

为减少访问的盲目性，在访问前明确本次访问的对象，并对访问对象的情况了如指掌，"做足功课"。

2. 明确访问目的

有目的地拜访客户是拜访成功的保证和必要条件。银行客户经理在拜访之前，先要解决拜访的目的和预期结果是什么，比如与客户建立关系、了解客户资金需求、银行产品介绍、深度了解客户多方面情况等，选择其中的一个或两个作为本次访问的目的。

3. 明确访问策略

访问目标客户是一个动态的系统工程，包括见面前的预约、见面时的问候、见面后的交谈、访问结束后的辞别等一系列要素都应考虑周全。

4. 明确访问内容

目标客户的所有情况都属于访问的内容，但每次都有侧重点，因此在制订访问计划时，应当明确本次访问的内容。本次访问重点内容取决于本次访问目的，访问的内容围绕访问目的进行，在计划中列明访问内容可以防止在访问时跑题。

5. 明确访问具体事项

访问之前，应与客户事先约定拜访时间、地点等具体事项。时间、地点的约定需征求客户意见，以便双方合理安排。

## 六、银行客户经理与客户见面

### (一) 约见客户

在拜访客户前,通过一定方式与之进行预约,然后再去访问表示对客户的尊重,也便于客户安排接待时间,减少被拒绝的可能性和避免拜访落空,也有益于消除对方戒心。常见的约见客户的方式有电话预约、信函或 E-MAIL 预约和社交软件预约。

#### 1. 电话预约

电话约见快捷方便,是常用的方式。它针对性强、迅速快捷、人情味浓。电话预约应选取合适的时间,通常周一不便预约,因为通常周一很多企业有开例会的习惯,而且双休日后一上班会面对大量工作,心情也容易焦躁,所以周一不是电话预约的好时机。除周一外的工作日中上午 9 时至 11 时,下午 2 时至 4 时均可电话预约。电话约见的要领有三点:

(1) 材料准备。电话预约客户,银行客户经理应列出谈话提纲以明确打电话目的;设想可能涉及的谈话内容要点,打腹稿并准备相应资料;找出客户名片或信息资料以熟记相关人员的联系电话及相关人员的职务、称谓和其他相关信息;准备好笔、本以准备记录与客户电话联系约谈情况。

(2) 心理准备。银行客户经理在打电话预约前要做好充分的心理准备,首先要放松,要具有热忱并给予自己充足的信心。微笑可以充当公关的引爆力量,所以打电话时要面带微笑。微笑可以奇妙地转变声音语调,可以为双方建立起友谊的桥梁。打电话时的面部表情是需要训练的,新上岗的银行客户经理准备一面小镜子,打电话前对着镜子里的自己作心理暗示,告诉自己这个电话一定能取得预期效果,一定能成功;并在打电话过程中要看镜子里的自己,时刻注意态度和表情,提醒自己微笑以给客户带来愉快的感觉。

(3) 电话预约需要注意的问题。电话预约要注意文明用语和讲话顺序,按照事先列明的提纲,谈吐要清晰,条理要分明,并且要尽量掌握客户心理,控制通话时间,如以约见为目的的电话不要占用客户过多时间。电话过程中也要注意控制音质、语调和饱满的情绪,用让对方听起来开心快乐的声音讲话。电话中应讲普通话,但有时遇到老乡也不妨讲一下家乡话,可以瞬间拉近双方距离。要充分运用各种悬念技巧,让目标客户觉得很有必要见面,对本次访问感兴趣。

#### 2. 信函或 E-MAIL 预约

信函或 E-MAIL 预约方式主要用在银行客户经理接触目标客户前,先发送有关资料给计划访问的客户,目的在于引起客户的兴趣,让客户愿意会面。其特点是主动性强、覆盖面广、保密性强、表达的内容既丰富又简明扼要。信函或 E-MAIL 预约还可使银行客户经理的文化修养和风度情怀跃然纸上,有一种特殊魅力。

用于预约的信函或 E-MAIL 基本内容:寒暄、自我介绍、赞美肯定、提出访问要求、约定访问时间等。撰写信函或 E-MAIL 要注意三点:要简洁,有重点;要引起客户的兴趣及好奇心;不要过于表露希望访问的迫切心。

#### 3. 运用社交软件预约

科技改变了我们的生活,通讯飞速发展改变了我们的生活方式。腾讯 QQ、微信、微博等社交软件改变了我们的交往方式,对于腾讯 QQ、微信、微博等用户可以用这类社交软件预约见面。其优点在于既具备电话的及时性、交互性，又具备书信预约的多方面的表现力，还避免了客户经理担心电话预约时客户不方便接听电话的困扰。

（二）与客户见面

与客户见面是银行客户经理开发客户必需的，也是非常关键一步。在与客户见面时要抓住以下四点。

1. 注重第一印象

心理学家研究证明，人们在日常生活中第一次接触某人、某事、某物时产生的即刻印象通常会在对该人、该物、该事的认知方面发挥明显的、甚至是举足轻重的作用，这个现象被称为"首因效应"。留下第一印象的时间很短，据心理学家研究表明只有3分钟左右时间。客户经理应利用这3分钟时间，为自己树立一个良好的第一印象。

第一印象是客户通过对银行客户经理外部特征的感觉，进而取得对他们的动机、情感、意图等方面的认识，最终形成对客户经理的印象。这些外部特征包括银行客户经理的仪表、握手、目光、体姿等，社交礼仪是银行客户经理必须掌握的知识。

2. 与客户寒暄

银行客户经理初次与客户接触时，讲好开场白，与客户适当寒暄是非常重要的。加深人与人之间的感情的最好方法，便是能找到彼此都感兴趣的共同话题和爱好。银行客户经理第一次正式接触客户，一定注意防止使客户紧张不安、甚至令客户产生反感。银行客户经理恰如其分的幽默风趣、适当地与客户寒暄，能让其消除心理障碍，令其放松，建立轻松的谈话气氛。

3. 切入正题，促成合作

银行客户经理应对本银行授信产品的特点、特色、方案熟练掌握、了如指掌，优秀的银行客户经理能够控制谈话节奏和引导谈话方向，并能够根据每位客户不同的需求点，提供适合客户的银行授信产品，促成银行授信业务的完成。

4. 谈话技巧

（1）提问。营销广为流传的至理名言是"能用问的就绝不用说"，多问少说是营销的黄金法则，但是一定要问对问题，明确目的性的提问才能达到良好效果。

提问问题有开放式和封闭式两种。开放式问题是为引导对方自由讲话而选定的话题，银行客户经理为了解客户需求在与客户面谈时，应多问开放式问题，以便客户能够自由、毫无拘束地谈话，使客户经理获得更多有价值的信息，找到授信机会。例如，"您公司目前需要银行提供什么样的授信产品和服务呢？""您公司目前的主要合作银行是哪个呢？"等类似问题。封闭式问题是指为引导谈话的主题，由提问者选定特定的话题使对方在限定范围内回答。银行客户经理要达到想要的结果或者获得一些更加具体的资料和信息时，就需要对客户提出封闭式问题。例如，"目前贵公司对于承兑汇票业务有需求吗？""请问您是明天上午9点有时间还是明天下午2点有时间？"封闭式问题客户经理已经为客户限定了选择的范围，不能由客户在规定的范围之外进行选择，具有明确的导向性。当然客户经理提出的供客户选择的一定是对客户经理来说最佳的范围，但客户经理一定还有一些"次优"的备选项为底牌，与客户进行磋商达成一致。

（2）赞美。赞美是客户经理必须掌握的技巧，赞美的效果经常会出人意料。

要赞美别人，非常关键的一点是用心找到赞美点。例如看表情，分析心情；看服饰，猜度个性；看陈设，琢磨爱好；听谈吐，了解层次等；不妨借助客户桌上摆的、墙上挂的、手上拿的物件发现客户的情趣与爱好，真心实意地加以赞美。

赞美别人角度也很重要，通过用心观察找到恰当的赞美点。①从工作上赞美。与银行工作人员见面交流沟通的人，多是在公司企业中有话语权的人或事业有成的人，可以从对方工作成就的角度去赞美，还可以向他请教，总之设法让对方开口；②从特殊技能上赞美。特殊技能是别人所不具备而其所独有的专才，如写一手好字、会绘画、下棋、唱歌特别好或者跳舞特别好等；③从家庭上赞美。但一定是在了解其家庭情况的基础上，恰当赞美；④从体育运动上赞美。特别是时下正在进行有影响力的赛事，客户又是运动的爱好者或参与者，找到客户擅长的或兴趣点，客户经理可以与客户运用共同语言，叙述共同经验，从而产生共鸣，迅速拉近距离。⑤从兴趣点上赞美。气候、季节、新闻、时事，或其他客户感兴趣的问题等都可以作为开场白的话题。银行客户经理注意观察，当客户侃侃而谈、言语较多时就可能是谈到了对方感兴趣的话题。客户经理可以由此引发客户发表观点，并对观点加以赞美。

客户经理除赞美客户外还应对客户的接待人员也表示赞赏，对他们周到热情的接待表示感谢，客户也会因为下属所受赞赏脸上有光彩而态度变得友好，还会为下次拜访客户做好铺垫。

（3）话题。银行客户经理与客户见面忌讳除了工作没有其他话题，这样难以拉近关系。如果银行客户经理与客户一直都停留在只能谈业务的层次上，很难拉近双方关系。客户经理可以尝试从以下角度找到突破口。①把话题引向提升客户自尊心方面的内容，如对方的成功谈、辛苦谈等；②有关信息方面的内容，如新闻热点、同行消息等；③有关利益方面的内容，赚钱、节省开支的方法等；④养生保健方面的知识等；⑤投资有关话题等；⑥对方可能的兴趣爱好，如摄影、运动、流行风尚、美食等。

客户经理的兴趣爱好越广泛，掌握的信息量越大，越容易找到共同话题、拉近距离。

## 教学活动3　银行授信的客户维护

【活动设计】

通过对引入案例的分析，讲解客户关系维护是十分必要的，进而讲解维护客户关系的方法。学生分组自编案例，模拟客户经理、客户角色，运用所学方法维护客户关系。

【案例导入】

### "漏斗原理"与客户关系维护

某商业银行做了一项统计：在2016年4月11日到18日的一周时间，银行客户总数未变，但进一步分析发现增加了100个新客户的同时也失去了100个老客户。这看似对银行产品销售业绩影响不大。而这家银行从支出方面作进一步分析却发现：为争取这些新客户所花费的媒体宣传、举办活动、赠送小礼品等促销费用大幅度增加。虽然在金融服务行业同样适用"漏斗原理"，老客户的流失可以通过不断补充新客户来保持销售业绩不变，但从投入与产出角度来看，这种失去老客户依靠补充新客户的经营思路是存在问题的。培养忠诚的客户群，维护客户关系对降低银行经营成本、提高银行经济效益，在与同行竞争中取胜具有非常重要的意义。

思考：如何维护客户关系培养忠诚客户群？

【基础知识】

银行产品同质化明显，银行业授信市场已逐渐进入买方市场，竞争十分激烈，银行必须采取恰当和有效方法为客户提供优质服务进行关系维护。维护客户关系的方法主要有以下6种。

### 一、分层维护

分层维护即银行提供分层次的服务，简单地说就是不同层次的客户享受的银行服务不同。银行把客户分成超级VIP、VIP和普通客户三类，对于超级VIP建立由多岗位客户经理组成的小组为其提供维护服务；对于VIP再进行细分，分派不同职级的客户经理为其提供维护服务；对于普通客户通过银行的柜台服务、自助设施服务进行维护。据国内外银行业经验数据表明大客户对银行贡献度大，80%的业务量和利润来自于银行大客户。银行通过对客户的分层服务，稳住大客户以稳住市场，再开拓新客户以占得竞争先机。银行对客户分层的方法是根据客户资产规模、年收入或利润的大小不同进行分层的。

### 二、上门维护

上门维护是银行客户经理改善客户关系最常用的方式，他们工作日的大部分时间是与客户在一起。上门维护服务可以包括很多内容，比如日常工作中对大客户或重要客户的上门取单、送客户回单、提供咨询服务，协助客户进行资金安排，协助客户办理收取各种费用或款项、协助客户办理大额存取款等。通过上门服务推介银行相关产品，挖掘和发展存、贷款客户，搜集和反馈各种信息等。

### 三、超值维护

超值维护是指银行从参与市场竞争、赢得客户的角度出发，客户经理以自觉的行动、情感的力量、精神的感召、才智的支持，通过各种渠道传递出对客户有帮助的信息，以达到为客户带来超出其心理预期的满足感和自豪感的目的进而给银行带来高效率和高收益的维护方式。超值维护的精髓是改变冷冰冰的、没温度的商业行为，在法律法规允许的范围内，银行倡导提供一种精神享受作为产品的附加值。超值维护一般是基于高端客户、重要客户而采用的维护方法。

### 四、知识维护

银行客户经理通过自身深厚的金融专业知识功底，向客户传播和普及金融知识，启迪客户的金融意识、激发客户金融参与感，这是培育客户群和刺激金融需求的长远之计。银行客户经理的重要本领之一是要设法使有潜在需要的客户，产生"我应购买它"的欲望。例如，如果能让更多的人知道电子化对银行服务的强有力支撑和为客户带来的方便与快捷，就会有更多的金融消费者积极采用电话银行、网上银行、手机银行，成为银行客户；如果大家普遍接受"先借贷消费，再用收入分期还款"的理念，信用卡一类的金融产品就能更顺畅地推广。

普及金融知识、启迪金融意识是知识维护的重要内容。但除此之外还可以根据客户需要运用多方面的非金融知识的传播，维护客户关系。例如可以根据不同年龄层次、不同文化层次为大客户和重要客户举办育儿、保健、文学等多方面的讲座活动。

### 五、情感维护

银行客户经理在寻找、约见客户时，以及在与客户交谈中处处以客户为中心，站在客户角度思考问题。在工作中不仅要做产品销售者，更要做友好大使，注重人情味儿，与客户建立长期、稳定的朋友关系。如客户维护人员应记住重要客户的生日或其他有纪念价值的日期，适时地送上一束鲜花或纪念卡之类的礼物以表心意，让客户时刻体会到银行对他的关心和"牵挂"，把诚挚的情感注入维护客户关系的全过程之中。

### 六、交叉销售维护

调查结果显示客户在一家银行中得到的服务越多，转向其他银行的可能性就越小。银行稳定客户、改善客户关系的重要方法之一是不断进行金融产品创新，拓展金融产品链和打通不同金融产品之间的联系通道，进行多种产品灵活组合，最大限度地满足客户需求，增加银行对客户的黏性。交叉销售维护的核心是当客户选择本行后，就想尽各种办法提供他们需要的所有银行服务。建立和实行综合客户经理制是采用交叉维护的制度基础。

【单元实训】

**实训项目：** 训练与拟授信客户见面营销技巧。

**实训资料：** 自编授信营销案例。

**实训要求：** ①表现出约见客户能力；②与客户见面有恰当表现；③与客户见面营销技巧运用恰当。

**实训方式：** 每两人一小组，6人组成一团队，每一团队推选一组为代表课上交流展示。

# 任务二
## 银行授信申请与受理

【教师任务】
1. 指导学生学习掌握如何办理授信申请业务
2. 指导学生学习掌握如何进行受理授信申请业务
3. 指导学生学会指导授信申请人提交相关资料
4. 指导学生掌握审核授信申请资料的方法
5. 指导学生掌握撰写访客报告的方法

【学生任务】
1. 学习掌握如何办理授信申请业务
2. 学习掌握如何进行授信申请受理业务
3. 掌握审核授信申请资料的方法
4. 掌握撰写访客报告的方法

## 教学活动1 客户向银行提出授信申请

【活动设计】

借助引入的授信申请案例，指导学生分客户经理和客户角色模拟客户提出授信申请的过程，并讲解授信申请需要提交的资料。

【案例导入】

**山西省某重型机械股份有限公司申请流动资金贷款 500 万元**

山西省某重型机械股份有限公司成立于 1988 年，注册资本 8 120 万元，法人代表周××。该公司于 2015 年 2 月 28 日以扩大生产规模需要补充流动资金为由向银行申请贷款 500 万元，期限 12 个月，用新增销售收入还款。拟以重型机械股份有限公司的生产车间和厂房作抵押。

思考：山西省某重型机械股份有限公司如何办理贷款申请？应准备哪些贷款申请资料？

【基础知识】

客户向银行提出授信申请分为五步骤，申请流程见图2-1。

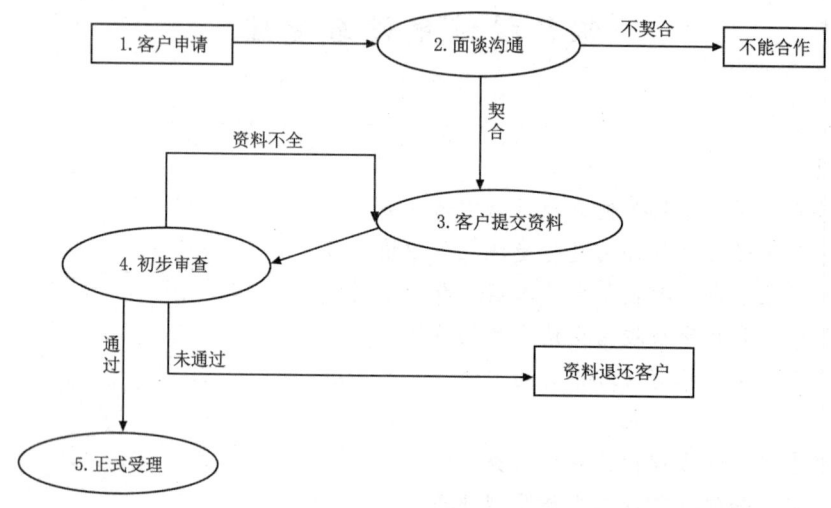

图2-1 客户申请授信流程图

## 一、客户申请

客户以书面形式或其他有效方式向银行提出授信业务申请。很多银行开设网上授信业务，这样客户也可以通过在网上填写授信申请书，提出授信申请。

在这一环节可以是客户主动联系银行申请授信，也可以是银行主动向客户营销授信产品后请客户向银行提出授信申请。不管是何种形式的授信，一般银行授信申请书的内容主要包括客户基本情况、申请的授信品种、金额、期限、用途、担保方式、还款来源及方式等。

---

**相关链接2-1**

中国建设银行网上授信申请网址：http://ehome.ccb.com/Channel/34202182。

---

## 二、面谈沟通

客户提出申请后，银行客户经理与客户进行面谈沟通。在与客户沟通时，银行客户经理要了解客户的需求情况，并向客户准确介绍银行的有关授信规定，包括但不限于借款人的资格要求、授信业务的收费及利息情况、期限、用途、优惠条件及客户的违约处理。经过面谈沟通，认为双方条件契合则将业务推进到下一步，双方如果不契合则终止业务。

## 三、客户提交资料

银行客户经理向有合作意向的客户说明申请授信应该提交的资料。一般客户经理根据客户申请授信类型，提供给客户"授信业务申请资料清单"，要求其在规定时间内按照资料清单的要求准备资料。授信类型不同，资料清单内容不尽相同。

**相关链接 2-2**

表 2-1　　　　　　　　　中国××银行中小企业流动资金贷款资料清单

| 资料分类 | 序号 | 名　称 | 资料说明（提交资料的复印件全部加盖借款企业公章） |
|---|---|---|---|
| 基本资料 | 1 | 企业法人营业执照、企业法人代码、企业税务登记号 | 营业执照正、副本（已年检） |
| | 2 | 银行开户许可证 | 基本账户 |
| | 3 | 法定代表人身份证明和证件 | 载明姓名、性别、身份证件号码、现任职务是企业法定代表人 |
| | 4 | 贷款卡 | 登记证、卡片的原件及正反面复印件 |
| | 5 | 会计事务所出具的验资报告 | |
| | 6 | 公司章程 | |
| | 7 | 企业投资批准证书、备案登记表 | 外资企业 |
| | 8 | 全体董事会或股东会成员身份证明 | 身份证件正、背面复印件 |
| 企业经营情况 | 1 | 企业简介（企业发展史介绍） | 载明经营范围、现状、历史沿革、管理特色、拥有固定资产、技术水平、生产能力、工艺流程、产品特性、市场定位、销售网络、经营周期、主要产品近3年的销售情况等 |
| | 2 | 法定代表人及全体股东个人简历 | 载明姓名、性别、籍贯、身份证件号码、现住址、手机号码、办公电话、现任职务、最高学历、毕业学校、所学专业、专业职称、工作简历、历任职务 |
| | 3 | 财务报告 | 近3年审计报告及最近一期的企业财报，最近一期报表需提供资产负债表的科目明细表 |
| | 4 | 企业与银行往来记录 | 上年末及近3个月主要银行对账单、个人存折流水 |
| | 5 | 企业近期购销合同 | 主要上下游企业合同（近3个月或全年中较大额的） |
| | 6 | 企业原材料采购凭证及汇总 | 近3个月收货单、提货单、发票等 |
| | 7 | 企业产品销售凭证及汇总 | 近3个月出仓单、发货单、发票等 |
| | 8 | 企业增值税、所得税纳税申报表 | 最近2年 |
| 其他资料 | 1 | 缴交水、电费收据 | 近3个月 |
| | 2 | 近2个月企业员工工资表 | 近2个月 |
| | 3 | 生产产品工艺流程 | 产品种类简介及工艺流程介绍 |

续表

| 资料分类 | 序号 | 名 称 | 资料说明（提交资料的复印件全部加盖借款企业公章） |
|---|---|---|---|
| 其他资料 | 4 | 企业重大变更情况 | 包括增资、更换法人代表、股东变化、合并、分立、重组等情况 |
| | 5 | 行业证件 | 如企业产品生产许可证、经营许可证、卫生许可证、进出口经营许可证、排污许可证等 |
| | 6 | 抵、质押物资料 | 房地产权证、国有土地使用权证、设备发票、定期存单或存折等 |
| | 7 | 股东个人名下财产情况 | 包括房产、车辆、存款凭证、债券、股票等财产证明文件 |
| | 8 | 企业厂房租赁合同、支付租金凭证 | 如土地厂房为租赁的，需提供 |
| | 9 | 其他资料 | 提交担保人资料，参照借款人资料类别 |

### 四、初步审查

#### （一）初步审查的一般方法

银行授信受理岗位人员收到客户申请授信资料后，根据授信申请资料清单要求，对所收资料进行完整性、合法性、规范性、真实性、有效性的初步审查。

1. 完整性审查

完整性审查是指按照授信类型，找到对应的授信申请所需资料清单，对照授信申请资料清单审查客户资料是否齐全。如属于项目贷款授信的，项目立项的相关批准文件是否齐全。

2. 合法性审查

合法性审查是指审查客户所提交资料是否符合法律法规规定。例如贷款授信的主体资格是否合法、保证人资格是否合法、抵押物和质押物是否合法等。

3. 规范性审查

规范性审查是指客户所提供资料的样式、项目、内容是否符合银行规范要求。

4. 真实性审查

真实性审查是指银行授信受理岗位人员初步分析判断客户财务报告、买卖合同、银行流水等资料是否与客户实际情况相符合。向相关部门和相关部门提供的网络系统查询客户所提供的证件是否真实、合法有效。

5. 有效性审查

有效性审查是指银行授信受理岗位人员分析判断客户提供的资料是否能证明其具有相应的权利。

经过银行对客户资料的初步审查，对于完整性、规范性、有效性不足的，要求客户补充新的资料；资料不合法或造假具有骗贷嫌疑的应指出并拒绝其授信申请，必要时告知有关单位、组织，问题特别严重的向公安机关报案。

（二）初步审查的要点

1. 银行授信业务申请书审查项目

加盖的公章清晰与否、与营业执照和贷款卡上的企业名称是否一致，三者必须一致。

2. 财务报表审查项目

（1）加盖的公章是否清晰、与营业执照和贷款卡上的企业名称是否一致；

（2）是否有财政部门的核准意见或会计（审计）师事务所注册会计师出具的审计报告。

3. 审核税务登记代码、组织机构代码是否真实无误

4. 股东会或董事会决议审查项目

（1）申请授信业务的用途、期限、金额、担保方式及委托代理人等是否与授信申请书一致；

（2）是否达到公司章程或组织文件规定的有效签字人数。

5. 贷款卡（证）审查项目

（1）是否在有效期内；

（2）是否通过年审。

6. 营业执照及其他有效证明是否经年审合格。

五、正式受理

银行对于初步审查合格客户，接受客户授信申请，进入正式受理阶段。

## 教学活动2　银行受理客户授信申请

【活动设计】

借助引入案例讲解授信受理的过程，指导学生分授信业务主管（层级高一点的客户经理）、客户经理和客户的角色模拟受理授信申请的过程。

【案例导入】

接本任务教学活动1的导入案例资料，假定山西省某重型机械股份有限公司申请流动资金贷款500万元，通过了客户经理的初审。

思考：银行受理客户授信申请包括哪些步骤？

【基础知识】

银行受理客户授信申请的流程如图2-2所示。

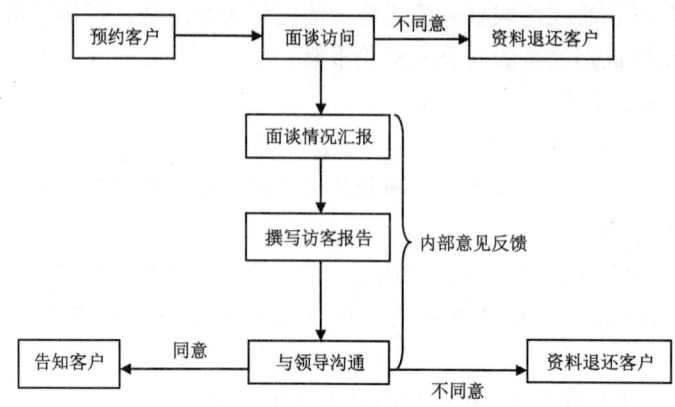

图 2-2 银行受理客户授信申请的流程

## 一、预约客户

经银行初步审查通过的客户，不论何种类型客户以及申请何种授信品种，银行授信业务岗位主管都应尽可能与客户进行预约，安排确定时间，双方进行面谈。先预约后拜访既方便安排时间，又显示银行专业性。

银行通常采用见面预约、电话预约、E-Mail预约、社交软件预约、托人预约等方式。

## 二、面谈访问

面谈访问是银行了解企业情况的重要环节，要十分重视。

### （一）面谈准备

业务主管约见的面谈对象，通常是企业经理或财务负责人等相对比较重要的企业人员，他们可能是经验丰富的谈判高手。面谈访问是博弈，因此业务主管要做好充分准备，拟定详细的面谈工作提纲，掌握好面谈内容。业务主管在与客户面谈前要做好下列准备工作：

（1）阅读客户提供资料，了解客户总体情况；

（2）利用互联网搜集客户新闻、资料等，进一步了解客户历史及发展、社会影响、商业信誉等；

（3）通过"授信业务申请书"，了解客户授信需求；

（4）对本银行授信产品做到十分熟悉，根据客户需求为客户选取和组合适合客户的银行授信产品。

### （二）面谈过程及内容

业务主管应控制好面谈的节奏和内容，运用营销技巧、注意商务礼仪，在和谐愉快的面谈气氛中了解客户的相关信息。业务主管通过与客户面谈需要了解的内容如下。

#### 1. 客户的公司状况

客户的公司状况包括历史背景、股东背景情况、股东构成、公司组织架构、产品情况、经营现状等。此时与客户的交流目的是求证以前所掌握资料的真实性。

2. 客户的资金需求状况

客户的资金需求状况包括企业申请授信原因、资金用途、额度需求、授信条件等。

3. 客户的偿还能力

客户的偿还能力情况，通过面谈了解客户现金流情况、经济效益和收入情况、偿债资金来源及担保人的经济实力等。

4. 担保的可接受性

担保的可接受性包括抵押品、质押品等的品种、权属、价值评估和价格波动情况及变现难易程度等。

5. 客户与银行关系

客户与银行关系包括其主要合作银行，与本行及他行业务往来状况、信用履约情况等。具体面谈内容：如是否向其他银行提出过贷款申请、是否有其他债权人的未清偿债务、是否存在授信违约情况、是否是本银行已授信客户等。

通过面谈进一步了解客户的具体情况，对于初步判断可以考虑接受其授信申请的，业务主管也不可当场越权作出授信承诺；如果业务主管与客户面谈后认为存在许多问题，授信申请不予考虑的，则应留有余地表明银行立场，不要当场回绝，可以随后通过电话沟通告知客户，并向客户解释不能授信的原因，将客户提交资料退还。

### 三、面谈情况汇报

业务主管在与客户面谈后，应该第一时间将面谈情况向直属主管领导汇报。反映情况应做到及时、全面、准确，避免直属主管领导掌握的信息出现偏差。

### 四、撰写访客报告

面谈结束后，业务主管须及时撰写访客报告。访客报告既可成为平时工作记录，又是向上级领导提供决策的基础性信息。

一般访客报告内容包括：企业基本情况介绍、授信需求介绍、获取的企业重要信息、存在的问题与障碍以及是否接受该授信申请的倾向性意见或建议。

访客报告的撰写应条理清晰、内容详尽、准确客观。

### 五、与领导沟通

银行业务部门负责人根据银行的规定及授信品种、额度使用规定和程序等，将企业提供的授信申请资料及访客报告等书面材料与风险管理部或银行主管负责人进行沟通和汇报，听从领导意见，进行下一步工作。对于在与风险管理部门和主管行领导沟通汇报后被否定的项目，应及时告知客户，与面谈访问未通过的客户处理方法相同。

### 六、告知客户

经银行授信业务主管负责人同意的授信，进入授信调查与分析阶段。该项目的客户经理把授信申请受理结果告知客户。

客户经理应通过合理的方式告知客户，如口头、电话或者出具正式的贷款意向书都是可以的，并要求客户配合银行下一步的工作。

出具贷款意向书的主要意图是表明双方的初步合作意向，其内容包括：授信对象、授信品种、金额、期限、利率和费率、清偿计划、担保方式、约束条件等。贷款意向书不具备法律效力，其中内容双方可以协商修改，银行不受意向书任何内容的约束。贷款意向书仅代表银行的一种态度，一般加盖银行业务章或相关领导签字。

**相关链接 2-3**

**关于××银行××贷款意向书**

根据贵公司的需要，我行拟为贵公司安排定期贷款额度，现将该贷款条款（条件）建议如下，该等条款（条件）只是初步订立，仍有待我行最后审批通过，故并不构成我行对该项贷款的任何承诺。

借款人：×××有限公司（下称"借款人"）
贷款人：×××有限公司××分行（下称"贷款人"）
贷款项目：×××贷款（下称"该项目"）
贷款形式：
贷款金额：人民币×××圆整（大写）
贷款用途：
最终归还日：
提款条件：
利率：
还款方式：
手续费：
抵押：
担保：
权益转让：
额度承诺费：
提前还款：
提款有效期：
先决条件：
补充提款：
税项：
适用法律：
管辖法院：

倘若贵公司同意上述的全部条款敬请在本传真上签名盖章作实，并尽快送回我行，以便我行进行进一步的审批程序，专此函达，宁候示复。

谢谢！

签字　　　年　月　日
（盖章）

**【单元实训】**

**实训项目**：训练授信申请提出和授信申请受理。

**实训资料**：自编一授信申请案例。

**实训要求**：①表现出客户经理指导客户申请授信和初步审核的能力；②表现出授信业务主管与客户面谈沟通能力和受理授信申请能力。

**实训方式**：每3人一小组，6人组成一团队，每一团队推选一组为代表课上交流展示。

## 综合训练

### 一、知识检测

**（一）单项选择题**

1. 银行产品营销的重点是（　　）。
   A. 价格低廉　　　　　　　　B. 提高服务
   C. 广告投入　　　　　　　　D. 产品创新

2. （　　）为客户主动与商业银行接触，要求商业银行授信服务。
   A. 自我推荐法　　　　　　　B. 资料查阅法
   C. 逐户确定法　　　　　　　D. 中间人介绍法

3. （　　）使客户经理了解市场、客户和社会，锻炼和提高沟通交往能力。
   A. 自我推荐法　　　　　　　B. 资料查阅法
   C. 逐户确定法　　　　　　　D. 中间人介绍法

4. 人们在日常生活中第一次接触某人、某物、某事留下的印象将起到举足轻重的作用，这个现象被称为（　　）。
   A. 第一印象　　　　　　　　B. 末因效应
   C. 瞬间印象　　　　　　　　D. 首因效应

5. "您一般选择保本式投资还是高回报投资？"这一询问句属于（　　）。
   A. 封闭式　　　　　　　　　B. 开放式
   C. 诱导式　　　　　　　　　D. 反问式

6. 根据客户对银行的贡献大小，分配给相应资历的客户经理来维护客户的方法为（　　）。
   A. 上门维护　　　　　　　　B. 超值维护
   C. 感情维护　　　　　　　　D. 分层维护

7. 商业银行客户经理与客户面谈后，应撰写（　　）记录面谈内容情况。
   A. 授信申请书　　　　　　　B. 访客报告
   C. 贷款建议书　　　　　　　D. 授信报告

## （二）多选题

1. 与品牌营销策略相符合的（    ）。
   A. 整合营销　　　　　　　　　　B. 明确品牌定位
   C. 营销围绕品牌价值　　　　　　D. 建立品牌管理体系
   E. 培养客户品牌忠诚

2. 银行目标客户的选择依据有（    ）。
   A. 国家授信政策　　　　　　　　B. 客户风险
   C. 客户的价值　　　　　　　　　D. 银行特色业务所适合的客户
   E. 银行经营战略所适合的客户

3. 中间人介绍法中，常见中间人有（    ）。
   A. 政府部门　　　　　　　　　　B. 社会团体
   C. 家庭成员及亲属　　　　　　　D. 同事、朋友、邻居
   E. 银行的现有客户

4. 对于企业客户营销的最佳时机有（    ）。
   A. 企业成立之初　　　　　　　　B. 企业发生变化时
   C. 企业将要破产时　　　　　　　D. 特殊情况发生时
   E. 任何时候

5. 客户维护的方法有（    ）。
   A. 分层维护　　　　　　　　　　B. 上门维护
   C. 超值维护　　　　　　　　　　D. 知识维护
   E. 情感维护

6. 体现银行运用"情感维护"的有（    ）。
   A. 给客户介绍有名的医生　　　　B. 先做朋友，再谈业务
   C. 上门取送银行单据　　　　　　D. 帮助客户解决日常生活中的事情
   E. 运用自己的知识给客户提供建议

7. 客户提出授信申请的内容包括（    ）。
   A. 客户基本情况　　　　　　　　B. 申请金额
   C. 担保方式　　　　　　　　　　D. 还款来源
   E. 申请用途

8. 银行授信受理人员收到客户申请资料后，应对资料的（    ）进行初步审查。
   A. 完整性　　　　　　　　　　　B. 合法性
   C. 规范性　　　　　　　　　　　D. 真实性
   E. 有效性

## （三）判断题

1. 银行不需要营销，只要做好业务就可以。（    ）
2. 客户是银行营销的中心，客户需求是银行开展营销活动的根本出发点。（    ）
3. 当客户发生重大人事变动时，是介入企业的好时机。（    ）
4. 银行必须根据自己银行所提供产品的内容及特点去寻找恰当的目标客户，最好的

出发点是那些已经消费了本银行产品的现有客户。（　　）

5. 银行客户经理在电话中或面谈前期了解客户需求时，多问开放式问题。（　　）

6. 银行应加大力度开发客户，对于现有客户不需要投入更多精力。（　　）

7. 加强维护客户工作可以使银行不断地改进服务，提高管理水平，进而不断地培养忠诚客户群。（　　）

8. 客户申请授信业务必须由客户主动找到银行来办理。（　　）

9. 银行对所有申请授信的客户都需要撰写授信报告。（　　）

10. 贷款意向书不具备法律效力，其中内容双方可以协商修改，银行不受意向书任何内容的约束。（　　）

## 二、技能训练

**案例分析：**

"旅游套餐"包括个人旅游贷款、个人旅行支票、牡丹信用卡、牡丹灵通卡、牡丹中旅卡、异地通存通兑等"一揽子"金融业务，服务于个人旅游消费全过程。客户可以根据不同需求享用"旅游套餐"组合，如缺少旅游资金者可选择"个人旅游贷款—活期通存通兑—牡丹卡—异地结算"等配套服务。

分析该案例运用了哪种营销策略？并简要说明理由。

# 项目三 Project 3
# 银行授信调查

【知识目标】
1. 掌握公司客户授信调查的方式和内容
2. 掌握担保情况调查方式和内容
3. 了解自然人授信调查的方式和内容
4. 掌握授信调查报告撰写原则与方法

【能力目标】
1. 能采用适当方式对银行客户进行调查
2. 能对公司客户信用进行评级
3. 能对自然人客户信用进行评分
4. 能撰写规范的公司和自然人客户授信调查报告

## 任务一 公司客户的授信调查

【教师任务】
1. 指导学生完成公司客户基本情况调查
2. 指导学生完成公司客户财务情况调查
3. 指导学生完成公司客户非财务情况调查
4. 指导学生完成公司客户信用等级评定

【学生任务】
1. 掌握公司客户基本情况调查方法和调查内容

2. 掌握公司客户财务情况调查方法
3. 掌握公司客户非财务情况调查方法
4. 能够对公司客户进行信用等级评定

## 教学活动1　公司客户基本情况调查

【活动设计】

借助引入案例的分析，讲解授信银行对公司客户基本情况调查的内容和方法。

【案例导入】

### 对长沙某电机厂贷款授信调查

长沙银行某支行公司业务部客户经理蔡轩收到长沙某电机厂的借款申请书、财务报表、营业执照、税务登记代码、组织机构代码、董事会同意借款的决议、授信卡等材料，分管行长安排他先对该客户的基本情况进行调查。

**思考**：蔡轩作为客户经理应从哪里着手调查？调查内容包括哪些方面呢？

【基础知识】

公司客户基本情况调查一般采用申请授信客户提供资料和信贷员（客户经理）实地考察相结合的方式。授信银行对公司客户基本情况调查的主要内容包括：客户主体资格、客户及其关联企业的历史沿革、地理位置（包括注册地）、组织形式、职工人数、土地使用权取得的方式、在建工程、在银行的开户情况等。具体细分如下。

### 一、公司客户详细情况的调查与落实

客户类型、单位名称、地域位置、行业属性；开户行和存款账号、开户时间；企业组织机构代码、单位地址、成立日期、法定代表人、财务负责人、邮政编码、营业执照号码、注册资本、注册资金、经济性质、经营方式、自营进出口证号码、经营范围（主营、兼营）；各种证照的发照机关、发照日期、到期日、年检情况、上年度年检、本年度年检、年检最后期限；特种行业许可证名称及号码、环境保护许可证号码、国际互联网网址、贷款卡号码、贷款卡到期日；大中专以上学历的工人数、工程师以上职称人数、企业档次、当年累计出口创汇额度、有无自营进出口权、本单位授信余额、"三废"治理情况（已达标、未达标）、本行账户性质（一般户、基本户）、是否是本行股东等。

### 二、联系人情况

联系人姓名、性别、任职部门、职务、办公电话、手机、QQ 号、微信号、电子邮箱等。

### 三、公司客户二级核算部门及内部机构设置情况

二级核算部门或内部机构名称、负责人、地址、联系方式、邮政编码、划拨运营资金数额、核算方式、财务独立程度等。

### 四、客户关联企业网调查与落实

关系企业名称、法定代表人、关系类别、注册资本、地址、联系方式、邮政编码、财务独立程度等。

### 五、客户对外投资情况调查与落实

对外投资单位名称、投资额、法定代表人、注册资本、地址、联系方式、邮政编码、投资收益方式、财务独立程度等。

### 六、客户重大事项记录调查

事件说明、是否上报中国人民银行和中国银行业监督委员会及其分支机构、是否向法院起诉。

### 七、客户主要生产产品目录调查与落实

产品名称、规格、型号、月产量、月产值；主要原材料名称、主要原材料产地、主要原材料月耗量、主要辅材料名称、主要辅材料产地、主要辅材料月耗量；销售价格、主要销售对象等。

### 八、客户主要经营商品目录调查与落实

经营商品名称、规格、型号、月销售数量、销售价格、主要供货单位、主要销售对象。

### 九、客户不动产情况调查与落实

不动产名称、单位、数量、坐落地、购建日期、结构、层数、使用情况、财产所有权证类型、权证号码、抵押权人、抵押值、登记证号码、有无保险等。

### 十、客户主要设备情况调查与落实

设备名称、购置日期、产地、型号、单位、增减、原值、净值、所有权人、所有权证号码、抵押权人、抵押值、登记证号码、有无保险等。

## 十一、在建工程情况调查与落实

在建工程名称、已完成工作量、坐落地、开工日期、结构、房屋建筑层数、抵押权人、抵押值、有无保险、"四证"（建筑工程规划许可证、建设用地规划许可证、国有土地使用证、建筑工程施工许可证）是否齐全。

## 十二、企业法定代表人和主要负责人情况调查和落实

姓名、性别、出生年月、学历、任职、职称、身份证号码、个人信誉、工作作风、生活作风、主要经历等。

## 十三、保险情况调查与落实

保险标的、保险公司名称、保单号码、保险金额、保险费、保险开始日期、保险结束日期、赔偿原因、赔偿金额等。

## 十四、主要股东情况调查

股东代码、股东名称、入股金额、占比等。

## 十五、银行开户情况调查

基本结算账户的开户银行、是否在本行开立了一般存款账户。

【单元实训】

**实训项目**：公司基本情况调查。
**实训资料**：搜集当地的公司企业资料。
**实训要求**：填写表3-1，并分组交流调查情况。
**实训方式**：4人组成一信贷小组，分工合作完成授信调查任务。

表3-1　　　　　　　　　　授信客户基本情况

| 一、概况 | | | |
|---|---|---|---|
| 申请企业全称 | | | |
| 成立时间 | | 营业执照号码 | |
| 营业执照最后一次年检时间 | | 法人代码证号 | |
| 税务登记证号 | | 授信证号码 | |
| 注册资本 | | 经营资质 | |
| 法定代表人 | | | |
| 所有制类别 | | | |
| 客户组织类别 | 有限责任公司、有限责任公司（联营）、国有独资公司、股份有限（上市）、股份有限（未上市）（请选择其一） | | |

续表

| 办公地址 | |
|---|---|
| 注册地址 | |
| 主管部门 | |
| 主营业务 | |
| 其他 | |

## 二、股东情况及组织结构

| 股东 | 投资金额（万元） | 出资方式 | 出资占比（%） |
|---|---|---|---|
|  |  |  |  |
|  |  |  |  |
| 合　计 |  |  |  |

## 三、管理情况

1. 内部组织结构简介（简单介绍企业管理体系决策机构及人员、职能部门设置、人员结构等）

2. 主要管理人员

| 法定代表人 | 姓名 | | 性别 | |
|---|---|---|---|---|
| | 出生年月 | | 身份证号 | |
| | 文化程度 | | 户口所在地 | |
| | 家庭住址 | | | |
| | 联系方式 | | | |
| | 学习工作简历及主要业绩 | | | |
| | 有无从事违法活动的记录 | | | |
| | 其他说明事项 | | | |

其他管理人员（格式如上表，请复制）

3. 管理水平评价：简单评价知识水平、工作经验、团队精神、人力资源管理、激励机制等，着重从其历史上的重要决策及其效果分析

## 四、关联企业或关联人物

关联企业：包括母公司、子公司、参股公司及其他关联企业的名称、注册资金、关联关系、主要经营管理情况等

关联人物：包括姓名、性别、年龄、关联关系、学习工作简历、主要情况介绍等

续表

| 五、经营活动基本情况 |
|---|
| 简单介绍授信客户经营活动的历史发展、经营发展规划、策略和目标 |
| 六、重大事项揭示（或其他需说明的情况） |
| 简单介绍对公司的经营和信用产生重要影响的事件，包括公司高层变动、资本变动、组织结构变动、经营业务范围变动、法律诉讼等 |

## 教学活动2　公司客户财务状况调查分析

【活动设计】

借助引入案例的分析，讲解授信银行对公司客户的财务状况进行调查的内容与方法。

【案例导入】

### 长沙某电机厂资产负债状况

××银行某支行公司客户经理蔡轩收到长沙某电机厂的借款申请书的同时收到了其最近3年的资产负债表、利润表、现金流量表和近3个月的财务报告等。其中2015年资产负债简况（见表3-2）如下。

表3-2　　　　　　　　　　2015年资产负债简表　　　　　　　　单位：人民币元

| 资产 | 金额 | 负债与所有者权益 | 金额 |
|---|---|---|---|
| 流动资产 | 440 000 | 流动负债 | 200 000 |
| 现金 | 400 000 | 短期借款 | 92 000 |
| 应收账款 | 200 000 | 应付账款 | 108 000 |
| 存货 | 200 000 | 长期负债 | 300 000 |
| 固定资产原值 | 410 000 | 所有者权益 | 400 000 |
| 减：折旧 | 78 000 | 实收资本 | 200 000 |
| 净值 | 332 000 | 资本公积 | 80 000 |
| 在建工程 | 30 400 | 盈余公积 | 67 000 |
| 无形资产 | 19 600 | 未分配利润 | 53 000 |
| 总额 | 900 000 | 总额 | 900 000 |

**思考**：根据我国授信政策规定，遵循授信业务流程，回答下列问题：

（1）计算该企业 2015 年的流动比率、速动比率、资产负债率。
（2）根据结果简要分析该企业的偿债能力。

【基础知识】

在授信前期的调查阶段，银行的一项重要工作是对公司客户的财务状况进行调查分析，主要是通过对财务报表的主要项目和主要财务比率进行调查分析，了解公司近 3 年和近期的资产负债、资金周转、盈利能力、现金流量、销售收入回笼及存款变化等真实情况，对公司经营状况和偿债能力作出基本的判断。

一、财务报告初步分析

银行授信调查最关注的是客户能否按时还本付息，即企业的偿债能力，对企业财务报告的分析是判断其偿债能力的重要依据，因此首先要保证财务数据的真实性。

（一）财务报告真实性调查

（1）客户提交财务会计资料。银行授信业务部客户经理或信贷员进入现场进行财务调查，要求客户提供近 3 年的年度财务报表及附注本期财务报表及附注和形成财务报告的主要会计资料，财务报告必须经过注册会计师审计。

（2）授信调查人员判断财务报告真实性。分析资产负债表、利润表和现金流量表之间的内在联系及对应关系，以此判断财务报告的真实性、完整性和连续性。

（3）必要时银行授信调查人员应联系授信客户的往来客户进行往来业务真实性调查，以保证形成的会计资料和财务报告的真实性。

（二）财务报告初步分析的步骤

1. 阅读

阅读即按照一定顺序阅读报表的各项数据，运用会计知识理解其含义，获得对企业状况的概括印象。

2. 比较

比较报告期和前期的数据，获得对各项目变化的印象，寻找应注意的主要问题；比较同行业、同规模企业的情况，判断企业的行业地位和优劣。

3. 解释

解释即通过进一步分析各项目的构成，解释变动的原因。

4. 调整

调整即在必要时根据分析目的调整相关数据，为计算财务比率和进一步分析建立必要的基础。

（三）资产负债表的初步分析

资产负债表像一部照相机，是企业一个时点上全部家底的影像。它向人们揭示企业在某一特定时点拥有或控制的能用货币表现的经济资源，即资产的总规模及具体的分布形态，以及负债和所有者权益的状况。资产负债表分析的内容要点如下。

1. 分析企业经营资源的配置与经营风险的状况

通过资产负债表，可以分析企业各类资产在总资产中及各种资产在各类资产中所占的份额和比重，并通过观察前后几期的变化以及与同行业相同规模企业的比较，可以了解企业经营资源配置的合理与否。

2. 分析企业的资金来源与财务风险状况

通过资产负债表，可以分析企业各类资金总量及其结构状况的变化，并与同行业相同规模企业比较，从而了解企业资金来源的构成，尤其是财务风险的状况。

3. 分析企业的资产与资本结构与偿债能力的状况

资产与资本结构是指企业以何种方式为资产提供资金来源，尤其是两者期限的对应关系，可直接判断企业的短期和长期偿债能力。

一般来说，长期资产的投资一般应来源于长期资本，长期投资主要来源于长期负债还是以前年度的利润留存或新吸收的股东投资，会影响到企业的长期偿债能力和盈利能力。流动资产的资金可来源于流动负债，也可来源于长期资本，来源的不同同样会影响企业的短期偿债能力。将企业负债的前后两期进行比较，可直接判断该企业的长、短期偿债能力，长、短期财务风险的高低变化。

（四）利润表的初步分析

利润表是反映企业一定期间内生产经营成果的会计报表，它能够反映企业是否盈利、盈利多少以及影响净利润的因素有哪些。利润表分析的主要内容一般包括以下三个方面。

1. 分析企业的经营成果和盈利能力

通过分析企业利润表的主营业务利润、营业利润、利润总额和净利润中各项目的数据及其前后增减变化，可直接判断企业的经营业绩与盈利能力的变化。其中，主营业务利润是重点分析内容，因为它反映的是企业最基本的盈利能力，主营业务利润占利润总额比重的变动将会影响企业盈利能力的质量。

2. 分析企业的销售规模与增长能力

通过分析主营业务收入，结合其他业务收入的前后期变化，判断企业销售规模和收入能力的变动情况。重点分析的是主营业务的增长能力，这一能力越强，说明企业的市场前景越好，企业生存的基础越稳固。

3. 分析企业成本与费用的消耗情况

通过分析主营业务成本、营业费用、管理费用与财务费用等项目前后期的变化以及各项目在总成本费用中的比重变动，来分析总体成本费用的消耗状况。尤其要注意与收入变动配比的分析，因为销售收入增长，成本费用一般会随之增加，但两者增长要有合适的比例。例如，主营业务收入的增长超过了主营业务成本增长的比例，说明企业成本控制水平比较高，企业经营管理可能做得比较好。

（五）现金流量表分析

1. 现金流量的界定

现金流量是指企业某一时期现金流入和流出的数量。广义的现金包括企业的库存现金、可随时用于支付的存款以及现金等价物。其中现金等价物是指价值变动风险小的短期投资，如企业持有的期限短、流动性高、易于转换为确定金额的短期投资，即指购买的在3个月或更短时间内即到期或可转换为现金的投资。企业存在金融机构的、随时可以用于支付的存款属于现金的范畴，但不能随时支取的定期存款和已办理质押的活期存款，不包括在现金范围之内。

2. 利润、现金与企业偿债履约能力的关系

客户偿债能力与其现金流量关系最为密切,超过其与利润的关系。有些企业虽然利润表上经营业绩可观,但财务困难,不能偿还到期债务;而另一些企业虽然利润表上经营成果并不理想,却有足够的偿付能力。因此利润虽然是偿债来源,但不能直接用来偿还债务,偿还债务最可靠的是现金。利润不等于现金,偿债依赖现金,人们常说"现金为王"。现金流量表是反映企业在一定期间内从哪些方面取得现金,在哪些方面使用现金,通过对现金流量表的分析确定客户的还款来源,为授信决策提供最直接的依据。

3. 现金流量表分析的主要内容

企业的现金流量可以分为三类,即经营活动产生的现金流量、投资活动产生的现金流量和筹资活动产生的现金流量。

表3-3、表3-4和表3-5分别反映了企业的经营活动、投资活动和筹资活动与现金流量的对应关系。

表3-3 经营活动与现金流入、现金流出的对应关系

| 经营活动 | 现金流入 | 现金流出 |
| --- | --- | --- |
| 购销 | 销售商品、提供劳务收到的现金及增值税销项税额 | 购买商品、接受劳务支付的现金及增值税进项税额 |
| 工资 |  | 支付给职工以及为职工支付的现金 |
| 租赁 | 收到的租金 | 经营租赁支付的租金 |
| 所得税 |  | 支付的所得税 |
| 其他税 | 收到的除增值税以外的其他税费返还 | 支付的除增值税、所得税以外的其他税费 |
| 其他 | 收到的其他与经营活动有关的现金 | 支付的其他与经营活动有关的现金 |

表3-4 投资活动与现金流入、现金流出的对应关系

| 投资活动 | 现金流入 | 现金流出 |
| --- | --- | --- |
| 购建、处置 | 处置固定资产、无形资产和其他长期资产收到的现金净额 | 购建固定资产、无形资产和其他长期资产支付的现金 |
|  | 收回投资收到的现金 |  |
| 权益性投资 | 分得股利或利润收到的现金 | 权益性投资支付的现金 |
| 债权投资 | 取得债券利息收入收到的现金 | 债权性投资支付的现金 |
| 其他 | 收到的其他与投资活动有关的现金 | 支付的其他与投资活动有关的现金 |

表3-5 筹资活动与现金流入、现金流出的对应关系

| 筹资活动 | 现金流入 | 现金流出 |
|---|---|---|
| 权益性投资 | 吸收权益性投资收到的现金 | 减少注册资本所支付的现金 |
| 投资 | | 分配股利或利润所支付的现金 |
| | | 筹资费用所支付的现金 |
| 发债或借款 | 发行债券收到的现金 | 偿还利息所支付的现金 |
| | 借款收到的现金 | 偿还债务所支付的现金 |
| | | 融资租赁支付的现金 |
| 其他 | 收到的其他与筹资活动有关的现金 | 支付的其他与筹资活动有关的现金 |

若授信客户经营活动现金净流量大于零，且经营活动现金流入量大于短期借款总额，则说明短期借款第一还款来源充足；经营活动现金净流量与投资活动现金流入量之和大于一年内到期的长期借款，说明项目授信的第一还款来源充足。

若授信客户经营活动现金净流量小于零，经营活动现金流入量大于短期借款总额，则说明存在短期借款第一还款来源。至于是否充足，则须考虑授信客户现金流出顺序，即经营活动现金流入首先用于还款，还是用于其他经营活动。若首先用于还款或经营活动现金流入量2倍或2倍以上于短期借款总额的，则可视第一还款来源充足。

若授信客户经营活动现金流入量小于短期借款总额，则说明授信客户短期借款第一偿债能力不足，必须依赖第二还款来源才能偿还到期债务。

## 二、资产负债表和利润表的项目分析

### (一) 资产负债表项目分析

1. 流动资产

流动资产是1年内或在超过1年的1个营业周期内变现或者耗用的资产。它包括货币资金、短期投资、应收票据、应收账款、预付账款、存货、待摊费用等。分析时应重点关注以下几个项目：

(1) 货币资金。包括企业的库存现金、银行存款以及其他货币资金。货币资金是企业流动性最强的资产，反映了企业即刻的偿债能力。银行通常通过核对企业的银行对账单或查询开户行存款余额验证其货币资金的真实性。

(2) 短期投资。反映企业购入的各项能随时变现、持有时间不超过1年的有价证券以及不超过1年的其他投资，减去已计提跌价准备后的净额。分析时重点关注企业是否为了增加流动比率而把本应该计入长期投资的资产计入了短期投资中；企业计提短期投资跌价准备的方法是否恰当，是否存在不提或少提跌价准备以虚增资产的情况。

(3) 应收账款。反映企业因销售商品、产品和提供劳务等应向购货单位或接受劳务单位收取的款项，减去已计提坏账准备后的净额。应收账款是授信客户偿还短期债务的主要资金来源之一，是信用分析的重点。分析时不仅要关注总量，还要了解应收账款的账龄

分布、付款人结构、抵押状况以及其真实性。应收账款数量过大、与上期相比增加数量过多、与同类企业相比规模过大，都要具体分析原因，应收账款数量大不一定说明偿债能力强。

（4）预付账款。它是指企业按照购货合同的规定预付给供应单位的货款。注意把预付账款的数据与有关合同对照辨别真伪。有些企业为获取授信虚构此项目以提高流动比率。

（5）存货。反映企业期末在库、在途和在加工的各项存货的可变现净值。存货是企业重要的流动资产，一般占流动资产比重的50%。分析时应关注存货的质量，有无已霉烂变质、已过期且无转让价值的存货；存货是否抵押；存货的计价及计提跌价准备的方法是否正确；存货结构及周转时间是否合理等。

（6）待摊费用。它是反映企业已经支出但应由以后各期分期摊销的费用，分析时主要看其数据与以前月份、年份有无较大变动，如有较大变动则须进一步查明原因。如待摊费用数大于本年利润数，有可能隐藏着明盈实亏的情况。

2. 长期资产

长期资产是企业除流动资产以外的所有资产，包括长期投资、固定资产、无形资产及其他资产等。分析时重点关注长期投资和固定资产项目。

（1）长期投资。反映企业不准备在1年内（含1年）变现的各种股权和债权性质投资的可收回金额。分析时主要考察长期投资的核算方法是否正确，是否存在通过调整核算方法虚增利润的行为；是否考虑了投资的风险大小，并计提相应的减值准备；长期投资减值准备的计提方法是否正确等。

（2）固定资产。它是企业生产经营的重要物质条件。银行对授信客户发放中长期授信，特别是发放以其固定资产作担保的授信时，需要分析固定资产。分析内容包括：通过考察固定资产的新旧程度以衡量其质量状况；固定资产的折旧方法是否正确，有没有提足折旧；固定资产减值准备的计提方法是否恰当；固定资产的投保情况等。

3. 负债

负债是指过去的交易、事项形成的现时义务，履行该义务预期会导致经济利益流出企业。在资产负债表上，负债按其到期日由近至远的顺序列示。负债包括流动负债和长期负债。

（1）流动负债。授信客户将在1年内或超过1年的1个营业周期内偿还的债务，包括短期借款、应付票据、应付账款、预收账款、应付工资、应付福利费、应付股利、应交税金、其他应交款等项目。分析时应注意借款企业流动负债的数额和期限，防止少计负债导致高估借款企业偿债能力的现象。应特别分析应付账款和预付账款数额变化情况，这两项负债增大在一定程度上说明企业的产品有市场竞争力，依赖商业信用融资能力强，通过与往来企业账户、相关合同等资料核查其真实性。

（2）长期负债。偿还期在1年或超过1年的1个营业周期以上的债务，包括长期借款、应付债券、长期应付款、其他长期负债等项目。银行应重点关注借款企业长期负债项目的规模及到期日以及偿还长期负债的计划和安排，以便对借款企业的偿债能力作出正确的评价。

4. 所有者权益

所有者权益是指所有者在企业资产中享有的经济利益，其金额为资产减去负债后的余额，又称净资产。在资产负债表上，所有者权益内部各项目按稳定性依次排列，包括实收资本（或者股本）、资本公积、盈余公积、未分配利润等项目。应重点分析该项目的真实性，特别应注意企业为了得到授信是否有虚增所有者权益的现象。对集团型企业汇总的资产负债表，应注意所有者权益有无重复计算及虚假构成的情况。

（二）利润表项目分析

1. 主营业务收入

该项目反映企业主营业务销售产品的销售收入和提供劳务收入。银行授信调查人员着重分析企业有无虚构销售收入，变亏损为盈利的现象。采取的方法是将企业一定时期开出的增值税发票（或销售发票）数据与该项目数据进行核对，或者根据企业所交的产品税金倒套产品税率，看本期销售收入是否有虚构因素。

2. 主营业务成本

该项目反映了企业销售产品和提供劳务等主要经营业务的实际成本。银行授信调查人员重点分析本期销售成本同上期或前几期相比，是否存在着突减或突增情况。突减成本，是为了虚增利润，使信贷人员误认为该企业经营状况良好，可以授信；发生成本突增的现象，很可能是企业虚增成本开支，降低利润，以达到拖欠还贷的目的；一般贷前调查看是否有"突减"，贷后调查看是否有"突增"。信贷人员要调阅企业销售成本明细账，逐项审查，发现问题及时反映，并采取相应措施。

管理费用、财务费用均属于期间费用，主要分析其总量变化情况，与前期相比，有无很大差异，若有则要进一步查明各项目有无虚假情况，并逐项审阅明细账。

三、主要财务比率的分析

财务比率分析是利用两个指标的某种关联关系，通过计算比率来计量和评价财务状况的一种分析方法。将计算出的比率与客户的历史或同行业平均数进行比较，能看出企业财务状况的发展变化趋势及在行业中所处的地位。财务比率分析主要包括四类比率：短期偿债能力比率、长期偿债能力比率、营运能力比率和盈利能力比率。

（一）短期偿债能力比率

短期偿债能力一般也称支付能力，是指企业支付1年内随时可能到期债务的能力。企业短期偿债能力的强弱，意味着银行短期授信的本金与利息能否按时收回，也是衡量即将到期的长期债务能否收回的指标。一个企业的短期偿债能力强弱，要看其流动资产和流动负债的数量多少和流动资产的质量状况。判断企业短期偿债能力强弱的指标有以下几种。

1. 营运资本

营运资本指流动资产总额减流动负债总额后的剩余部分，也称净营运资本。其计算公式为：

营运资本 = 速动资产 − 流动负债

2. 流动比率

流动比率是流动资产与流动负债之比，表示每1元的流动负债究竟有多少流动资产可用于清偿。它是考察企业短期偿债能力的一个最基本、最通用的指标。其计算公式为：

流动比率 = 流动资产÷流动负债×100%

3. 速动比率

速动比率是速动资产与流动负债之比，表明每1元流动负债有多少元速动资产作保障。其计算公式为：

速动比率 = 速动资产÷流动负债×100%

其中：速动资产 = 流动资产 – 存货 – 预付账款 – 待摊费用 – 待处理流动资产损失

4. 现金比率

现金比率是现金类资产与流动负债的比值。现金类资产是指货币资金和短期投资净额。现金比率的计算公式为：

现金比率 = （货币资金 ± 短期投资净额）÷流动负债×100%

### （二）长期偿债能力比率

长期偿债能力是指企业偿还长期债务的能力，它表明企业对债务的承受能力和偿还债务的保障程度。长期偿债能力的强弱是反映企业财务状况稳定与否和安全程度的重要标志。

分析一个企业的长期偿债能力，主要是为了确定该企业偿还债务本金和支付债务利息的能力。从偿还债务的资金来源来看，应是企业的经营利润，可通过资产负债表和利润表提供的数据进行分析。

衡量企业长期偿债能力的比率称为杠杆性比率，又称偿付能力比率，具体包括以下5个指标：

1. 资产负债率

资产负债率又称负债比率，是负债总额与资产总额之比。其计算公式为：

资产负债率 = 负债总额÷资产总额×100%

2. 债务股权比率

债务股权比率是负债总额与股东权益总额之间的比率，也称产权比率或负债权益比率，用来表示股东权益对债权人利益的保障程度。其计算公式为：

债务股权比率 = 负债总额÷股东权益总额×100%

3. 有形净值债务率

有形净值债务率是企业负债总额与有形净值的百分比。有形净值是股东权益减去无形资产净值后的净值，即股东具有所有权的有形资产的净值。其计算公式为：

有形净值债务率 = 负债总额÷（股东权益 – 无形资产净值）×100%

4. 股东权益比率与权益乘数

股东权益比率与权益乘数之间互为倒数关系。

（1）股东权益比率是企业的股东权益总额与资产总额对比所确定的比率。其计算公式为：

股东权益比率 = 股东权益总额÷资产总额×100%

（2）权益乘数是资产总额与股东权益之比，其计算公式为：

权益乘数 = 资产总额÷股东权益总额

5. 已获利息倍数

已获利息倍数又称利息保障倍数,是指企业经营业务收益与利息费用的比率,用以衡量企业偿付债务利息的能力。其计算公式为:

已获利息倍数 = 息税前利润 ÷ 利息费用

公式中的分子息税前利润是指利润表中未扣除利息费用和所得税之前的利润,它可以用利润总额加利息费用来测算。公式中的分母利息费用是指本期发生的全部应付利息,不仅包括财务费用中的利息费用,还应包括计入固定资产成本中的资本化利息。

(三) 营运能力比率

营运能力也称资产运用效率,是指企业各项资产周转速度所反映出来的企业资产利用效率。资产周转越快,说明资产利用效率越高,企业的经营管理水平越好。通过资产运用效率分析,有助于银行判断其债权的物质保障程度或其安全性,从而进行相应的信用决策。

衡量企业营运能力的指标有以下几种。

1. 应收账款周转率

应收账款周转率是指企业一定时期的主营业务收入与应收账款平均余额的比值,也就是年度内应收账款转为现金的平均次数,它说明企业应收账款变现的速度。其计算公式为:

应收账款周转率(次数) = 主营业务收入 ÷ 应收账款平均余额

其中:应收账款平均余额 = (期初应收账款 + 期末应收账款) ÷ 2

用时间表示的周转速度是应收账款周转天数,也叫应收账款平均回收期。其计算公式为:

应收账款周转天数 = 360 ÷ 应收账款周转率
            = (应收账款平均余额 × 360) ÷ 主营业务收入

2. 存货周转率

存货周转率是主营业务成本与平均存货净额的比率,也称存货周转次数。其计算公式为:

存货周转率 = 主营业务成本 ÷ 平均存货净额

其中:平均存货净额 = (期初存货净额 + 期末存货净额) ÷ 2

用时间表示的存货周转速度就是存货周转天数,其计算公式为:

存货周转天数 = 360 ÷ 存货周转率

3. 营业周期

营业周期是指从取得存货开始到销售存货并收回现金为止的这段时间。营业周期的长短取决于存货周转天数和应收账款周转天数。其计算公式为:

营业周期 = 存货周转天数 + 应收账款周转天数

4. 流动资产周转率

流动资产周转率是一定时期的主营业务收入与流动资产平均余额的比值。其计算公式为:

流动资产周转率 = 主营业务收入 ÷ 流动资产平均余额

其中：流动资产平均余额 =（期初流动资产 + 期末流动资产）÷ 2

5. 固定资产周转率

固定资产周转率是指企业一定时期的主营业务收入与固定资产平均净值的比值。其计算公式为：

固定资产周转率 = 主营业务收入 ÷ 固定资产平均净值

其中：固定资产平均净值 =（期初固定资产净值 + 期末固定资产净值）÷ 2

6. 总资产周转率

总资产周转率是指企业一定时期的主营业务收入与总资产平均余额的比值，是反映企业总资产使用效率的指标。其计算公式为：

总资产周转率 = 主营业务收入 ÷ 总资产平均余额

其中：总资产平均余额 =（期初总资产 + 期末总资产）÷ 2

（四）盈利能力比率

盈利能力是指企业获取利润的能力。企业盈利能力越强，还本付息的资金来源就越有保障。通常可以从两个角度分析企业的盈利能力：一是销售剩余，即从销售收入剩余额的角度分析企业各种形式的销售利润，如毛利、营业利润、净利润等，这种分析集中于利润表项目本身；二是资产报酬，即从资产利用效率的角度，将资产负债表和利润表项目联系起来分析。

一般说来，企业的盈利能力只涉及正常的营业状况。非正常的营业状况，也会给企业带来收益或损失，但它只是特殊状况下的个别结果，不能说明企业的盈利水平及盈利的稳定性与持久性。因此，在进行盈利能力分析时，诸如企业会计准则及会计制度变更带来的累计影响、已经或将要停止的营业项目等应当加以剔除。

通常反映盈利能力的指标有以下几种。

1. 销售毛利率

销售毛利率是毛利占销售收入的百分比，其中毛利是主营业务收入与主营业务成本之差。其计算公式为：

销售毛利率 =（主营业务收入 − 主营业务成本）÷ 主营业务收入 × 100%

2. 营业利润率

营业利润率反映企业主要经营活动的盈利能力，是企业盈利能力的重要标志。其计算公式如下：

营业利润率 = 营业利润 ÷ 主营业务收入 × 100%

3. 销售净利润率

销售净利润率是净利润与主营业务收入的百分比。其计算公式为：

销售净利润率 = 净利润 ÷ 主营业务收入 × 100%

4. 成本费用利润率

企业的盈利能力，也可以用投入与产出的比例关系来评价。成本费用利润率是利润总额与当期成本费用总额的比率，是全面考核企业各项耗费所取得收益的指标，反映企业控制成本的能力。其计算公式为：

成本费用利润率 = 利润总额 ÷ 成本费用总额 × 100%

其中：成本费用总额 = 主营业务成本 + 营业（销售）费用 + 管理费用 + 财务费用

5. 总资产报酬率

总资产报酬率是企业净利润与平均资产总额的百分比，表明企业资产利用的综合效果。其计算公式为：

总资产报酬率 = 净利润 ÷ 平均资产总额 × 100%

其中：平均资产总额 =（期初资产 + 期末资产）÷ 2

6. 净资产收益率

净资产收益率是净利润与平均净资产的百分比，其计算公式为：

净资产收益率 = 净利润 ÷ 平均净资产 × 100%

其中：

平均净资产 =（期初所有者权益 + 期末所有者权益）÷ 2

### 四、财务报表综合分析

财务比率只是分析财务报表的工具，而不是分析的本身。就像医生看病一样，这些比率好比是血压、脉搏、心跳、温度等，是医生检查身体及诊断疾病的参考。医生在诊断时，不能简单地认为温度升高就是感冒，血压升高就是得了高血压，而是要考虑整个身体的状况，综合分析才能作出正确的判断。同样，分析企业偿债能力时，仅仅依靠几张财务报表和计算几个财务比率，是不可能得出一个合理的综合性结论的。利用财务比率分析财务报表时，不能以单一数据的好坏妄下结论，而要考虑企业的整体状况，让数据变得富有逻辑。选择一些关联比率，把它们纳入一个有机的整体之中，进行相互关联的分析，从而对企业经济效益的优劣作出准确的评价和判断。综合财务分析的方法很多，杜邦财务分析法是常用的一种。

杜邦财务分析法是利用多种财务比率指标间内在的联系，对企业财务状况及财务业绩进行综合分析评价的一种方法。该体系是以净资产收益率为龙头，以总资产报酬率为核心，重点揭示企业的获利能力及其原因，用到的几个指标如下。

（一）净资产收益率

净资产收益率是一个综合性最强的财务比率，是杜邦体系的核心。其他各项指标都是围绕这一核心，通过研究彼此间的依存制约关系来揭示企业的获利能力及其前因后果。

因为：净资产收益率 = 总资产报酬率 × 权益乘数

而且：总资产报酬率 = 销售净利率 × 资产周转率

所以：净资产收益率 = 销售净利率 × 资产周转率 × 权益乘数

从公式上看，决定净资产收益率高低的因素取决于三个方面：销售净利率、资产周转率和权益乘数。这样分解之后，可以把净资产收益率这样一项综合指标发生增减变化的原因具体化，比只用一项综合性指标更能说明问题。

（二）权益乘数

权益乘数表示企业的负债程度，其高低受资产负债率的影响，负债比例大，权益乘数就高。在资产总额不变的情况下，适当开展负债经营，可以相应减少所有者权益所占的份额，提高权益乘数，给企业带来较大的财务杠杆利益；在权益总额及资金结构相对稳定的情况下，加速资金周转，也可以提高企业的偿债能力和盈利能力。

### （三）总资产报酬率

总资产报酬率是影响净资产收益率的重要指标，具有很强的综合性，而总资产报酬率的高低又取决于销售净利润率和总资产周转率的高低。因此，要进一步从销售成果和资产运营两方面来分析总资产报酬率。

### （四）销售净利率

销售净利率反映了企业净利润与销售收入的关系。

### （五）资产周转率

资产周转率揭示了企业所拥有的资产实现销售收入的综合能力。

通过杜邦财务分析法可以了解某企业财务状况的全貌，通过把这些指标与该企业近3年的指标或同行业相同规模企业的相同指标做比较，可以较好判断企业的盈利能力和偿债能力的现状和发展变化情况。

---

**相关链接 3-1**

### 杜邦财务分析法的应用

按照杜邦财务分析法对中瑞实业有限公司的主要财务比率进行分析，有关财务比率值计算如下：

| | 净资产收益率 = | 销售净利率 × | 总资产周转率 × | 权益乘数 |
|---|---|---|---|---|
| 2015年 | 1.37% | 1.40% | 69.3% | 1.44 |
| 2014年 | 0.68% | 0.93% | 55.6% | 1.38 |
| 2013年 | 2.08% | 2.56% | 64.6% | 1.26 |
| 行业 | -12% | -9.51% | 61% | 2.07 |

该公司的净资产收益率2013年为2.08%，2014年降为0.68%，2015年回升到1.37%。从销售净利率、资产周转率和权益乘数三个方面分析原因：

1. 销售净利率。销售净利率2013年为2.56%，2014年为0.93%，下降幅度很大，反映了企业盈利能力下降成为影响净资产收益率的最不利因素。销售净利率的高低要考虑销售利润率（毛利率）与销售成本两个因素。该企业2013年与2014年的销售利润率分别为14.94%、12.54%，而销售利润率下降的原因可能是售价降低或者生产成本提高所致。实际上，该企业正是在激烈竞争中实施了低价策略，严重影响了盈利水平。2015年，该企业销售净利率回到1.40%，未恢复到2013年的水平，但销售利润率回升到14.89%，接近2013年的水平。该企业2015年销售毛利润率高而销售净利率低，可以推导出该企业销售利润的提高是基于高额的营业费用投入。因此，判断该企业的经营状况能否好转，关键是判断其销售势头能否维持、销售费用是否能够得到有效控制。

2. 资产周转率。该企业的总资产周转率、应收账款周转率与存货周转率也对净资产收益率产生影响。2014年总资产周转率为55.6%，与2013年的64.6%相差较大，2015年回升到69.3%，超过2013年的水平，反映该企业资产的经营效率已经较好地恢复了。

3. 权益乘数。该企业3年的权益乘数分别为1.26、1.38和1.44，持续上升。对企业而言，权益乘数有放大净资产收益率的作用，同样的销售净利率，权益乘数越大（即负债越多），则净资产收益率越高。对银行而言，权益乘数越高意味着企业的自有资本越少，银行风险越大。该企业的权益乘数逐年提高，应引起银行重视。

将该企业与行业平均值对比，其净资产收益率、盈利能力和资产运营效率好于行业水平，同时偿债风险（权益乘数）低于行业平均水平。该企业在同行业中属于较好的企业。但应该注意，该行业全行业严重亏损，应加紧对行业风险的评估。

【单元实训】

**实训项目**：根据公司财务报告分析其偿债能力。
**实训资料**：各小组搜集公司客户授信资料。
**实训要求**：计算相关财务指标判断公司偿债能力。
**实训方式**：4—5人一组，讨论所搜集资料中的公司的偿债能力，在班内展示实训成果。

## 教学活动3　公司客户非财务状况调查分析

【活动设计】

借助引入案例分析，讲解授信银行对公司客户非财务状况调查的内容和方法。

【案例导入】

### ××集团因排污不达标被停产

某市××集团的主要产品是氨基酸、柠檬酸、淀粉糖及油脂，这些产品主要由玉米、花生和菜籽加工而成，该集团现拥有年产150万吨玉米、40万吨花生和菜籽等油料的加工能力。其中氨基酸和柠檬酸的年产量分别为4万吨和18万吨，且柠檬酸占世界年产量的10%—12%。该集团的产品销量很好，但是它的生产过程却十分容易造成污染。果然，国家环保总局公布了3个督察组对沿淮河4省暗查发现的52家违法超标排污企业，其中该集团名列其中。作为当地的大企业，该集团污水不达标引起各方高度重视，该厂因此停止了味精和酒精的生产。后来，该厂排放的废水被环保部门24小时监测。这不仅影响了该厂正常的生产秩序，更对其收入造成了一定的损失。

思考：银行客户经理仅对客户进行财务状况调查分析可以吗？还应做哪些分析？非财务状况调查分析应从哪些方面进行？应采取何种方法？

【基础知识】

## 一、非财务状况调查分析及其重要性

### （一）非财务状况调查分析的含义

所谓非财务状况调查分析泛指不包括在授信客户财务因素、担保条件范围内，对银行债务的偿还产生影响的其他各种因素的调查与分析。即对影响偿还银行债务的除财务因素之外的因素进行的真实性调查和所作的定性分析、综合评价。

### （二）非财务状况调查分析的重要性

非财务状况分析主要采用定性分析的手段，重点调查分析影响授信风险未来变化的各种非数据化信息。它用来评价授信客户的各种经营行为，在一定程度上弥补财务状况调查的货币计量和范围狭窄的缺陷；它通过对授信客户现有的经营行为进行直接的描述，揭示其在未来的偿债能力。

1. 非财务状况调查分析可以全面、动态地判断授信客户的偿还能力

财务调查分析和现金流量调查分析指标主要反映授信客户历史和现在的经营状况，即侧重于对授信客户历史还款能力的判断。但授信客户受行业风险、经营风险和管理水平等多种因素的影响，其财务状况处于不断变化之中。当前的经营与财务状况是建立在过去财务状况的基础上，是非财务因素影响作用的结果。当前的非财务因素可能就是授信风险的预警信号。对影响授信客户还款能力的各种非财务因素进行综合分析，评价其对现金流量等财务指标的影响方向和影响程度，则有助于增强预测分析的可靠性，从而对授信客户的偿债能力作出更加全面、客观的评估。

2. 非财务状况调查分析可以全面评估偿还银行债务的可能性

银行贷款发生逾期，有些不是因为借款人缺乏偿还能力，而是借款人缺乏还款意愿；银行不仅要关注借款人的还款能力，而且要评估借款人的还款意愿，全面评估授信偿还的可能性。

3. 非财务状况调查分析可以促进银行的信贷管理工作

非财务因素是授信风险产生的预警信号，能否及时发现并运用好这些信号，对银行的信贷管理是十分重要的。对非财务状况调查分析，客观上要求银行在日常信贷管理中建立完善的信贷管理信息系统，重视对非财务因素的收集、监测、分析和利用，保证银行能获取并掌握影响授信风险的多种信息，实现对授信的动态管理，做到未雨绸缪；同时帮助银行及时发现信贷经营管理中存在的问题，从而健全内部控制，堵塞漏洞，防患于未然。

## 二、非财务状况调查分析的内容

一般来说，非财务状况调查分析主要包括对授信客户的行业风险调查分析、经营风险

调查分析、管理风险调查分析、授信客户还款意愿调查分析等。对授信偿还可能性的判断需要综合分析上述各项非财务因素。

（一）行业风险调查分析

同一个行业中的授信客户面对着共同的行业风险。行业的成本结构、行业的生命周期、行业与经济周期的关系、行业的相互依赖关系、行业产品的可替代性、行业的法律环境以及行业的宏观经济和政策环境等行业特性都是影响行业风险的基本因素。通过对授信客户的行业趋势和风险进行全面、客观的分析和把握，结合授信客户在行业中所处的地位，可以从行业的基本状况和发展趋势判断出授信客户所面对的基本行业风险，为综合分析授信客户的还款能力提供依据。

1. 行业风险分析的主要内容

（1）行业的成本结构。企业的产品成本由固定成本和变动成本两部分组成，不同的行业其成本结构也相应不同。固定成本占总成本比重相对较高的行业为高经营杠杆行业，其平均成本随着生产规模的扩大会有明显的下降，产销量越大，则盈利水平越高，如航空业、大宾馆、钢铁业等。相反，变动成本占总成本比重相对较高的行业为低经营杠杆行业，如服装加工业、商业批发等，生产规模的扩大对其成本和盈利水平的影响不是十分显著。一般来说，企业的授信结构受其行业成本结构的影响较大，高经营杠杆行业对中长期授信需求量较大，而低经营杠杆行业对短期授信的需求较多。由于高经营杠杆行业的授信风险（尤其是中长期授信）和其行业风险的关联程度很高，在进行客户信用分析时，应对其行业风险重点进行分析。

（2）行业的生命周期。行业的生命周期一般包括新兴、成熟和衰退三个主要阶段。行业所处生命周期阶段的判断，主要依据行业的销售增长率以及进入或退出该行业的企业比率。在市场经济条件下，企业因其行业所处生命周期阶段的不同，面临着不同的风险和机会，了解授信客户行业所处的生命周期阶段，可以分析授信客户所面临的风险及其对授信风险的影响。

新兴行业或是一些新产生的行业，或是一些由于技术革新、客户需求变化等给老产品或服务带来新的商业机会的行业，其成长速度每年在20%—100%。如我国现阶段的信息通信、新型材料、生物工程、环境保护、建筑装饰等产业。新兴行业的企业为开拓市场、扩大规模需要大量的资金投入，往往需要银行授信的支持；但同时，新兴行业的技术和产品发展更新更快、创业成本高，加之该行业管理层缺乏相应的行业发展经验、新的竞争对手不断涌入而致使企业淘汰率高，影响到新兴行业授信还款来源的稳定性，风险相对较高。

成熟行业的销售额每年以10%—20%的速度增长，由于客户已经对产品较为了解，产品的技术较为成熟，产品的行业标准已经形成，市场竞争焦点集中于价格和售后服务上。如我国的彩电、电冰箱、洗衣机等家用电器行业。成熟行业企业的授信，主要用于解决营运资金的临时性不足以及厂房、设备的更新改造等，企业已具备较丰富的行业风险管理经验，生产经营较为稳定，还款来源比较容易控制，就整体来说，授信的风险程度一般会小于新兴行业。

衰退行业的销售额呈下降趋势，维持生存是企业面临的主要问题，企业开始进行市场收缩和资源的转移，行业风险大。

（3）行业与经济周期的关系。行业的发展具有一定的经济周期性。有些行业经营状况的变化与经济周期是一致的，随着经济的繁荣而繁荣、萧条而萧条，如房地产业、汽车制造业、服装业、珠宝、餐饮娱乐和境外旅游等一些耐用消费品或奢侈品行业；有些行业具有明显的反周期特征，在萧条时期的经营状况反而会比繁荣时期更好，如维修业。也有部分行业不易受经济周期的影响，属于非周期性行业，这主要是一些提供生活必需品的行业，如食品行业、医疗保健业和教育业等。周期性行业的经营状况受经济周期的影响波动幅度较大，如在经济衰退时，许多企业都会因销售迟缓、成本增加以及利率上升等原因，引起利润下降和现金流量短缺等问题。

在分析授信客户的行业经济周期规律时，行业周期和经济周期的时间差异是一个需要注意的问题。行业周期可能超前、同步或滞后于经济周期，如果行业周期超前于经济周期，行业的生产、销售等经营活动可能先经济的繁荣而繁荣，先经济的萧条而萧条；如果行业周期同步于经济周期，则行业的生产销售等经营活动直接反映经济的周期性；滞后经济周期的行业，其经营活动则总是慢于经济周期一步。

（4）行业的盈利水平。盈利是企业持续经营的基础，对于整个行业来说亦然。如果一个行业的平均利润率长期低于社会平均利润率，甚至整体企业亏损，作为该行业中的授信客户，其未来的经营状况和还款能力显然值得关注。在分析行业的盈利能力时，还要注意考察其现金流量情况，尤其是在一些竞争激烈、大量采取赊销的行业，往往是应收账款拖欠严重，企业虽有盈利，但现金流量不佳。

当然，行业的盈利水平也是与其行业周期密切相关的。例如，作为新兴的高科技行业，1998年~2000年，网络经济成为高速发展的行业，网络概念的股票成为全球证券市场上的明星；但进入2001年，该行业盛极而衰，泡沫破灭，从事电子商务等业务的网络公司呈现出全行业性的整体亏损现象，作为上游产品的计算机硬件和电子组件行业也步入了微利时代。

（5）行业的依赖关系。在经济结构中，各行业之间存在程度不同的依赖性，比如房地产业与建筑材料行业、种植业与食品业、钢铁业与汽车制造业、石化业与纺织业等，均有着典型的依存关系，所以，分析授信客户所处的行业风险时，还有必要分析其所依赖行业的风险状况。授信客户所在行业对其他少数行业的依赖程度越大，受所依赖行业的影响也就越大。而与其依赖关系密切的行业主要是该行业的供应方和需求方。以汽车制造业为例，如果这一行业呈现萧条，那么与之相关的钢铁、玻璃和轮胎等行业也可能出现萧条。一般来说，行业的供应商和客户群越多元化，该行业对其他行业的依赖性就越小，其授信风险受其他行业变化的影响就越小。

（6）行业产品的可替代性。可替代产品是指那些与某行业的产品有相同、相似功能或能满足相同需求的产品。行业的产品是否存在可被替代的风险，与替代产品的多寡和客户使用替代产品的转换成本（如替代品的价格与之相当甚至低于该行业产品）高低有关。如果一个行业的产品性能独特并自然垄断，例如城市供水、供电行业，不存在替代产品，也就不存在行业产品被替代的风险；而如果一个行业的产品有许多替代品，而且转换成本较低，则该行业产品被替代的可能性就很大，相应的行业风险也就比较大，如化纤制品作为服装面料可替代棉织品，火车、汽车和飞机作为交通工具可相互替代。

（7）行业的法律环境以及行业的宏观经济和政策环境。法律的改变可能促进某些行业的发展，也可能对某些行业的生存和发展产生负面影响。在评估授信客户的行业风险时，确定该行业是否具有良好的法律环境，以及是否有对该行业经营与发展产生实质性影响的法律变化是十分必要的。如野生动物保护法的出台，使以野生动物器官为生产原料的制药业受到严重的影响；小型造纸、化工、水泥等一些在生产过程中产生有害废物的行业，受国家环境保护法规的影响很大，其授信显然有着较高的风险。

随着经济全球化，国际、国内和区域的宏观经济环境变化都会对行业发展产生影响，一些对于经济周期较敏感的行业尤其如此，有时通货膨胀、汇率、利率、税收、国际收支等宏观经济因素对一些行业的发展具有决定性的影响。经济政策是调控宏观经济环境的重要因素，国家经济政策的变化对行业的发展会产生不同程度的影响。

2. 行业风险的预警信号

前面提供的是一种行业分析的基本框架，所分析的只是影响授信客户行业风险的一些常见因素。在具体的实践操作中，应从多方面综合分析。下面是一些行业风险的预警信号：

（1）行业整体衰退，销售量呈现负增长。

（2）行业作为新兴行业，虽已取得有关产品的专利权或技术认定，但尚未进入批量生产阶段，产品尚未完全进入市场。

（3）出现重大的技术变革，影响到行业产品和生产技术的改变。

（4）政府对行业政策进行了调整。

（5）经济环境发生变化，如经济开始萧条或出现金融危机，行业发展受到影响。

（6）国家产业政策、货币政策、税收政策等经济政策发生变化，如汇率或利率调整，并对行业发展产生影响。

（7）存在密切依存关系的行业供应商或客户的需求发生变化。

（8）与行业相关的法律规定发生变化。

（9）多边或双边贸易政策有所变化，如政策对部分商业的进出口采取了限制或保护措施。

（二）经营风险分析

在相同行业中的每个企业有其独特的经营特点，这些经营特点在很大程度上影响或决定着授信客户的最终还款和履约能力。因此在行业风险分析的基础上，还需进一步分析授信客户的经营风险。经营风险主要从两个方面进行分析：经营特征分析和经营循环分析。

1. 经营风险分析的主要内容

（1）经营特征分析。它主要体现在经营规模、核心竞争力、产品特征和市场状况等方面。

①经营规模。一般来说，企业的经营规模与经营风险成反比，经营规模越大，占有的市场份额也就越大，企业的经营也就越稳定；反之，规模越小，则越容易被竞争对手挤出市场，面临的经营压力也就越大。资产总额、销售收入、市场份额、盈利水平等指标都是衡量一个企业经营规模大小的标准。分析时，必须将企业与同行业的其他企业比较才有意

义,也要注意企业所处的生命发展周期。

②核心竞争力。它是建立在企业核心资源的基础之上,是企业的智力、技术、产品、管理和文化的综合优势在市场上的反映。核心竞争力有三个基本特征:一是用户价值,即核心竞争力能够为用户提供根本性的好处或效用。二是独特性,即企业的任何一项专长要想成为核心能力,必须独树一帜。三是延伸性,即核心竞争力要在未来的市场竞争中赢得优势并获取丰厚的利润;核心竞争力能为企业发展带来长期的竞争优势,依托核心产品的优势,可以取得相关产品或服务的领先地位,并创造出众多意料不到的新市场,是企业竞争优势的根源。

③产品特征。一个企业的产品特征主要表现在其产品的竞争力方面,企业产品的竞争能力取决于产品品牌等多种因素,但主要的还是取决于产品自身的性能价格比,那些性能先进、质量稳定、价格合理的产品,往往在市场上具有较强的竞争力,能为企业赢得市场和利润。当企业的产品定价失去竞争力或者质量出现不稳定状况时,其经营上的问题也就可能产生了。如药品公司、软件开发公司等,研发投入下降、不能持续进行产品创新,就开始走下坡路。

④市场状况。授信客户在行业中的地位是衡量其经营风险的重要因素。那些有市场影响力或被公认为行业龙头的企业要比市场中的弱小者有着更强的抗风险能力。评价授信客户市场状况的指标主要有:市场占有率、市场竞争的激烈程度、企业保持目标客户和发展目标客户的能力、企业对市场价格和需求的控制能力、企业的客户分散程度等。

另外,企业在市场中的形象和声誉也是评判其市场表现的重要因素。企业的形象和声誉虽是吸引客户的两个抽象因素,但一些企业可通过广告或产品质量来确定其形象和声誉,并保持客户对企业和产品的忠诚,这种效果往往高于产品或服务的具体优势所产生的效果。

(2) 经营循环分析。经营循环指的是授信客户从收到客户订单到向客户出售产品和提供服务的全过程。一般来说,企业的经营过程具有一定的重复性,每个企业都有自己独特的内部经营循环。以工业企业为例,经营循环主要包括采购、生产和销售三个环节,只有三个环节都顺利进行,才能完成企业的持续经营和资产转换周期,并保证授信的偿还和履约。

①采购环节。分析的重点是原材料价格、购货渠道和购买量等方面的风险。如果授信客户能影响其供应商的价格,就能够很好地控制其生产成本,按计划完成生产经营周期,获取利润,承担低风险,反之就有可能风险较高。如果授信客户的原材料供应渠道单一,就有可能由于突发事项导致企业的生产经营中断或成本过高,从而带来较大的风险。授信客户的原材料购买量要根据存货管理计划和生产规模来确定,供应不足会影响生产,过量的供应也会带来过高的成本,从而影响授信客户的经营。

②生产环节。重点在于分析生产的连续性、生产技术更新的敏感性以及产品质量的管理。生产的连续进行是企业有效控制生产成本、顺利实现产品销售并赢得客户信赖的重要保证。严格的生产管理、完善的安全生产保障措施、配套的环保措施以及融洽的劳资关系等是企业生产连续性的重要保证。先进的生产技术是企业提高生产效率和产品性能、满足客户需求以及提高竞争力的关键。企业生产技术的先进性可以从企业生产技术更新的速度、在同行业中的水平以及技术更新是否符合行业发展方向等方面来评估。最后,产品质量管理也是企业生存发展的基础。企业是否建立了适合企业特点的质量管理标准和质量管理体系,是评估企业产品质量管理

水平的重要标准。

③销售环节。销售环节是企业实现销售收入、获取经营利润以及完成其资产转换循环的关键环节，是及时、足额偿还授信的保障。销售环节应重点分析其产品的销售范围、促销能力、销售的灵活性、销售款的回笼等。从销售环节看，应分析授信客户是否存在销售环节过多、客户群是否过分集中、产品售后服务能否跟上等情况。促销能力应分析授信客户是否能有效地控制其销售网络、在质量和服务上与同类产品是否存在较大的差距等。销售的灵活性应分析授信客户能否根据市场的变化及同类厂家竞争策略的改变作出迅速、合理的反应。

2. 经营风险预警信号

授信客户经营风险的预警信号有：

（1）授信客户的经营活动发生显著变化，处于停产、半停产或经营停止状态。

（2）主要经营数据在行业中呈现不利的变动趋势。

（3）业务性质和经营范围发生重大改变。

（4）兼营不熟悉的业务或在不熟悉的地区开展业务。

（5）主营业务向跨度较大的新行业进行转移，在一个新的或不熟悉的领域进行业务多样化。

（6）外部经济环境出现重大技术变革，导致授信客户产品和生产技术的改变。

（7）进出口供应商所处国家的政局不稳定，或金融形势发生严重动荡。

（8）不能适应市场变化和客户需求的变化。

（9）持有大额订单，如果不能较好地履行合约，可能引起巨额损失。

（10）产品较为单一。

（11）对存货、生产和销售的控制能力下降。

（12）对一些客户或供应商过分依赖。

（13）在供应链中的地位关系发生变化，如供应商不再赊货或减低授信额度。

（14）购货商减少了采购。

（15）丧失了主要的产品系列、特许经营权、分销权或供应来源。

（16）企业的经营地点发生不利的变化或分支机构分布不合理。

（17）收购其他企业或者开设新的销售网点，对销售和经营有明显影响，如收购只是出于财务动机，而不是与核心业务有密切关系。

（18）出售或变卖主要的生产经营性固定资产。

（19）厂房和设备未得到很好的维护，没有及时更新或淘汰过时的或效率低下的厂房或设备。

（20）建设项目的可行性存在偏差或计划执行出现较大的调整，如基建项目的工期延长，或处于停缓状态，或概预算调整。

（21）授信客户的产品质量或服务水平出现下降。

（三）管理风险分析

评估授信客户的管理水平是一个极其复杂的问题，这里重点从授信客户的组织形式、公司治理、管理层素质、经营思想、关联企业的经营管理、财务管理能力、法律纠纷和自然、社会因素等几个方面进行分析。

1. 管理风险分析的主要内容

（1）组织形式及其变化。企业按组织形式可划分为独资经营、联营、有限责任公司、股份有限公司等多种形式。授信客户的组织形式是否有变化及其变化是否有利于企业的经营管理，在进行风险分析时需要授信银行予以关注。企业因减资、合并、解散、兼并、重组等导致的组织形式变化，均可能对授信客户的管理架构产生影响，从而对授信客户的现金流量、盈利能力等产生有利或不利的影响。如有些企业通过改制盘活了资产，使老企业扭亏为盈，焕发生机；也有的企业借兼并、破产、重组等改制之际，逃废银行债务。要注意分析授信客户的股权和组织形式变化对还款履约能力的影响，对涉嫌利用企业兼并、租赁、转让、承包、分立等形式恶意逃废银行债务的授信应予以充分关注。

（2）公司治理分析。良好的公司治理是现代企业健康发展的基础，也是授信客户持续稳定的还款履约能力的重要保证。具体来说，良好的公司治理结构应具备完备的股东大会决策程序，建立独立董事制度，应健全监事会的监督功能，应建立、健全董事会和监事会的评价机制，完善高级管理人员的选聘机制和激励机制等。

（3）管理层的素质和稳定性。管理层的素质是制约许多企业发展的关键性因素。对授信客户管理层的素质分析应着重于管理人员的学历、年龄结构、专业经验、管理风格、行业管理经验及熟悉程度等。如果高级管理人员只掌握狭窄的技能、没有处理行业风险的经验或缺少控制经营风险的能力，管理层将难以很好地应对市场和环境的变化，并影响企业的未来发展。

同时，管理层的稳定性也是一个十分重要的问题。企业主要管理人员的离任、死亡、更换等均会对其持续、正常的经营管理产生影响。

（4）经营思想。正确的经营思想和健康的企业文化是企业可持续发展的内在源泉。如果企业的董事会或管理层过分地以利润为中心，并且为了短期目标而不顾企业的长期发展；利润分配政策短期化，过度地分配股利，就会影响企业稳定、持续的还款能力。企业的经营稳健性也对授信风险具有实质性影响，过于冒险的经营会使银行授信面临较高的风险。企业文化是企业经营管理思想的一种体现，如果一个现代企业突出以人为本的企业文化，强调企业的价值观和凝聚力，强调企业的创新能力和核心竞争力，强调对员工的培训和培养，那么，它必是一个可持续发展的企业。

（5）关联企业的经营管理。授信客户与其母子公司、控股公司等关联企业之间存在股权、资金、产品、交易等多方面的密切联系，其经营和财务状况不可避免地要受到关联企业的影响。一家子公司的经营失败可能会拖垮整个企业集团，一个集团公司也可能会连累多个子孙公司，这样的例子在现实中比比皆是。因此，要充分关注授信客户与其关联企业之间的关联程度，具体分析关联企业的经营状况和财务状况，并评估其对授信客户还款能力的影响。

（6）财务管理能力。实践表明，如果缺乏财务管理或财务管理水平低，企业就不能保持长期的成功，不管它是在产品生产还是在市场营销方面取得多大的成功。有效的财务管理要求授信客户必须建立适度的控制制度来监控其应收账款和存货等，控制日常开支和费用，并且防止欺诈和盗窃。如财务管理较为薄弱的企业，其存款数量的不足往往会长期不被觉察,而直到发生现金短缺时,才知道企业的资金流动出现了问题,这些问题对企业的获利能力和偿债能力都会产生很大的威胁。另外,财务信息质量和企业的融资能力也是评价授信客户财务管理能力的重要指标。

(7) 法律纠纷和重大事项。授信客户在经营中经常会遇到一些法律纠纷问题,并对还款履约能力产生实质性的影响,有时甚至会成为决定授信偿还和履约的主要因素,如授信客户与供应商、消费者、关联企业及职工之间产生纠纷或案件;授信客户因违反法律、法规或合约而受到税务、银行、工商、环保等部门的严重处理、处罚等。另外,一些重大事项,如公司经营方针、经营范围的重大变化,公司订立了重要的合同,发生了重大债务的违约情况等也会对授信客户的还款能力产生重大影响。

(8) 自然、社会因素分析。战争、自然灾害(如火灾、水灾、飓风等)以及一些社会因素,均可能会给授信客户带来意外的风险,从而对授信客户的还款能力产生不同程度的影响,这种影响有时是巨大的。在授信客户缺乏应对措施时,一场重大的灾难,甚至可以决定授信客户的生死存亡。在社会因素方面,有一些典型的例子,如严重亏损的老企业可能会因城市建设或环保需要被迫拆迁而获得土地补偿,可以偿还逾期多年的授信;而社区人口的迁移可能使一家经营良好的面包店骤然间变得前景黯淡。

2. 管理风险的预警信号

授信客户管理风险的预警信号有:

(1) 授信客户的组织形式发生变化,如进行租赁、分立、承包、联营、并购、重组等,并可能对授信的偿还产生不利影响。

(2) 管理层对环境和行业中的变化反应较为迟缓。

(3) 高级管理层之间出现严重的争论和分歧。

(4) 组织结构过度复杂,可能是隐瞒事实或阻碍调查的手段。

(5) 最高管理者独裁,听不进不同意见或者其周围围绕的都是说好话的人。

(6) 管理层品行低下、缺乏修养或员工士气低落。

(7) 高级管理层或董事会成员变动频繁。

(8) 管理层的核心人物突然死亡、生病、辞职或下落不明,没有相应的继任者。

(9) 中层管理层较为薄弱,缺乏系统性和连续性的职位安排,企业人员更新过快或员工不足。

(10) 管理层对企业的发展缺乏战略性的计划,或者计划没有实施及无法实施。

(11) 管理层缺乏足够的行业经验和管理能力或只有财务专长而没有技术、操作、战略、营销和财务技能的综合能力。

(12) 管理层的经营思想变化,表现为极端的冒进或保守,希望或坚持进行商业冒险或承受不确定的风险。

(13) 提前宣布对未来情况的积极预期,这往往预示着自欺和不承认已出现的问题。

(14) 冒险参与企业收购、新企业投资、新区域开发或新生产线启动等投机活动。

(15) 董事会和高级管理人员以利润为中心,并且不顾长期利益而使财务发生混乱、收益质量受到影响。

(16) 提供虚假财务报表、证明文件或其他材料。

（17）经营指标出现非正常的增长。

（18）管理取代了内部控制，例如负责销售的公司副总裁有权让会计部门准备大额支票。

（19）授信客户的主要股东、关联企业或担保单位发生了重大的经营管理变化，如改制或遇到重大诉讼。

（20）授信客户遇到纠纷或法律问题，如收到税务、工商等行政机关的处理，或者主要管理人员涉及法律问题。

（21）授信客户从事走私活动或有骗取出口退税行为或其他逃税和漏税行为。

（22）授信客户涉嫌非法转移财产。

（23）监管机构发布有关上市公司的不利预警信息。

（四）客户还款意愿

在实际工作中，有不少授信客户不是没有能力偿还授信，而是有钱不还、赖账不还，即我们所说的还款意愿差。

1. 客户还款意愿分析

客户的还款意愿在很大程度上取决于企业管理层的信用意识和法律意识。诚实守信、遵纪守法是经商之道，但有的企业在经营中偷税、漏税，有的采用提供虚假报表、隐瞒事实等不当手段套取银行授信，有的不与银行积极配合，有意拖欠银行授信，这些行为都反映了授信客户管理层的法律意识较为淡薄，道德品质存在缺陷。

在评价客户的还款意愿时，不仅要依据客户的还款记录，还应关注其在其他银行供应商等债权人那里的还款记录，只有这样才能全面、客观地揭示客户的还款意愿。

2. 还款意愿的预警信号

授信客户还款意愿的预警信号：

（1）授信客户拖延支付授信的本金、利息和费用。

（2）授信客户不能偿还对其他债权人的债务。

（3）管理层对银行的态度发生改变，变得冷淡、不合作或不够友善。

（4）银行无法与授信客户进行正常的联络。

（5）授信客户提供虚假的财务报表或其他信息资料。

（6）授信客户不能提供银行所要求的信息资料，如供销合同、项目进展报告等。

（7）银行不能取得财务报表或报表延迟。

（8）突然更换其注册会计师、法律顾问或主办结算银行，或对其他银行或当前的注册会计师有不满的言行。

（9）外部评级机构对授信客户的评级进行调整。

（10）接到许多其他银行的资信咨询调查。

（11）授信客户违反与其他银行或债权人的协议，不能偿还其他对外债务。

（12）授信客户以非正常途径或不合理的条件向其他银行取得融资。

（13）授信客户提出再融资或重组授信。

（14）授信客户向其他银行的信贷申请被拒绝。

（15）授信客户的存款余额和结算量不断下降。

（16）授信客户严重依赖对银行的短期授信。

（17）授信客户在申请季节性授信时，申请的时间与其生产经营周期不匹配或同往常相比发生了较大变化。

（18）授信客户的授信申请规模或频率的急剧变化，如借款大量增加，与授信客户的业务规模不成比例。

### 三、非财务因素信息的获取渠道

非财务因素的来源渠道是多种多样的，主要有以下几种。

1. 银行的信贷管理信息系统

银行的信贷管理信息系统是授信客户非财务信息的主要来源。

2. 报纸杂志

报纸杂志包括全国性商业报纸、杂志和互联网。这也是银行获取有关宏观政策、授信客户的行业因素、授信客户经营信息等非财务信息的重要渠道之一。这些媒介有助于评估全国范围或整个行业范围内的经济状况和趋势。如一些上市公司的年报和行业研究报告，可以帮助分析人员获得非常有价值的行业信息，并了解授信客户在行业中所处的地位等。

3. 第三方

第三方包括授信客户的竞争者、供应商、客户、监管者等。通过第三方可以获取有关授信客户的非财务因素，如银行的柜台人员可能会发现授信客户依赖于其应收账款来偿付应付工资；从其他银行可以获悉授信客户的资产已被设置了抵押；从司法部门可以获得针对授信客户发出的诉讼通知或判决书等；另外，授信客户的律师或会计师也会提供一些很有价值的非财务因素，或者至少提供一种不同的评价视角。

4. 外部信用评估机构的报告、注册会计师的管理建议书等

以上资料也可以为银行提供拟授信客户的非财务状况。

【单元实训】

**实训项目：** 对公司进行非财务状况分析，判断其偿债能力。

**实训资料：** 分组搜集当地公司资料。

**实训要求：** 结合搜集到的企业的资料，对其非财务状况进行分析，并判断其偿债能力。

**实训方式：** 4—5人为一组讨论，展示实训成果。

## 教学活动4　公司客户信用等级评定

【活动设计】

借助引入案例分析，讲解公司客户信用等级评定的方法和指标体系及使用规定；教师

提供资料，学生进行仿真模拟公司客户信用评级。

**【案例导入】**

### 对 A 公司的贷款授信是否能作更直观的判断

A 公司是一家从事电力设备监测业务的企业，成立以来一直致力于电力系统领域的业务发展。近年来随着智能电网、智能化变电站的建设，国家两大电网公司对电力设备尤其是变电站的状态监测提出了更高的要求，给该公司创造了巨大的业务发展空间。该公司在发展过程中，业务模式也在不断地转变，从早期的国外先进设备代理模式向项目集成、综合监测模式发展，收购国外知识产权，研发具有自主知识产权的产品，并投资建造工厂，自行投入生产。企业在发展过程中需大规模铺点项目及购置生产设备、购买知识产权和研发投入需要大量的资金，因此 A 公司向 B 银行申请贷款来进行融资。B 银行在调查分析 A 公司的财务和非财务因素之后，还不能确定是否进行贷款授信。

思考：是否有量化的指标来直观衡量 A 公司的信用状况从而判断是否可以提供此次授信？

**【基础知识】**

公司客户信用等级评定是目前较为通行的银行风险控制方法，它贯穿于信贷管理全过程，是客户准入管理、授信额度核定和调整、信贷风险审查、信贷定价、客户退出等的重要前提和依据。它就像一把尺子，可以丈量客户。因此，熟练掌握公司客户的信用等级评定，将风险控制与业务拓展有机结合起来能使银行授信业务事半功倍。目前各家银行都有自己的公司客户评级体系，但基本原理和指标体系大致相同，这里我们介绍最基本的公司客户信用评级方法。

### 一、什么是客户信用等级评定

客户信用等级评定是指银行为了有效控制客户的信用风险，由银行或其委托的具有合格资质的专业评估机构采用客观、公正和科学的信用评级考核标准以及严格规范的评估程序，在对客户的财务状况、经营业绩及诚守信用可靠性等方面进行全面调查了解的基础上，对其基本素质、经济实力、偿债能力、经济效益和发展前景等进行定量定性和静态动态的综合分析评价，测定其履行经济契约能力的可信程度，作出其对银行和商业信用行为的可靠性和安全性的评价，并以国际通用符号标明企业的信用等级，这是银行授信管理的日常工作和基础性工作。

### 二、公司客户信用等级评定的对象

公司客户信用等级评定的对象有三个方面：一是已与银行建立了信贷关系的企业，二是向银行申请建立信贷关系的企业，三是需要银行提供资信证明的其他开户企业。

参与信用等级评定的企业必须提供完整的并经注册会计师审计的财务报告，未投产的新建企业和生产经营不满 1 年的企业不参加信用等级评定。

### 三、信用等级评定的程序及其使用规定

#### （一）公司客户信用等级评定的基本程序

经营行客户部门调查、初评→经营行信贷管理部门初审→经营行行长（主管行长）→管理行信贷管理部门→管理行行长（主管行长）→有权审批信贷管理部门→有权审批行行长（主管行长）→经营行复测调整。基本程序如图 3-1 所示：

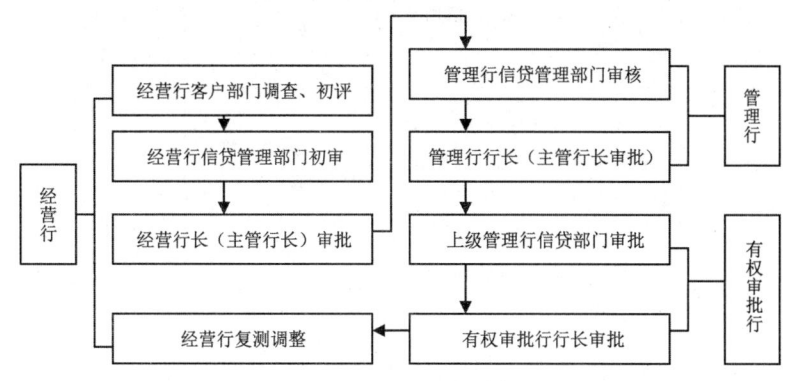

图 3-1 公司客户信用评级流程

#### （二）公司客户信用等级评定和使用规定

评定的信用等级有效期为 1 年。客户的信用等级实行动态管理，经银行有权人核定和审批客户的信用等级后，经营行授信业务部门必须根据客户情况的变化复测其信用级别，年度中间复测信用等级原则上不作升级处理。

信用等级每年评定 1 次，一般于每年第一季度完成。

为使信用等级评定更具有操作性、评定结果更具可比性，企业信用等级评定的对象可按行业和客户性质进行细分，如工业、农业、商贸、房地产、事业单位、综合类等。不同公司客户可采用侧重点不同的评定标准。

### 四、信用等级评定的指标体系

企业信用评级的指标体系一般包括财务因素和非财务因素两方面的内容。财务因素是信用等级评定的主要依据，非财务因素分析是对财务因素分析的结果进行修正、补充和调整。各个银行根据自身的情况所设定的具体指标会有所区别，并且在实践中根据客观情况的变化，会定期进行修改和补充，但一般都包括以下几项：

(1) 企业基本素质；
(2) 企业经济实力；
(3) 企业偿债能力及信用；
(4) 企业经营能力及效益；
(5) 企业发展前景及预测等。

表 3-6 是某银行对工业企业的信用评级指标体系，供参考。

表 3－6　　工业企业信用评级指标体系

| 指标名称 | | | 计算公式及考核内容 | 参照值 | 极限值 | 满分值 | 速算公式 |
|---|---|---|---|---|---|---|---|
| 企业基本素质（10） | 领导素质 | 文化水平 | 法定代表人，正、副厂长（经理），三总师大专以上学历或中级以上职称的占比 | ≥65% | ≥25% | 2 | 4x－0.6 |
| | | 领导能力 | 企业主要领导的学识水平、从业经历（岗位年限）、信用意识、奖惩情况等 | 优1，好0.8，较好0.6，一般0.4 | | 1 | ／ |
| | 管理素质 | 经营管理 | 经营管理的现代化程度、经营总体目标与实施措施、制度建设与落实等 | 优2，好1.6，较好1.2，一般0.8 | | 2 | ／ |
| | | 财产投保率 | 财产已投保金额÷财产应投保金额×100% | ≥100% | ≥60% | 1 | 1.5x－0.5 |
| | 技术素质 | 中高级技术人员占比 | 中高级技术人员÷员工人数×100% | ≥10% | ≥1% | 2 | 20x |
| | | 工艺技术水平或名牌产品 | 全国先进水平、省内先进水平、行业平均水平、一般水平 | 全国2，省内1.6，行业1.2，一般0.8 | | 2 | ／ |
| 企业经济实力（7） | | 净资产 | 资产总额－负债总额 | ≥2 000万元 | ≥100万元 | 5 | (4.5x＋500)÷1 900 |
| | | 资本固定化比例 | （资产总额－流动资产）÷所有者权益×100% | ≤80% | ≤150% | 2 | (2.6－1.5x)÷0.7 |
| 企业偿债能力及信用（43） | | 资产负债率 | 负债总额÷资产总额×100% | ≤55% | ≤85% | 6 | (4.55－5x)÷0.3 |
| | | 流动比率 | 流动资产÷流动负债×100% | ≥150% | ≥100% | 4 | 6x－5 |
| | | 速动比率 | （流动资产－存货）÷流动负债×100% | ≥80% | ≥50% | 5 | (40x－17)÷3 |
| | | 利息保障倍数 | （利润总额＋利息支出）÷利息支出 | ≥3倍 | ≥1倍 | 5 | 2x－1 |
| | | 应付账款清付率 | [1－应付账款年末余额÷（应付账款年初余额＋本年应付账款贷方发生额）]×100% | ≥85% | ≥50% | 2 | (30x－11.5)÷7 |

续表

| 指标名称 | | | 计算公式及考核内容 | 参照值 | 极限值 | 满分值 | 速算公式 |
|---|---|---|---|---|---|---|---|
| 企业偿债能力及信用（43） | 经营活动现金流量净额与流动负债比例 | | 经营活动产生的现金流量净额÷流动负债平均余额×100% | ≥15% | >0% | 6 | 40x |
| | 净资产与年末授信余额比例 | | 净资产÷年末授信余额×100% | ≥100% | ≥40% | 2 | 2x |
| | 授信风险 | 授信逾期率 | 年末逾期授信余额÷年末授信余额×100% | 0 | ≤8% | 6 | 6−62.5x |
| | | 授信五级分类 | 正常、关注、次级、可疑、损失 | 正常6，关注4，次级1，可疑和损失0 | | | / |
| | 欠息率 | | [1−（实付授信利息÷应付授信利息）]×100% | 0 | ≤8% | 4 | 4−37.5x |
| | 或有负债率 | | 或有负债÷所有者权利×100% | ≤55% | ≤100% | 3 | (54.5−50x)÷9 |
| 企业经营能力及效益（31） | 应收账款周转次数 | | 主营业务收入净额÷应收账款平均余额 | ≥5次 | ≥1次 | 3 | 0.6x |
| | 存货周转次数 | | 主营业务成本÷存货平均余额 | ≥4次 | ≥1次 | 3 | 0.75x |
| | 总资产周转率 | | 主营业务收入净额÷总资产平均余额 | ≥0.8次 | ≥0.3次 | 4 | 7x−1.6 |
| | 主营收入增长率 | | （本年主营业务收入净额−上年主营业务收入净额）÷上年主营业务收入净额×100%×规模系数 | ≥10% | ≥1% | 3 | 30x |
| | 主营收入现金率 | | 主营业务现金收入÷主营业务收入净额×100% | ≥80% | ≥60% | 5 | 22.5x−13 |
| | 主营收入利润率 | | 利润总额÷主营业务收入净额×100% | ≥8% | ≥1% | 4 | 50x |
| | 总资产报酬率 | | （利润总额+利息支出）÷总资产平均余额×100% | ≥6% | ≥1% | 4 | 2x÷3% |
| | 净资产收益率 | | 税后利润÷净资产平均余额×100% | ≥6% | ≥1% | 5 | 5x÷6% |

续表

| 指标名称 | | 计算公式及考核内容 | 参照值 | 极限值 | 满分值 | 速算公式 |
|---|---|---|---|---|---|---|
| 企业发展前景及预测（9） | 发展趋势 | 3年资本平均积累率 | （本年所有者权益增长额×0.5+上年所有者权益增长额×0.3+前年所有者权益增长额×0.2）÷3年前期末所有者权益×100% | ≥3% | ≥0.5% | 2 | 2x÷3% |
| | | 3年主营收入平均增长率 | （本年主营业务收入净额增长额×0.5+上年主营业务收入净额增长额×0.3+前年主营业务收入净额增长额×0.2）÷3年前期末主营业务收入净额×100% | ≥10% | ≥1% | 1 | 10x |
| | | 3年利润总额平均增长率 | （本年利润总额增长额×0.5+上年利润总额增长额×0.3+前年利润总额增长额×0.2）÷3年前期末利润总额×100%×规模系数 | ≥8% | ≥1% | 1 | 12.5x |
| | 经营活动现金流量净额与净利润比例 | | 经营活动产生的现金流量净额÷净利润×100% | ≥100% | ≥50% | 1 | 1.6x-0.6 |
| | 行业政策 | | 按国家级省、市行业政策 | 发展行业1，扶持行业0.8，维持行业0.5 | | 1 | / |
| | 市场竞争能力 | | 经营规模、市场竞争能力及在同行业中的地位 | 优1，好0.8，较好0.6，一般0.4 | | 1 | / |
| | 其他因素 | | 经营环境、发展战略、重大投资项目、外部支持程度等 | 优2，好1.6，较好1.2，一般0.8 | | 2 | / |

注：①或有负债包括年末对外担保金额、信用证开证金额、保函开具金额和已贴现（未到期）商业承兑汇票金额。

②若x达到参考值，该项指标取满分；若x达不到极限值，该项指标取0分；若参照值≥x≥极限值，该项指标按速算公式计算得分。

**五、中国人民银行关于企业信用评级的相关规定**

在《中国人民银行信用评级管理指导意见》（银发〔2006〕95号）中，对企业信用评级的要素、标识及含义作如下规定。

（一）对企业进行信用评级的主要内容

信用评级机构对企业进行信用评级应重点考察下列内容：

1. 企业素质

企业素质包括法人代表的素质、员工素质、管理素质、发展潜力等。

2. 经营能力

经营能力包括销售收入增长率、流动资产周转次数、应收账款周转率、存货周转率等。

3. 获利能力

获利能力包括资本金利润率、成本费用利润率、销售利润率、总资产利润率等。

4. 偿债能力

偿债能力包括资产负债率、流动比率、速动比率、现金流等。

5. 履约情况

履约情况包括授信到期偿还率、授信利息偿还率等。

6. 发展前景

发展前景包括宏观经济形势和行业产业政策对企业的影响，行业特征和市场需求对企业的影响，企业成长性和抗风险能力等。

（二）企业信用等级应按不同行业分别制定不同的评定标准

（三）企业的信用等级及含义

企业的信用等级分三等九级，即 AAA、AA、A、BBB、BB、B、CCC、CC、C，不同等级的具体含义如下：

1. AAA 级

其含义是短期债务的支付能力和长期债务的偿还能力具有最大保障；经营处于良性循环状态，不确定因素对经营与发展的影响最小。

2. AA 级

其含义是短期债务的支付能力和长期债务的偿还能力很强；经营处于良性循环状态，不确定因素对经营与发展的影响很小。

3. A 级

其含义是短期债务的支付能力和长期债务的偿还能力较强；企业经营处于良性循环状态，未来经营与发展易受企业内外部不确定因素的影响，盈利能力和偿债能力会产生波动。

4. BBB 级

其含义是短期债务的支付能力和长期债务的偿还能力一般，目前对本息的保障尚属适当；企业经营处于良性循环状态，未来经营与发展受企业内外部不确定因素的影响，盈利能力和偿债能力会有较大波动，约定的条件可能不足以保证本息的安全。

**5. BB 级**

其含义是短期债务的支付能力和长期债务的偿还能力较弱；企业经营与发展状况不佳，支付能力不稳定，有一定风险。

**6. B 级**

其含义是短期债务的支付能力和长期债务的偿还能力较弱；受内外部不确定因素的影响，企业经营较困难，支付能力具有较大的不确定性，风险较大。

**7. CCC 级**

其含义是短期债务的支付能力和长期债务的偿还能力很差；受内外部不确定因素的影响，企业经营困难，支付能力很困难，风险很大。

**8. CC 级**

其含义是短期债务的支付能力和长期债务的偿还能力严重不足；经营状况差，促使企业经营及发展走向良性循环状态的内外部因素很少，风险极大。

**9. C 级**

其含义是短期债务支付困难，长期债务的偿还能力极差；企业经营状况一直不好，基本处于恶性循环状态，促使企业经营及发展走向良性循环状态的内外部因素极少，企业濒临破产。

每一个信用等级可用"＋"或"－"符号进行微调，表示略高或略低于本等级，但 AAA 是最高等级。

### 六、信用等级、评级得分与客户分类

由于各家银行或评级机构的评级指标体系不同，因此计分标准与信用等级的对应也有所差别，表 3-7 是最常见的记分标准，供参考。

表 3-7　　　　　　　　　信用等级与评级得分的对应关系表

| 信用等级 | 记分标准 | | 客户分类 |
| --- | --- | --- | --- |
| | 下限 | 上限 | |
| AAA | 90 | 100 | 优良客户 |
| AA | 80 | 89 | 优良客户 |
| A | 70 | 79 | 一般客户 |
| BBB | 60 | 69 | 限制客户 |
| BB | 50 | 59 | 限制客户 |
| B | 40 | 49 | 限制客户 |
| CCC | 30 | 39 | 淘汰客户 |
| CC | 20 | 29 | 淘汰客户 |
| C | 0 | 19 | 淘汰客户 |

【单元实训】

**实训项目：** 对某工业企业进行信用等级评定。
**实训资料：** 分组搜集一工业企业信用评级所需资料。
**实训要求：** 根据表 3-7 工业企业信用评级指标体系及记分标准，对所寻找的企业进行信用等级评分，初步确定其信用等级。
**实训方式：** 分组讨论，推荐代表展示实训成果。

## 任务二　担保情况调查

【教师任务】
1. 分析讲解保证情况调查的方法与内容
2. 分析讲解质押情况调查的方法与内容
3. 分析讲解抵押情况调查的方法与内容
4. 指导学生撰写担保情况调查报告

【学生任务】
1. 学会保证情况调查的方法与内容
2. 掌握质押情况调查的方法与内容
3. 学会抵押情况调查的方法与内容
4. 学会撰写担保情况调查报告

### 教学活动 1　保证情况调查

【活动设计】

借助引入案例分析，讲解公司授信保证情况调查方法与内容。给学生布置通读《中华人民共和国担保法》的任务。

【案例导入】

**某百货公司为某纺织公司提供贷款担保**

某商业银行与某纺织公司、某百货公司签订借款合同 1 份，约定由商业银行授信 500

万元给纺织公司，百货公司提供连带责任保证，百货公司的注册资金为 200 万元，签约时会计报表总资产为 156 万元。借款到期后，纺织公司未还本付息，百货公司也未承担担保责任。该商业银行起诉至法院，要求两被告承担责任。百货公司辩称，其在提供保证时总资产为 156 万元，根本无力为 500 万元的借款提供担保，银行对其代偿能力没有审查，根据《担保法》第 7 条，"具有代为清偿债务能力的法人、其他组织或者公民，可以作为保证人"，因此保证合同无效，应当免除其保证责任。

**思考**：案例中的百货公司签订的保证合同是否有效？为什么？案例中某商业银行在接受保证担保时存在什么问题？

【基础知识】

### 一、保证与保证授信的概念

保证是指保证人和债权人约定，当债务人不履行债务时，保证人按照约定履行债务或者承担责任的行为。保证法律关系中有债权人、债务人和保证人三方当事人。为债务人履行债务而作担保的第三人，称为保证人；被担保的债务人，称为被保证人。

保证具有的特征：①保证是一种人的保证；②保证人为债务人以外的第三人；③保证人必须具有代为清偿的能力；④保证人履行义务不具有必然性。

保证授信是银行按照国家《担保法》及《中华人民共和国物权法》（以下简称《物权法》）规定的保证方式，以第三人承诺在授信客户不能偿还授信时，由其按约定承担一般保证责任或者连带责任而发放的授信。

### 二、保证人资格与限制性规定

**（一）保证人资格**

我国《担保法》对保证人的资格作了明确的规定，只有那些具有代主债务人履行债务能力及意愿的法人、其他组织或者自然人才能做保证人。

这一规定包括两方面含义：一是作为保证人必须是具有民事行为能力的人，只有具有行为能力的人所从事的法律行为才有效；二是保证人必须具有代为履行主债务的资力。

**（二）限制做保证人的规定**

（1）《担保法》规定国家机关不得做保证人，但经国务院批准对特定事项做保证人的除外。

（2）《担保法》规定禁止政府及其所属部门要求银行等金融机构或者企业为他人提供担保，并进一步规定银行等金融机构或企业对政府及其所属部门要求其为他人提供保证的行为，有权予以拒绝。

（3）《担保法》规定医院、学校等以公共利益为目的的事业单位、社会团体不得作保证人；规定医院、学校等以公益为目的事业单位、社会团体提供保证的保证合同无效，并且提供保证的医院、学校等以公益为目的的事业单位或社会团体等还要就提供保证的过错承担相应的民事责任。

（4）《担保法》规定企业法人的分支机构或职能部门不能做保证人，企业法人的分支机构有该法人书面授权的，可以在授权范围内提供保证。

### 三、保证人的调查分析与评价

银行授信业务部客户经理应对保证人进行严格的调查、评价。对保证人的评价包括确认保证人的主体资格、甄别虚假担保和公司互保、评价保证人的代偿能力和保证限额分析等。

**（一）调查审核保证人的主体资格**

（1）经银行认可的具有较强代为清偿能力的、无重大债权债务纠纷的以下单位和个人可以接受为保证人。具体包括：金融机构；从事符合国家法律、法规的生产经营活动的企业法人；从事经营活动的事业法人；其他经济组织；自然人。

（2）银行不可接受下列单位作为保证人：国家机关，但经国务院批准为使用外国政府或者国际经济组织授信进行转贷的除外；以公益为目的的事业单位、社会团体，包括学校、幼儿园、医院、科学院、图书馆、广播电台、电视台等；无企业法人的书面授权或者超出企业法人书面授权范围提供保证的企业法人的分支机构；企业法人的职能部门。

**（二）调查是否有虚假担保人和公司互保情况**

1. 虚假担保人

授信客户以不同名称的公司向同一家银行的多个基层单位借款，而且相互提供担保，借款人和担保人公司的法定代表人往往也是同一人兼任的。这样的授信和担保带有一定程度的诈骗性质，具有较大的风险。

2. 公司互保

公司互保即关系密切的两公司相互为对方的债务提供担保。例如，甲公司在申请银行贷款时让关系较为密切的乙公司作为其保证人，但乙公司出于自身借款需要或者担心自己被卷入担保纠纷而遭受经济损失，也要求甲公司为其向银行的贷款申请作担保，这样就形成了甲乙公司之间的互保（互相保证）。这种行为在法律上并不被禁止，但只要其中一方出问题被其他银行追诉，另一方可能由于承担保证责任而增加债务负担。

**（三）调查评价保证人的代偿能力是否真实可靠**

对符合主体资格要求的保证人应进行代偿能力评价。对保证人代偿能力的评价，包括代偿能力现实状况评价和代偿能力变动趋势分析，并按照规定程序审定保证人的信用等级，测算信用风险限额。

**（四）调查保证人保证限额计算是否合理**

保证人保证限额是指根据客户信用评级办法测算出的保证人信用风险限额减去保证人对银行的负债（包括或有负债）得出的数值。

**（五）调查保证率计算是否正确且符合授信要求**

在计算出保证限额后，还应计算保证率。通过计算保证率，进一步衡量保证担保的充足性。保证率计算公式为：

保证率 = 申请保证授信本息 ÷ 可接受保证限额 × 100%

**（六）撰写担保评价报告**

经评价符合保证人条件的，由授信业务部调查人员撰写"银行担保评价报告"，随信贷审批材料一并报送评价审查人员。如不符合条件,应及时将保证人材料退还,并要求债务人另行提供保证人或提供其他担保方式。

**【单元实训】**

**实训项目**:授信担保调查——保证情况调查。

**实训资料**:

某乡镇企业B为购置设备,向银行贷款30万元,企业B以自有工具车1辆作抵押(评估价10万元),另由乡财政所作保证。贷款到期后,企业B仅归还15万元,其余贷款本金及利息无力偿付,为此银行向法院提起诉讼,要求乡财政所承担连带清偿责任。

**实训要求**:回答下列问题并说明理由。

①乡财政所是否应承担连带责任?②法院应作何处理?

**实训方式**:分组讨论,展示实训过程和成果。

## 教学活动2 质押情况调查

**【活动设计】**

借助引入案例的分析,讲解质押情况调查的内容与方法。

**【案例导入】**

### 旺旺饭店以大客车为抵押借款20万元

旺旺饭店向A银行借款20万元。双方约定:1年还本付息,并由旺旺饭店将其已经停止运输的大客车为质物。贷款发放后,旺旺饭店称大客车被乙公司借走了,过几天才能还回来,但承诺5日后一定交付银行。银行对此表示同意。可事后,旺旺饭店一直没有将大客车交付给A银行。不久,旺旺饭店因经营不善,连日常经营进货的资金都不够,便将该大客车又出质于B银行,借款10万元。双方签订了书面合同,并于当日相互交付现金及质物。A银行得知此事后,认为旺旺饭店在骗贷,遂要旺旺饭店10日内将该大客车交到A银行,否则诉诸法院。旺旺饭店向A银行解释说将大客车交与B银行质押实属无奈,请A银行谅解,目前饭店不景气,不可能马上还清20万元借款,请求再宽限一段时间。A银行不同意。旺旺饭店便将饭店转让,共还给A银行15万元,余款保证在两个月内还清。A银行仍不答应,表示要将旺旺饭店的大客车折价抵债。旺旺饭店称大客车在B银行处,如果B银行同意,则可由A银行随便处置。于是,A银行便向B银行索要大客车,遭B银行拒绝。A银行便以旺旺饭店和B银行为共同被告到法院起诉,要求将大客车折价,用以抵偿旺旺饭店所欠余款及利息。

**思考**:根据我国《担保法》及银行质押授信相关规定,分析并回答:

(1)分析法院该如何判决这起案件及其判决理由?

（2）案例中银行在业务办理中存在什么问题？

【基础知识】

## 一、质押与质押授信的概念

质押是指为担保债务的履行，债务人或者第三人将特定的财产转移给债权人占有，债务人到期不履行偿债责任或者发生约定实现质权的情形，债权人有权就该财产折价或者拍卖、变卖的价款优先受偿。质押按照其标的不同可以分为动产质押和权利质押两类。

质押法律关系中的当事人分为质押权人和出质人。质押权人是指接受担保的债权人；出质人是指为担保债务的履行而提供质物的人，可以是债务人，也可以是第三人。出质人移交给债权人占有的动产或权利为质物。

质押具有的特征：质押必须转移质物为质押权人占有，质物为动产和权利，出质人对质物必须享有处分权，质押权人按照约定条件有权就质物的价值优先受偿。

质押授信是以质物为授信债权实现的保障而发放的授信。银行为质押权人，授信客户或第三人为出质人。

## 二、可以质押的财产和禁止质押的财产

### （一）银行可接受质押的财产范围

依据《担保法》规定银行可接受质押的财产包括：

（1）出质人所有的、依法有权处分的机器、交通运输工具和其他动产；

（2）出质人所有的汇票、本票、支票、债券、存款单、仓单、提单；

（3）依法可以转让的基金份额、股权；

（4）依法可以转让的商标专用权、专利权、著作中的财产权等知识产权；

（5）依法可以质押的其他权利，包括合同债权、不动产如公路桥梁、公路隧道、公路渡口等受益权和租赁权、项目特许经营权、应收账款、侵权损害赔偿、保险赔偿金的受益转让权等。

### （二）银行不可接受质押的财产范围

依据《担保法》规定银行不可接受质押的财产包括：

（1）所有权、使用权不明或有争议的财产；

（2）法律法规禁止流通的财产或者不可转让的财产；

（3）国家机关的财产；

（4）依法被查封、扣押、监管的财产；

（5）珠宝、首饰、字画、文物等难以确定价值的财产；

（6）租用的财产；

（7）公益事业单位和社会团体的教育设施、医疗卫生设施和其他公益设施；

（8）不动产；

（9）依法不得质押的其他财产和权利。

### 三、质权生效的界定

根据法律规定，质押合同是以质物或权利凭证移交于质押权人占有或登记为生效要件。质押合同的生效因质物种类不同而分为三种情况，即实物交付生效、权利凭证交付生效、权利登记生效。

（一）动产质押质权生效的界定

动产质押采用实物交付生效，即以出质人将质物交给银行实际占有为授信业务质押合同的生效要件。

（二）权利质押质权生效的界定

权利质押有两种情况，若财产权利有财产凭证可移交的，如汇票、本票、支票、债券、存款单、仓单、提单等，采用权利凭证交付生效的原则，质押合同自财产权利凭证交付之日起生效。若财产权利没有凭证，如可转让股票、商标专用权、专利权、著作权等，或者虽有凭证但依法不能转交为他人占有的，以登记为合同生效要件。

特别强调的是：授信客户或者第三人与银行订立了动产质押合同或权利质押合同，但法律规定应当交付质物或登记而未交付或登记的，质押合同不生效，出质人因此而给银行造成损失的，应当向银行承担赔偿责任。

### 四、在质押调查时，出质人需提供的材料

（1）营业执照、税务登记代码、企业代码、贷款证（卡）和企业年检证明；

（2）法定代表人或授权代理人的身份证明和授权委托书；

（3）质物权属证明；

（4）以共有财产质押的，须提供财产共有人同意出质的证明文件；

（5）股份有限公司、有限责任公司、中外合资企业、中外合作企业、外资企业为出质人的，须提供董事会（或类似机构）同意出质的证明文件（依照企业章程质押行为不需批准的除外）；

（6）质物清单。

出质人为自然人时，提供上述第3、第4、第6材料。

### 五、质物合法性调查要点

（一）出质人对质物、质押权利占有的合法性调查

（1）用动产出质的，应通过调查动产购置发票、财务账簿，确认其是否为出质人所有。

（2）用权利出质的，应核对权利凭证上的所有人与出质人是否为同一人。如果不是，要求出示取得权利凭证的合法证明，如判决书或他人同意授权质押的书面证明。为防范虚假质押风险，银行查证质押票证时，有密押的应通过联行核对；无密押的应派人到出证单位或其托管部门作书面的正规查询。

（3）调查质押的设定是否已由出质人有权决议的机关作出决议。

（4）如质押财产为共有财产，调查出质是否经全体共有人同意。

（二）质物、质押权利的合法性调查

（1）调查质物所有权、使用权是否明确，是否允许流通买卖。所有权不明或有争议的动产，法律规定禁止流通的动产，不得质押。

（2）调查质押权利凭证是否有伪造、变造迹象。调查的方法是向权利凭证签发或制作单位查询，并取得该单位出具的确认书。

（3）调查是否是海关监管期内的动产作质押，是否有负责监管的海关出具同意质押的证明文件。

（4）对以股票设定质押的，调查是否是可以流通的股票。

（三）对几种常用质物的调查审核要点

1. 汇票、本票、支票、债券、仓单、提单等证券债权质押的调查审核要点

（1）调查权利凭证的真实性，审查出质人对权利凭证是否享有权利。出质人对票据享有权利必须持有合法票据并且取得方式合法。

合法票据不存在下列情况之一：《票据法》法定记载事项不完整；票据金额的大小写不一致；票据金额、日期、收款人名称更改；出票人的签章不符等。

合法取得票据不存在下列情况之一：①以欺诈、偷盗或者胁迫等手段取得票据的，或者明知有前列情形，出于恶意取得票据的；②持票人因重大过失取得不符合《票据法》规定的票据的。享有票据权利人才可以对其证券债权出质。持票人是否享有票据权利，实践中主要是看其有没有与其前手的商品交易合同的增值税发票，银行可以通过全国联网的增值税发票查询系统查询增值税发票的真假。

（2）审查质押权利凭证背书的连续性及有关事项。以汇票、本票、支票、公司债券出质的，应在票据上背书，记载"质押"字样；如果质押的票据曾做过记名转让背书的，要调查审核背书是否具有连续性。调查每一次背书记载事项、各类签章完整齐全并不得附有条件。

以仓单、提单出质的，注意审核是否有出质人或背书人在票据上记载"不得转让"字样，记载"不得转让"字样的票据，不得进行质押。必须要出质人作出同意作质押背书并通知货物保管人或承运人的承诺，目的是使质押权人向货物保管人、承运人请求交付货物的权利时得以实现，防止出质人通过类似挂失的方式提走货物。

（3）审查质押权利的实现期限。以载明兑现或者提货日期的汇票、支票、本票、债券、仓单、提单出质的，上述权利凭证兑现或者提货日期先于债务履行期的，质权人可以在债务履行期届满前兑现或者提货，并与出质人协议将兑现的价款或者提取的货物用于提前清偿所担保的债权或者向与出质人约定的第三人提存；上述权利凭证的兑现或者提货日期晚于债务履行期的，质押权人只能在兑现或者提货日期届满时兑现款项或者提取货物。此外，超过权利时效的票据不能质押。

2. 存单质押的调查审核要点

存单质押在银行信贷业务中应用广泛，应重点审查以下方面：

（1）严格审查出质人的身份。第三人可以用自己的存单为授信客户的授信提供质押担保，但第三人不得用他人的存单设定质押，质押的存单必须是出质人自己所有的。银行应当核对出质人的身份证件，并审查存单上的存款人户名与出质人身份证件上的姓名是否

一致。

（2）必须进行核押。存单核押是指质押权人将拟质押的存单情况告知存款行，由存款行对存单的真实性予以确认并在存单上或以其他方式签章的行为。存单核押就是要求存款行对存单的真实性和合法性提供担保。授信银行接受存单质押前必须对存单的真实性进行调查，方法之一是对存单进行核押。大部分银行对存款实现了系统化管理，隶属于同一银行、在不同分支机构的存款是可以相互查询的，大大简化存单真实性调查的工作量，因此大部分银行只接受本银行存单质押。

（3）以单位定期存单质押的，必须调查单位定期存单的真实性。方法是拟授信行要求出质人提交开户证实书和存款人委托授信行向存款行申请开具单位定期存单的委托书以及存款人在存款行的预留印鉴或密码。授信行将开户证实书和委托书一并提交给存款行，向存款行申请开具单位定期存单和确认书。存款行经过审查，应开具单位定期存单并出具单位定期存单确认书。因此银行授信调查人员收到存款行开具的单位定期存单和单位定期存单确认书才可认定其真实性。单位定期存款开户证实书不能质押。单位在金融机构办理定期存款时，金融机构为其开具单位定期存款开户证实书，证实书仅对存款单位开户证实，不是存款债权凭证，不得作为质押的权利凭证。

（4）审查是否有出质人移交存单的承诺。以存单出质的必须审查出质人是否有把质押存单移交给授信银行的承诺。质押合同以存单交付为生效要件，如银行在授信未受清偿前将存单退给出质人，即丧失了对权利凭证的占有，就不能对存单享有质权。

3. 股权质押的调查审核要点

（1）股权质押是否符合股权转让的法定条件。根据有关法律法规的规定，并非所有的股份、股票都可以质押。下列情况下的股份、股票不得用于授信质押：自公司成立之日起3年内，发起人持有的本公司的股份；公司董事、监事、经理在任职期间所持有的本公司的股份；记名股票于股东大会召开前30日内或者公司决定分配前30日内或者公司决定分配股利的基准日前5日内，不得进行股东名义的变更登记，在上述期限内不得出质；自公司开始清算之日起股东的股份；公司员工持有的公司配售的股份，自持有该股份之日起1年内不得出质；国家拥有的未经国家有关部门批准出质的股份。

（2）股权质押的生效要件。股权质押是以办理出质登记为生效要件。以有限责任公司的股份出质的，质押合同自股份出质记载于股东名册之日起生效。以上市公司的股份出质的，质押合同自股份出质向证券登记机构办理出质登记之日起生效；以非上市公司的股份出质的，质押合同自股份出质记载于股东名册之日起生效。授信银行要审查出质人是否作出办理股权转让交接的承诺。

4. 知识产权质押的调查审核要点

（1）以专利权中的财产权质押的审查：①出质人必须是合法的专利权人，若一项专利有两个以上的共同专利权人，则出质人为全体专利权人。②用于质押的专利权必须合法存续，专利权被宣告无效、被撤销或者已经终止，专利权被提出撤销请求或被启动无效宣告程序，专利权存在权属纠纷，质押期超过专利权有效期等情况的不得质押。③以专利权出质的，应符合《专利权质押合同登记管理暂行办法》的要求，质押合同应向中国专利局办理出质登记，质押合同自登记之日起生效。

(2) 著作权中的财产权质押应审查：①出质人必须是合法著作权所有人，著作权归属无争议，若著作权为两人以上共有的，出质人为全体著作权人。②审查是否为职务作品，出质人对职务作品不具有财产权不能出质。《中华人民共和国著作权法》规定，公民为完成法人或者其他组织工作任务所创作的作品是职务作品，著作权由作者享有，但法人或者其他组织有权在其业务范围内优先使用；作品完成两年内，未经单位同意，作者不得许可第三人以与享有优先使用权的单位用相同的方式使用该作品；利用法人或者其他组织的物质技术条件创作，并由法人或者其他组织承担责任的工程设计图、产品设计图、地图、计算机软件等职务作品或法律、行政法规规定或者合同约定著作权由法人或者其他组织享有的职务作品，作者享有署名权，著作权的其他权利由法人或者其他组织享有，个人不得以职务作品的财产权出质。③审查著作权的有效期限。公民著作权中的财产权的保护期限为作者终生及其死后 50 年；法人或者其他组织的作品、著作权（署名权除外）的权利保护期为 50 年。授信调查人员要审查用于质押的著作权剩余有效期限是否长于授信期限。

(3) 以商标专用权质押时应注意审查的重点：①出质人是否是商标专用权的合法所有人。②出质商标是否权属明确，原则上应要求出质的商标为驰名商标。③《中华人民共和国商标法》（以下简称《商标法》）规定，注册商标的有效期为 10 年，自核准注册之日起计算。因此，用于质押的商标专用权，其剩余有效期限是否长于授信的期限。④《商标法》规定，已经注册的商标，违反《商标法》有关规定的，商标局依法可以撤销。因此，商标权质押存在风险，审查是否约定质押期间商标权被撤销时的救济措施。

5. 收益（费）权质押的调查审核要点

不动产收益（费）权是指为使用不动产而取得收益的权利。可以质押的不动产收益权一般包括房屋的租赁权或经营使用权、公路、桥梁、隧道或者渡口等不动产收益权，电费、水费、有线电视收费权等。以收益（费）权质押应审查：

(1) 出质人是否对不动产及其收益享有处分权。

(2) 出质人是否承诺在授信行开立专用存款账户并落实监管。

(3) 以公路收费权质押的，公路项目是否符合国务院交通主管部门规定的技术等级和规模；是否取得有权部门同意收费的文件，国道收费权的转让是否能够取得国务院交通主管部门批准，国道以外的其他公路收费权的转让，是否能取得省、自治区、直辖市人民政府批准；公路收费经营期最长不超过 30 年，授信到期日是否在公路收费权的期限届满日之前。

### 六、质押额度调查审核

**（一）调查审核质物价值评估是否合理**

审核质物的估价方法是否合理，是否符合常规，评估的质物价值是否可以接受，是否存在过高估算质物价值现象。一般质物类型不同，其公允价值估算方法不同。

(1) 对于有明确市场价格的质押物，如国债、上市公司流通股票、存款单、银行承兑汇票等，其公允价值即为该质押物的市场价格。

(2) 对于没有明确市场价格的质押物，如上市公司法人股权等，则应当在以下价格中选择较低者为质押物的公允价值；公司最近一期经审计的财务报告或税务机关认可的财务报告中所写明的质押物的净资产价格；以公司最近的财务报告为基础，测算公司未来现金流入量的现值，所估算的质押物的价值；如果公司正处于重组、并购等股权变动过程中，可以交易双方最新的谈判价格作为确定质押物公允价值的参考。

在实务中，银行大多聘请有资质的资产评估公司对质押物进行估值，由注册资产评估师给出质物的公允价值，授信调查人员调查审查的方法是质物价值是否是有资质的、本银行认可的资产评估公司给定的公允价值。

（二）调查审核质押率的确定是否合理

1. 什么是质押率

质押率是指授信金额与质物价值之比。用公式表示为：

质押率＝授信金额÷抵押物现值×100%

实务中，出质人所担保的债权不得超出其质物的价值。动产出质后，该财产的价值大于所担保债权的余额部分，可以再次质押，但不得超出其余额部分。

2. 调查审核确定质押率的依据

授信调查人员应调查审核确定质押率的依据是否合理，是否存在质押率过高问题。

根据质押财产的价值和质押财产价值的变动因素，科学地确定质押率。确定质押率的依据主要有：

（1）质物的适用性、变现能力。对变现能力较差的质押财产应适当降低质押率。

（2）质物、质押权利价值的变动趋势。一般可从质物的实体性贬值、功能性贬值及质押权利的经济性贬值或增值三方面进行分析。

3. 质押率参考值的确定

实务中，一般权利质押的授信额度最高不超过质押权利凭证票面价值的90%，动产质押授信额度最高不超过动产评估价值的70%。银行可参照以下操作方法确定质押物现值和质押率：

（1）以特户、封金、保证金等形式特定化后的金钱质押担保的，在保证银行债权本息全额收回的前提下确定质押率。

（2）以依法可以转让、易于封存和保管的动产质押的，质押物现值按不高于市场平均成本价确定，质押期限在1个月以内的，质押率最高不超过70%；质押期限在3个月以内的，质押率最高不超过60%；质押期限在6个月以内的，质押率最高不超过50%；质押期限在6个月以上的，质押率最高不超过40%。

（3）以银行承兑汇票、存单、寿险保单、国债、金融债券和理财产品等具有现金价值的债权权利质押的，在保证银行债权本息全额收回的前提下确定质押率。

（4）以法人股权质押的，质押率不超过对应净资产的50%。

（5）以提单、仓单等权利质押的，质押物现值按提单、仓单所含商品不高于市场平均成本价确定；质押率根据货物的保管和变现难易程度确定，一般情况下，质押期限在1个月以内的，在保证银行债权本息全额收回的前提下确定质押率；质押期限在3个月以内的，质押率最高不超过60%；质押期限在6个月以内的，质押率最高不超过50%；质押期限在6个月以上的，质押率最高不超过40%。

（6）以收费权和不动产收益权质押的，质押率为信用期间的全部收益权，有多家银行债权设置了收益权质押的，以本行债权比例确定质押率。

（三）最高限额质押的调查审核

最高限额质押调查审核要点：

（1）调查审核确定的最高限额是否合理；

（2）调查审核确定最高额质押的质押期间和决算期（决算期是指确定质押担保的债权实际数额的时间）是否合理，根据客户的情况一般1年1订或2年1订；

（3）调查审核质押最高限额是否超过实际发生的债权余额，因为债权余额要考虑授信本金、利息、逾期利息、罚息和实现债权的费用，而超过最高限额的部分银行不具有优先受偿权。

【单元实训】

实训项目：质押调查审核。

实训资料：

2015年1月12日某支行拟向某集团公司发放一笔金额为2 000万元的国债质押授信，期限1年，贷款到期日为2016年2月28日。质押的国债于2015年8月31日到期。

实训要求：分析银行授信调查人员对国债质押调查审核的要点。

实训方式：分组讨论，展示实训过程和实训成果。

## 教学活动3　抵押情况调查

【活动设计】

借助引入案例分析，讲解抵押情况的调查内容和方法。

【案例导入】

### A公司以土地使用权等作抵押申请贷款1 900万元

A公司因扩大经营规模需要向银行申请贷款1 900万元，银行要求A公司提供担保。A公司承诺以公司的土地使用权、3辆轿车、1座厂房、公司附设的幼儿园、医院以及从B公司租赁的10台机器作抵押。

思考：A公司承诺的抵押财产可以作抵押吗？为什么？

【基础知识】

一、抵押与抵押授信的概念

抵押是指为担保债务的履行，债务人或者第三人不转移对财产的占有，而将该财产抵押给债权人，当债务人不履行到期债务或者发生当事人约定的实现抵押权的情形时，债权人有权就该财产优先受偿。

抵押法律关系中的当事人为抵押权人和抵押人。抵押权人是指接受抵押担保的债权人；抵押人是指为担保债务的履行而提供抵押物的人，可以是债务人，也可以是第三人。抵押权人与抵押人指向的物称为抵押物，即指抵押财产。

抵押具有的特征：抵押权是担保物权；抵押权是债务人或者第三人以其所拥有的或者有权处分的特定财产设定的物权；抵押权是不转移对标的物占有的物权；抵押权人有权就抵押财产优先受偿。

抵押授信是以抵押物为授信债权实现保障而发放的授信。银行为抵押权人，授信客户或第三人为抵押人。

## 二、可以抵押的财产和不可以抵押的财产

### （一）法律规定可抵押的财产范围

（1）抵押人所有的房屋和其他地上定着物。前者包括私有房产、集体所有房产和企事业单位投资建筑的房屋。后者是指抵押人依法享有所有权的附着于地上的除房屋以外的不动产，如桥梁、隧道、林木、农作物等。

（2）抵押人所有的机器、交通运输工具和其他财产。机器主要指作为生产工具的设备，诸如机床、通信设备和装卸机械等；交通运输工具是指能运载人或物的机械性运具，包括飞机、船舶、火车和各种机动车辆等；其他财产为可以流通适于抵押的其他动产，如商品、原材料和牲畜等。

（3）抵押人依法有权处分的国有土地使用权、房屋和其他地上定着物。如果抵押人是以国有土地使用权抵押，抵押人必须对该土地使用权有处分权。如果是以固有房产为抵押，抵押人必须依法取得房屋所有权连同该房屋占用范围内的土地使用权。国有独资企业以重要资产抵押时，应取得上级有权机构的批准。但是，经国务院授权行使资产所有者权利的，无须经国务院批准。

（4）抵押人依法有权处分的国有机器、交通运输工具和其他财产。国有企业只有在国家授予其对经营管理的财产享有占有、使用和依法处分的权利，才能以国有机器、交通运输工具和其他财产作为抵押物。

（5）抵押人依法承包并经发包方同意抵押的荒山、荒沟、荒丘、荒滩等（以下简称四荒地）的土地使用权以及乡（镇）、村企业的建筑物及其占用范围内的土地使用权。

（6）依法可以抵押的其他财产。如矿业权、海域使用权、取得土地承包经营权或林权证等证书的农村土地承包经营权。

### （二）法律禁止抵押的财产范围

（1）土地所有权。包括国有土地的所有权和集体所有的土地所有权，因国家明令禁止国有土地流通，所以国有土地所有权不能抵押；集体所有的土地大多为农业用地，为发展农业生产，集体所有的土地也不得抵押。

（2）耕地、宅基地、自留地、自留山等集体所有的土地使用权。国家为保护耕地，保障农业生产的发展，禁止以耕地作抵押；为避免出现农民无住所的情况，禁止以宅基地土地使用权作抵押；自留地、自留山能给农民提供基本生活资料，为了保护农民的利益，

也禁止以自留地、自留山作为抵押财产。

（3）学校、幼儿园、医院等以公益为目的的事业单位、社会团体的教育设施、医疗卫生设施和其他社会公益设施。公益设施与社会公共利益密切相关，为了避免实现抵押权会损害社会公共利益和社会公共福利，影响社会安定，禁止以公益单位的公益设施作为抵押。

（4）所有权、使用权不明或者有争议的财产。所有权、使用权不明或者有争议的财产是表示该财产所有权、使用权归属不明确，抵押人对该财产没有处分权，不符合抵押财产的前提条件，不能作为抵押财产。

（5）依法被查封、扣押、监管的财产。依法被查封、扣押、监管的财产表明原所有者已对该财产丧失了处分权，也不能作为抵押财产。

（6）依法不得抵押的其他财产。如国家机关的财产；违法、违章、临时建筑物；已依法公告列入拆迁、改造范围的房地产和土地使用权；城市规划区内的集体所有土地；列入文物保护的建筑物和具有重要纪念意义的其他建筑物等。

### （三）抵押物的必备条件

作为抵押物的财产必须符合如下条件：

（1）必须是权属无争议的财产。该财产必须是抵押人享有所有权、处分权或经营权的财产，他人财产不能充当抵押物，不能自由处分的财产不得设定抵押。

（2）必须是法定可以抵押的财产，且其处置不妨碍公共利益。

（3）必须是价值稳定，且依法可以流通转让的财产。银行接受抵押物并非为了取得抵押物，而是为了在授信客户不履行债务时，处理抵押物并以其价款优先受偿。因此，抵押物必须是可以进入市场交易的财产，并且便于估价，易于变现，在抵押期及预计的变现期内经正常存放、使用不会损毁其价值或灭失。

## 三、质押与抵押的区别

质押与抵押虽都是物的担保的重要形式，本质上都属于物权担保，但毕竟是性质不同的两种担保方式，两者有着重要的区别。

### （一）质权的标的物与抵押权的标的物的范围不同

质权的标的物为动产和财产权利，动产质押形成的质权为典型质权。我国法律未规定不动产质权。

抵押权的标的物可以是动产和不动产，以不动产最为常见。

### （二）标的物的占有权是否发生转移不同

抵押权的设立不转移抵押标的物的占有，而质权的设立必须转移质押标的物的占有。这是质押与抵押最重要的区别。

### （三）对标的物的保管义务不同

抵押权的设立不交付抵押物的占有，因而抵押权人没有保管标的物的义务，而在质押的场合，质权人对质物则负有善良管理人的注意义务。

### （四）受偿顺序不同

在质权设立的情况下，一物只能设立一个质押权，因而没有受偿的顺序问题。而一物可设数个抵押权,当数个抵押权并存时,有受偿的先后顺序之分。

### (五) 能否重复设置担保不同

在抵押担保中,抵押物价值大于所担保债权的余额部分,可以再次抵押,即抵押人可以同时或者先后就同一项财产向两个以上的债权人进行抵押。也就是说,法律允许抵押权重复设置。而在质押担保中,由于质押合同是从质物移交给质权人占有之日起生效,因此在实际中不可能存在同一质物上重复设置质权的现象。

### (六) 对标的物孳息的收取权不同

在抵押期间,不论抵押物所生的是天然孳息还是法定孳息,均由抵押人收取,抵押权人无权收取。只有在债务履行期间届满,债务人不履行债务致使抵押物被法院依法扣押的情况下,自扣押之日起,抵押权人才有权收取孳息。在质押期间,质权人依法有权收取质物所生的天然孳息和法定孳息。

## 四、调查与认定是否是合格的抵押物

### (一) 调查与认定抵押物的一般方法

1. 确保抵押物权属关系真实

银行授信调查人员审查有关权利凭证,并进行实地查看。例如以房地产作抵押的,要对房地产进行实地核查。

2. 确保抵押物的合法性

银行授信调查人员严格依照相关法律审查抵押物,防止法律禁止抵押的财产用于抵押。

3. 确保抵押物的有效性

银行授信调查人员在核查抵押物的权属时一定要认真仔细,特别要注意用合伙企业财产抵押时,必须经全体合伙人同意并共同出具抵押声明;实行租赁经营责任制的企业财产抵押时,要有产权单位同意的证明;集体所有制企业和股份制企业用其财产抵押时,应验证董事会或职工代表大会同意的证明;用共有财产作抵押时,应取得共有人同意抵押的证明,并以抵押人所有的份额为限。

### (二) 几种主要抵押物的调查审核要点

1. 土地使用权抵押调查审核要点

国有土地使用权按取得方式不同,可分为划拨和出让两种。划拨是指县级以上人民政府依法批准,在土地使用者缴纳补偿、安置等费用后,将该幅土地交付其使用,或者将国有土地使用权无偿交付给土地使用者使用的行为。出让则是指国家将国有土地使用权在一定年限内出让给土地使用者,由土地使用者向国家支付土地使用权出让金的行为。

(1) 划拨土地的使用权和地上建筑物、其他定着物设定抵押权的调查要点:①经具有审批权限的人民政府或土地行政管理部门批准抵押的文件,是否依法办理抵押登记手续。实务中土地行政管理部门依法办理抵押登记手续,即视同已经具有审批权限的土地行政管理部门批准,不必再另行办理土地使用权抵押的审批手续。②出让金的数额、出让金的交付方式和交付时间。交付出让金在抵押物价值中要作扣减。③国有土地使用证。④地上建筑物和其他附着物的合法产权证明。⑤抵押人委托具有评估资格的中介机构的地价评估报告。⑥抵押权终止期限是否超过土地使用权终止期限。

（2）以出让方式取得的土地使用权和地上建筑物、其他定着物设定抵押权的，银行应重点调查审核：①按照出让合同约定已支付全部土地使用权出让金，并取得土地使用权证书；②按照出让合同约定的用途进行开发，抵押房地产时房屋已经建成的，还应当持有房屋所有权证书；③按照出让合同约定的开发期开发土地，根据《城市房地产管理法》的规定，以出让方式取得土地使用权进行房地产开发的，必须按照土地使用权出让合同约定的土地用途、动工开发期限开发土地。超过出让合同约定的动工开发期限满 1 年未动工开发的，可以征收相当于土地使用权出让金 20% 以下的土地闲置费，满 2 年未动工开发的，可以无偿收回土地使用权。因此限满 2 年而未动工开发的土地使用权原则上不能设定抵押。其他审查条件同划拨土地。

2. 房地产抵押调查审核要点

（1）抵押人是否持有合法的"房屋所有权证""房屋共有权证"，以共有房屋抵押的，是否有其他共有人同意抵押的书面证明；

（2）房屋所有权和该房屋占用范围内的土地使用权是否同时抵押；

（3）以乡（镇）、村企业厂房及建筑物涉及集体土地使用权抵押的，是否有集体土地所有者同意抵押的证明；

（4）承诺办理合法有效的抵押登记手续；

（5）是否存在欠缴有关税费或承建单位工程款的情况，根据有关法律法规的规定，在抵押权实现过程中，国家税费、工程款的优先权优于抵押权。银行在确定抵押物现值时应作相应扣除。

3. 在建工程抵押调查审核要点

（1）开发商是否已取得"国有土地使用证""建设用地规划许可证""建设工程规划许可证""建筑工程施工许可证"；

（2）开发商是否已缴纳土地出让金或需缴纳的相当于土地使用权出让金的款额；

（3）开发商是否有已投入工程款项的证明材料；

（4）是否有在建工程的施工进度、工程竣工日期；

（5）在建工程占用范围内的土地使用权是否同时抵押；

（6）承诺在抵押期间内，在建工程竣工的，在抵押人取得房地产权属证明后，应重新办理房地产抵押登记手续。

4. 动产抵押调查审核要点

（1）抵押人用于抵押的动产权属是否清晰；

（2）抵押物是否变现能力强，价格较稳定，动产的保质期远长于抵押期间；

（3）抵押物是否便于抵押权人监管；

（4）抵押物是否特定化，即根据有关规定，在抵押合同和抵押登记申请书上应填明抵押物的名称、数量、品牌、型号、规格、号码、出厂日期、使用年限、价值、存放地点等要素。

5. 林木抵押调查审核要点

（1）属于是否可以抵押的林木范围；

(2) 林木、林地的所有权、使用权和经营权及其有效期的调查；

(3) 林木毁损、灭失、火灾、虫害等风险，可能导致抵押的林木毁灭或价值下降的情况的调查；

(4) 林木变现风险调查。林木不同于一般财产，国家对林木采伐实行许可证制度，林木采伐受到比较严格的限制，调查审核银行使抵押权可能受到影响的情况。

### 五、最高额抵押调查审核

#### （一）什么是最高额抵押

最高额抵押是指抵押人与抵押权人协议，在最高债权额度内，以抵押物对一定期间连续发生的债权作担保。这种抵押只需要当事人设立一个抵押担保的债权最高限额，在一定期间内不需要就其中的多个债权关系单独设定抵押，为债务人与银行的长期授信活动提供了便利，也使银行的债权长期得到担保。

#### （二）最高额抵押调查审核要点

(1) 调查确定的最高限额是否合理。

(2) 确定的最高额抵押的抵押期间和决算期（决算期是指确定抵押担保的债权实际数额的时间）是否合理，根据客户的情况一般1年1订或2年1订。

(3) 确定抵押的最高额是否超过实际发生的债权余额，因为债权余额要考虑授信本金、利息、逾期利息、罚息和实现债权的费用，而超过最高限额的部分银行不具有优先受偿权。

### 六、调查抵押金额的确定是否合理

#### （一）调查抵押物价值的确定是否合理

抵押物价值可通过三种方法获得：一是由抵押人与银行双方协商对抵押物价值进行评估，二是委托具有资产评估资质的中介机构对抵押物价值进行评估，三是参照经审计过的财务报表和现场检查由银行自行评估。

在实务中，银行采用最多的是第二种方法。银行授信调查人员一般要调查资产评估机构的资质、是否是银行认可的资产评估机构、审核其资产评估报告。

#### （二）调查抵押率的确定是否合理

1. 什么是抵押率

抵押率是指授信金额与抵押物价值之比，是将抵押物在抵押期内自然的或经济的贬值因素、法定的和约定的处理费用扣除后的估算值与现值的比率。它在某种意义上反映了第二还款来源的保障程度，抵押率越高银行风险越大，即抵押物对银行债权担保能力越弱。

抵押率用公式表示为：

抵押率＝授信金额÷抵押物现值×100%

抵押授信额＝抵押物评估值×抵押率

2. 调查抵押率确定是否合理

确定抵押率受多种因素的影响，如抵押物的流动性、市场条件、抵押物类型、授信期限的长短和通货膨胀等，因此确定抵押率是一项十分复杂的工作。实务中，银行制定了不同种类抵押物的抵押率的参照标准，银行授信调查人员审核抵押率的确定是否符合本银行的标准。

（三）根据抵押价值与抵押率确定情况，调查抵押额确定是否合理

抵押金额等于抵押价值与抵押率的乘积。银行授信调查人员一般是按照如下规范进行审核抵押额：

（1）无地上定着物的土地使用权现值的确认，以取得土地实际支付的金额为计算依据，抵押率最高不超过70%。

（2）以依法取得的房屋所有权与土地使用权共同抵押的，土地使用权性质为出让方式的，现值以房地产市场交易或实际投入价值扣除折旧为计算依据，抵押率最高不超过70%；以依法取得的房屋所有权及占用范围内的土地使用权同时抵押，土地使用权性质为划拨方式的，现值以评估价格为计算依据，在扣除应补交的土地出让金及其他税费后，抵押率最高不超过50%。

（3）以集体所有土地上的房屋建筑及其占用范围内的土地使用权一并抵押的，现值以其评估价值中的建筑成本（重置价格）为计算依据，抵押率最高不超过50%；以城区以及主要镇区内的个人住房抵押的，现值以评估价格为计算依据，抵押率最高不超过50%；以个人商用房和非城区或非主要镇区的个人住房抵押的，现值以评估价格为计算依据，抵押率最高不超过60%。

（4）在建工程抵押现值以取得土地实际支付的价格及已经投入在建工程的价值为计算依据，抵押率最高不超过50%。

（5）以通用机器设备抵押的，现值以净值或评估价值为计算依据，抵押率最高为30%。

（6）以汽车、船舶、民用航空器等运输设备抵押的，现值以评估价值为计算依据，一手消费类抵押率最高60%，一手营运类和二手消费类抵押率最高50%，二手营运类抵押率最高40%。

（7）以用材林、薪炭林、经济林与林地使用权一并抵押的，现值以评估价值为计算依据，抵押率最高为70%。

【单元实训】

**实训项目**：对抵押物的调查审核。

**实训资料**：

1. A贸易公司向甲银行申请授信500万元人民币，由第三方某房地产公司向银行提供房地产担保。

2. 甲厂对外负债11万元，其中欠乙厂材料款6万元，欠丙厂燃料款5万元。为更新设备，投产新产品，甲厂欲向银行申请授信12万元。银行要其提供担保，甲厂遂以自己的两辆解放牌汽车作为抵押。

**实训要求**：分析银行授信工作人员对这两笔抵押授信的抵押物应做哪些方面的调查审核。

## 任务三 个人客户授信调查

【教师任务】
1. 分析讲解个人客户基本情况调查内容及方法。
2. 分析讲解个人客户信用等级评定的方法。

【学生任务】
1. 掌握个人客户基本情况调查的内容和方法。
2. 掌握个人客户的信用等级评定方法。

### 教学活动1  个人客户基本情况调查

【活动设计】

借助引入案例分析,讲解个人客户的基本情况调查的内容和方法。

【案例导入】

**个人贷款的授信尽职调查**

沪农商××村镇银行收到杨××个人经营授信申请书及相关材料:身份证明材料、营业执照、财务报表资料、抵押物证明资料和与授信用途有关的资料包括购销合同、合作协议等。

思考:对自然人客户基本情况调查应从哪些方面入手?怎样搜集资料?

【基础知识】

一、个人客户调查的原则

个人授信业务的调查,实行双人调查、实地查看和真实反映的原则。

(一) 双人调查原则

双人调查原则是指每笔授信业务必须至少由主办、协办两名授信经办人调查,并签署明确意见。主办人对经办授信业务必须进行实地调查,协办人可根据不同授信业务品种及具体授信业务风险情况选择适当的调查方式。

（二）实地查看原则

实地查看原则是指主办、协办授信经办人对申请人、保证人及抵（质）押物进行实地调查，核实所提供资料的真实性，现场查看申请人、保证人的经营管理情况、资产分布状况和抵（质）押物的现状。

（三）真实反映原则

真实反映原则是指主办、协办授信经办人实事求是，真实反映授信前调查所了解的情况，不回避风险点。

## 二、个人客户基本情况调查内容

（一）个人基本信息

个人基本信息调查即核实个人的基本信息，具体包括：姓名、证件类型（身份证、军人证、回乡证、护照、港澳身份证、其他）、证件号码、出生年月、性别、户籍所在地、现住址、现住房性质（自有、共有、租赁、其他）；工作单位、单位性质（国家机关、工业交通、邮电通信、商业贸易、房地产建筑、金融保险、水电气供应、科教卫生、部队系统、农林牧渔、社会服务、其他）、月收入、健康状况、配偶、职业职务（管理人员、技术人员、职员、军人、无职业、其他）、受教育程度；家庭电话、单位电话、通信地址、邮政编码、电子信箱；已在商业银行借款余额、剩余期限、借款到期日、还款方式、资产状况、支出情况等。

（二）主要家庭成员信息调查

调查的主要家庭成员信息包括：姓名、出生日期、证件名称、证件号码、工作单位、单位电话、单位地址、月均收入、是否有共同申请人等。除对以上信息进行核实外，还要核实主要家庭成员支出和其资产、负债状况、信誉状况，初步判断其还款能力和还款意愿。

（三）共同申请即共同参与还款人信息调查

调查核实共同申请即共同参与还款人信息，主要包括：姓名、性别、与申请人的关系、证件名称、证件号码、工作单位、单位电话、现住址、受教育程度、健康状况、配偶、职业职务、月均收入、供养人数、现有负债额、已在商业银行借款余额、剩余期数或借款到期日、还款方式等。

在保证质量的前提下，可委托分行指定的专业中介机构协助进行个人客户资料的搜集等辅助性工作。

## 三、个人客户调查的方式

（一）面谈调查

通过与授信客户、担保人面谈的方式，核实当事人的身份，确定当事人的民事行为能力，核实授信客户的借款意愿、担保人的担保意愿，并通过面谈调查当事人的基本情况、综合素质和履约能力。

（二）实地调查

实地调查是指对申请人、担保人及抵（质）押物进行实地调查，核实所提供资料的真实性，现场查看申请人、保证人的经济情况、资产分布状况和抵（质）押物的现状。

（三）电话调查

电话调查是指在对于申请资料完备，收入、资产证明符合要求的借款申请，对一些辅助项目可以通过电话核实方式进行。电话调查只能作为一种辅助的调查方式。

个人授信原则上应实地调查，可以根据授信的不同风险度和业务实际情况选择适当的调查方式。

（四）查阅个人信用报告

个人信用报告是人民银行征信中心出具的记载个人信用信息的记录。银行在办理自然人客户授信业务时，可以根据需要查询个人信用报告。

个人信用报告的主要信息：一是个人基本信息，包括姓名、证件类型及号码、通讯地址、联系方式、婚姻状况、居住信息、职业信息等；二是信用交易信息，包括信用卡信息、授信信息、其他信用信息；三是其他信息，包括查询记录等。需要指出的是，个人信用报告只是个人信贷交易信息的记录单，是对客观事实的记录，人民银行并没有所谓的"黑名单"。

银行在办理审核个人授信申请，审核个人贷记卡、准贷记卡申请，审核个人作为担保人申请，对已发放的个人信贷进行贷后风险管理，受理法人、其他组织的授信申请，其作为担保人，需要查询其法定代表人及出资人信用状况等业务时，可以查询个人信用报告。其中，除进行贷后风险管理时无须取得被查询人的书面同意外，都必须取得被查询人的书面授权。

**四、个人客户调查需收集的资料**

（1）授信申请资料；

（2）授信客户、担保人（共有人）身份证明资料；

（3）授信客户、担保人资信评估资料，授信客户工作及收入证明资料；

（4）抵押物、质押物产权证明资料，必要时提供经银行认可的评估机构的评估报告；

（5）与授信用途有关的资料，包括购销合同、合作协议等；

（6）授信客户首付款资金的证明资料；

（7）担保人为公司的，担保人所需提供资料按照公司担保管理的有关规定执行；

（8）银行认为需要提供的其他文件及证明等。

低风险授信业务可以对上述资料适当简化，但资料简化不得影响授信业务尽职调查的质量，影响对授信风险的判断。

**【单元实训】**

**实训项目**：个人贷款授信基本情况调查。

**实训资料**：分组搜集的个人申请住房贷款资料。

**实训要求**：展现个人客户贷款调查的过程和调查重点。

**实训方式**：分组分角色模拟客户经理对个人客户基本情况调查过程。

## 教学活动2　个人客户信用评分

【活动设计】

借助引入案例分析，讲解个人客户的信用等级评定的方法和指标体系。

【案例导入】

接本任务中教学活动1导入案例的资料，沪农商××村镇银行收到客户杨××个人经营贷款申请书及相关材料。银行在对客户杨××的个人信用进行全面了解和调查分析的基础上，对其信用度进行评价，其结果为B级，最后决定对杨××不予发放贷款。

思考：如何根据客户资料判断个人客户的信用状况？

【基础知识】

### 一、个人信用评分的含义

个人客户信用评分是指银行等机构根据个人客户信用评分标准对个人客户的信用进行打分，并认定信用等级的过程。个人客户信用等级评定的对象包括已与银行建立或正在与银行建立信贷关系的个体工商户、个人独资企业的投资人、合伙企业的合伙人、承包大户、个人租赁经营者及其他自然人等。

### 二、个人客户信用评级的一般程序

在对个人授信业务中，个人客户信用等级评定是重要工作之一。评级的具体程序和标准各地各银行由于实际情况不同会有所差别。现以农村信用社为例介绍个人客户信用评分的一般程序。

（一）成立信用评定小组

小组由信用社主任、信贷员、监事会成员、具有一定威信的入股社员代表或村委会主要负责人和群众代表组成。评定小组负责对农户资信等级的审定，对所辖申请授信的农户的等级进行定期评定。

（二）填写农户信用等级评定表、建立和完善农户授信档案

这是开展农户信用等级评定工作的基础。农户授信档案包括农户的姓名、身份证件号码、住址、联系方式、从事生产经营活动的主要内容、收入状况、家庭实有资产状况等；还包括农户还款的历史记录、所在村民小组和村民委员会的评审意见、信用社农户联络员的初评意见以及信用社审批意见等项目。具体按下列程序操作：

（1）以农户联络员为主、各村村委明确一名专门人员配合，填写农户信用等级评定表。

（2）由农户联络员对服务范围内的农户提出信用等级初评意见。

（3）根据村民的反馈意见，由农户所在的村民小组进行初评。

(4) 由农户所在的村民委员会对农户联络员的初评意见和村民小组的初评结果进行评审。

(5) 由信用社对农户信用等级的评定进行审批。

(6) 根据评定的结果,对农户发放农户小额信用授信证。

### 三、个人客户信用等级评定标准

#### (一) 农户的信用等级划分标准

农户的信用等级划分为优秀、较好和一般3个等级,主要从近3年内的授信是否能够按期偿还贷款本息、有无不良信用记录、有无拖欠贷款、家庭年现金总收入、社会信用程度、在村民中的威信以及遵纪守法、积极参加普法教育等方面来考察。

1. 优秀标准

(1) 近3年内的授信能够按期偿还贷款本息、无不良信用记录、无拖欠贷款。

(2) 家庭年现金总收入在30 000元以上。

(3) 社会信用程度好,在村民中威信很高。

(4) 遵纪守法,积极参加普法教育。

2. 较好标准

(1) 近两年内的授信能够按期偿还本息、无不良记录、无拖欠贷款。

(2) 家庭年现金总收入在15 000元以上。

(3) 社会信用程度好,在村民中威信较高。

(4) 遵纪守法,积极参加普法教育。

3. 一般标准

(1) 近两年内的授信能够到期归还本息,或虽有逾期贷款,但已签订了授信行认可的还款计划,或无拖欠贷款。

(2) 家庭年现金总收入在5 000元以上。

(3) 社会信用程度较好,在村民中有一定的威信。

(4) 遵纪守法,积极参加普法教育。

4. 下列情形暂不评定信用等级

(1) 对所欠贷款不愿意落实债务偿还计划(包括不愿受理授信催收回执)。

(2) 年满60岁以上的农户及五保户。

(3) 吸毒、贩毒人员,以赌博为生人员和正在被公安、司法机关拘押、判刑的人员,以及整天游手好闲、好逸恶劳、不务正业的人员。

#### (二) 个人生产经营授信客户信用等级评定标准

个人生产经营授信是指对从事合法生产经营的个体工商户、个人独资企业的投资人、合伙企业的合伙人、承包大户以及个人租赁经营者发放的,以生产经营流动资金需求以及租赁商铺、购置机械设备和其他合理资金需求为用途的授信业务。此类授信的个人客户信用等级实行百分制,按分值高低可设立AAA级、AA级、A级和B级(其中AAA级和AA级客户为优良客户,A级为一般客户,B级为限制或淘汰客户)4个信用等级,主要从个人基本情况、履约能力、资信状况、其他不利因素等方面考察。

1. AAA 级

AAA 级是指评分在 90 分（含）以上，各项指标优秀，个人综合素质高，生产经营稳定，经营收入高，资信状况好，还款能力强。

2. AA 级

AA 级是指评分在 80（含）～90 分，各项指标良好，个人综合素质较高，生产经营比较稳定，经营收入较高，资信状况较好，还款能力较强。

3. A 级

A 级是指评分在 70（含）～80 分，各项指标一般，个人综合素质一般，生产经营比较稳定，经营收入一般，资信状况一般，还款能力一般。

4. B 级

B 级是指评分在 70 分以下，经营情况差，还款能力弱，个人与银行的合作意愿及个人的资信状况较差。

（三）一般个人消费授信客户信用等级评定标准

表 3-8 为一般个人消费授信客户的信用等级评级指标及记分标准。

表 3-8　　　　个人消费授信客户的信用等级评级指标及记分标准

| 项目 | | 评定区间 | 得分 |
| --- | --- | --- | --- |
| 授信客户资格 20 分 | 年龄 | 36～49 岁 | 3 |
| | | 24～35 岁 | 2 |
| | | 18≤年龄≤23 或 50≤年龄≤退休年龄 | 1 |
| | 文化程度 | 高等教育（大学本科及以上） | 5 |
| | | 中等教育（大专学历） | 3 |
| | | 初等教育（高中及以下） | 2 |
| | 婚姻状况 | 有配偶 | 2 |
| | | 无配偶 | 0 |
| | 单位性质 | 国家机关、金融保险、邮电通信 | 4 |
| | | 科教文卫、水电气供应、商业贸易 | 3 |
| | | 工业交通、房地产建筑、部队系统 | 2 |
| | | 农林牧渔、社会服务业及其他 | 1 |
| | 职务或职称 | 董事/厅局级及以上 | 4 |
| | | 总经理/处级以上（或高级职称） | 3 |
| | | 部门经理/科级（或中级职称） | 2 |
| | | 职员/科级以下（或初级职称） | 1 |
| | 从业稳定性 | 现单位工作 10 年（含）以上 | 2 |
| | | 现单位工作 5 年（含）以上且 10 年以下 | 1 |

续表

| 项目 | | 评定区间 | 得分 |
|---|---|---|---|
| 偿债能力30分 | 授信客户月均收入 | 收入2万元（含）以上 | 8 |
| | | 收入8 000元（含）~2万元 | 6 |
| | | 收入3 000元（含）~8 000元 | 4 |
| | | 收入3 000元以下 | 2 |
| | 配偶月均收入 | 收入2万元（含）以上 | 8 |
| | | 收入8 000元（含）~2万元 | 6 |
| | | 收入3 000元（含）~8 000元 | 4 |
| | | 收入3 000元以下 | 2 |
| | 家庭净资产 | 10万元以下计1分，超过10万元计2分，每增加20万元再计1分，最高不超过6分 | 6 |
| | 收入还贷比（家庭月均收入/本笔和其他授信月还款） | 3以上 | 8 |
| | | 2（含）~3 | 6 |
| | | 1.5（含）~2 | 5 |
| | | 1.2（含）~1.5 | 4 |
| 担保能力25分 | 担保类别 | 质押类担保 | 17 |
| | | 住房抵押担保 | 15 |
| | | 家用轿车等所购汽车 | 10 |
| | | 第三方保证担保 | 8 |
| | | 其他 | 5 |
| | 担保形式 | 提供房产抵押和保证人两种（含）以上担保或提供质押担保 | 8 |
| | | 提供房产抵押和车辆抵押两种（含）以上担保 | 7 |
| | | 有房产抵押担保、车辆抵押担保，或两位担保人担保 | 5 |
| | | 有一位保证人担保或其他 | 3 |
| 存款及授信情况25分 | 存款情况 | 按年日均存款每万元计0.3分，最高不超过5分 | 5 |
| | 借款记录 | 授信已正常归还，再次申请授信的 | 4 |
| | | 与本行首次发生授信关系的 | 2 |
| | | 有授信余额且形态正常的 | 1 |
| | 授信乘数 | 房产抵押率≤50% 或 质押率<90% 或 车辆抵押率≤40% | 7 |

续表

| 项 目 | | 评定区间 | 得分 |
|---|---|---|---|
| 存款及授信情况 25分 | 授信乘数 | 50%＜房产抵押率≤60% 或 40%＜车辆抵押率≤50% | 6 |
| | | 60%＜房产抵押率≤70% 或 50%＜车辆抵押率≤60% | 4 |
| | | 60%＜车辆抵押率≤70% | 2 |
| | 授信期限 | 1（含）~3年 | 4 |
| | | 1年以下 | 3 |
| | | 3年（含）以上 | 1 |
| | 还款方式 | 按月等额、按月还本金 | 5 |
| | | 按季等额、按季还本金 | 3 |
| | | 其他方式 | 1 |

注：①对无固定职业、非本地居民的授信客户禁止发放授信（质押授信除外）。

②对收入还贷比小于1.2的授信客户审慎发放授信（质押授信除外）。

【单元实训】

**实训项目**：个人消费贷款授信客户信用等级评定。

**实训资料**：分组搜集的个人消费贷款资料。

**实训要求**：完成个人消费贷款客户的信用等级评定表。

**实训方式**：分组讨论，展示实训成果。

## 任务四 撰写授信调查报告

【教师任务】

1. 讲解公司客户授信调查报告的撰写格式和要求
2. 讲解个人客户授信调查报告的撰写格式和要求

【学生任务】

1. 学会撰写公司客户授信调查报告
2. 学会撰写个人客户授信调查报告

# 教学活动1　撰写公司客户授信调查报告

## 【活动设计】

借助引入案例,剖析公司客户授信调查报告的撰写要求;通过样例分析指导学生学会撰写公司客户授信调查报告。

## 【案例导入】

某银行公司业务部受理了某公司的授信申请,并根据某公司的授信申请书及相关材料完成了授信前调查。采用的调查方法有案头资料审查、实地调查、电话调查、网络调查等形式,收集和核实公司客户基本信息、生产经营情况、财务情况、非财务情况、担保情况等。

思考:以银行公司客户经理角度,面对公司客户的陈述及相关支撑材料和调查核实的材料,怎样撰写授信调查报告?

## 【基础知识】

### 一、公司客户授信调查报告撰写原则

银行授信业务部授信调查工作的标志性成果就是完成授信调查报告的撰写。因为报告将成为授信决策人员作出授信决策的重要依据,所以授信人员在撰写报告时,应谨守以下原则。

(一)客观原则

授信调查报告主要是针对客观事实开展分析,因此应尽量避免主观的判断,尤其不宜代替授信决策人员对授信案件提供批准或驳回的意见。

(二)简要原则

授信报告必须避免长篇大论,文字的加工、润饰要力求平实,简单明了,重点应尽量采用摘要、表格、比率、图形等方式替代文字说明,以便让阅读报告的授信决策人员一目了然,迅速掌握重点。

(三)充分揭露原则

有时授信人员会因为业务单位的请托或压力,删除对企业客户不利的叙述或内容,这样就违反了充分揭露原则,势必大幅提升授信风险,故应极力避免。

(四)一致性原则

授信人员在完成报告后,应仔细校正,避免报告内容相互矛盾,特别是各种数据前后不一致而影响报告的参考价值。

(五)机密原则

任何授信报告均具一定程度的机密性,因此一定要表明限阅的立场,授信人员本

身也应该严守机密原则，不得将企业授信报告任何资讯随意泄漏，以避免损及客户的权益。

## 二、公司客户授信调查报告的结构和写法

### （一）标题

一般用公文标题的写法，如"中国××银行××县支行关于××企业申请××授信的调查"。

### （二）正文

1. 开头

开头写调查报告的缘起。一般都要写借款单位因为什么于何年何月何日提出了借款申请，然后写银行针对申请进行了什么样的调查。

2. 主体

主体着重写调查借款单位的实际情况，包括企业性质、规模、固定资产、现有设备、近年来的经营管理状况、申请的授信用途、供销是否落实，是否符合产业政策和行业发展规划，能否带来可观的经济效益，授信能否按期收回本息等。

3. 结尾

结尾根据调查的情况和现行的授信政策，具体提出贷与不贷、贷多贷少的意见或建议。不贷，要讲明理由，尽可能为企业出主意；贷，贷多少，何时发放，利率多少，何时还贷，要写具体。

### （四）署名和日期

署名，一般写"调查人×××"或"信贷员×××"，写在正文右下角，换行在名字下面写上年月日。

## 三、写作要求

### （一）面对企业，深入实际

授信调查报告必须面对企业，深入实际，不仅看死材料，而且要了解活情况；不仅要了解企业的过去和现状，而且要准确估算企业的发展趋势；不仅要掌握企业的供、产、销，还要密切注意国内外市场的变化和趋势。没有深入的调查，就不会有中肯的分析，调查的工作是第一位的。

### （二）掌握银行信贷政策

各银行都根据国家社会经济发展规划制定了本行重点支持行业、选择性支持行业、逐步退出行业和优质客户、重点客户的重点支持的信贷政策，在调查报告中要体现贯彻落实银行信贷政策的内容。

### （三）意见和情况要一致

授信调查报告有情况和意见（包括"建议"）两部分，情况是意见的根据，意见是在研究情况以后产生的，两者要密切结合，不要相互游离。

样式3-1是授信调查报告格式，供参考。

样式 3-1

## 关于××单位申请××万元贷款（或授信等）的调查报告

申报支行：××支行
申请人：（单位名称或自然人姓名）
信贷业务种类：贷款［或授信（标明授信结构），承兑（标明保证金比例）等］
申请额：（　　　万元）
期限：（××年或××月　　）
担保方式：（信用或保证、质押、抵押）
利率或费率：××

### 第一部分　授信客户基本情况

一、概况
1. 基本信息：授信人名称、成立时间、注册资本、法定代表人、主营业务、主要经营场所所在地、纳税类型、经济性质、上级主管单位、员工人数、结构等基本信息
2. 公司简介
二、股东情况及组织结构
1. 股权结构：出资人、出资方式、各自的股权占比
2. 公司组织结构
三、管理情况
公司管理情况及关键管理人员（实际控制人简历）
四、关联企业或关联人物

### 第二部分　授信客户经营活动分析

一、经营情况
1. 公司治理情况
2. 公司相关制度：财务与审计管理制度、担保及对外投资、信息披露、人力资源管理、质量与安全生产
3. 股东会、董事会、监事会履行职责情况
4. 企业主要领导简历、业绩和信用记录
二、主营业务及其生产销售情况
1. 主营业务：客户主要生产、经营的产品（提供的服务），主要目标客户群，产品或服务的特点及市场竞争能力
2. 经营模式：采购模式、主要生产流程、销售模式、主要结算模式、可获取的商业信用等

3. 合规性：生产经营许可资质（行业资质、产品检验、卫生许可、环保评价等各类许可证照的取得情况）

4. 市场环境：原材料及产成品的市场情况（包括价格和供求等）

5. 上下游客户：主要供应商及供应比例、主要销售商及销售比例，与下游客户建立合作关系的时间、合作的稳定性等

6. 生产销售情况

7. 申请人目前已经取得或正在积极争取的合同或订单情况

8. 其他借款人在经营管理方面的特殊性

三、研究开发能力

四、行业情况

1. 行业现状及前景：行业发展现状、行业发展前景、行业政策

2. 核心竞争能力

五、重大事项揭示（或其他需说明的情况）

## 第三部分　授信客户财务分析

一、报表类型（是否经过事务所审计、是否系报送税务机关的报表、是否合并报表及合并范围）

二、财务指标分析

1. 资产负债状况：

（1）银行存款：申请人在我行及他行的存款状况

（2）固定资产及在建工程：借款人现有固定资产主要由哪几部分构成、各组成部分的原价、使用和运转状况、成色、购买价值、现市场价值、他项权利的设置情况；在建工程的具体项目、用途、建设进度、可投入使用的预计时间、投资额、他项权利的设置情况等。固定资产价值与其财务报表反映的数据是否基本匹配。

（3）存货：调查日申请人存货的具体构成、现市场价值、是否贬值、是否积压等情况，与财务报表反映的存货规模是否基本相符。

（4）银行借款：在他行的借款金额、到期时间、利率水平、向银行提供的担保情况等。

（5）应收账款：调查日申请人应收账款的金额、具体分布情况、账期、质量状况等情况。

（6）应付账款及其他应付款：欠款金额、约定付款时间、融资方式、借款成本、是否可长期占用等情况。

（7）其他负债：金额、付款时间。

2. 收入及利润状况

（1）近两年及本年度申请人实现的销售收入、增长幅度、导致借款人销售收入快速增长的主要决定因素。月均销售收入与上年相比下降幅度超过20%的，说明导致收入减少的主要原因。

(2) 申请人目前的获利能力。

3. 财务状况分析

(1) 列示申请人资产中主要类别的占比，根据其目前所处的发展阶段及该行业的特点，分析评价其资产分布的合理性及流动性，以及导致借款人资金压力的主要因素。

(2) 列示申请人各项主要负债的占比，分析其偿债压力状况。

(3) 评价借款人目前的获利能力，分析影响借款人获利能力的主要因素。

## 第四部分　银企往来及信誉情况

一、在本行的往来情况

申请人在我行的存贷款状况、结算量、占比及结算纪律遵守情况，结算量与客户提供的财务报表中销售规模数据是否匹配，不匹配的主要原因

二、在其他金融机构的往来情况

开户行、账户明细；他行授信、授信等业务明细等情况

三、授信卡查阅情况

1. 或有负债及对外担保风险分析（业务明细及风险）
2. 信贷登记系统及外部信息查询情况
3. 直接融资情况

四、银企关系及信誉评价

## 第五部分　担保情况分析

担保方式及具体情况

一、保证人情况

保证人的基本情况、与申请人的关系及其担保动机、保证人近3年的经营业绩、经营管理水平、行业地位、竞争优势、目前资产总额、净资产总额、主要财务指标

二、抵（质）押物情况

1. 抵（质）押物的相关内容：权属、类型、位置、数量、当前状态、评估价值、评估时间、评估方式、抵（质）押物设定的合法性和排他性等
2. 第二还款来源情况：合法性、充足性、流动性评价

## 第六部分　贷款（或授信）的用途及还款来源分析

一、贷款用途及合理性分析

1. 借款原因、具体用途、用款计划及借款期限
2. 授信涉及业务介绍及资金需求、落实情况
3. 涉及授信业务的主要供应商、销售对象情况介绍
4. 涉及授信业务的购销合同签署情况

二、资金缺口测算或项目的可行性分析

三、还款来源测算及企业的还款计划

1. 还款来源分析：说明借款人获得授信后可以用于还款的资金来源，分析还款来源的充足性、可行性

2. 企业的还款计划

## 第七部分  风险分析及防范措施

一、主要风险点分析

1. 信用状况分析：结合申请人既往偿还银行负债、支付结算、与上下游企业的合同履行、实际控制人个人品质等方面分析评价申请人的信用状况

2. 行业风险分析：说明申请人所处的行业发展状况，面临的市场环境、政策环境，影响该行业发展的主要不利因素，以及客户在应对这些潜在风险方面已经或即将采取的措施，对行业风险水平进行定性评价

3. 经营管理风险：从申请人的产品竞争力、对上下游客户的依赖度、技术水平、管理水平等方面分析可能给借款人经营管理造成不利影响的因素，说明申请人放开这些风险所具备的优势及已经或即将采取的应对措施，对申请人经营管理风险进行定性评价

4. 其他风险：分析申请人可能出现的其他风险因素，如财务风险、道德风险、政策法律风险等等

二、拟采取的风险防控措施

结合上述风险分析，说明在授信方案设计、贷后监控等方面拟采取的防控措施。

## 第八部分  综合收益测算

一、收益分析

1. 直接收益：计算利息收入、中间业务收入等收益

2. 间接收益：说明借款人已为我行带来的其他收益（存款、代发工资等），预计授信后可从申请人处获取的存款、国际结算、汇兑收益等

3. 其他收益

二、业务总体风险分析

三、风险与效益匹配分析

## 第九部分  基本分析结论

一、同意授信的理由综述

二、同意授信的具体方案

金额、品种/品种组合、期限、方式、利率/费率、保证人或抵（质）押物、用途、授信条件、还款方式、操作方式和要求等。

### 第十部分 调查人员声明

本报告系本人遵照××商业银行信贷管理制度及相关尽职要求,在对客户进行全面调查与核实后所作出的客观陈述,本人对上述报告中记载的各项内容的真实性及本人同意授信的意见负责,对因在上述报告中作出虚假陈述或说明导致决策人决策失误的情况承担全部责任。

主办信贷员(签字):×××
协办信贷员(签字):×××
××××年××月××日

【单元实训】

**实训项目:** 撰写公司客户贷款授信调查报告。
**实训资料:** 分组搜集的公司客户贷款资料。
**实训要求:** 完成公司客户贷款授信调查报告。
**实训方式:** 分组讨论,展示实训成果。

## 教学活动2 个人客户授信调查报告和面谈记录

【活动设计】

借助对导入案例的分析,讲解个人客户授信调查报告的撰写要求和面谈记录内容及要求。

【案例导入】

某银客户经理受理个人客户的授信业务申请后,必须要对客户提供的授信资料进行把关,对客户的授信申请开展授信调查,并撰写个人客户授信调查报告。

思考:个人授信调查报告的结构和内容及其特点有哪些?

【基础知识】

**一、个人客户授信调查报告基本结构要素**

个人客户授信调查报告的结构要素包括:标题、正文、结尾、署名和日期等。

## 二、个人客户授信调查报告的内容

个人客户授信调查报告与公司客户授信调查报告的内容、格式基本相同，包括以下内容。

1. 授信客户基本情况
2. 授信客户职业与收入状况
3. 授信客户资产负债状况
4. 借款用途和还款来源
5. 担保情况
6. 问题与风险

提出授信的主要风险点及防范措施。

7. 结论

明确提出贷与不贷，以及业务品种、币种、金额、期限、利率、担保方式等基本要素。

对于以货币、国债质押等低风险授信业务调查意见可以适当简化，可以用表格代替，但结论必须明确。

样式 3-2 是个人授信客户调查报告格式，供参考。

---

**样式 3-2**

### ××银行个人授信贷款业务调查审批报告

一、信贷业务基本情况

1. 借款申请人姓名
2. 借款申请情况：人民币_____万元，期限_____月
3. 是否授信：□是　　□否
4. 业务品种：

□个人循环授信　　□优质行业员工信用担保贷款　　□个人综合授信　　□个人消费贷款

□个人住房贷款　　□个人商用房贷款　　□个人经营权质押贷款　　□其他

5. 调查流程、内容及过程

实地调查1：时间_____年_____月_____日，地点_____，在场人员_____

主要经过和事项：_____

二、借款申请人及家庭基本情况

1. 申请人

年龄_____，性别_____，婚姻状况_____，工作单位及工作年限_____，主要经济来源_____

2. 申请人配偶/共同借款人
年龄_____，性别_____，婚姻状况_____，工作单位及工作年限_____，主要经济来源_____

3. 其他家庭成员/共同还款人/担保人
姓名_____，年龄_____，与申请人关系_____，工作单位_____，联系方式_____

三、申请人及家庭资产负债情况

1. 房产

2. 车产

3. 银行贷款

4. 其他金融资产（股票，基金或其他）

5. 已有贷款

四、借款人个人资信情况

1. 申请人征信
□无任何贷款　　□当前无逾期　　□当前有逾期_____元
最高累计逾期次数_____最高逾期期数_____逾期原因_____
在我行贷款情况_____

2. 配偶征信
□无任何贷款　　□当前无逾期　　□当前有逾期_____元
最高累计逾期次数_____最高逾期期数_____逾期原因_____
在我行贷款情况_____

3. 其他征信（担保人、共同还款人）
□无任何贷款　　□当前无逾期　　□当前有逾期_____元
最高累计逾期次数_____最高逾期期数_____逾期原因_____
在我行贷款情况_____

五、贷款用途及还款能力分析

1. 贷款用途

2. 还款能力

六、担保情况

1. 抵押担保
产权人_____，与借款人关系_____，地址_____，房屋设计用途_____，购建年份_____，产权面积_____平方米，估价总值_____万元，评估单价_____元/平方米，抵押率_____%
当前状况：□自住　　□空置　　□已出租

2. 保证担保
（1）保证人_____，与借款人关系_____，联系电话_____，家庭地址_____，工作单位_____，年收入_____元，其中：工

资收入_____，其他收入_____，担保人负债_____，占家庭年收入_____
_____%，未结清对外担保：_____
　　（2）保证人名称_____，法定代表人_____，注册资金_____万元，
实收_____万元，与借款人关系_____
　　　主营业务_____，基本开户行_____，基本户开户行_____
_____，总资产_____
　　七、风险点揭示
　　主要风险点及防范措施
　　八、经办人意见
　　1. 经办人调查结论
　　拟同意给予申请人_____，业务品种_____，人民币_____万元，期
限_____月，贷款利率上浮_____%，执行_____%，担保方式为_____
　　。
　　2. 声明

主办客户经理：　　　　协办客户经理：　　　　××年××月××日
　　九、支行行长意见


　　　　　　　　　　　　　行长签字　　　　　　××年××月××日

### 三、个人客户面谈内容和面谈记录

我国《个人授信管理暂行办法》规定，个贷经营部门不得将面谈、面签委托第三方机构代为办理，面谈、面签的经办人员应是本银行正式员工。因此，个人客户授信调查的面谈内容和记录成为其调查报告的重要支撑材料和授信的重要决策依据。

（一）面谈内容

贷前尽职调查过程中，银行个人贷款营销岗应通过谈话、核对资料等方式至少与所有借款当事人面谈一次，且至少就下列事项予以逐一核实，作为与客户面谈的主要内容。

（1）所有借款当事人与其提供的身份证件（原件）的一致性。

（2）所有借款当事人提供的身份证件与相关交易对手交易合同等文件资料的真实性；如为复印件的，则该复印件与相关原件核对一致性情况。

（3）借款申请人、共同借款客户（如有）对借款、还款意愿的确认；如涉及担保或有共有人，则保证人、抵质押人或有权处分人对担保意愿的确认。

（4）借款申请人、共同借款客户（如有）对借款申请及相关要素（含申请授信金额、授信期限、还款方式等）的确认；如涉及担保，则保证人、抵/质押人或有权处分人对担

保相关要素（含担保方式、担保责任、担保期限、保证金安排等）的确认。

（5）个贷经营部门认为其他需当面核实或确认的事项。

（二）面谈记录

面谈记录，根据个贷产品、客户和银行自身等特点和需要，设置成一定形式，以方便记录面谈信息，同时也作为面谈的见证材料。

样式3-3为某信用社个人授信客户谈话备忘录。

样式3-3

### 个人授信客户谈话备忘录

时间：____年__月__日　　　　地点：_____

授信客户：_____　　　联系电话：_____

工作单位：_____　　　现住所地址：_____

**现根据××信用社个人授信的有关规定，请您答复以下问题，并保证内容的真实性。**

1. 您申请授信的情况必须属实，否则，您个人可能承担相应的法律责任。对此，您是否了解？

　□是　　　　□否

2. 您是否自愿在××银行_____分行（支行）办理个人授信？

　□是　　　　□否

3. 您在填写个人授信合同之前是否认真阅读过？

　□是　　　　□否

4. 您是由个人亲自撰写还是委托他人撰写借款申请？

　□我本人　　□委托他人，对此借款申请是否真实体现您的个人意愿

　□是　　　　□否

5. 您目前或准备经营的项目在哪里？地点在哪里？

　答：

6. 您申请授信的实际用途是什么？

　□流动资金

　□购房

　□购车

　□其他

7. 您申请授信的担保方式是什么？

　□抵押

　□质押

　□保证

☐信用及其他

8. 您作为授信客户，应当有足够的偿还授信本息的能力，并按合同规定按期归还银行授信。对此，您是否清楚？
　　☐是　　　　　　☐否

9. 如您有配偶，根据我国《婚姻法》的规定，如您与您的配偶对所购房产权属未作约定，则该房产将作为夫妻共有财产，还贷及其他相关义务由夫妻双方承担连带责任。对此，您和您的配偶是否清楚？
　　☐是　　　　　　☐否

10. 您签订《借款合同》时，应在授信人处开设还款账户，授信发放后，依照合同约定的还款方式归还授信本息。您应当在每期还款日前存入不少于当期应还本息的存款，并授权授信人从账户扣收。如您不能按时归还授信本息，授信人则要求您承担以下责任：
(1) 未按约定时间还款，将按国家规定对逾期授信计收罚息；
(2) 对未按约定支付的利息，计收复利；
(3) 如您违约3个月，授信人有权宣告合同提前到期，并要求提前偿还全部授信本息，或依法律规定拍卖、处置抵押房屋。对此，您是否清楚？
　　☐是　　　　　　☐否

11. 您签订《借款合同》后，应按照合同中条款规定，将抵押物的全部财产权利抵押给授信银行，抵押担保的范围包括但不限于：借款合同项下的授信本金、利息（含违约授信复利、罚息）及实现债权的费用。对此，您是否清楚？
　　☐是　　　　　　☐否

12. 您以房屋或其他房产办理抵押，应当依照法律规定到房产所在地的房地产管理机构办理抵押登记，并将抵押物的他项权利证书交付我社。在授信全部清偿后，才能办理抵押注销登记手续。对此，您是否清楚？
　　☐是　　　　　　☐否

13. 您的授信为保证授信，保证人应对以下事项承担连带责任：
(1) 归还借款合同项下的授信本息（含罚息）；
(2) 支付合同发生纠纷引起的诉讼费用；
(3) 实现债权的其他费用。
您的保证人是否清楚并承诺承担上述责任？
　　☐是　　　　　　☐否
对此，您是否清楚？
　　☐是　　　　　　☐否

14. 依据合同约定或按照法院裁决处置抵押物时，您将被要求撤离已用于抵押的房屋，我社不承担任何责任。对此，您是否清楚？
　　☐是　　　　　　☐否

15. 您是否已对办理个人授信所享有的权利和承担的义务有了明确的了解？
　　□是　　　　　　□否
16. 上述谈话记录是否是您真实的意思表示？
　　□是　　　　　　□否
17. 您所提供的各种资料是否属实？
　　□属实　　　　　□不属实
18. 您是否还有其他要说明的问题？
　　_____
　　_____

申请人签名：_____

申请人财产共有人签名：_____

调查人签名：_____

主调查人签名：_____

## 【单元实训】

**实训项目**：个人授信客户面谈面签演练。

**实训资料**：搜集个人申请农村合作银行的贷款案例。

**实训要求**：模拟农村合作银行授信调查人员，完成样式3-4面谈、面签记录。

**实训方式**：分组、分角色模拟个人授信客户面谈面签过程，拍摄面谈面签演练过程并进行展示。

样式3-4

### 个人授信客户面谈面签记录

时间：_____年___月___日　　　　地　　点：_____

授信客户：_____　　联系电话：_____

感谢您对××农村合作银行的信赖，现根据××农村合作银行个人授信的有关规定，请您答复以下问题，并保证内容的真实性。

1. 您申请的个人授信是　　□公职消费授信　　□抵押授信　　□担保授信
　　　　　　　　　　　　□联保授信　　　　□个体工商户定向授信
2. 您本次的授信用途为_____。

3. 您申请授信用途及申请个人授信的情况必须属实,否则,您个人可能承担相应的法律责任。对此,您是否了解?
   □是　　　　　□否

4. 您与我行签订的合同生效后,符合受托支付条件的,您将授权授信人将授信直接划入指定的账户。对此,您是否清楚?
   □是　　　　　□否

5. 您作为授信客户,应当有足够的偿还授信本息能力,并按合同规定按期归还银行授信。对此,您是否清楚?
   □是　　　　　□否

6. 授信发放后,您应当依照合同约定的还款方式归还授信本息,并在每期还款日前到我行营业部柜面进行还款,以保持良好的还款信用记录。如您不能按时归还授信本息,授信人则要求您承担以下责任:

（1）未按约定时间还款,将按国家规定对逾期授信计收罚息;

（2）对未按约定支付的利息,计收复利;

（3）如您违约3个月,授信人有权宣告合同提前到期,并要求提前偿还全部授信本息,或依法律规定拍卖、处置抵押物,或依法扣划你户工资。

对此,您是否了解?
   □是　　　　　□否

7. 您可以要求提前还款,但需注意以下问题:

（1）应于计划提前还款日期1周书面通知授信人;

（2）如提前归还授信本金,利率档次不变,对提前还款部分按实际占用时间结算利息。

对此,您是否了解?
   □是　　　　　□否

**如果您办理的是抵押授信,请阅读并回答8—13项。**

8. 您在申请办理抵押授信时,所抵押的房产是否已对外出租?
   □是　　　　　□否

以上回答是,请回答:**您的房屋已出租,在我行办理抵押授信时,您需要告知承租人并承诺承租人已放弃优先购买权,同意请选择是。**
   □是　　　　　□否

9. 您在申请办理抵押授信时,您是否拥有除抵押房产外的第二套房产?
   □是　　　　　□否

10. 您申请办理抵押担保授信,对即将签订的合同项下有关评估、登记、公证、保险等费用,按有关规定将全部由您承担。合同生效后,应按照合同中抵押条款规定,将抵押物的全部财产权利抵押给授信银行,抵押担保的范围包括:借款合同项下的授信本金、利息(含违约授信复利、罚息)及实现债权的费用。

对此，您是否了解？
□是 　　　　□否

11. 您以所购房屋或其他物产办理抵押，应当依照法律规定到所在地的登记管理部门办理抵押登记，并将抵押物的他项权利证书交付授信银行。在授信全部清偿后，才能办理抵押注销登记手续。

对此，您是否了解？
□是 　　　　□否

12. 抵押期间，您应对占有抵押物合理使用，委托保管，如抵押物抵押期间内造成价值减少，您应在授信人要求的期限内提供与减少的价值相当的担保。如不能提供担保，授信公司可视抵押物受损程度，并按照合同条款约定，有权就处分抵押物所得价款优先受偿。

对此，您是否了解？
□是 　　　　□否

13. 我行依据合同约定或按照法院裁决处置抵押物时，您将被要求撤离已用于抵押的房屋或其他抵押物。

对此，您是否了解？
□是 　　　　□否

**如果您办理的是担保授信（含联保授信），请阅读并回答14项。**

14. 您如选择保证人，则保证人应对以下事项承担连带责任：
(1) 归还借款合同项下的授信本息（含罚息）；
(2) 支付合同发生纠纷引起的诉讼费用；
(3) 实现债权的其他费用。您的保证人是否也清楚并承诺承担上述责任？

对此，您是否了解？
□是 　　　　□否

15. 您的授信如出现违约，我行有权将**违约情况载入人民银行个人征信系统**或其他违约客户查询系统，可能会**影响您获得新的授信和其他授信业务**。您是否清楚？
□是 　　　　□否

16. 您是否已对办理个人授信所享有的权利和承担的义务有了明确的了解？
□是 　　　　□否

17. 您对与我行签订的相关申请、承诺、授权、合同是否都已经充分阅读并没有任何异议？
□是 　　　　□否

18. 我行建议您在**变更手机号码**和联系方式时及时联系我行经办人员并办理变更手续，以便我行对还款进行及时提醒，避免授信产生逾期影响您的信用记录。

19. 您是否还有其他要说明的问题？_____

_____

20. 您所提供的资料是否真实？
□是　　　　　□否
21. 以上谈话内容是否真实？
□是　　　　　□否
感谢您的合作！

申请人签字：
调查人签字：
主调查人签字：

## 综合训练

### 一、知识检测

**（一）单项选择题**

1. 正大公司2016年年末资产总额为1 650 000元，负债总额为1 023 000元，则资产负债比率为（　　）。
   A. 0.62　　　　　　　　　　　B. 0.61
   C. 0.38　　　　　　　　　　　D. 1.63

2. 企业的应收账款周转天数为90天，存货周转天数为180天，则简化计算营业周期为（　　）天。
   A. 90　　　　　　　　　　　　B. 180
   C. 270　　　　　　　　　　　 D. 360

3. 在现金流量的分析中，首先分析的是（　　）。
   A. 融资活动的现金流　　　　　B. 投资活动的现金流
   C. 经营活动的现金流　　　　　D. 消费活动的现金流

4. 投资报酬分析最主要的分析主体是（　　）。
   A. 短期债权人　　　　　　　　B. 长期债权人
   C. 上级主管部门　　　　　　　D. 企业所有者

5. 假设某公司普通股2016年的平均市场价格为17.8元，其中年初价格为16.5元，年末价格为18.2元，当年宣布的每股股利为0.25元。则该公司的股票获利率为（　　）%。
   A. 25　　　　　　　　　　　　B. 0.08
   C. 10.96　　　　　　　　　　 D. 1.7

6. 保证贷款中保证人的保证期间一般是（　　）。
   A. 贷款期限届满止　　　　　　B. 贷款期限届满后1年止

C. 贷款期限届满后 2 年止　　　　D. 贷款期限届满后 5 年止

7. 某企业以其拥有的房屋为抵押物向银行申请贷款，银行委托评估公司经评估确定该房屋的价值为 1 000 万元，抵押率为 60%，则企业可以取得的抵押贷款额为（　　）万元。

A. 600　　　　　　　　　　　　B. 800
C. 1 000　　　　　　　　　　　D. 900

8. 动产质押一般以（　　）作为质物、质权生效的条件。

A. 实物交付　　　　　　　　　　B. 实物登记
C. 权利凭证交付　　　　　　　　D. 权利登记

9. 以票据申请质押贷款的，必须对（　　）进行连续性审查。

A. 票据　　　　　　　　　　　　B. 出票人
C. 所有人　　　　　　　　　　　D. 背书

10. 客户在其授信额度内实际使用的贷款称为（　　）。

A. 授信额度　　　　　　　　　　B. 额度贷款
C. 额度授信　　　　　　　　　　D. 单项授信

11. 银行根据国家政策、市场情况的变化及客户的特殊需要，对特殊项目及超过基本授信额度的项目给予的授信称为（　　）。

A. 特殊授信　　　　　　　　　　B. 综合授信
C. 基本授信　　　　　　　　　　D. 内部授信

12. （　　）是银行在对单一法人客户的风险和财务状况进行综合评估的基础上确定的能够和愿意承担的风险总量。

A. 内部授信额　　　　　　　　　B. 外部授信额
C. 单项授信额　　　　　　　　　D. 最高综合授信额

13. 无论个人贷款还是企业贷款，经办人员经过充分调查分析后，应提出信贷意见，撰写（　　）。

A. 个人信用报告　　　　　　　　B. 调查提纲
C. 信贷调查报告　　　　　　　　D. 贷款承诺书

14. （　　）是商业银行的商业秘密，不得以任何形式对外泄露。

A. 内部授信额　　　　　　　　　B. 外部授信额
C. 单项授信额　　　　　　　　　D. 最高综合授信额

（二）多项选择题

1. 属于非财务计量指标的是（　　）。

A. 市场增加值　　　　　　　　　B. 服务
C. 创新　　　　　　　　　　　　D. 雇员培训

2. 下列经济事项中，不能产生现金流量的有（　　）。

A. 出售固定资产　　　　　　　　B. 企业从银行提取现金
C. 投资人投入现金　　　　　　　D. 将库存现金送存银行
E. 企业用现金购买将于 3 个月到期的国库券

3. 企业评级的主要内容包括（　　）。
   A. 企业素质　　　　　　　　　　B. 资金信用
   C. 经营管理　　　　　　　　　　D. 经济效益
   E. 发展前景

4. 企业持有货币的主要目的是（　　）。
   A. 投机的需要　　　　　　　　　B. 经营的需要
   C. 投资的需要　　　　　　　　　D. 获利的需要
   E. 预防的需要

5. 资产负债表的初步分析可以分为（　　）三部分。
   A. 所有者权益分析　　　　　　　B. 负债分析
   C. 现金流动分析　　　　　　　　D. 资产分析
   E. 资本结构分析

6. （　　）不能做担保人。
   A. 外资企业　　　　　　　　　　B. 国家机关
   C. 国有企业　　　　　　　　　　D. 以公益为目的的事业单位
   E. 企业法人的职能部门

7. 抵押担保的范围包括（　　）。
   A. 主债权及利息　　　　　　　　B. 抵押财产保管费用
   C. 违约金　　　　　　　　　　　D. 实现抵押权费用
   E. 损害赔偿金

8. 银行与借款人、其他第三人签订担保协议后，当（　　）时，可通过执行担保来收回贷款利息。
   A. 借款人财务状况恶化　　　　　B. 违反借款合同
   C. 无法偿还本息　　　　　　　　D. 银行财务状况恶化
   E. 贷款到期

9. 保证贷款保证人资格审查的主要内容包括保证担保的（　　）。
   A. 合法性　　　　　　　　　　　B. 合规性
   C. 充足性　　　　　　　　　　　D. 有效性
   E. 合理性

10. 抵押贷款中作为抵押物的财产必须是（　　）。
    A. 债务人所有的财产
    B. 权属无争议的财产
    C. 法定可以抵押的财产，且其处置不妨碍公共利益
    D. 价值稳定，且依法可以流通转让的财产
    E. 容易变现的财产

11. 个人授信调查应遵循的原则是（　　）。
    A. 面谈　　　　　　　　　　　　B. 双人调查
    C. 实地查看　　　　　　　　　　D. 真实反映

12. 个人授信调查的方式包括（　　）。
   A. 面谈调查　　　　　　　　　　B. 双人调查
   C. 实地调查　　　　　　　　　　D. 电话调查
13. 企业信用调查报告撰写应坚持的原则是（　　）。
   A. 客观原则　　　　　　　　　　B. 简要原则
   C. 充分揭露原则　　　　　　　　D. 一致性原则
   E. 机密原则
14. 银行客户经理可以从（　　）了解和分析企业客户的经营状况。
   A. 上游供应信息　　　　　　　　B. 生产环节信息
   C. 下游市场信息　　　　　　　　D. 产品竞争力和经营业绩
15. 对于企业客户的非财务信息可以从（　　）调查了解。
   A. 宏观经济环境信息　　　　　　B. 行业分析信息
   C. 产品市场信息　　　　　　　　D. 管理与策略信息

（三）简答题

1. 简述小微企业财务分析的局限性和分析方法。
2. 简述抵押贷款业务的风险点。
3. 简述抵押与质押的区别。
4. 简述信用等级与额度授信的关系。
5. 简述个人授信业务调查需要收集的资料。
6. 简述企业授信调查报告的主要内容。

## 二、技能训练

### 个人授信贷款调查分析

【案情介绍】周××，男，46岁，大专文凭，衡阳市户籍，常住地址为长沙市××区××花园×栋××××号，名下有××花园房产1套，套内面积240平方米，评估价值120万元，市场公允价值132万元，另有×园小区房产1套，建筑面积146平方米，评估价值57万元，市场公允价值54万元，私家轿车奔驰1台，2008年购买价格40万元，截至目前已折旧10万元。以前做过大型机械设备零售部件的销售、做过小包工头，他个人于2009年12月1日独资投资成立了湖南××工程机械有限公司。配偶胡×，40岁，大学文化，长沙市户籍，目前尚未上班，其名下有私家轿车奥迪1台，市场买卖价值35万元。夫妻双方供养一男一女。儿子，22岁，左腿瘫痪多年，不能自理。女儿18岁，2015年7月考上中国人民大学。

湖南××工程机械有限公司，注册资本400万元，属个人独资企业，法人代表是周××，经营有效年限15年，代理品牌主要是挖掘机和推土机，包括三一牌、山河智能牌、玉柴、柳工、黄河等多种品牌挖掘机和推土机。湖南××工程机械有限公司有固定资产厂房1处，评估价值200万元；经营范围：推土机、挖掘机的销售以及相关五金零部件的批发与销售；在农行、交通银行、中国银行、建行均有结算账户，且平均月往来结算金额达300万元。销售范围涉及河南、河北、山东、广东、江西等省份。

具体财务数据如表3-9，表3-10。

表3-9　　　　　　　　　　　　　资产负债表　　　　　　　　　　　单位：人民币元

| 项　目 | 2013年 | 2014年 | 2015年 | 项　目 | 2013年 | 2014年 | 2015年 |
| --- | --- | --- | --- | --- | --- | --- | --- |
| 货币资金 | 785 000 | 1 254 600 | 2 051 000 | 短期借款 | 1 000 000 | 1 500 000 | 2 000 000 |
| 应收账款 | 2 300 500 | 2 204 800 | 2 684 800 | 应付账款 | 1 804 600 | 1 204 500 | 1 167 260 |
| 其他应收款 | 130 050 | 430 200 | 678 250 | 预收账款 | 292 500 | 1 067 800 | 321 500 |
| 预付账款 | 830 000 | 1 059 405 | 1 010 200 | 应交税金 | 78 210 | 150 680 | 210 820 |
| 存货 | 2 580 060 | 2 990 015 | 3 552 300 | 其他应交款 | 8 600 | 12 000 | 43 000 |
| 应收补贴款 |  |  |  | 其他应付款 | 0 | 372 500 |  |
| 流动资产合计 | 6 625 610 | 7 939 020 | 9 976 550 | 流动负债合计 | 3 183 910 | 4 307 480 | 3 742 580 |
| 固定资产原价 | 1 311 300 | 1 800 000 | 2 623 170 | 长期借款 |  | 500 000 | 1 500 000 |
| 减：累计折旧 | 100 200 | 241 540 | 760 540 | 长期负债合计 |  | 500 000 | 1 500 000 |
| 固定资产净值 | 1 211 100 | 1 558 460 | 1 862 630 | 负债合计 | 3 183 910 | 4 807 480 | 5 242 580 |
| 固定资产净额 | 1 211 100 | 1 558 460 | 1 862 630 | 实收资本（股本） | 4 000 000 | 4 000 000 | 7 000 000 |
| 在建工程 |  | 872 500 | 3 215 900 | 未分配利润 | 652 800 | 1 562 500 | 2 812 500 |
| 固定资产合计 | 1 211 100 | 2 430 960 | 5 078 530 | 所有者权益合计 | 4 652 800 | 5 562 500 | 9 812 500 |
| 资产总计 | 7 836 710 | 10 369 980 | 15 055 080 | 负债和所有者权益总计 | 7 836 710 | 10 369 980 | 15 055 080 |

表3-10　　　　　　　　　　　　　利　润　表　　　　　　　　　　　单位：人民币元

| 项　目 | 2013年 | 2014年 | 2015年 |
| --- | --- | --- | --- |
| 一、主营业务收入 | 7 824 100 | 9 782 500 | 14 058 900 |
| 　减：折扣与折让 | 0 | 0 | 0 |
| 二、主营业务收入净额 | 7 824 100 | 9 782 500 | 14 058 900 |
| 　减：（一）主营业务成本 | 5 711 593 | 6 847 750 | 9 841 230 |
| 　　　（二）主营业务税金及附加 | 752 603 | 1 012 500 | 1 246 230 |
| 三、主营业务利润（亏损以"-"号填列） | 1 359 904 | 1 922 250 | 2 971 440 |

续表

| 项　　目 | 2013 年 | 2014 年 | 2015 年 |
|---|---|---|---|
| 减：（一）营业费用 | 260 253 | 432 500 | 780 056 |
| 　　　（二）管理费用 | 183 621 | 282 463 | 429 639 |
| 　　　（三）财务费用 | 55 800 | 114 300 | 203 400 |
| 四、营业利润（亏损以"－"号填列） | 860 230 | 1 092 987 | 1 558 345 |
| 五、利润总额（亏损总额以"－"号填列） | 860 230 | 1 092 987 | 1 558 345 |
| 　减：所得税 | 132 460 | 183 287 | 308 345 |
| 六、净利润（净亏损以"－"号填列） | 727 770 | 909 700 | 1 250 000 |
| 　加：（一）年初未分配利润 | －74 970 | 652 800 | 1 562 500 |
| 七、可供分配的利润 | 652 800 | 1 562 500 | 2 812 500 |
| 八、可供投资者分配的利润 | 652 800 | 1 562 500 | 2 812 500 |
| 九、未分配利润 | 652 800 | 1 562 500 | 2 812 500 |

请根据以上基本资料，分析周××的个人、家庭、经营实体是否符合兴业银行某支行个人经营贷款的申请条件。

分析经营实体的经营状况、财务状况等，论证经营实体是否需要流动资金贷款？如果需要，请安排合适的信用方案。

# 项目四 Project 4
# 银行授信的审查与审批

【知识目标】
1. 掌握银行授信审查的基本内容
2. 掌握银行授信审查的基本要点
3. 掌握银行授信审批的基本流程

【能力目标】
1. 能够审查银行授信客户资料
2. 会撰写银行授信审查报告
3. 会填写银行授信审查审批表

## 任务一 银行授信审查

【教师任务】
1. 分析讲解银行授信审查的基本内容、基本要点
2. 分析讲解银行授信审批的基本流程
3. 讲解银行授信审查报告的撰写和填写授信审查审批表的方法

【学生任务】
1. 掌握银行授信审查的基本内容和审查要点
2. 掌握银行授信审批的基本流程
3. 学会撰写银行授信审查报告
4. 学会填写授信审查审批表

## 教学活动1  授信对象基本要素审查

【活动设计】

结合引入案例讲解授信管理部门需要审查的资料和审查要点，并分小组讨论个人贷款和企业贷款分别需要对哪些基本要素进行审查。

【案例导入】

### ××药业公司关于建设国家级高科技产业化示范项目申请贷款

2015年5月9日，××药业有限公司向××银行提出书面申请：以该公司自有的位于××市××区××路××号的土地使用权作抵押，向××银行借款3 000万元，期限1年。

××药业有限公司是××省××县唯一的一家专业从事中成药生产的高科技民营企业。公司是中科院生物物理研究所的生物技术中试基地、国家级现代中药产业化示范项目工程实施单位、国家星火计划、省科技厅火炬计划和星火计划实施单位、××省劳动模范集体、××省民营科技企业和××市优势企业。

公司基本信息如表4-1。

表4-1　　　　　　　　　××药业有限公司基本信息

| 公司成立时间 | 2002-11-27 | 公司地址 | ××市××区永外三元西巷甲12号 |
|---|---|---|---|
| 营业执照号 | 200211××× | 法定代表人 | 张×× |
| 组织机构代码证 | ZS2××× | 企业类型 | 民营 |
| 税务登记证 | 11010371092×××× | 贷款卡号 | 5000119850202×××× |
| 注册资金 | 133 000 000.00元 | 经营范围 | 组织药品生产；化学原料药、西药制剂、生化药品、生物制品、中成药的销售；自营和代理各类商品的进出口业务；与上述业务相关的咨询 |

公司自成立以来，先后与国内十几所大专院校和科研院所建立了长期紧密的科研合作关系。特别是与中科院生物物理研究所合作以来，公司紧紧围绕峰县丰富的山楂叶资源，研究开发了具有国内领先水平的大孔树脂吸附法生产山楂叶总黄酮工艺，并实现了产业化。公司的技术研发实力和市场竞争力比较强，成为华北地区规模最大、现代化水平最高的植物有效成分提取基地。在营销网络建设方面，公司始终坚持开放型的市场开发模式，在北京设立了营销管理中心，并在全国19个省市区设立了营销办事机构，营销网络已基本覆盖全国。为充分发挥公司在山楂叶总黄酮和其他植物有效成分提取方面的技术和工艺优势，公司申报了国家级高科技产业化示范工程"现代中药山楂叶总黄酮产业化示范项

目",并被国家发展和改革委员会于 2014 年 5 月 25 日批复立项。

该项目的建设规模为:(1)建立 GAP 山楂叶原料基地 2 000 亩,年采摘山楂叶 1 000 吨;租赁 100 亩土地用于山里红品种繁育、嫁接、培育成品苗木,为 GAP 原料基地配套(租赁期限 2 年);改造现有山楂园林 10 000 亩,按 GAP 种植标准规范化管理。(2)根据 GMP 的规范要求,建设年产 40 吨山楂叶总黄酮生产线。其中:20 吨标准提取物用于出口,6 吨用于生产益心酮片,8 吨用于精制提纯生产注射用冻干粉,2 吨用于生产山楂叶总黄酮滴丸,4 吨标准提取物用于内销。建筑工程内容为:项目新增建筑面积 19 020 平方米。其中:生产车间 13 700 平方米(含 GMP 净化面积 1 700 平方米)配电室、锅炉房、动力车间、机修、职工食堂等复筑面积 2 320 平方米,办公设施 1 800 平方米,科研检测楼 1 200 平方米。本项目共需购置各类仪器和设备 75 台(套),其中:主要生产设备 58 台(套),主要辅助配套设备 4 台(套),科研、化验、质检仪器设备 9 台(套),交通运输车辆 4 台。

该项目总投资为 9 500 万元,其中建设投资 7 816.3 万元(含建设期利息 242.8 万元),铺底流动资金 1 684.6 万元。

项目的资金来源:一是申请国家投资 900 万元,二是申请地方配套投资 900 万元,三是企业自筹 2 700 万元,四是申请贷款 3 000 万元。

该项目投产达产后,年可实现销售收入 10 020 万元,利税 4 098.7 万元,财务内部收益率 36.7%,投资利润率 34%,投资利税率 35%,投资回收期 3.8 年。项目投产后可为当地提供 200 个就业机会。项目采取乙醇提取、大孔树脂吸附法萃取工艺大规模提取山楂叶总黄酮标准提取物。与传统工艺相比,具有效率高、产品品质高、溶剂消耗少和生产成本低等特点,填补了国内空白,实现了将高科技成果应用于规模中药产业化的跨越。

项目建设具有产业带动作用,将促进当地农民发展种植业,加快农民脱贫致富的步伐,也将大大促进某省医药企业和相关产业的快速发展,促进传统中药产业现代化进程。

该项目已进入主体车间施工阶段,企业自筹部分资金及国家和省拨资金已陆续到位。为了加快该项目的实施,使之迅速发挥效益,特向银行申请贷款 3 000 万元。

资料来源:智盛商业银行综合业务模拟系统。

**思考**:结合案例说明如何对授信审查的基本要素进行审查?

【基础知识】

## 一、银行授信审查的主要内容

授信管理部门设置授信业务审批部,负责对授信经营部门或者下级行移交的客户资料和授信调查资料进行审查。

(一)基本要素审查

(1)拟授信客户及担保人有关资料是否齐备。

(2)授信业务经营部门内部手续是否齐全。

(二)主体资格审查

(1)拟授信客户及担保人主体资格、法定代表人有关证明材料是否符合规定。

(2)拟授信客户及担保人组织机构是否合理,产权关系是否明晰。

（3）拟授信客户及担保人法定代表人、主要部门负责人有无不良记录。

（三）授信政策审查

（1）授信用途是否合规合法，是否符合国家有关政策。

（2）授信用途、期限、方式、利率费率、担保等是否符合银行规定。

（四）授信风险审查

（1）审查核定的企业信用等级和授信额度是否正确合理。

（2）分析、揭示拟授信客户的行业风险、政策法律风险、财务风险、经营管理风险、市场风险等并提出风险防范措施。

审查结束后，审查人员撰写授信审查报告，填制授信业务审查表和数据资料采集表，将审查信息资料及时录入授信管理系统，并按规定移送给参会的授信审批人。

### 二、授信对象基本要素审查

（一）审查授信对象、担保人（物）及具体授信业务有关资料是否齐备

审查人员对调查人员授信前调查的资料和结论予以复核，确保资料的真实性、合法性、有效性、准确性和完整性。审查要点主要包括：

（1）审查授信申请书。要求其对授信用途、效益、还款来源说明具体、合理等。

（2）审查法人营业执照、组织机构代码、税务登记代码。检查其是否在有效期内、年审是否合格、授信用途是否在营业执照限定的经营范围内等。

（3）审查法定代表人身份证明、法定代表人签字、法人授权委托证明书等。

（4）审查董事会决议、股东会决议等。

（5）审查提交的财务报告和相关说明等资料。

（6）审查抵押物、质押物清单；审查保证人拟同意保证的有关证明文件等。

（7）审查授信业务部门和下级行移交来的其他资料。

（二）审查授信业务部门内部运作资料是否齐全

审查人员还需要审查授信业务部门内部运作资料是否齐全，是否按规定程序操作，调查程序和方法是否合乎规定，调查内容是否全面、有效，调查结论及意见是否合理等。

（1）审查贷款卡。对授信申请人和保证人贷款卡状态进行查询，审查贷款卡上公章、法定代表人签字与企业法人营业执照上的企业名称、法定代表人是否相符。

（2）审查授信对象及保证人负债情况。通过贷款卡，查询授信申请人在银行系统的授信使用情况和保证人在其他银行的授信使用情况。包括：①负债综合查询；②不良负债查询；③当前负债查询，如经查询，当前负债余额与财务报表中的借款余额不符，填写银行借款核对表进行追踪；④银行承兑汇票查询，如经查询当前承兑汇票余额与财务报表中的应付票据余额不符，填写应付票据核对表进行追踪。

（3）审查授信对象及保证人对外担保情况。

（4）审查授信调查情况。

对调查人执行的调查程序是否正确、调查结果和内容是否全面、调查结论是否合理进行核查分析。

（5）授信对象是自然人的，需查询个人信用信息报告。

**相关链接 4-1**

## 定期查询个人信用报告　避免信用记录错误

随着互联网及互联网金融快速发展，个人信用作为隐形的"经济身份证"在社会中扮演着越来越重要的角色。日常生活中居民申请房贷、车贷、信用卡等都需要个人信用。近期，监管层还下调了查询征信费用。专家建议，居民充分利用好征信免费查询次数，养成定期查询个人信用报告的习惯，珍惜个人征信。

### 1. 1 年至少查询 1 次信用报告

"自从 2014 年公民可以查询个人征信情况以来，我每年年初会定期查询个人信用情况。我原来在海外留学时深刻地意识到个人征信的重要性，了解到信用违约成本非常高。在国内，征信情况良好的话，银行贷款还会有优惠。此外，还可以了解到个人征信中是否存在错误的地方、避免造成不必要的信用污点。"市民张先生表示，"了解个人信用情况还能知道哪些机构查询了个人信用，保护个人信用不被乱用。"

融 360 分析师也表示："个人信用报告使用范围很广，如商业银行贷款、信用卡审批和贷后管理等。此外，还用于任职资格审查、员工录用等许多环节中。信用报告可以节省银行审贷时间，快速获得贷款。建议居民主动了解自己的信用报告，对其中可能错误的信息及时向征信中心或业务发生银行提出申请纠正，避免给自己带来不利影响。"

对于没有申请贷款或者信用卡需求的人士，专业人士也建议 1 年内至少查询 1 次信用报告，了解自身征信情况，避免他人冒用自己身份获得贷款，了解是否存在错误信息，违规查询个人信用情况。

央行征信中心相关负责人表示，即使这一年都没有任何的需求，不需要贷款也不需要申请信用卡，我们也建议市民 1 年至少查 1 次信用报告，以避免别人盗用自己的身份办卡或办理房贷。

### 2. 可以查询个人征信的三个渠道

目前查询个人征信方式主要有三种方式：一是可以前往所在地中国人民银行分支机构进行现场查询；二是通过互联网查询本人信用报告服务；三是网银查询、商业银行代理查询等其他服务渠道。

近日，监管层还下调个人征信查询费用。本月 15 日起，个人到柜台查询自身信用报告，每年第 3 次起的收费标准由现行每次 25 元降低至 10 元，通过互联网查询及每年前两次到柜台查询继续实行免费。

值得注意的是，如果个人认为本人信用报告上的信息有错误、遗漏时，有权向征信机构和信息提供机构提出异议申请并要求更正。征信机构或者信息提供机构应当自收到异议之日起 20 日内进行核查和处理，并将结果答复异议人。此外，如果本人认为征信机构或者信息提供者、信息使用者侵害其合法权益的，可以向所在地的国务院征信业监督管理部门派出机构投诉或直接向人民法院起诉。

个人不良信息超过保存期限将予以删除。征信机构对个人不良信息的保存期限，自不良行为或者事件终止之日起为 5 年。超过 5 年的，金融消费者有权要求征信机构予以删除并重建信用记录。

资料来源：和讯网，http://bank.hexun.com/2016-01-20/181907659.html。

## 教学活动2　授信对象主体资格审查

【活动设计】

结合对引入案例的分析，讲解对授信主体资格进行审查的内容，并分小组讨论个人贷款和企业贷款主体资格的审查要点。

【案例导入】

### 江西省某驱动桥股份有限责任公司短期流动资金贷款

江西××县驱动桥有限公司地处江西省××县城××路，成立于1957年5月，1979年正式转产从事驱动桥生产，改名为江西××县驱动桥厂。经过30多年的发展，成为我国三大专业生产驱动桥企业之一。2013年3月公司被宁波A集团兼并，成立江西省××驱动桥股份有限责任公司，A集团占70%股份，原厂管理人员占30%股份。新公司按承债方式、以净资产为受让价格受让驱动桥厂整体资产。新公司成立后，注册资金1 000万元，全部以现金出资，其中：宁波A集团股份有限公司应出资700万元［实际出资为913万元，其中213万元为借给其他股东对江西省××驱动桥有限公司（筹）的投资款］，占注册资本的70%；付××应出资100万元（实际出资18万元），占注册资本的10%；张××应出资55万元（实际出资10万元），占注册资本的5.5%；席××应出资40万元（实际出资6万元），占注册资本的4%；刘××应出资15万元（实际出资5万元），占注册资本的1.5%；严××应出资90万元（实际出资48万元），占注册资本的9%；资本金全部到位。法人代表周××。职工683人，其中工程技术人员58人。厂区占地面积10万平方米，生产性建筑面积2.7万平方米。

企业主导产品"奔驰"牌驱动桥，主要配套于装载机、压路机、平地机、叉车等工程机械领域。现已拥有7大系列90多个变形产品，年产各类工程机械驱动桥7 000台套，其中ZL20和ZL15、ZL30B驱动桥分别为部优和省优产品。装载机驱动桥中产品型号为ZL15、ZL30、ZL40、ZL50，其占全国销售市场的25%左右；压路机驱动桥中产品型号为PS50系列、PS75系列，该产品占全国销售市场的50%左右。

公司领导班子共8人，其中董事长1人，总经理1人，副总经理3人，经理助理1人，工会主席1人，监事长1人，BB集团外派管理人员1人。公司领导成员拥有高级职称6人，班子政治坚定，团结一致，有高度的事业心和责任感，强烈的改革和开拓进取精神，具有较高的组织能力和领导决策水平。总经理付××，为原江西××县驱动桥厂厂长（高级工程师），从事驱动桥生产近20年，专业水平较强。该同志品行良好，清正廉洁，有很强的经营管理能力。

该企业长期在中国工商银行××县支行发生授信业务，基本账户在工商银行，其他金融机构均未介入，其中工商银行借款为2 400万元，资信良好，从未出现过逾期现象，工商银行对其信用评级为 AA 级。

资料来源：智盛商业银行综合业务模拟系统。

**思考**：对授信主体资格进行哪些方面的审查？

## 【基础知识】

### 一、主体资格的合法有效性审查

企业是否具有独立的法人资格，如属分支机构，应了解所属企业的详细情况及对分支机构的授权；企业营业执照、税务登记证和组织机构代码证是否年检有效，从2016年起企业法人三证合一；需要提交资质证书及行业许可证书的，应查看其是否在有效期内；企业法人经营期限是否覆盖授信业务期限，经营范围是否与申请授信的资金用途一致；注册资本是否与现行章程相符，实收资本与验资报告及财务报表入账是否一致；验资报告中股东是否与现行公司章程一致；股东出资方式、出资额及占比，实物出资是否已办理权属变更；公司章程及有关修正案是否齐全、是否有股东签章、对公司办理授信业务是否有限制。具体审核的内容如下：

（1）关于提交的公司章程。审核申请授信客户提交的公司章程是否是从工商登记档案中复制并加盖工商登记管理机关查阅档案章的公司章程复印件。以公司章程为依据，审核授信申请人关于授信申请决策的内部决策机关及其职权范围、议事方式、表决程序和代表授信申请人签署合同的法定代表人或其委托的代理人。

（2）关于本次授信的相关股东会或董事会决议。根据公司章程规定必须由股东会或董事会作出申请授信决议的，审核本次授信是否有相应的股东会或董事会决议，而且决议是否经公证处公证。

（3）关于法定代表人或主要负责人的身份证明书。审核法定代表人或主要负责人的姓名、职务和身份证号与工商管理机关或其他有权机关颁发的授信申请人主体资格证明记载的内容是否一致。

（4）关于授权委托书。由其他人代理法定代表人处理相关授信业务必须有授权委托书，对授权委托书要审核：①代理人的姓名、职务、身份证号是否和原件一致并留存复印件；②代理人被授权范围和期限等内容；③是否有法定代表人或主要负责人签章并加盖授信申请人公章；④贷款合同的签订日是否在授权委托书载明的授权期限内。

### 二、与金融机构合作情况审查

（1）审核基本结算账户、一般存款账户、专项存款账户及临时存款账户开立情况，审核授信申请人的主要流水结算是否在授信行。银行授信的必要条件是在授信行开立基本结算账户或一般存款账户。

（2）综合查询授信申请人是否存在不良的信用记录及对外担保记录；了解企业整体融资（含直接融资）额度、用信品种、担保方式及对外担保情况。对于存在不良信用记录的申请人应谨慎授信或不予授信；已存在债务融资的或对外担保的要考虑其资产负债率情况、被担保人违约概率情况、拟授信行在收回债权中的有利条件或优势。

### 三、拟授信客户的股东、法定代表人及实际控制人情况审查

（1）审核授信申请客户主要个人股东、法定代表人及实际控制人的资格、任职经历、从业经验、社会信誉及地位。审核主要个人股东、法定代表人及实际控制人是否有兼职，所兼职企业是否有不良记录。如有不良记录，不良形成原因及解决情况。审核个人股东之间的关系。利用中国人民银行征信系统，查询个人股东是否有不良记录。如有不良记录，审核不良记录形成原因。审核主要股东个人财产调查是否详细、财产权属是否清晰、是否存在可供抵（质）押的财产及担保意向。

（2）授信申请客户股东为法人的，应审核股东的背景，重点审核其所有制性质、实力和在行业中的地位。

### 四、集团客户审查

审核关联或集团的认定理由、集团股权及关联架构。审核集团内业务关系、资金往来、整体融资和对外担保情况等。

## 教学活动3　授信政策审查

【活动设计】

通过对引入案例的分析，讲解授信银行关于授信政策审查的内容和要点，并分小组讨论个人贷款和企业贷款授信政策的审查要点。

【案例导入】

**海州××布业有限公司流动资金贷款**

由于流动资金短缺，海州××布业有限公司于2015年1月6日以房产土地作抵押向银行提出贷款申请，贷款业务类型为企业流动资金贷款，贷款性质收回再贷，申请金额人民币1 000万元；还款方式为一次还款，期限为5个月，按月浮动计息（上浮）的月基准利率5.6550%，利率浮动方式为上浮，浮动比例是10%，还款资金主要来源于业务应收款。

一、业务担保信息

海州××布业有限公司业务担保信息如表4-2。

表4-2　海州××布业有限公司业务担保信息表

| 客户编号 | 3306000000433393 | 客户中文名称 | 海州××布业有限公司 |
|---|---|---|---|
| 抵押合同号 | 900005080188 | 抵押人 | 海州××布业有限公司 |
| 抵押物性质 | 不动产 | 抵押物品类型 | 房产土地 |

续表

| 币种 | 人民币 | 评估价值 | 5 000万元 |
|---|---|---|---|
| 协议价值 | 5 000万元 | 担保到期日期 | 2015年9月29日 |
| 是否有效 | 是 | 抵押金额 | 2 000万元 |
| 担保起始日期 | 2015年1月6日 | 抵押率 | 50% |
| 备注 | | 已为其他债权设定的金额 | 无 |

## 二、公司基本情况

公司成立于2010年7月25日。在2014年3月份，公司的4位股东进行了增资，注册资本由100万元增至400万元（验资报告为××友情会计师事务所，新验字【2014】053号），并于2014年5月，在××市工商局办理变更手续。公司位于××市××区××道2002号，现有5栋生产车间，职工公寓、办公楼各1栋。公司下设办公室、质监部、安监部、财务部、经营部、研发中心、生产部，有较为完善的内部管理体系。法定代表人张××，湖南××人。1994—1998年在××大学学习并毕业获学士学位；1998—2007年在××制衣厂工作，并担任副总经理职务；2007—2010年，在××县计委担任副主任；2010年至今在海州××布业公司担任董事长职务。公司现有生产线两条，其产品的主要原材料为麻。

## 三、公司业务状况

1. 资产、负债、所有者权益情况

至2014年末，公司总资产人民币1 559万元，负债人民币552万元，所有者权益人民币1 007万元。资产负债率为35%。其资产总额较2013年末的人民币862万元，净增人民币697万元，主要是通过公司经营利润带动公司资产的增加。

2. 借款人生产经营及经济效益情况

2013年初公司投入人民币280万元，扩建1条年产量5万米布生产线，使其生产规模达10万米布。当年生产产品4.5万米布，销售产品4.5万米布，实现销售收入人民币1 563万元。由于产品销售形势看好，2014年公司再上1条2 000米布生产线。二期投资通过"固定资产"与"在建工程"科目反映，较2013年净增人民币520万元。现在厂房已经建成，设备已安装完毕并已投入使用。两年时间投资总额达到人民币1 116万元。此次申请流动资金贷款主要用于购进生产布用的麻。

3. 还款能力分析

流动资产周转率、应收周转率、存货周转率与同行业相比，处于优良。流动比率与速动比率2014年较2013年之所以下降，在于2014年度固定资产投入绝对额增加，固定资产项目与2013年度相比净增人民币520万元，占用企业较多资金；同时流动负债总额增加，2014年与2013年相比增加人民币150万元，原因是应付账款和应付票据增多，使得流动、速动比例下降。从其形成原因分析，属于正常的经营现象。收入与利润呈较大幅度的增长，获利能力较强，与同期的投入、生产能力相匹配。

4. 公司发展情况

2015年，公司签订布料生产订单为8 600延长米，预计实现销售收入人民币1 500万元，实现利税人民币1 000万元，其中实现税金人民币600万元，税后利润人民币400万元。

资料来源：智盛商业银行综合业务模拟系统。

思考：从授信政策角度来看，如何对这个贷款项目进行审查？

【基础知识】

授信政策审查内容主要包括：授信用途是否合乎法规、是否符合国家宏观经济政策、产业行业政策等；授信用途是否符合银行监管制度规定；授信额度核定、定价、期限、担保方式、支付方式等是否符合银行授信的政策和制度。

### 一、授信是否符合国家宏观经济政策、产业行业政策规定

各银行都依据国家的宏观经济政策和产业行业政策制定本银行的授信政策，并根据国家经济政策变化情况及时进行调整。授信审批部门要按照授信银行制定的授信政策进行授信项目审核。例如，审核授信资金用途属于哪类行业、是否符合国家产业政策、行业政策的要求和规定，防止对国家明令淘汰的落后生产能力、工艺、产品和重复建设项目给予授信支持。审核客户准入及授信用途是否符合银行区域、客户、行业、产品等授信政策，防止对不符合产业布局和环境污染项目进行授信支持。

根据国家"十三五"经济社会发展规划，符合国家宏观经济政策和产业政策的信贷投向为：有市场发展前景的战略性新兴产业，先进制造业，4G通讯服务及相关设备制造业，现代信息技术产业和信息消费，服务业，传统产业改造升级以及绿色环保，现代物流，高科技服务，海洋经济，民生如文化、卫生、教育、养老、社保，绿色经济等。

国内各银行根据国家"十三五"经济社会发展规划和自身优势与特色制定了本银行的授信政策。例如国内某大型银行把行业分为优先支持、选择支持和逐步退出三类：①优先支持的行业：包括符合国家政策导向、处于快速发展期、市场前景广阔的行业，如具有传统优势的交通运输、电力、城市基础设施、通信、采矿、民生、涉农、现代服务、文化产业、战略性新兴产业、先进制造业、科技型企业、海洋经济等行业；②选择支持行业：包括短期风险上升、需重点优化信贷结构的制造业、批发零售、房地产、建筑业等行业；②逐步压缩退出行业：包括国家严格调控的产能严重过剩、高污染、高耗能的钢铁、水泥、电解铝、平板玻璃、船舶、炼焦、铁合金、电石以及当前风险突出的钢贸、煤贸和二级公路等行业。

### 二、授信用途是否符合金融法律、法规、制度规定

授信审批人员应该审查授信申报方案所提出的用途是否具体、明确、合理并且符合法规、制度要求。以生产经营贷款授信为例，对借款人直接用于生产经营的贷款，贷款项下所经营业务应在经批准的经营范围内，并且相关交易协议或合同要落实。交易对手是借款人的关系人，通过对借款人交易对手的调查以甄别交易的真实性，防止借

款人虚构商品交易或资产交易而骗取银行贷款。必要时还可结合对借款人财务结构的分析，判断借款人是否存在短借长用等不合理的贷款占用，注意审查借款人是否存在以申请的生产经营贷款之名、实际是用于满足在建或拟建的固定资产建设项目，导致贷款资金将来被挪用的情况。

在审查授信用途是否符合金融法律、法规和银行总行的授信政策、制度的规定时，要特别注意客户是否存在用所贷款项从事股本权益性投资或以贷款授信作为注册资本金、注册验资和增资扩股的情况；审查客户是否存在利用授信资金违反商业银行法规定从事股票、期货、金融衍生产品等的投资。

### 三、授信方案审查

授信方案包括授信额度、授信币种、期限、利率和费率、担保方式、授信发放条件、授信支付方式等方面。

#### （一）授信额度的审查

授信金额应依据客户经营情况、合理需求及其承担风险的能力和银行承担风险的能力审慎确定。流动资金贷款授信需求量可参考《流动资金贷款管理暂行办法》提供的方法进行测算，固定资产贷款授信需求量可根据经审核确定的项目总投资，考虑法律法规要求的最低资本金比例及其他资金来源构成等加以确定。授信金额除考虑客户的合理需求外，还应控制在客户承受风险能力的范围内，这样才能确保需求合理，风险可控。

---

**相关链接 4-2**

**银行确定授信额度的方法步骤**

1. 面谈了解并测算授信客户的授信需要量。通过与客户进行讨论，对使用授信的原因进行分析，初步确定客户授信需要量。

2. 测试客户的信贷承受能力。信贷承受能力主要取决于客户的现金流。客户的债务承受能力再高，并不表示其有还款能力，一旦其现金流断裂，客户即使有履约意愿也不可能还款。只有当客户在一定期限内的现金流入大于或等于现金流出时，我们才认为其具有承担信贷能力。在实际操作中，银行可以通过对客户季节性或长期信贷的信用分析方法和财务预测方法来评价客户未来现金流量的风险以测算评估客户的信贷承担能力。

3. 考虑客户申请的授信金额。

4. 考虑银行或客户所受的法律或监督条款的限制，以及授信合同条款对公司授信活动的限制。

5. 考虑授信组合管理的限制，例如地域、行业、授信类型或者由银行上级行或上级管理层为授信组合所制定的分类授信额度。

6. 考虑银行的客户政策，即银行针对客户提出的市场策略，这取决于银行的风险偏好和银行对未来市场的判断，它直接影响客户授信额度的大小。

7. 考虑关系管理。关系管理是指相对于其他银行或债权人，该银行愿意提供给客户的授信数额与盈利能力的关系安排。银行授信经营部门需要结合其他银行或债权人给予客户的授信金额和本行拟授信金额的盈亏平衡点进行精细的计算。给予客户的授信额度，一般是其他银行或债权人提供的授信额度和本银行测算的盈亏平衡点的授信额度中较低的那个。

此外，根据《项目融资业务指引》的相关规定，银行应当按照国家关于固定资产投资项目资本金制度的有关规定，综合考虑项目风险水平和自身风险承受能力等因素，合理确定授信额度。

### （二）授信币种审查

授信币种应尽可能与授信项下交易所使用的结算币种及客户还款来源币种相匹配，并充分考虑授信币种与还款来源币种错配情况下所面临的汇率等风险及风险控制。使用外汇授信的，还需符合国家外汇管理相关规定。

### （三）授信期限审查

授信期限根据客户的用款周期如生产经营周期、还款能力和客户的资金供给能力，由银行和客户双方共同商议后确定，并在授信合同中载明。

确定授信期限一般考虑的因素如下：

（1）授信期限一般应控制在客户相应经营的有效期限内。

（2）授信期限应与客户资产转换周期及其他特定还款来源的到账时间相匹配。

（3）授信期限还应与客户的风险状况及风险控制要求相匹配。

（4）授信期限还应符合相应授信品种有关期限的规定。如自营贷款授信期限最长一般不得超过10年，超过10年应当报当地银行监督管理局备案。票据贴现的贴现期限最长不得超过6个月，贴现期限为从贴现之日起到票据到期日止。

（5）关于贷款授信展期的期限规定。对于贷款授信不能按期归还贷款的，借款人应当在贷款授信到期日之前，向贷款人申请贷款展期。是否展期由银行决定。申请保证贷款、抵押贷款、质押贷款展期的，还应当由保证人、抵押人、出质人出具同意的书面证明。已有约定的，按照约定执行。

短期贷款展期期限累计不得超过原贷款期限，中期贷款展期期限累计不得超过原贷款期限的一半，长期贷款展期期限累计不得超过3年。国家另有规定者除外。

借款人未申请展期或申请展期未得到批准，其贷款从到期日次日起，转入逾期贷款账户。

### （四）贷款授信利率和其他授信费率审查

银行和借款人应当按贷款授信合同、中国人民银行贷款基准利率和有关计息规定按期计收或交付利息。贷款授信的展期期限加上原期限达到新的利率期限档次时，从展期之日起，贷款授信利息按新的期限档次利率计收。逾期贷款按规定计收罚息。

贷款授信利率的确定应符合中国人民银行关于贷款利率的有关规定以及银行内部信

贷业务利率的相关规定；贷款利率水平应与借款人及信贷业务的风险状况相匹配，体现收益覆盖风险的原则；贷款利率的确定还应考虑所在地同类信贷业务的市场价格水平。

承兑和担保类授信收取的承兑费和担保费应按物价部门批准的标准和有关部门的相关规定以及市场的费率水平确定费率。

### （五）授信担保方式审查

（1）审查所采用的担保方式是否符合法律法规。担保人必须符合法律、法规规定的主体资格要求，担保品必须是符合法律规定、真实存在的财产或权利，担保人对其拥有相应的所有权和处置权，且担保行为获得了担保人有权机构的合法审批，并按法规要求在有权机构办理了必要的抵（质）押登记。

（2）审查抵（质）押物是否具备足值性并且易变现、保证人是否具备充足的代偿能力。

（3）审查所采用的担保是否具备可控性。银行在担保项下应拥有对授信对象、担保人相应的约束力，对保证人或抵（质）押物具有持续监控能力。

### （六）审查授信发放条件是否明确

满足授信发放的前提条件是授信经营部门发放授信依据，授信审批部门应审核授信发放的条件是否明确。例如，固定资产贷款授信和项目融资授信的发放条件应包括与贷款同比例的资本金已足额到位、项目实际进度与已投资额相匹配等要求，授信审批部门要审核是否设置了类似的授信前提条件而且设置的是否合理。

### （七）审查贷款授信的支付要求是否明确

贷款授信的发放应符合按需放款的要求，视情况不同采取受托支付或是自主支付，采取受托支付的，审核是否明确规定起点的金额和支付管理要求是否明确。

## 四、在授信政策方面的审查要点

前面所讲是各类授信在授信政策方面的审查内容，它们是具有共性的。但针对不同授信类型，在授信政策方面的审核要点是有所差异的。以下分流动资金贷款授信、项目贷款授信、银行承兑汇票授信、保函授信分别说明在授信政策方面的审核要点。

### （一）流动资金贷款授信的审查要点

（1）审查判断是否真正用于生产经营，要防止挪用于项目建设和对外投资。

（2）审查判断是否真正用于本企业生产经营，要防止转借其他企业使用（集团公司实行统贷统还的除外）或代其他企业融资。

（3）审查判断是否用于短期生产资金周转。流动资金周转贷款原则上只能用于短期生产资金周转，即只能用于流动资金的补充，不能作为生产经营过程中铺底流动资金长期占用。

（4）审查贷款期限与企业生产经营周期的衔接情况。银行流动资金贷款以短期周转流动资金贷款为主，严格控制发放中期流动资金贷款。授信银行要注意审核借款人是否是以短期流动资金周转贷款申请为名，实为达到长期占用流动资金贷款的目的，即短借长用增加授信风险。

### (二) 项目贷款授信审查要点

(1) 审查项目建设是否合乎规定。①项目产品是否在国家产业政策支持范围之内和本行授信政策优先支持或选择支持的范围内；②项目建设是否经有权部门批准立项或核准，可行性研究报告是否已获有权部门批准；③项目环境评价报告是否已获有权部门审批通过；④项目占用土地的审批是否符合法律法规，建设用地是否符合国家相关规定；⑤其他按规定需由有权部门批准的事项是否已获审批。

(2) 审查项目资金来源落实情况。①项目评估总投资及自筹资金比例是否符合国家规定；②项目自筹资金到位情况、到位计划及出资能力分析和其他银行融资落实情况（如有）；③加工项目铺底流动资金是否落实，主要看借款人自有资金来源是否稳定、充足；④注意防范借款人通过关联关系虚假出资或抽回投资。

(3) 审查项目建设条件是否具备。①项目建设用地及水、电、气供应是否落实，交通设施能否满足项目建设需要；②工艺技术是否成熟、可靠；③主要生产设备来源及设备先进程度，项目关键设备的研制或引进情况；④项目建成后主要原材料供应渠道及可靠性；⑤专业机构或其他中介机构对项目评估情况。

(4) 项目产品市场及竞争能力分析。①国际、国内市场供求、价格变动等情况；②项目产品目标市场供求状况；③本项目产品替代产品的发展情况及趋势；④主要竞争对手情况及与本企业、本项目竞争能力比较。

(5) 项目效益测算及偿债能力分析。①项目效益及投资回收期预测；②偿债能力测算。

### (三) 银行承兑汇票授信业务审查要点

(1) 审查有无真实贸易（商品交易及服务）背景。①审核判断签发的银行承兑汇票有无真实的贸易背景。通过了解客户经营范围、生产经营情况、行业特点、贸易销售回款情况等，判断贸易合同是否与客户经营范围相匹配，判断客户生产情况是否与贸易合同相匹配，判断贸易周期是否与银行承兑汇票的期限相匹配。②审查判断商业单据是否匹配。从贸易合同、运输单据、收汇、单据寄送、结算单据、运输单据以及海关报关单等辅助信息与交易信息的逻辑合理性进行综合判断分析。对于国际汇票的承兑要审查是否存在企业和上下游客户恶意串通、伪造虚假单据的欺诈行为，方法是可以通过国际海事局和船运公司等外部信息渠道进行船情调查，了解货物和提单情况。

(2) 审查承兑申请人（付款人）与收款人之间是否存在关联关系。在银行实务中，经常遇到承兑申请人与收款人是关联人，他们通过开立银行承兑汇票套取银行资金。如确认上下游交易对手的实际控制人是同一主体或具有关联关系，授信银行审查是否按市场定价交易，是否存在虚假交易。

(3) 审查是否存在滚动签发银行承兑汇票的情况。

(4) 审查申请承兑的汇票期限是否合理。授信银行审查判断申请承兑的汇票上规定的付款期限是否与贸易收付款周期一致。

### (四) 保函授信业务审查要点

(1) 审查保函申请人是否是直接从事生产经营或工程的法人，对于非直接从事生产经营或工程的法人原则上不得出具非融资类保函。

（2）审核非融资类保函申请人有无履行本笔保函项下业务的能力。

（3）审核保函是否属于融资性保函、担保所筹措资金的用途是否合规。为保函申请人从其他银行或其他金融机构借款提供担保的属于融资性保函。按银行相关制度规定有些银行允许开立融资性保函，也有一些银行禁止开立融资性保函，因此授信银行先要依据本银行是否允许开立融资性保函的规定就行审核。对于允许开立融资性保函的授信银行，还要审查保函项下资金的用途是否符合规定，禁止银行担保所筹措资金用于股权性投资和充当建设项目的资本金。

## 教学活动4  授信风险审查

【活动设计】

通过对引入案例的分析，讲解授信风险审查的要点，并分小组讨论企业贷款和个人贷款授信风险的审查要点。

【案例导入】

### 海州××股份有限公司房地产开发贷款

由于新楼盘的开发，海州××股份有限公司（企业客户）于2015年11月12日向银行提出信用贷款申请，贷款业务类型为企业房地产开发贷款，贷款性质收回再贷，申请金额人民币2 000万元；还款方式为到期一次还本，期限12个月，按月浮动计息月基准利率3.0‰，利率浮动方式为基准利率上浮，浮动比例是2.00%，还款资金主要来源于售房款。

一、公司基本信息

公司在股份制改革前，是海州最大的房屋综合开发企业，名称为海州市房屋开发建设公司。公司成立于1992年10月，注册资金人民币487 644 320.00元，经营范围包括：房地产开发、环保项目（污水处理）、土地综合整治、大桥建设、电话电码防伪网络、工程监理、物业管理、建筑材料经销等。

二、公司业务状况（财务与分析）（表4–3）

表4–3　　　　　　　　　公司业务状况表　　　　　　　　单位：人民币元

|  | 2014年12月31日 | 2013年12月31日 | 2014年末比2013年末增减 |
| --- | --- | --- | --- |
| 总资产 | 713 643 882.31 | 1 024 872 730.26 | –30.37% |
| 股东权益 | 278 433 745.39 | 276 836 632.06 | 0.58% |
| 每股净资产 | 1.5792 | 1.5701 | 0.58% |
| 调整后的每股净资产 | 1.5787 | 1.5700 | 0.55% |

续表

| | 2014年初到年末 | 2014年度比上年度增减（%） |
|---|---|---|
| 经营产生的现金流量净额 | 15 379 500.92 | 266.21 |
| 每股收益 | 0.0091 | 88.72 |
| 净资产收益率 | 0.57% | 0.24 |
| 扣除非经常性损益后的净资产收益率 | 0.53% | 0.20 |
| 非经常性损益项目 | 金额 | |
| 处置长期股权投资、固定资产、在建工程、无形资产、其他长期资产产生的损益 | -1 172.63 | |
| 以前年度已经计提各项减值准备的转回 | 157 715.19 | |
| 合计 | 156 542.56 | |

### 三、公司经营活动总体状况的简要分析

2015年公司从事的主要业务是房地产开发和物业管理。公司管理层按照董事会确定的经营思路和发展战略，有计划、有步骤地实施年度经营计划安排。公司在××园一期商品房（住宅与门面等）销售力度的同时，抓紧实施了××新城项目一期商业街工程的收尾，并全力实施了××园二期项目招投标等开工前的准备工作等。此外，公司代理施工的海州市老干部活动中心工程项目主体完工并顺利进入装饰阶段。2015年公司的生产经营正常，主营业务进展顺利有序。截止到2015年10月公司实现主营业务收入20 703 512.64元，比去年同期增长488.65%，其中实现商品房销售收入19 685 516.00元，比去年同期增长860.07%；实现主营业务利润4 547 095.88元，比去年同期增长228.68%，其中实现商品房销售利润4 244 512.08元，比去年同期增长400.51%；实现净利润1 597 113.33元，比去年同期增长181.37%。

### 四、占主营收入或主营业务利润总额10%以上的主营行业或产品情况（表4-4）

表4-4　　公司占主营收入或主营业务利润总额10%以上的主营行业或产品情况表　　单位：人民币万元

| 主营业务分行业情况 | | | |
|---|---|---|---|
| | 主营业务收入 | 主营业务成本 | 毛利率 |
| 房地产开发与经营业 | 1 968.55 | 1 409.53 | 28.40% |
| 物业管理 | 89.29 | 75.35 | 15.61% |
| 其他 | 12.51 | 0.00 | 100.00% |

续表

| 主营业务分行业情况 | | | |
|---|---|---|---|
| | 主营业务收入 | 主营业务成本 | 毛利率 |
| 其中：关联交易 | 0.00 | 0.00 | 0.00% |
| 主营业务分产品情况 | | | |
| 商品房销售 | 1 968.55 | 1 409.53 | 28.40% |
| 其中：关联交易 | 0.00 | 0.00 | 0.00% |

**五、公司对外担保情况**

2014年3月27日该公司第五届董事会召开第三次会议，审议通过了《关于公司拟为控股子公司海州××投资股份有限公司申请贷款提供担保的议案》。董事会认为，海州××投资股份有限公司系本公司控股子公司，财务状况稳定，资信情况良好，从其收购的海州市城市建设投资公司××隧道20年期经营收费权按年获得收购总价款5亿元的11%经营回报判断，具有较强的履约和偿债能力。本公司为其提供担保风险较小，不会损害本公司的利益，也不会对本公司产生不利影响。会议决定，由本公司为控股子公司海州××投资股份有限公司（本公司持股95%）向银行申请1.3亿元贷款提供连带责任担保。鉴于本次单笔担保额超过公司最近一期经审计净资产的10%，按照有关规定，该担保事项须提交公司股东大会审批。2014年3月29日该担保事项获得公司股东大会批准。

**六、开发项目的基本情况**

××园二期工程规划许可证已办好，现正在办理施工许可证，预计2015年12月中旬前可办理完毕，2016年1月下旬即可动工。××园项目是通过出让的方式取得的土地使用权，开发总面积为50 000平方米。××园二期项目建筑楼层为15层，属于钢筋混凝土框架结构，平面屋顶，工期预计为18个月。项目总投入为（包括购买土地款）2 700万元，公司可用作前期开发的资金700万元。

售楼部在2016年5月中旬前投入使用，销售人员已经全部到位并完成培训。该公司拟采取低开高走的价格策略，便于积累客户资源，搜集市场信息，为销售决策提供资料。××园二期项目定位为经济适用住房，市场需求量相对较大。从市场来看，主要的风险在于利润最大化和快销（最大的现金流）之间的矛盾。该公司销售的各项筹备工作均是围绕二者兼顾来展开的。该公司已接待咨询客户近54户，预定已达30套住房。从客户反馈的意见来看，该项目预计能够实现畅销、快销；同时，拟通过销售控制、户型组合、价格体系、现场包装等多种技术运用，尽可能实现盈利和开发周期的最佳结合。据销售部门预计，项目的主体封顶时间（办理预售许可证可以正式对外销售）为房屋销售旺季，销售旺季与工程进度匹配度较好，因此，发生商品房滞销和积压的可能性较小。

资料来源：智盛商业银行综合业务模拟系统。

**思考**：本案例中的授信风险有哪些？如何进行审查识别这些风险？

## 【基础知识】

### 一、审查授信风险

银行授信审查人员在对客户主体资格和授信政策审查的基础上，还应对授信客户的宏观经济环境风险、行业风险、经营风险、财务风险、担保风险和信用风险等情况进行审查。

#### （一）审查宏观经济环境风险

应根据授信客户的具体情况，对以下方面的宏观经济环境的风险因素选择关联度高的进行关注：

1. 通货膨胀与通货紧缩状况
2. 社会购买力变化导致价格变化情况
3. 汇率政策变动以及汇率变动情况
4. 货币供应量变化
5. 税收政策调整
6. 政府财政支出变化
7. 价格控制
8. 工资调整
9. 贸易平衡
10. 失业
11. GDP 增长
12. 外汇来源
13. 外汇管制规定
14. 利率
15. 政府的其他管制

#### （二）审查行业风险

根据行业特点确定行业风险审查应选择的具体因素，对相关因素进行分析，包括风险化解的能力，并说明得出结论的原因。行业风险分析主要内容一般包括以下几个方面：

1. 行业特征及定位
2. 行业成熟期分析
3. 行业周期性分析
4. 行业的成本及盈利能力分析
5. 行业依赖性分析
6. 行业竞争力及代替性分析
7. 行业成功的关键因素分析
8. 行业监管政策和有关环境分析

对于银行分支行关于授信对象的行业风险审查的方法，通常是依据总行所制定的授信政策对行业的划分，如优先支持、选择支持和退出三类行业，然后对照行业目录对号入座进行审查。

（三）审查生产经营、管理风险

1. 审查生产经营风险的方法

注意识别客户生产过程的风险应关注如下四个方面：

（1）原材料来源，对供应商的依赖度；

（2）劳动密集型还是资本密集型；

（3）设备状况；

（4）技术状况。

2. 审查客户经营管理风险的方法

（1）注意识别客户的产品风险应关注：①产品定位、分散度与集中度、产品研发；②产品实际销售，潜在销售和库存变化；③核心产品和非核心产品，对市场变化的应变能力。

（2）注意客户管理者存在的风险：重点考核客户管理者的人品、诚信度、授信动机、盈利能力以及其道德水准。对客户的管理者风险应关注：①历史经营记录及其经验；②经营者相对于所有者的独立性；③品德与诚信度；④影响其决策的相关人员的情况；⑤决策过程；⑥所有者关系、组织结构和法律结构；⑦领导后备力量和中层主管人员的素质；⑧管理的政策、计划、实施和控制。

（四）审查财务风险

1. 授信管理部门审查的资料

（1）授信客户提交的经会计事务所审计的近3年的年度财务报表及其附注说明；

（2）授信客户提交的未来3年的销售收入、税后利润、折旧等的预测数据及其依据；

（3）授信客户提交的应收账款账龄及集中程度分析表、存货结构变动表；

（4）授信客户提交的税收优惠政策及3年纳税实际数据和未来3年预测数据进行审查。

对于小微企业，必要时由授信业务部根据收集资料编制可信的财务报表，授信管理部门要对其进行审核。

2. 授信管理部门审查的重点内容

审查拟授信客户的偿债能力是否符合银行授信要求，依据审查结果提出相应的风险防范措施。偿还能力的审查重点有以下方面：

（1）销售。主要审核净销售增长率和研判未来销售增长率情况，应分析判断销售额的增长或减少与整个行业和宏观经济走势关系，分析产品或服务方面导致销售变化的因素，评估其风险程度。

（2）盈利能力。主要审核销售毛利率、营业利润率、销售净利润率、总资产报酬率。

（3）利息偿还能力。主要审核有形净资产和利息保障比率，包括息税前利息保障比率、息税折旧摊销前利息保障比率、已获利息倍数等指标。

（4）营运能力。主要审核应收账款平均周转天数、存货平均周转天数、应付账款平均周转天数、总资产周转率等指标。

（5）短期偿债能力。主要审核流动比率、速动比率、现金比率等。

（6）长期偿债能力。主要审核资产负债率、有形净值债务率、股东权益比率、债务股权比率等。

（7）现金流量。主要审核现金流入项目及数量、现金流出项目及数量，审核其现金净流量，并分析判断其现金流入的质量及偿债能力。

（五）审查担保风险

1. 审查保证人担保风险要点

主要分析担保人的整体实力和其相应的还款能力，具体有如下方面：

（1）授信客户采取的是何种担保方式，承担担保责任的主体是什么，以及担保人的评级情况或评估价值。

（2）结合对应的财务指标对担保能力进行分析。

（3）分析担保人的担保意愿。

审查后对担保方的担保能力进行总的判断：担保实力很强、担保能力不足、根本不具备担保能力。

2. 审查抵押担保风险要点

（1）审查抵押物权利证书的真实性。

（2）审查抵押物详细清单。包括：抵押物的名称、数量、质量、状况、所在地、权属及其证明、评估价值、已为其他债权设定的抵押价值和其他事项等。

（3）审查抵押物价值依据。

（4）审查抵押物状况及抵押限制。

3. 审查质押担保风险要点

（1）出质人是否是依法对质押财产享有所有权或处分权的法人、其他组织或个人。

（2）出质人对质押担保动产的具体权利，是否拥有所有权或处分权。

（3）出质人质押的动产或权利是否具备真实性、完整性、合法性与有效性。

应特别注意审查质押风险集中点：①所有权不明或者有争议的财产；②法律规定禁止流通的财产；③其他法律规定禁止作为质物的财产。

（六）审查信用风险

1. 审查还款能力风险

从信用风险的角度来看，还款能力体现的是借款人客观的财务状况，即在客观情况下借款人能够按时足额还款的能力。因此，应对客户的基本素质、经济实力、偿债能力、经营效益、发展前景等进行综合分析审查。

2. 审查还款意愿风险

还款意愿是指借款人对偿还银行贷款的态度。在具备还款能力的情况下，借款人还可能故意欺诈，有钱不还，赖账不还，给银行带来风险。在审查还款意愿风险时，不仅要审查客户的还款记录，还要审查其在其他银行、供应商等债权人那里的还款记录，这样才能全面地审查客户的还款意愿。

二、提出审查结论和风险防控建议

在对授信风险进行审查评价的基础上，提出明确的审查意见和风险防控建议。

## （一）提出审查结论

1. 融资金额及结构
2. 期限（项目贷款须明确是否有宽限期及从何时开始还款、提款期多长）
3. 利率浮动方案（或收费水平）及结息方式、周期
4. 还款计划和还款方式

超过1年的中长期贷款原则上要从宽限期满后实行等额还款，每半年或每季度或每月归还1次，以降低贷款集中到期的还款压力。确实无法做到等额还款的，要按评估测算的结果确定分年还款计划，但也必须坚持每半年或每季度或按月还款1次，防止贷款集中到期无足够现金流量还款。

5. 担保方式

确定采用信用授信、保证授信、质押授信、抵押授信还是多种担保方式的综合。

## （二）控制风险措施

1. 设定必要的前提条件或提款条件

借款人只有在满足银行设定的贷款条件或提款条件后，授信业务部门和会计部门才能办理放款或提款手续。

2. 约定必要的财务限制条款及提前还款条款

（1）财务限制条款包括但不限于：①根据客户具体情况约定未经授信行允许，合同期内不得因主观原因关闭在银行开立的账户；②分红不得超过税后净收入的一定比例；③资本支出不得超过授信行要求的一定数额，不得出售特定资产（主要指固定资产）；④未经授信行同意原则上不得向其他金融机构申请授信；⑤不得更改与其他金融机构的债务条款，不得提前清偿其他长期债务；⑥不得进行兼并收购等活动；⑦不得为第三方提供额外债务担保，不得向其他债权人或授信人抵押资产等条款。

（2）当借款人生产经营或财务指标发生不利于贷款安全的变化时，授信行有权宣布贷款提前到期。

3. 进行必要的风险提示，提出相关管理要求

# 教学活动5　撰写授信审查报告

【活动设计】

通过对引入案例的分析，讲解授信审查报告中包含的基本要素和撰写要求，并分小组撰写个人贷款和企业贷款的授信审查报告。

【案例导入】

## 关于××股份有限公司申请3 000万元流动资金贷款的审查报告

一、贷款方案和授信情况

（一）贷款方案。××支行于2016年1月上报的××股份有限公司申请3 000万元流

动资金贷款,期限1年,利率执行1年期基准利率上浮10%。抵押物价值充足,担保合法真实有效。

(二)授信情况。截止到2015年12月31日申请人在他行和我行的主要授信情况如表4-5。

表4-5　　　　　　　　　　申请人主要授信情况表

| 前三名授信银行 | 第一名 | 第二名 | 第三名 | 说明 |
|---|---|---|---|---|
| 短期贷款 | 浦发银行 4 000万元 | 通商银行 3 000万元 | 交通银行、徽商银行各1 500万元 | 浦发银行为中国建材集团担保,我行(通商银行)为抵押。 |

## 二、贷款资格审查

××股份有限公司成立于2007年5月31日,注册资本为10 000万元。法定代表人:李××。企业性质为股份有限责任公司。营业执照号:34040425003×××;组织机构代码证:7810×××-4;税务登记证:34040478107×××;基本结算户开户行:工商银行××支行;账号:130404560902011×××;贷款卡号:340252000002×××。现址位于××市××路,企业占地480亩。企业主要经营的产品和范围为建材、煤矿、电力、化工、冶金、市政工程机电设备制造、销售及技术服务。

该企业所在行业属于国家支持行业,属于我行重点支持客户,实力较强,信誉良好,符合贷款主体要求。

## 三、贷款业务可行性审查

对调查报告中的行业分析、经营情况分析、财务分析、固定资产投资和建设情况着重从风险控制的角度进行分析和说明。

(一)经营情况。该公司产品覆盖煤炭、矿山、冶金、建材、化工、电力、工程、环保等行业。主要产品有系列掘进机、带式输送机、大倾角可弯曲圆管带式输送机、绞车、电动机、矿用天轮、减速器等200多个品种,多种产品为国内首创并获得国家、部、省级质量奖和科技进步奖。其中,AM-50型掘进机荣获国家质量金奖;SDJ-150型带式输送机获国家质量银奖;EBZ-160型掘进机获国家重点新产品证书;自主开发的EBH-120型掘进机获得了安徽省科学技术进步二等奖;引进日本专利技术、国内独家生产的大倾角可弯曲圆管带式输送机填补了国内空白,处于国内领先地位。控股股东在生产技术方面、产品研发方面和政府支持方面具有明显的优势,发展前景良好。对该公司中国家不支持的经营领域应予以关注。

(二)财务分析。从对财务报表的分析可以看出:截至2015年12月31日,××股份有限公司资产合计52 319万元,较年初32 285万元增加20 034万元。主要原因为存货增加了1 500万元,银行存款增加9 878万元,应收票据增加5 143万元。负债合计37 487万元,较年初增加17 811.9万元。主要原因是在中国工商银行增加1 011万元的国内保理,在我行贷款3 000万元,应付票据增加7 719.9万元,应付账款增加5 100万元。

该公司贷款申请时流动比率为1.17,较上年末有所下降,速动比率0.88,较上年末有所上升。主要因为应付账款和应付票据增加较多，短期偿债能力下降。公司在技术研发上加大了投入，应收账款增加较多，影响了企业资金周转，对公司营运能力产生影响，对公司流动性影响也较大。该公司2014年净资产收益率为14.32%，较前两年有大幅度提高，表明公司经营能力和盈利能力在逐渐提高，公司未来经营能力良好。

2015年全年公司实现销售收入33 027万元，比上年同期增长43%；回笼资金8 760万元，较上年同期增长36.8%；实现利润2 124万元，较上年同期增长30.2%。盈利能力的各项指标增长较快，表明公司发展势头良好，市场占有率不断提高，盈利能力增强。

该公司截至2015年12月31日贷款余额为11 497万元，从我行贷款3 000万元。每年利息支出约为619万元。2015年利息保障倍数2.93，还息能力较有保障。

（三）信贷资金安全性审查。此笔贷款为还清再贷。从财务报表上看，该公司应收账款余额为15 117万元，对公司的流动性产生一定的影响。公司2014年4月份从我行申请流动资金贷款3 000万元，有力地保证了××股份有限公司各项生产任务的完成，现该笔贷款已还清。为缓解流动资金压力，保障公司2016年经营计划的完成，××股份有限公司再次向我行申请流动资金借款3 000万元，期限1年。继续以该公司名下的29处房产作抵押担保，符合我行的信贷要求。

（四）还款来源审查。该公司虽然资产负债率有所上升，应收账款较大，但付款方信用度高，付款能力强，回款有保障。且该公司技术研发能力较强，产品质量和市场占有率不断提升，公司盈利水平也不断提高。2016年该公司已获订单60 000万元，其中矿业集团37 000万元，窑街煤电18 000万元。2016年公司计划实现销售收入70 000万元，利润总额达到6 000万元。预计在授信期间，公司经营状况将稳步上升，还款来源较有保障。

总体看来，企业经营活动能力产生充足的现金流，可以满足企业日常经营和各项费用支出及偿还负债的需求，良好的现金流对我行贷款是有一定保障的。另外，该公司提供的抵押物足值，且易变现，第二还款来源有保障。

（五）担保情况审查。此次申请贷款××股份有限公司继续以其名下29处房产向我行作抵押担保。该房产经安徽××房地产评估咨询有限公司评估价值为6 573万元整，产权清晰，地理位置优越，评估公司的评估也与实际相符，抵押物符合《担保法》和《物权法》的要求，且公司申请贷款金额为3 000万元，抵押比率为45.64%。

**四、贷款资料完整性审查**

申请人主要提供以下材料：

（一）企业的营业执照、组织机构代码证、税务登记证、开户许可证、机构信用代码证、贷款卡已提供（注2015年10月以后贷款只需提供营业执照即可，取消了组织机构代码证、税务登记证）。

（二）企业征信报告及法人代表个人征信报告已查询，企业及个人无不良逾期、欠息记录。

（三）借款用途资料已提供，还款凭证已提供。

（四）经营场所和抵押物照片已提供。

（五）银行对账单已提供。

（六）抵押物产权证原件已提供，评估报告已提供。

（七）股东会决议已提供。

材料齐全，并经客户经理审核。

### 五、贷款流程合规性审查

（一）根据本行的贷款操作规程或管理办法规定，审查上报业务自申请人提出申请至上报期间每个程序和办理时间符合要求。

（二）审查上报业务符合本行信贷授权规定。

### 六、风险分析

（一）××股份有限公司为我市机械装备制造龙头企业，资金实力雄厚，生产经营稳定。但机械制造行业市场竞争较为激烈，同时该公司在其他金融机构授信较多。我行应时刻关注该行业变化，要求该公司生产经营资金多从我行出入，以覆盖授信额度。

（二）我行认真贯彻国家政策，积极支持地方经济发展，对中小企业政策予以倾斜，××股份有限公司属于制造企业，符合本行信贷业务行业结构。

（三）针对客户经理提及的市场风险、竞争风险、原材料风险应实时监控。另外，对行业风险、经营风险、管理风险、道德风险也应予以关注。

### 七、审查结论

（一）同意授信业务部门意见，××股份有限公司重新申请的3 000万元贷款，期限壹年，利率按壹年期基准利率上浮10%执行，仍以29处房产作为抵押。

（二）贷款必须在满足我行的贷款发放条件时予以发放；大额支付有交易对手时实行受托支付；贷后检查需及时，档案管理按我行要求执行。

审查人：××<br/>2015年12月30日

思考：贷款授信审查报告包括的要素有哪些？

## 【基础知识】

### 一、授信审查报告主要构成要素

（一）借款人基本情况

1. 借款人概况及资格审查
2. 贷款背景及基本情况
3. 信用状况及与金融机构合作情况

（二）借款人财务、生产经营管理和市场评价

1. 财务状况评价
2. 生产经营管理情况评价
3. 产品市场评价
4. 效益评价

（三）担保情况分析

（四）贷款风险评价和防范措施

（五）审查结论

提出明确的审查意见，如同意贷款应明确贷款金额、期限、利率、还款方式、担保方式和限制性条款等。

## 二、授信审查报告修改

（一）授信审查报告报出后，不得在原稿上作原则性更改；如需作原则性更改，应另附说明。

（二）银行对发生变动或信用等级已失效的客户的授信审查报告，应随时进行审查，及时作出相应的评审意见。

（三）在客户信用等级和客户授信审查报告的有效期内，对发生影响客户资信的重大事项，银行应重新进行授信审查并形成新的授信审查报告。必须形成新授信审查报告的几种情况如下。

1. 外部政策变动
2. 客户组织结构、股权或主要领导人发生变动
3. 客户的担保超过所设定的担保警戒线
4. 客户财务收支能力发生重大变化
5. 客户涉及重大诉讼
6. 客户在其他银行交叉违约的历史记录

---

**相关链接4-3**

### 关于×××公司申请××万元流动资金贷款的审查报告

**一、贷款（授信）方案和授信情况**

（一）贷款（授信）方案

主要阐明上报单位同意的贷款（授信）方案，包括金额、用途、期限、利率、担保方式、保证金比例、还款方式、集团客户额度切分等。

（二）授信情况

主要说明申请人在他行和我行的授信及使用情况。

1. 借款申请人在他行授信及用信情况，包括在他行的授信额度、用信额度、信用状况。
2. 借款申请人在我行授信及用信情况，包括在他行的授信额度、用信额度。
3. 单户和集团客户授信、用信是否超比率的审查内容。

**二、贷款（授信）资格审查**

贷款（授信）资格审查主要从申请人性质、相关证照的有效性（营业执照、税务登记证、代码证、贷款卡等是否办理年审）、诚信状况（包括并不限于是否有不良记录或对不良贷款作出可行的还款计划等方面）对申请人主体资格条件进行详细审查和说明。

### 三、贷款（授信）业务可行性审查

对调查报告中的行业分析、经营情况、财务分析、固定资产投资和建设情况着重从风险控制的角度进行分析和说明。

#### （一）经营情况

综合调查报告中阐述的行业分析和申请人经营状况，补充分析申请人经营行业发展趋势等相关内容。

#### （二）财务分析

对申请人的相关偿债指标、盈利指标、营运指标、现金获得能力测算和分析进行审核，对报告未涉及但可能影响信贷资金安全的相关指标进行补充测算和分析说明。从风险把控的角度对信贷资金安全情况进行审查分析。

#### （三）信贷资金安全性审查

结合调查报告中流动资金用途、借款原因、额度合理性等方面进行补充审查分析。

1. 信贷资金用途审查。结合资金使用背景，就资金投入的方案、融资方案、融资能力进行合理性补充审查分析。

2. 额度合理性审查。对申请资金额度的测算进一步审查，结合自有资金情况，预测信贷资金是否与申请人的生产经营情况相符。

#### （四）还款来源审查

还款来源审查主要针对调查报告当中还款来源调查预测情况进行审查分析，着重分析实现预测收益的可能性，分析还款计划的可行性和贷款期限的合理性。

#### （五）担保情况审查

1. 抵（质）押方式的，对抵（质）押物的权属状况、价值是否充足、处置变现能力、担保率等情况进行详细审查和说明。

2. 以保证方式的，对保证人的主体资格、保证能力、保证意愿等相关情况进行审查和分析。

### 四、贷款（授信）资料完整性审查

对贷款（授信）业务上报单位提供的申请人基本情况资料、财务资料、担保资料、还款来源和其他必须提供资料的完整性进行概括说明，根据需要提出材料补充意见和要求。

### 五、贷款（授信）流程合规性审查

（一）根据本行的贷款操作规程或管理办法规定，审查上报业务自申请人提出申请至上报期间每个程序和办理时间是否符合要求。

（二）审查上报业务是否符合本行信贷授权规定。

### 六、风险分析

（一）根据需要，以不同角度补充分析申请人行业风险、经营风险、管理风险和信用等风险情况。

（二）从本行信贷业务行业结构、期限结构等方面进行审查分析。

（三）针对风险情况提出风险防控建议。

### 七、审查结论

1. 对本次申报的贷款（授信）业务出具明确的意见，包括授信对象、品种、金额、利率、担保方式、保证金比例和还款方式等。
2. 贷款发放条件、信贷资金支付要求、贷后管理要求和其他要求。

审查人：<br>年　月　日

**相关链接4-4**

关于××个人申请××万元××贷款审查报告

**一、借款申请人家庭基本情况**

此项目主要包括申请人的姓名、性别、年龄、婚姻状况、职业、健康程度、家庭人口、信誉、有无不良嗜好等情况和家庭成员的相关情况；家庭资产负债情况。

**二、借款申请人目前授信、用信及本次申报贷款（授信）情况**

（一）借款申请人在他行授信及用信情况

（二）借款申请人在我行授信、用信及本次申请贷款（授信）情况

**三、审查内容**

（一）申报业务的合规性

1. 信贷授权权限：审查信贷业务是否在申报行信贷授权范围内。
2. 贷款（授信）程序：审查信贷业务是否符合我行规定的流程和办理时限，是否存在减程序或逆程序操作问题。
3. 贷款（授信）对象主体资格和准入：审查贷款对象是否符合法律法规和我行相关规定。
4. 贷款（授信）金额：审查申报信贷业务金额是否超过风险限额；单笔贷款业务申请金额是否符合我行有关制度的规定。
5. 贷款（授信）授信期限：审查信贷业务期限是否符合我行有关产品制度的规定。
6. 贷款（授信）用途：审查信贷业务用途是否符合我行有关产品制度和相关法律法规的规定。
7. 贷款（授信）担保方式：审查信贷业务担保方式、担保率等是否符合我行担保管理办法和有关产品制度的规定。
8. 其他需要审查的事项。

（二）申报资料及内容的完备性

1. 审查调查报告是否对借款申请人家庭基本（经营）情况、资产负债情况、人品、职业、健康等对贷款有重要影响的要素进行准确、充分表述，有无必要的证明材料。

  2. 审查调查报告是否对借款申请人还款能力进行分析，分析是否充分，有无必要的证明材料。

  3. 审查调查报告是否对担保的有效性进行分析，分析是否充分，有无提供必要的证明材料。

  4. 审查调查报告是否对贷款用途、贷款金额、贷款期限的合理性进行分析，分析是否充分，有无提供必要的证明材料。

  5. 其他必须提供的资料。

### 四、风险分析

  对可能影响贷款回收的重要因素进行综合分析。

### 五、审查意见

  1. 对本次申报的授信业务出具明确的意见，包括授信对象、品种、金额、利率、担保方式和还款方式等。

  2. 贷款发放条件、信贷资金支付要求、贷后管理要求和其他要求。

审查人（签名）：

年 月 日

【单元实训】

**实训项目**：个人授信审查报告。

**实训资料**：

**关于翟××申请30万元个人房产抵押贷款的审查报告**

### 一、借款申请人家庭基本情况

  翟××，男，汉族，45岁，已婚，户籍地址××路××号2单元，现住××路××号2单元。申请人现从事医药经营，属于合法经营，经过授权，其代理医药在安徽省××有限公司出售。申请人妻子武××，43岁，目前跟借款人一起从事医药经营。经社会调查和查看个人征信系统，翟××夫妇信誉状况良好，无不良嗜好。申请人家庭资产约160万元，无银行负债。

### 二、借款申请人目前授信、用信及本次申报贷款（授信）情况

  （一）借款申请人在他行授信及用信情况

  翟××夫妇目前在他行无负债。

  （二）借款申请人在我行授信、用信及本次申请贷款（授信）情况

  目前借款人夫妇在我行无负债。

### 三、审查内容

  （一）申报业务的合规性

1. 信贷授权权限

符合我行对业务管理部的授权。

2. 贷款程序

该笔信贷业务符合我行规定的流程和办理时限，不存在减程序或逆程序操作问题。

3. 贷款对象主体资格和准入

翟××经营医药符合法律法规和我行相关规定，具备借款主体资格。

4. 贷款金额

该笔贷款金额没有超过我行风险限额和单户限额。

5. 贷款授信期限

该笔贷款期限符合我行个人房产抵押贷款的规定。

6. 贷款用途

该笔贷款用途符合我行个人房产抵押贷款规定。

7. 贷款担保方式

该笔贷款担保方式、担保率等符合我行担保管理办法和个人房产抵押贷款规定。

（二）申报资料及内容的完备性

1. 调查报告对借款申请人家庭基本（经营）情况、资产负债情况、人品、职业、健康等对贷款有重要影响的要素进行了比较准确、充分表述，且提供了身份证、户口簿、营业执照、个人征信查询记录等必要的证明材料。

2. 调查报告对借款申请人的还款能力进行了细致分析，比较充分。

3. 调查报告对担保的有效性进行了分析，分析比较充分，且提供了抵押人身份证、户口簿、房产证等证明材料。

4. 调查报告对贷款用途、贷款金额、贷款期限的合理性进行了分析，提供了购货合同的证明材料，通过购货合同确认贷款金额合理。贷款金额与申请人家庭经营净收入比较，贷款期限合理。

四、风险分析及预防措施

1. 专业风险

医药产品的检测比较专业，借款人要认真调查药品的临床使用情况，切忌贪图便宜代理一些品质较差药品，造成声誉损失及客户流失。

2. 经营风险

近年来国家对药品购销及价格方面经常调整，要求借款人实时关注国家政策，以灵活调整经营策略，避免损失。

五、审查意见

同意对翟××发放房产抵押贷款人民币 30 万元，期限壹年，用途经营医药，按季结息，贷款利率执行 9.81868%，以其××路南侧门面 1 间（建筑面积 53.46 平方米，有土地使用权证，经入选我行的××资产评估事务所评估每平方米单价 1 万元，总价 50 万元）为抵押房产。同时要求：

1. 放款前办妥我行为第一顺序抵押权人的抵押登记手续和对抵押物承租人履行抵押告知手续，并要求其在告知书上签字。

2. 严格按照《个人贷款管理暂行办法》的要求发放贷款和支付信贷资金。

3. 要求借款人的经营收入必须全部归集到其在我行开立的账户，并加强安全管理和保证合规经营。

4. 加强贷后管理，定期检查其在我行账户资金流量，发现异常要立即查明原因。定期现场查看经营情况和抵押物实物状态。

审查人（签名）：×××

2015 年 11 月 02 日

**实训要求**：分析并回答个人授信审查报告的内容构成要素有哪些？讨论如何撰写个人授信调查报告。

**实训方式**：分组讨论，班内展示实训成果。

## 任务二　银行授信审批

【教师任务】
1. 讲解授信审批制度
2. 分析讲解贷审会的授信审批流程
3. 分析讲解信贷审批人员的职责
4. 讲解授信审查审批表的填写方法

【学生任务】
1. 理解并掌握授信审批制度
2. 了解贷审会的授信审批流程
3. 知晓信贷审批人员的职责
4. 学会授信审查审批表的填写方法

## 教学活动 1　银行授信审批制度

【活动设计】

分组编写一授信案例，小组成员分角色扮演授信调查评估人员、授信审查人员和授信发放人员，模拟在自编案例中审查人员、审批人员和授信发放人员的职责。

## 【案例导入】

### 蓝山创新金融制度"审贷分离"平均审批不超过 15 天

6月3日，湖南蓝山县农村信用联社举行"助小微、强服务、防风险、惠民生"金融服务宣传推介活动，开通了小微企业融资贷款"绿色通道"。

湘江源头蓝山县有小型、微型企业和个体工商户3 900余家，占全县企业总数的90%以上。长期以来贷款难、融资难等问题困扰小微企业发展。"规模企业是发展主流，小微企业是发展主体，经济发展要大小企业一起抓。"湖南蓝山县农村信用联社根据小微企业"短、频、快"的融资特点，实行"有保有压、稳进快退"的信贷策略，开发了林权抵押、机械设备抵押、土地使用权抵押、住宅抵押、多户联保贷款、社团贷款等系列融资产品，对符合国家产业政策、信誉度高、有市场、有效益、有相应资产提供担保和经农村信用社评级授信的小微企业推行"最高额抵押担保"，做到"一次担保抵押、总额控制、周转使用、随用随贷"，大大简化了办贷流程。

"我们推行了'阳光信贷'服务，实行审贷分离模式，快受理、快审查、快投放，并向客户作出贷款审批办理最长时间承诺。在企业手续齐全的情况下，平均办理贷款审批时间不超过15天。"蓝山县信用联社负责人介绍。今年来，蓝山县金融行业制定了《大额贷款管理办法》，完善了小微企业客户考评体系，定期对小微企业的管理水平、市场潜力、盈利状况进行考核，对信誉好、盈利好、发展潜力大的小微企业提供"贷款优先、利率浮动、审批简化"信贷服务。

资料来源：红网。

思考：审贷分离的内涵是什么？审贷分离操作要点是什么？如何实现案例中提到的"快受理、快审查、快投放"与风险控制的平衡？

## 【基础知识】

银行为了提高授信审批业务的工作效率和本行的竞争力，建立了授权管理制度实行分级审批，为了防范授信风险建立了审查与授信发放相分离的管理制度。

### 一、授信审批授权管理、分级审批

银行分支机构在授信授权范围内，按照分级审批制度对授信业务进行审查和审批。

#### （一）授信审批授权管理

1. 授信审批授权管理的定义

授信审批授权管理是银行按照授权的方式对授信业务审批环节进行管理。银行授信审批授权是对其所属职能部门、分支机构和关键岗位办理授信业务权限的具体规定。

2. 授信审批授权管理的分类

（1）依据授权的层次划分，分为直接授权和转授权。直接授权是指银行业金融机构总部对总部相关授信业务职能部门或直接管理的经营单位授予全部或部分授信产品一定期限、一定金额内的授信审批权限。转授权是指被授权的经营单位在总部直接授权的权限内，对本级行各有权审批人、相关授信业务职能部门和所辖分支机构转授一定授信审批权限。

（2）依据授权的时效划分，分为临时授权和永久授权。临时授权是在被授权者因故不能履行业务审批职责时，可以临时将自己权限范围内的授信审批权限授予其他符合条件者代为行使。永久授权是临时授权的对称，永久授权是普通授权，临时授权是特殊授权。从授权时效来看，永久授权一般至少在1年及以上；临时授权的期限比较短，可以仅有几天时间。

（3）依据授权部门层次的高低不同，分为董事会审批授权、授信委员会或高级管理层的审批授权和一般信贷员的审批授权。授权级别高低不同一般与授信额大小、授信重要程度有关，授信额越大需要的授权级别越高，越重要的授信需要的授权级别越高。

3. 授信审批授权的方法

银行对业务职能部门和分支机构的授信授权，原则上应根据其风险管理水平、资产质量、所处地区的经济环境、主要负责人的授信从业经验等因素，设置一定的权重，采用风险指标量化评定的方法合理确定。

此外，在确定授信授权时，应当考虑大型或集团公司授信、小微企业授信、个人授信的业务特点。

4. 授信授权的形式

（1）按受权人划分，授信授权可授予银行总部授信业务审批部门及其派出机构、银行分支机构负责人或独立授信审批人等。

（2）按授信品种划分，可按高风险品种授权和低风险品种授权。

（3）按行业进行授权。根据银行信贷行业投向政策，对不同的行业分别授予不同的权限。

（4）按客户风险评级授权。

（5）按担保方式授权。

（二）分级审批

1. 分级审批的基础和依据

分级审批的基础是授信授权管理模式。分级审批的主要依据是授信额度，因为授信额度大小直接反映了给银行带来风险的大小，授信额度越高风险越大，需要授信审批人员的专业知识和经验要求也越高。

2. 分级审批的业务流程

建立分支行机构的银行，总行和各分支机构必须在权限范围内办理授信业务。

（1）权限内的授信审批流程。分支行授信管理部审查、贷审会审议、有权审批人审批。

（2）超越权限的信贷审批流程。分支行授信管理部门初审，分支行行长审核同意后，由授信管理部报有权审批的上级管理行授信管理部复审，上级行贷审会审议，有权审批人审批。

二、授信审查与授信发放相分离

（一）授信审查与授信发放相分离的含义

授信审查与授信发放相分离是指将授信业务办理过程中的调查、审查和发放环节进行分离,分别由不同层次机构和不同部门(岗位)承担,以实现相互制约并充分发挥授信审查人员专业优势的授信管理制度。

在这种制度下,授信调查评估人员负责授信调查评估,承担调查失误和评估失准的责任;授信审查人员负责授信风险的审查,承担审查失误的责任;授信发放人员负责授信限制性条件的落实和授信发放后的检查和清收,承担限制性条件落实不力、检查失误、清收不力的责任。

### (二) 授信审查与授信发放分离的一般操作规程

1. 授信审查与授信发放分离的形式(表4-6)

表4-6　　　　　　　授信审查与授信发放分离形式表

| | |
|---|---|
| 岗位分离 | 在基层经营单位,如授信规模较小的支行,一般设置授信业务岗和授信审查岗,由授信审查岗履行授信审查的职能。 |
| 部门分离 | 在分行乃至总行等较高层级的单位,设置授信业务经营部门和授信审查部门,前者履行授信前调查和授信后管理职能,后者履行授信审查职能。 |
| 地区分离 | 银行设立地区授信审批中心,负责某个地区辖内机构超权限的授信审批,旨在通过地区分离、异地操作来保证授信审批的独立性。 |

2. 授信业务岗与授信审查岗的职责划分(表4-7)

表4-7　　　　　　　授信业务岗与授信审查岗的职责划分表

| 授信业务岗职责 | 授信审查岗职责 |
|---|---|
| (1)积极拓展授信业务,搞好市场调查,优选客户,受理借款人申请。<br>(2)对借款人申请授信业务的合法性、安全性、营利性进行调查。<br>(3)对客户进行信用等级评价,撰写调查报告,提出授信的期限、金额、利率(费率)和支付方式等明确意见。<br>(4)办理核保、抵(质)押登记及其他发放贷款的具体手续。<br>(5)授信业务办理后对客户执行授信合同的情况和经营状况进行检查和管理。<br>(6)督促客户按合同约定使用授信,按时足额归还贷款本息,并负责配合催收风险贷款。<br>(7)负责授信档案管理,确保授信档案完整、有效。<br>(8)授信业务岗位人员提交授信前调查报告,并承担调查失误、风险分析失误和贷后管理不力的责任。 | (1)表面真实性审查。对财务报表、商务合同等资料进行表面真实性审查,对明显虚假的资料提出审查意见。<br>(2)完整性审查。审查授信资料是否完整有效,包括授信客户贷款卡等信息资料、项目批准文件以及需要提供的其他证明资料等。<br>(3)合规性审查。审查客户、授信用途的合规性,审查授信业务是否符合国家和本行授信政策投向政策,审查授信客户经营范围是否符合授信要求。<br>(4)合理性审查。审查授信行为的合理性,审查授信前调查中使用的授信材料和授信结论在逻辑上是否具有合理性。<br>(5)可行性审查。审查授信业务主要风险点及风险防范措施、偿债能力、授信安排、授信价格、授信期限、担保能力等,审查授信客户和授信业务风险。 |

### (三) 授信审查与授信发放分离的实施要点

1. 审查人员与客户原则上不单独直接接触,以保证审查与审批的独立性
2. 审查人员无最终决策权

授信审查只是授信审批过程中的一个环节,不是授信审批流程的终点。审查人员即使对授信发放持否定态度,也按正常的授信流程继续进行审批,审批人参考审查人员意见,对是否批准授信提出明确意见,授信决策权由信贷审查委员会或最终审批人行使。

3. 实行集体审议机制

一般采取授信集体审议决策机制,多数银行通过设立信贷审查委员会的方式行使集体审议职能。

4. 按程序审批

授信审批应按规定权限、程序进行,不得违反程序、减少程序或逆程序审批授信业务。

## 教学活动 2　银行授信审批机构

【活动设计】

分组分角色扮演信贷审查委员会的不同成员,模拟信贷审批委员会的审批流程。

【案例导入】

### 贷款通过了贷审会审核

5月24日17时左右,像往常的周四一样,浦发银行开封分行行长张克嘉作为贷审会主任,和来自该行风险管理部及5个公司业务部的贷审会成员一起,来到该行3楼的会议室,召开贷审会。第一个向贷审会汇报的是该行公司三部的客户经理苗得雨,他这次接手调查的尉氏县某橡胶制品有限公司,因扩大生产规模缺乏流动资金,向浦发银行开封分行提出申请贷款1 000万元。苗得雨向贷审会详细汇报了该公司的基本情况、经营情况、发展前景、融资需求、担保情况及风险防范措施等。在各位贷审会成员没有什么需要询问的问题后,他就离席退出了会议室。随后,与会的贷审会成员开始投票表决。随后,第二位等候在会议室外的客户经理,被通知进去汇报……

19时30分,贷审会终于结束了。当得知自己汇报的项目经投票表决已审批通过时,苗得雨十分高兴。他对记者说:"明天一早就去尉氏县,赶快给企业办理抵押手续,一拿到他项权利证,企业申请的1 000万元贷款就可以发放了。"

该行贷审会秘书张冬说,当晚5位客户经理提交的5个贷款申请全部审批通过,这5个项目总计贷款金额4 300万元。据统计,自4月份以来,该行发放的近3.5亿元贷款中,发放给中小企业的达2.4亿元,占到了70%。

张克嘉说:"关注、关心、关爱中小企业成长壮大,尽力为他们提供满意的金融服

务,一直是浦发银行不懈的追求。"该行本着"新思维,心服务"的服务理念,不仅对国内信用证、银行承兑汇票、商业承兑汇票、保理、保函等业务进行了创新,还积极优化审批和服务流程,加大对中小企业的支持力度,努力助推区域经济的腾飞。

资料来源:《汴梁晚报》

**思考**:参加贷审会的人员构成、贷审会的审议程序。

## 【基础知识】

银行采取授信集体审议决策机制,多数银行设立各级信贷管理委员会负责授信业务审批,因此银行授信审批机构是信贷管理委员会,一般称之为贷款审查委员会,简称贷审会。

### 一、贷审会的作用、性质与职责

#### (一)贷审会的作用和性质

贷审会是银行授信业务的审查和决策部门。它的主要作用是对授信业务部门提出的授信申请进行审查,对是否同意某项授信申请提出意见。

贷审会的性质是董事会领导下的授信业务决策的集体议事机构,分支机构的贷审会是行长领导下的授信业务决策的集体议事机构,它对最终授信决策人的审批授信业务起智力支持作用和制约作用。如贷审会投票未通过的授信事项,有权审批人不得审批同意;而对贷审会通过的授信,有权审批人也可以否定。这里的有权审批人主要指董事长或行长或行长授权的副行长等。

#### (二)贷审会的职责和议事范围

1. 贷审会的职责

贷审会通过全体委员会议履行职责。凡属于贷审会审议范围内的事项必须提交贷审会会议审议。贷审会的主要职责如下:

(1)审议职责范围内的授信事项。

(2)指导和协调下级行贷审会工作。如审批疑难授信,包括上一笔贷款未按计划还清又申请下一笔贷款的,有不良记录客户的授信,分支机构与管理部门有分歧的授信。

(3)督促有关部门落实贷审会审议、董事长或行长审批的各类授信事项。

2. 贷审会的议事范围

(1)贷审会主要审议:①不超过本行审批权限的贷款、贸易融资、贴现、承兑、信用证、担保等形式的本外币授信业务和公开统一授信、可循环使用授信、贷款承诺函等。②超过本行审批权限,按照规定需要经过贷审会审议、报请上级行审批的上述事项。③审议董事长或行长认为有必要提交贷审会审议的特别授权、内部授信、特别授信及其他授信特别事项。④审议按规定应由贷审会审议的客户信用等级评定。⑤审议经本行贷审会审议通过、董事长或行长批准的授信业务执行情况和贷后检查报告。

(2)不经贷审会审议的事项:①以全额保证金、存单或国债质押方式办理的贷款、银行承兑汇票、开立的信用证、投标保函。②100%外质押的人民币贷款业务。③银行承兑汇票质押办理承兑、贷款。④本行已授信境外银行开立订单备用信用证项下的担保贷款。⑤银行承兑汇票的贴现。⑥出口信用证项下的票据贴现。⑦公开统一授信项下和可循环信用证项下的短期授信业务。⑧扶贫到户的贷款等业务。

### 二、贷审会的成员构成

贷审会设主任1名，由行长担任，副主任委员由主管授信业务的副行长担任。贷审会的委员由部门委员和个人委员相结合。部门委员由授信管理部门、授信业务部门、资金计划部门、风险资产管理部门、国际业务部门、法规部门的负责人担任，个人委员由具有评审能力的专职人员担任。贷审会委员不得少于7人，各级贷审会人员的组成稳定明确，并上报上级贷审会办公室。贷审会下设办公室，作为贷审会的具体办事机构。

### 三、贷款审查委员会的工作程序

贷审会的工作程序一般包括以及几个步骤。

#### （一）受理

凡拟提交贷审会审议的授信业务，由授信管理部门按规定进行审查后，撰写授信审查报告，经本部门盖章、部门负责人签字后，连同授信申请报告、调查报告、评估报告（或专家咨询意见）和内部运作等资料，送贷审会办公室。

#### （二）要件审查

贷审会办公室按规定对拟提交审议的有关授信事项进行要件审查，对符合规范要求的授信事项及时提交贷审会审议。对不符合规范要求的，应要求提请审议的授信部门补充完善。

#### （三）会议准备

提请会议主持人及时召开贷审会例会，做好会议资料准备，将审查报告提前至少1天发送贷审会委员，通知贷审会委员和汇报、列席人员按时参加会议。

#### （四）审议

会议主持人负责组织对提交贷审会的授信事项进行审议。由审查人员向贷审会汇报授信审查报告，参加会议的委员就授信审查报告中的主要方面和突出问题进行审议后，就审议的授信事项实行投票表决。贷审会办公室根据会议记录整理成会议纪要，根据投票结果填制贷款审查委员会审议表，连同会议纪要一并呈报有权审批人审批，如图4-1。

#### （五）审批

有权审批人在会议纪要和审议表上签署审批意见。对贷审会审议通过的授信事项，有权审批人可行使一票否决权，对经投票未通过（包括不同意和复议）的授信事项，有权审批人不得行使一票赞成权。但不论投票结果如何，有权审批人均有复议决定权。

#### （六）批复

贷审会办公室根据有权审批人在审议表和会议纪要上的签批意见印发《授信审查委员会会议纪要》，依据会议纪要起草文件批复有关行。授信批复可以采取行发文件和授信审批表的方式进行。

#### （七）督促与检查

贷审会办公室应督促有关部门落实经贷审会审议通过、董事长或行长审批的授信事项,并对执行情况进行跟踪检查。

贷审会会议流程如图4-1所示。

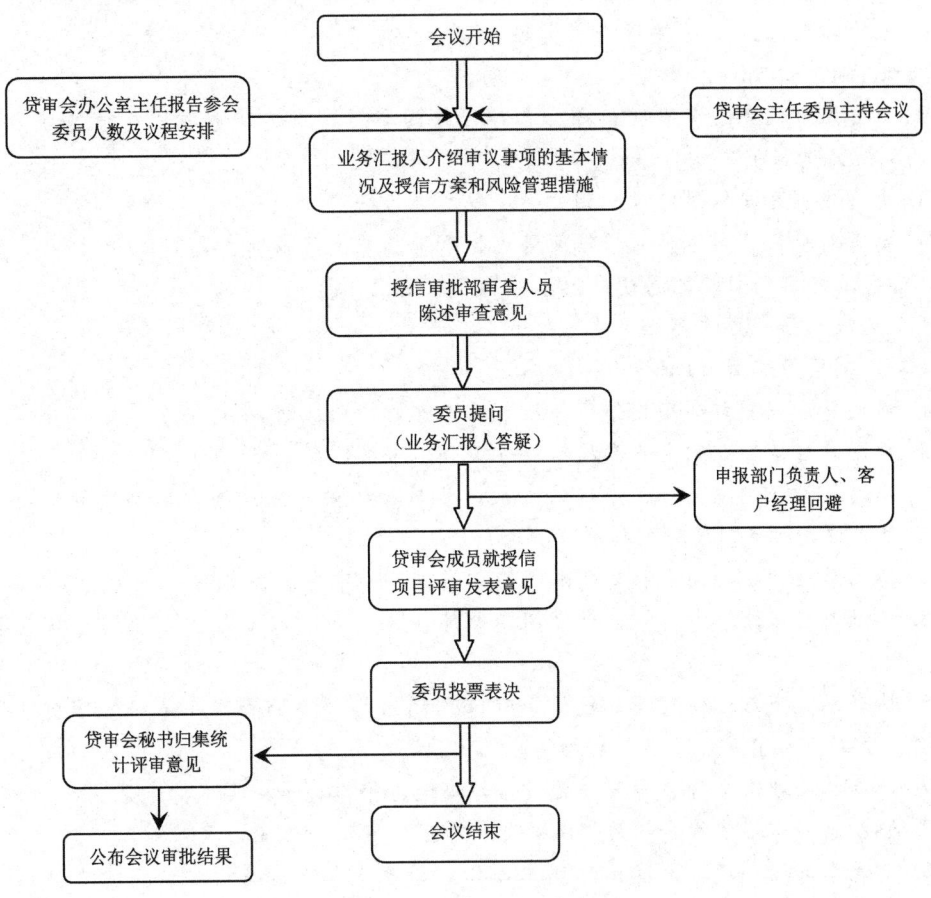

图4-1 贷审会会议流程图

---

**相关链接4-5**

## ××银行授信审批部各岗位职责

按照授信审批部的业务要求,设总经理岗、副总经理岗,授信审查岗、贷审委秘书岗、综合岗。岗位职责及设定人数如下:

**(一) 总经理岗(1人)**

1. 负责制定全年授信审查及审批工作的计划规划。
2. 负责组织制定各类授信业务审查、审批制度。
3. 参与制定全行年度授信政策,参与和协助相关业务部门制定和完善授信业务管理的相关规章制度和操作流程。
4. 负责组织移交到本部门各类授信的审查工作。

5. 明确本部门授信业务报告的报告人并负责组织会议材料的发送,对贷审会审议结果报告有权审批人,并根据有权审批人意见组织相关岗位人员下达审批意见。

6. 负责授信政策及授信审查工作的培训,协调和指导下级贷审会责任部门工作,并对下级贷审会工作实施检查。

7. 负责本部门年度、季度和月度工作任务的制定、下达及考核,负责本部门人力资源的调配,加强员工能力培养、考核本部门员工绩效。

8. 负责根据客户信用评级的相关管理规定进行认定。

9. 负责对全行公司客户的授信评级进行审批,并出具审批意见。

10. 负责本部门员工的思想政治工作和廉政建设。

11. 完成领导交办的其他工作。

### (二)副总经理岗(1人)

1. 协助总经理制订全年授信审查及审批工作的计划规划。

2. 协助总经理组织制定各类授信业务审查、审批制度。

3. 协助总经理制定全行年度授信政策,参与和协助相关业务部门制定和完善授信业务管理的相关规章制度和操作流程。

4. 协助总经理负责组织移交到本部门各类授信的审查工作。

5. 协助总经理对贷审会审议结果报有权审批人审批,组织相关岗位人员下达批复通知。

6. 协助总经理对授信政策及授信审查工作的培训,协调和指导下级贷审会责任部门工作,并对下级贷审会工作实施检查。

7. 协助总经理对全行公司客户的授信评级进行审批,并出具审批意见。

8. 协助总经理根据客户信用评级的相关管理规定进行认定。

9. 负责本部门年度、季度和月度工作任务的制定、下达及考核,负责本部门人力资源的调配,加强员工能力培养、考核本部门员工绩效。

10. 负责本部门员工的思想政治工作和廉政建设。

11. 完成领导交办的其他工作。

### (三)授信审查岗职责(6人)

1. 负责受理全行超支行权限的表内外本外币授信业务的审查工作,并协助制定各项业务审批相关制度和管理办法。表内外本外币授信业务包括贷款、贸易融资、票据承兑和贴现、转贴现、透支、保理、担保、贷款承诺、开立信用证、同业市场业务等。

2. 对申报业务项目进行国家、省、市、金融、产业、信贷投向及信贷业务管理规章制度等政策性审查。

3. 对内、外部资料真实性、完整性、有效性进行合法合规性审查。

4. 对申报业务的借款额度、用途、期限是否合理进行审查。

5. 对借款人的财务审计报表及现金流量进行审核、测算,审查还款来源是否有保障。

6. 对担保和抵押是否有效、保证人是否具有保证能力进行审查。
7. 利率定价是否符合利率政策。
8. 审核上报的风险点及风险可控措施并针对信贷业务项目提出风险点与控制措施。
9. 负责对超支行权限客户的授信评级的集中认定,并对评级结果进行记录。
10. 负责向贷审会或有权审批人提交审查报告。
11. 负责及时返还不符合条件的授信材料,出具要求补充资料及落实的事项。
12. 负责向贷审会汇报审查意见。
13. 负责各支行授信政策和授信审查工作培训,并组织与实施。
14. 完成领导交办的其他工作。

**(四) 贷审会秘书岗 (1人)**

1. 负责登记受理上报的授信资料,并根据项目类别按时、按要求移交相关审查人员。
2. 负责将审查完毕提交总行或上级行贷审会审议的资料送达各贷审会成员预审,并通知贷审会的程序、时间、地点。
3. 负责本级贷审会的会务工作,按要求及时完成会议纪要、简报的编写与分发。
4. 负责对有权审批人审批意见进行记录,根据最终结果形成报告书。
5. 负责对贷审会意见及纪要的审批申报,并及时归档。
6. 完成领导交办的其他工作。

**(五) 综合岗 (1人)**

1. 负责文件及重要资料的收集、登记和分类归档。
2. 负责统计、汇总本部门相关各类业务报表,并进行分析、上报。
3. 负责部门工作的协调和督办。
4. 负责部门综合调研、文件转发和相关材料的起草工作。
5. 负责协调相关联单位和部门之间工作。
6. 负责部门内其他日常事务性工作。
7. 负责本部门后勤保障工作。
8. 完成领导交办的其他工作。

## 教学活动3 银行授信审查审批表

【活动设计】

分小组模拟贷审会对个人和企业的授信业务进行审查(如表4-8),填写授信审查审批表。

【案例导入】

表 4-8　　　　　　　××银行个人贷款调查审查审批表

| 借款人情况 | | | |
|---|---|---|---|
| 借款人姓名 | 张三 | 身份证号码 | 341958×××××××9123 |
| 婚姻状况 | 已婚 | 学历 | 本科 |
| 职业及职务 | 个体户 | 月均收入 | 1 万元 |
| 个人负债情况 | 无 | 对外担保情况 | 无 |
| 经营实体情况 | | | |
| 经营实体名称 | 幸福餐馆 | 营业执照号码 | 41012334234××× |
| 注册资本 | 10 万元 | 实收资本 | 20 万元 |
| 主营业务 | 餐饮 | 法人代表 | 张三 |
| 资产合计 | 20 万元 | 负债合计 | 0 |
| 资产负债率 | | 毛利率 | 40% |
| 上年销售收入 | 25 万元 | 上年利润 | 10 万元 |
| 上游客户 | | 下游客户 | |
| 个人净资产 | | | |
| 房产净价值 | 180 万元 | 汽车净价值 | 20 万元 |
| 其他资产价值 | 60 万元 | 个人净资产合计 | 260 万元 |

| 贷款用途分析 | | | | |
|---|---|---|---|---|
| 经营服装批发 | | | | |
| 还款来源分析 | | | | |
| 服装批发收入、餐馆收入等 | | | | |
| 贷款担保情况 | | | | |
| 抵押 1 | 抵押物种类 | 房屋 | 坐落位置 | ××路 12 号 |
| | 我行确认价值 | 180 万元 | 抵押率 | 50% |
| 抵押 2 | 抵押物 | | 坐落位置 | |
| | 我行确认价值 | | 抵押率 | |
| 质押 | 质物种类 | | 质押率 | |
| | 质物价值 | | | |
| 保证 | 保证人 1 名称 | 李四 | 保证人 2 名称 | 王五 |

续表

调查人意见

  根据借款人提交的申请资料，经与申请人当面核验、面谈，本人认为借款人借款行为真实，借款人资料齐备、真实、有效，现提出如下意见：

  同意授信 ＿＿＿＿＿＿＿ 万元；授信期限 ＿＿＿＿＿＿ 年，担保方式为 ＿＿＿＿＿＿＿＿，执行利率为 ＿＿＿＿＿＿＿＿，支付方式为：＿＿＿＿＿＿。

签字：<br>年　月　日

业务发展部团队负责人意见

签字                    年　月　日

信贷审查部门审查意见

经办人（签字）：            负责人（签字）：

  年　月　日                  年　月　日

风险管理部审查意见

总经理（签字）：               年　月　日

主管副行长审查（审批）意见

签字：                   年　月　日

授信审查委员会意见

主任（签字）：                年　月　日

行长审查（审批）意见

签字：                   年　月　日

  **思考**：根据上述资料，按照审查审批过程如何完成审查审批表的填写？

【基础知识】

授信审查审批表是反映授信审查及审批结论的表格。

一、授信业务初次审批的审批结论

（一）同意授信

授信审批人在审查申报单位提交的授信申请书、客户评级报告、审查报告和所有其他资料后，经过在贷审会与经营主责任人、风险管理负责人进行沟通商议后，如果信贷审批人判断申报项目符合国家法律法规、产业政策、银行信贷政策、风险管理政策及各项规章制度，授信方案建议的各项构成要素合理，还款来源充足、稳定、可实现、可执行，能有效控制风险，且办理该项业务给银行带来的收益能覆盖成本和风险，则发表"同意"的审批结论，即同意申报单位按照审批方案办理授信业务。

（二）附加条件的同意授信

授信审批人原则上或基本同意授信，但仍需申报单位进行完善和修改授信方案，如果符合提出条件就同意授信，即附加条件同意。一般附加条件是有助于银行防范风险，或有助于银行控制还款来源，或有助于在控制风险的情况下提高银行授信业务收益，或有助于银行业务发展。

（三）否决授信

授信审批人通过审查交流判断申报的项目不符合授信条件则发表"否决"的审批结论。

发表"否决"意见时，授信审批人应在审批结论中明确提出否决的具体内容及理由。出现下列情况之一的原则上发表"否决"审批意见：

（1）授信申请人不具备授信主体资格的。

（2）授信申请人或授信申请的项目未达到准入门槛。

（3）授信项目的审批过程存在严重缺陷。

（4）授信用途违反国家法律和银行信贷政策规定。

（5）授信业务带来的收入不能完全覆盖银行的成本和风险。

（四）续议授信

授信方案中如包括：①授信金额不合理；②授信期限不合理；③授信申请人或保证人经营信息不充分；④授信申请人或保证人财务信息不充分；⑤不能有效评价还款来源；⑥不能有效评价保证人的履约能力；⑦担保物有瑕疵，对担保能力和效力产生不利影响；⑧贷后管理措施不到位、不完备、不能有效控制授信风险等情形。以上情形使授信审批人认为：

（1）申报材料不充分、汇报人回答问题不清，不能满足作出判断需要。

（2）有必要对申报方案的重要条款进行修改，需要在申报单位补充材料加以说明或对申报方案进行修改后再审议。

如果符合以上两条之一的，授信审批人发表"续议审批"意见。

## 二、授信业务再次审批的审批结论

### (一) 变更条件的审批结论

对于初次审批结论为"同意"或"附加条件同意"的授信项目已发文后,在首次提款或开立信用证、保函、承兑前,如申报单位不能落实申报方案中的条款或审批结论附加的条款,申报单位可申请变更申报条件。授信审批人应对进行变更的条件进行审批,根据授信审批的标准进行判断,作出同意授信或否决授信的意见。

### (二) 续议授信的审批结论

对于初审结论为"续议授信"的,申报单位可以在规定时间按续议授信要求补充有关材料和对授信方案进行调整后,由原审批部门组织审批。

授信审批人应重点分析续议申请补充的相关材料、调整后的授信方案和授信申请人的新变化,作出判断发表审批结论。

### (三) 复议审批

初次审批结论为否决授信的,申报单位可在规定时间内,按规定的审批程序向原审批单位或上级行申请复议。对于复议的授信业务,审批人仍然按照既定的授信审批标准审批作出判断,发表审批结论,审批结论只能是"同意"或"否决"。

## 三、授信审查审批表的填写

授信审查及审批结论填写在授信审查审批表上。银行分支行与总行授信业务审查审批表的格式分别如表4-9和表4-10。

表4-9　　　　　授信业务审查审批表(分支行)　　　　　经办行(盖章)

| 信贷审查部门意见 | | |
|---|---|---|
| 经办人签字: | 负责人签字: | 年　月　日 |
| 风险管理部门审查意见 | | |
| 经办人签字: | 负责人签字: | 年　月　日 |
| 主管副行长审查(审批)意见 | | |
| 签字: | | 年　月　日 |
| 信贷审查委员会意见 | | |
| 主任签字: | | 年　月　日 |
| 行长审查(审批)意见 | | |
| 签字: | | 年　月　日 |

表 4-10　　　　　　　　　授信业务审查审批表（总行）

| 分行（总行营业部）意见 |
| --- |
| 一、审查结论 |
| 二、附加条件或限制性条款 |
| 负责人（签字）：　　　　　　盖章　　　　　　　　　　　　年　月　日 |

| 主审查人意见 |
| --- |
| 一、审查结论 |
| 二、附加条件或限制性条款 |
| 主审查人（签字）：　　　　　　　　　　　　　　　　　　　年　月　日 |

| 总行信贷审批中心审查意见 |
| --- |
| 部门负责人（签字）：　　　　　　　　　　　　　　　　　　年　月　日 |

| 总行信贷部总经理意见 |
| --- |
| 签字：　　　　　　　　　　　　　　　　　　　　　　　　　年　月　日 |

| 信贷政策委员会意见 |
| --- |
| 一、审查结论 |
| 二、表决情况 |
| 　　信贷政策委员会　　人，出席　　人，表决　　人。 |
| 　　表决结果：同意　　票，不同意　　票，再议　　票。 |
| 三、附加条件或限制性条款（或再议条件） |
| 　　信贷政策委员会主任（签字）：　　　　　　　　　　　　年　月　日 |

| 主管副行长意见 |
| --- |
| 　　签字：　　　　　　　　　　　　　　　　　　　　　　　年　月　日 |

| 行长意见 |
| --- |
| 　　签字：　　　　　　　　　　　　　　　　　　　　　　　年　月　日 |

## 【单元实训】

**实训项目**：授信业务审批过程。

**实训资料**：分组搜集贷款资料。
**实训要求**：演练贷款审批过程。
**实训方式**：分角色扮演支行信贷员、信贷科长、分管行长、行长完成贷款的审批。

## 综合训练

### 一、知识检测

#### （一）单项选择题

1. 审查贷款用途是否合规合法，是否符合国家有关政策，以及贷款用途、期限、方式、利率等是否符合银行规定属于（　　）。
   A. 基本要素审查　　　　　　　　B. 主体资格审查
   C. 授信政策审查　　　　　　　　D. 信贷风险审查

2. 《贷款通则》对借款人规定：除国务院规定外，有限责任公司和股份有限公司对外股本权益性投资累计额未超过其净资产总额的（　　）。
   A. 30%　　　　　　　　　　　　B. 40%
   C. 50%　　　　　　　　　　　　D. 60%

3. 在（　　）制度下，贷款调查评估人员负责贷款调查评估，承担调查失误和评估失准的责任；贷款审查人员负责贷款风险的审查，承担审查失误的责任；贷款发放人员负责贷款的检查和清收，承担检查失误、清收不力的责任。
   A. 分级审批　　　　　　　　　　B. 审贷分离
   C. 信贷授权　　　　　　　　　　D. 集体审议

4. （　　）是商业银行信贷业务全流程的决策环节，是信贷业务执行实施的前提和依据。
   A. 贷款审批　　　　　　　　　　B. 贷款担保
   C. 贷前检查　　　　　　　　　　D. 贷款项目评估

5. 《贷款通则》规定：票据贴现的贴现期限最长不得超过（　　），贴现期限为从贴现之日起到票据到期日止。
   A. 3个月　　　　　　　　　　　B. 6个月
   C. 9个月　　　　　　　　　　　D. 1年

#### （二）多项选择题

1. 授信审查的主要内容有（　　）。
   A. 基本要素审查　　　　　　　　B. 主体资格审查
   C. 授信政策审查　　　　　　　　D. 信贷风险审查

2. 贷审会的审议表决应当遵循（　　）的原则。
   A. 集体审查审议　　　　　　　　B. 明确发表意见
   C. 少数服从多数　　　　　　　　D. 绝对多数通过

3. 以下属于审贷分离形式的有（　　）。

A. 地区分离　　　　　　　　　　B. 部门分离
C. 岗位分离　　　　　　　　　　D. 权责分离

4. 商业银行信贷审查岗的职责包括（　　）。
A. 合理性审查　　　　　　　　　B. 可行性审查
C. 完整性审查　　　　　　　　　D. 合规性审查

5. 贷款授信额度的决定因素有（　　）。
A. 客户的还款能力　　　　　　　B. 借款企业对借贷资金的需求
C. 贷款组合管理的限制　　　　　D. 银行的客户政策

（三）判断题

1. 授信审查是授信审批过程中的一个环节，不应成为授信审批流程的终点。（　　）
2. 贷款金额要依据客户经营情况、合理需求及其承担风险的能力和银行承担风险的能力审慎确定。（　　）
3. 行长一般担任贷审会的主任委员。（　　）
4. 贷款人应当根据业务量大小、管理水平和贷款风险度确定各级分支机构的审批权限，超过审批权限的贷款，应当报上级审批。（　　）
5. 信贷审查岗的职责包括对借款人申请信贷业务的合法性、安全性、营利性进行调查。（　　）

## 二、技能训练

### （一）资料

#### 工行湖南分行六项措施强化信贷审查审批工作管理

为进一步规范信贷审查审批管理工作，切实提高信贷审批效率与质量，更好地适应业务发展需要，工行湖南分行采取了如下措施：

一、进一步提高尽职调查工作质量。不断健全完善信贷业务尽职调查工作机制，充分履行尽职调查工作职责，不断提高尽职调查工作质量。依据相关法律法规、各项信贷政策制度及有关尽职要求，在收集整理借款人相关信息资料基础上，对借款人及其办理信贷业务的风险收益状况进行充分调查分析、认真撰写调查报告。严格按照总行、省分行电子化审查审批要求在资产管理系统中加载调查表、调查报告或补充报告。

二、进一步规范业务申报流程。严格按照该行授信审批垂直集中管理改革实施细则、信用风险业务签批管理办法规定及授信审批部的相关通知要求报送业务流程。经办行将业务流程报送授信审批部指定的业务分发岗，不直接向授信审批部主审查人直接报送业务流程。对不熟悉业务申报流程的，通过统一通信平台向授信审批部咨询。

三、进一步提高业务流程分发效率与质量。授信审批部业务分发岗在每天上班第一时间按照行业分类、业务地区、岗位分工、业务属性、业务集中度、业务饱和度及换手审查、内控要求完成业务流程均衡分发，对紧急业务根据领导的意见及时分发，所有分发的业务流程进行实时登记。

四、进一步统一审查次序。对已经分配到审查人的业务，主审查人必须坚持"先进先出，急事优先"的原则，认真履行风险审查职责。对重点客户、重点项目、竞争业务、紧急业务优先安排审查。不定时地对各审查人员是否履行限时服务、是否按顺次审查业务进行抽查。

五、进一步规范业务沟通方式。业务主审查人在审查过程中，主动与业务申报行进行沟通。对不影响审查审批时效，只需作简单咨询交流的，由审查人或复核人使用统一通信平台或电话与客户经理或申报行相关人员进行语音、文字沟通；对审查中发现存在政策障碍、调查报告存在严重瑕疵、报审资料不全等影响审查进程确需作书面沟通的，须使用统一格式沟通函按规定程序通知申报行。

六、进一步严肃集体审议工作纪律。贷审会秘书处忠实履行工作职能，严格执行工作规则，认真遵守集体审议的申报程序、上会程序、审议程序、报批程序，对会议讨论情况、委员发言表决情况及有关资料要严格保密，要确保集体审议决议、会议纪要的严肃性。

资料来源：第一金融网，http://www.afinance.cn/bank/yhxw/201309/621787.html。

## （二）要求

（1）根据资料中所涉及的工作岗位，结合所学知识说明其岗位职责。

（2）假如你是银行的授信审查人员，怎样做好信贷审查工作？

# 项目五 Project 5
# 银行授信合同签订与履行

【知识目标】
1. 掌握银行授信合同签订前需要落实的条件
2. 了解银行授信主合同和从合同的主要条款的解释
3. 掌握银行授信合同的填写规范
4. 掌握银行贷款发放管理的要点
5. 掌握银行贷款方式方法

【能力目标】
1. 能根据银行授信审批的基本条件和限制性条件落实情况,填写"授信业务审批条件落实情况表"
2. 能够按照《合同法》等相关规定与客户签订授信合同
3. 能够正确地选择贷款资金支付方式并发放贷款

## 任务一 银行授信合同签订

【教师任务】
1. 讲解银行签订授信合同前应落实的条件
2. 讲解银行授信主、从合同的主要条款
3. 讲解银行授信合同的填写规范、填写要求

【学生任务】
1. 掌握银行授信合同签订前需落实的条件
2. 了解银行授信合同主要条款
3. 掌握银行授信合同的填写规范和签订时的注意事项

## 教学活动1　银行授信审批条件的落实

【活动设计】

以银行贷款为例，借助对引入案例的分析，讲解银行授信业务部门在签订授信合同前应落实审批的基本条件和附加条件，并会填写"授信业务审批条件落实情况表"。

【案例导入】

**未落实审批条件发放贷款，形成大额不良资产**

2015年5月20日，中国××银行某支行与某县开发区管委会、县国土资源局、开发区A经济开发有限公司签订了"四方合作协议"，同意向A公司"提供人民币3 500万元的短期贷款，专项用于收储某开发区2 500亩工业用地征地款"，并且以该宗土地使用权作抵押。中国××银行某支行当日以"关于A经济开发有限公司3 500万元贷款的请示"，向市分行报请审批A经济开发区有限公司流动资金贷款3 500万元。

2015年5月27日，市分行对其支行的请示给予批复，并下发【2015】第336号"审批决策意见通知单"，有条件同意对A公司流动资金贷款3 500万元，条件为：一是办妥合法、有效的土地使用权抵押；二是承诺注册资本增至2 000万元，与贷款额度相配套，总信用量控制在5 000万元；三是严格控制项目资金流向，实行封闭运行。

2016年4月，该笔贷款形成不良（可疑），列全省×行大额不良贷款第18位。而导致此不良资产形成的主要原因是未按照"审批决策意见通知单"规定的条件发放贷款。

市分行向支行下发"审批决策意见通知单"中载明，发放该笔贷款的条件之一是"办妥合法、有效的土地使用权抵押"。经授信银行稽核部门调查发现：2015年6月20日，支行向A公司发放贷款3 500万元，签订以经济开发区2 500亩土地使用权作为抵押的抵押合同。但该抵押事项是以"四方合作协议"为依据，并未办理抵押登记手续。同时，截止到2016年4月15日用于抵押的2 500亩土地使用权，也仅有22.6665公顷、折合340亩的土地使用权通过了省政府、省国土资源厅的建设用地项目审批。

**思考：** 导致该笔贷款成为不良贷款的主要原因是什么？应该如何落实贷款审批条件？

## 【基础知识】

银行授信审批部门在批准授信时，明确了授信的基本条件和附加条件以保障银行利益，控制授信风险。因此针对已通过审批的授信项目，在签订合同或放款前，首要的步骤是落实授信基本条件和附加条件，即在授信合同签订前信贷人员应与客户积极协商，保证审批文件中确定的各类授信条件得到落实。

### 一、签订授信合同之前，银行授信业务部门应落实的条件

**（一）需落实的授信基本条件**

（1）原应付贷款利息和到期贷款是否已清偿；对于未清偿的，是否已经作出银行认可的偿还计划。

（2）是否在工商管理部门办理了年检手续，除不需要经工商部门核准登记的事业法人外。

（3）是否在申请授信银行已开立存款账户（业务品种另有规定的除外）。

（4）有限责任公司和股份有限责任公司对外股本权益性投资累计额是否不超过其净资产总额的50%，除国务院规定外。

（5）借款人的资产负债率是否符合有关规定要求。

（6）申请固定资产贷款的，新设项目法人的所有者权益与项目总投资的比率是否高于国家规定的投资项目资本金比例。

（7）是否持有中国人民银行核发的年检合格的贷款卡（证）。

**（二）落实是否完全不存在下列情况**

客户若有下列情况之一的，银行授信业务部或基层经办行是不能与其签订授信合同的。

（1）连续3年亏损，或连续3年经营现金净流量为负。

（2）向银行提供虚假或隐瞒重要事实的资产负债表、利润表等财务报告。

（3）违反国家规定骗取、套取贷款，用借贷等行为以牟取非法收入的。

（4）违反国家外汇管理规定使用外币贷款的。

（5）违反国家规定用银行信用从事股本权益性投资，或从事股票、期货、金融衍生产品等投资的。

（6）生产、经营或投资国家明文禁止或严重有损于社会公益和道德的产品或项目的。

（7）项目建设或生产经营未取得土地、环保、规划等有权部门批准的。

（8）在进行承包、租赁、联营、合并（兼并）、合作、分立、产权有偿转让、股份制改造等体制变更过程中，未清偿、落实原有债务或未对其清偿债务提供足额担保的。

（9）有其他严重违法或危害银行信贷资金安全行为的。

（10）列入银行不良信用记录黑名单的。

**（三）落实授信附加条件**

对照授信审批报告，查阅授信的附加条件，一一对照落实。

## 二、填写"授信业务审批条件落实情况表"

银行授信条件落实后,授信审查人员填写"授信业务审批条件落实情况表",如表5-1。

表 5-1 ××银行授信业务审批条件落实情况表

| 客户全称 | |
|---|---|
| 申请信贷业务品种 | |
| 信贷业务金额 | |
| 信贷业务期限 | |
| 审批文件文号 | |

| 信贷业务审批条件 | 信贷业务审批条件落实情况 | | | 备注 |
|---|---|---|---|---|
| | 已落实 | 正在落实 | 无法落实 | |
| 一、信贷业务签约条件 | | | | |
| | | | | |
| | | | | |
| 二、授信支用条件 | | | | |
| | | | | |
| | | | | |
| 三、拟争取条件 | | | | |
| | | | | |
| | | | | |

审查结论

　　□签约条件已经落实,可以进行合同合规性审查。
　　□签约条件没有落实,不能与客户签订信贷业务合同。
　　□授信支用条件已经落实,可以办理授信业务。
　　□授信支用条件没有落实,不能办理授信业务。

审查人(签字):

审查时间:　　　年　　月　　日

## 教学活动 2　银行授信主合同的主要条款

【活动设计】

借助对引入案例的分析,讲解贷款授信主合同的主要条款及内容。

【案例导入】

假定"项目四学习任务一教学活动5"中导入案例提到的"××股份有限公司申请3 000万元流动资金贷款"的项目已获批。

思考:根据这个案例资料,该怎样拟定贷款合同的主要条款及内容?

【基础知识】

银行授信业务中的主合同为贷款合同,又称借款合同,当事人的法律关系主要为债权债务关系。而担保关系是从属于主债务关系而存在的,担保合同也因而具有从属性,是从属于主合同而存在的,为银行授信业务中的从合同。

一、贷款合同定义、特征、种类

(一) 贷款合同定义

贷款合同,是银行授信业务的主合同。从借款人的角度来讲称为借款合同,它是指在信贷资金借用和偿还的经济活动中,借贷各方当事人依法明确各自权利义务而达成的书面协议。贷款合同以简明扼要的文字明确规定借贷双方或有关方面的权利和义务,以及违约所承担的法律责任。贷款合同是借贷双方发生借贷关系的文字依据之一,对于明确借贷双方的权利与义务具有极为重要和不可替代的作用。1985年2月国务院颁布的《借款合同条例》是我国正式公布的第一部信贷法规,它的实施为加强信贷管理,提高贷款经济效益,维护贷款合同当事人的合法权益,提供了重要的法律依据。

(二) 贷款合同的特征

1. 贷款合同的一般特征

贷款合同属于经济合同的范畴,是经济合同的一种,因此它首先具有一般经济合同所共有的特征:

(1) 贷款合同是双务合同。双务合同是指双方当事人都享有权利和承担义务的合同,买卖合同是双务合同的类型。贷款合同是银行与借款人相互享有权利,同时又相互负有义务的合同,即一方当事人权利的实现是以另一方当事人对义务的履行为条件。在贷款合同中,借款人享有使用贷款的权利,同时又负有偿还贷款本金和利息的义务;银行享有收回贷款本金和利息的权利,但又承担向借款人交付贷款的义务。因此可见一方当事人不履行义务,另一方当事人的权利就无法实现。

(2) 贷款合同是有偿合同。《合同法》第一百九十六条规定:"借款合同是借款人向贷款人借款，到期返还借款并支付利息的合同。"银行发放贷款的目的是获得相应的营业利润，因此借款人在获取贷款的同时，要以偿还本金和支付利息为前提条件，利息支付义务即借款人使用贷款的对价，因此贷款合同是有偿合同。

（3）贷款合同是要式合同。根据《合同法》、《借款合同条例》、《贷款通则》及其他有关法规的规定，银行贷款合同应当采用书面形式，否则，合同不能成立。对于没有采用书面形式的，当事人双方就该合同存在与否产生异议的，视为合同关系不存在；如果双方没有异议或者一方当事人已经履行主要义务，双方接受的，合同仍然成立。

（4）贷款合同是诺成合同。诺成合同是指以缔纳当事人意思表示一致为充分成立条件的合同。其对称为实践合同，指的是除当事人意思表示一致以外尚需交付标的物才能成立的合同。银行与借款人之间的借款合同，在双方当事人协商一致时，合同关系即可成立，合同成立生效不以贷款人交付贷款作为要件。但贷款合同中如果有一方是自然人的是实践合同，它是与诺成合同相对应的，即以贷款人交付贷款标的为贷款合同生效条件。民间借贷合同是实践合同。

2. 贷款合同独具的特征

贷款合同除了具备一般经济合同所共有的特征外，还有自己独具的特征，主要如下：

（1）贷款合同的标的物只能是货币，否则不能称之为贷款合同。

（2）贷款合同中的贷款方只能是依法设立的金融机构。

（3）贷款利率符合中国人民银行管理要求。

（三）贷款合同的种类

贷款合同按照不同的标准，可以划分不同的种类。

1. 按贷款方式划分

按照贷款方式不同，可划分为信用贷款合同和担保贷款合同。担保贷款合同又可分为抵押担保贷款合同、保证担保贷款合同和质押担保贷款合同。

2. 按贷款用途划分

按照贷款用途不同，可划分为流动资金贷款合同和固定资产贷款合同。按照具体贷款项目的不同，固定资产贷款合同又可划分为基本建设贷款合同、技术改造贷款合同和科技开发贷款合同等。流动资金贷款合同可以分为周转资金贷款合同、临时资金贷款合同、卖方信贷合同、打包贷款合同、票据贴现贷款合同等。

3. 按贷款期限划分

按贷款期限不同，可划分为短期贷款合同、中长期贷款合同。

4. 按贷款币别划分

按照贷款的币别不同，可划分为人民币贷款合同和外币贷款合同。

5. 按贷款合同文本格式划分

按照贷款合同文本格式的不同，可以分为表格式合同、条文式合同、表格与条文相结合的合同。

表格式合同是通过事先拟制的表格对合同内容分项进行表述的合同。这种合同的特点是简练、一目了然，便于当事人双方节省签约时间，缺点是双方的权利、义务、违约责任表述不够详细，发生纠纷时不好解决。

条文式合同是通过文字形式对合同内容分条款进行表述的合同，其优点是权利义务关系表述详尽，发生纠纷时便于分清责任，但不足之处是内容庞杂，花费时间。

表格与条文相结合式合同是指在一份合同中既有表格又有条文，集二者于一体。这是贷款合同的理想格式。

6. 按贷款合同拟定方法划分

按照贷款合同拟定方法不同，分为格式合同与非格式合同。

格式合同又称标准合同、制式合同，是指当事人一方预先拟定合同条款，对方只能表示全部同意或者不同意的合同。

非格式合同是指针对贷款业务的具体情况编写拟定的合同。银行贷款合同多采用由各银行总行统一拟定的格式合同，采用非格式合同时必须由合规部或法规部拟定或审定。

随着金融体制改革的不断深入和金融业务的不断扩展，近年来又出现了一些新的授信合同种类。例如：委托资金贷款合同、信托资金贷款合同、资金拆借合同、融资租赁合同等。贷款合同种类将随着金融业务的发展而不断得到发展和完善。

## 二、贷款合同中主要条款的解释

### （一）贷款的基本要素

贷款合同中应对贷款的基本要素进行约定，包括：

1. 贷款的用途
2. 贷款币种与金额
3. 贷款的种类
4. 贷款期限
5. 贷款利率和计息

贷款人应当按照中国人民银行规定的贷款基准利率允许浮动的上、下限，确定每笔贷款的利率，并在贷款合同中载明。

### （二）担保条款

贷款合同可以设置担保条款，也可以另行签订担保合同。

担保合同是借款合同的从合同。为防止担保的落空，双方可以在贷款合同或担保合同中约定，如果主合同被确认无效，从合同仍然有效。

### （三）提款及还款

1. 提款

贷款合同应规定借款人提款时应具备的先决条件。贷款合同并不都是在签字后立即执行提款，有些必须达到合同规定的前提条件才可以提款，对于分次或分期提款的，通常还要求在以后每次提款时满足一定条件，这些条件就是提款的先决条件。先决条件的内容可以因情况的不同而有所不同，一般可以分为两类：一类是涉及贷款合同项下全部义务的先决条件，另一类是涉及每一笔贷款的先决条件。

设定涉及贷款合同项下全部义务的先决条件的目的，是为了保证贷款人收到令人满意的书面证据和有关文件以证实有关贷款合同的一切法律事宜已经安排妥帖，并且保证贷款

人在所要求的担保在落实以前,暂时停止承担给予贷款的义务。这类先决条件通常包括:

(1) 提供借款人的公司营业执照副本和组织文件,如公司章程等。

(2) 提供借款人关于同意借款的一切必要文件,包括股东大会或董事会的决议、授权委托书等。

(3) 按照约定借款人在贷款人的营业场所开立账户。

(4) 提供有关律师意见书。

(5) 提供有关的项目协议。

(6) 办妥约定的担保手续、监管手续等,贷款人经核实确认担保合同的订立是担保人的真实意思表示。

(7) 提交提款通知及提款的授权委托书。

(8) 借款人在签订贷款合同时所作的陈述和保证,在其提取贷款之日没有发生任何实质性的不利变化。

(9) 借款人没有发生任何违约事件,或有可能构成违约的其他事件。

上述是在合同中约定的提款的先决条件,并非合同成立的条件,即在合同订立后借款人在提款时应当具备的条件。只要借款人具备约定的放款条件,贷款人就负有放款之义务。如果贷款人不按贷款合同的规定向借款人发放贷款,借款人有权力要求给予赔偿。

贷款合同通常都规定借款人可提取贷款的具体期限,并规定借款人应在提款前若干天通知贷款人。贷款合同一般规定如果借款人不按规定时间提取贷款,贷款人通常要求借款人支付贷款承诺费,以补偿贷款人因所承诺贷款的资金搁置而造成的损失。

2. 还款

贷款合同对借款人偿还贷款的期限和方式一般都有具体的规定。借款人应当按照贷款合同的规定按时、足额归还贷款本息。对于提前还款,贷款合同中规定了一些限制性条款以保障贷款人的贷款能得到预期收益和提前还款的几种情况。具体内容为:

(1) 自愿提前还款,一般适用于经双方协商一致的提前还款,根据情况贷款人可以要求借款人支付一定比例的费用。

(2) 强制提前还款,一般适用于因借款人违约或预期违约而实行的违约制裁。

(3) 自愿取消授信额度。

(4) 特定原因导致的提前还款和取消额度,如欠缴税款、市场骤变、成本增加等。

(四) 陈述与保证

借款人与借贷有关的事实,包括其法律地位、财务状况、商务活动等是贷款人评估贷款安全性和营利性的基本依据。借款人对上述情况的任何不真实、不准确或者不完整的说明,无论是故意还是过失,都会使银行得出错误的结论,作出违反其真实意思的贷款决策。因此,在贷款合同中通常对借款人规定严格的陈述与保证义务,即要求借款人对其法律地位、签约能力和借款的授权、政府审批、诉讼状况、资产状况、财务状况、业务经营情况、项目合同情况、违约情形等多方面内容作出陈述与保证,并且该等陈述与保证不仅要求在贷款合同的签署日作出,通常还要求在提款日重复作出。对于违反陈述与保证的将被视为违约事件,银行有权宣布贷款提前到期,并强制执行相关担保。

## （五）违约

贷款合同中的违约分为两类：一类是违反贷款合同本身的约定，如到期不还本付息、不履行约定的义务或对事实的陈述与保证不正确等；另一类是所谓的预期违约，即从某种征兆看来，借款人已经丧失履行贷款合同项下义务的能力。预期违约主要包括以下几种。

### 1. 交叉违约

其基本含义是：如果本合同项下的债务人在其他贷款合同项下出现违约，则也视为对本合同的违约。一般来说，债权人都是以当事人未履行其在本合同项下的义务为由，追究债务人的违约责任，但交叉违约条款突破了这一限制，使贷款人能够在借款人在其他合同中的债务出现偿还危机之前采取拯救措施，以避免使自己处于比其他债权人更糟的处境。

### 2. 借款人丧失清偿能力

凡借款人经司法程序宣告破产或无清偿能力，或明示无力清偿到期债务，或向债权人让与财产或提出让与财产的建议，即视为违约事件。

### 3. 借款人发生了重大不利变化

此类条款一般规定，不论什么原因如不管是借款人自愿的或者是非自愿的，或者是由于法院判决或法律、规章的规定所造成的，使借款人不能偿还贷款或预期不能偿还贷款，都应视为违约。此条款可以防止借款人主张违约的发生是由于不可抗力造成的，借此逃避对违约应承担的法律责任；对贷款人来说，这是一个兜底性的保护条款。

贷款人在贷款合同中约定，贷款人有权单方决定停止支付借款人尚未使用的贷款，并提前收回部分或全部贷款本息，只要借款人有下列情形之一的：

（1）提供虚假材料或隐瞒重要财务、生产经营事实的。

（2）未经贷款人同意擅自改变贷款用途、挪用贷款或用贷款从事非法、违规交易的。

（3）利用与关联方之间的虚假合同，以无实际贸易背景的应收票据、应收账款等债权到银行贴现或质押，套取贷款人资金或授信的。

（4）拒绝接受贷款人对其贷款使用情况和有关经营财务状况进行监督和检查的。

（5）出现重大兼并、收购重组等情况，贷款人认为可能影响到贷款安全的。

（6）通过关联交易，有意逃废贷款人债权的。

## （六）协议管辖

经双方协商一致，可以按照《合同法》的规定，对于因本合同提起的诉讼约定管辖法院。

## （七）合同的生效条件

在贷款合同中，可以约定该合同的生效条件。例如担保文件的取得、担保合同的签订、抵押登记的办理、质押物的交付、公证书的出具等。

## （八）关于合同术语的规定

对于合同中出现的一些术语，应当在附则中作出双方一致认可的定义。

## 三、贷款合同示例（见样式5-1）

样式5-1

合同编号：____年____字 第____号

## 固定资产借款合同

借款人（甲方）：
住所（地址）：
联系电话：
法定代表人：
贷款人（乙方）：
住所（地址）：
联系电话：
法定代表人（负责人）：

甲方因本合同第3.1条的需要，特向乙方申请借款。乙方同意向甲方提供借款。为明确双方的权利、义务，根据《合同法》、《贷款通则》和其他有关法律、法规，甲、乙双方经平等协商一致，订立本合同。

**第一条　甲方陈述与保证**

1.1　甲方是依法设立的、具有法人资格的实体（或是经法人合法授权的分支机构），依法有权履行本合同。

1.2　本合同项下借款拟建项目已取得政府有关机关的批准。

1.3　所提供的项目借款调查、评审、管理的各类会计报表和资料真实、准确、完整。

**第二条　借款种类**

2.1　本合同项下的借款为固定资产借款。

**第三条　借款用途**

3.1　本合同项下的借款用途为：_____。

3.2　未经乙方书面同意，甲方不得改变本合同中确定的借款用途。

**第四条　借款金额和期限**

4.1　本合同项下的借款金额为人民币（大写）____万元（小写）____万元（大小写不一致时，以大写为准，下同）。

4.2　本合同项下的借款期限为____个月，自____年____月____日起至____年____月____日止。

**第五条　借款利率和计息**

5.1　本合同项下的借款利率实行一年一定：

5.1.1　第一年的利率确定为年利率____%（含本合同生效日起一年内分笔拨付的所有借款）；

5.1.2 第二年及以后各年的利率（分笔拨付的以第一笔借款的拨付日为准），由乙方按当时相应档次的法定利率依法确定，并于利率变更之日起30日内书面通知甲方，但通知送达与否不影响执行。

5.2 本合同项下的借款按日计息，按季结息，结息日为每季末月的20日，借款到期，利随本清。

5.3 本合同项下借款从提款之日起计息。

5.4 本合同履行中如遇中国人民银行调整贷款利率并应适用于本合同项下借款时，乙方无须通知甲方并依规定按调整后的贷款利率和方式计算利息。

第六条 提款条件

每次提款前，甲方应满足下列条件：

6.1 担保合同依法成立并已生效；

6.2 本合同项下借款所建项目的资本或其他应筹措资金已按规定的时间和比例足额到位；

6.3 未发生成本超支或成本超支已自筹解决；

6.4 已按计划完成工程进度；

6.5 已按合同规定向乙方办理提款手续；

6.6 未发生本合同规定的违约事件；

6.7 已按乙方要求提供办理借款的其他相关材料。

第七条 提款安排

7.1 本合同项下借款的提款方式按下列第____项的约定执行：

7.1.1 甲方于____年____月____日一次性提款，并将借款全部划入其在乙方所开立的账户。

7.1.2 甲方共分____次提款，具体提款金额和日期如下：

7.1.2.1 ____年____月____日，金额（大写）____万元（小写：____万元）；

7.1.2.2 ____年____月____日，金额（大写）____万元（小写：____万元）；

7.1.2.3 ____年____月____日，金额（大写）____万元（小写：____万元）。

7.2 甲方应按本合同第7.1条的约定提取借款，如有特殊原因，应出具书面申请，经乙方书面同意后可提前或推迟____日提款。

7.3 甲方要求取消本合同全部或部分未提款项的，应在本合同确定的提款日前30日向乙方提出书面申请，经乙方书面同意后方可取消。

7.4 本合同之具体提款日和还款日，以甲、乙双方办理的借据上所记载的实际日期为准。借据或借款支取凭证是本合同不可分割的组成部分，除日期外，其他记载事项与本合同不一致的，以本合同为准。

第八条 还款资金来源及还款

8.1 甲方偿还本合同项下借款本息的资金来源于但不限于：

8.1.1 _____；

8.1.2 _____。

8.2 无论甲方作为一方当事人的其他任何合同对甲方的还款资金来源有任何约定，该约定均不能影响甲方在本合同项下还款义务的履行。无论出现何种情况，甲方都不得援用第 8.1 条而拒绝履行其在本合同项下的还款义务。

8.3 甲方应按本合同约定按季足额支付利息，并按下列第____项的约定偿还借款本金：

8.3.1 一次还本，甲方应于____年____月____日偿还全部借款本金；

8.3.2 分次还本，具体还本金额和日期如下：

8.3.2.1 ____年____月____日，金额（大写）____万元（小写：____万元）；

8.3.2.2 ____年____月____日，金额（大写）____万元（小写：____万元）；

8.3.2.3 ____年____月____日，金额（大写）____万元（小写：____万元）。

8.4 甲方提前还款的，应于拟提前还款日前 30 日向乙方提交书面申请，并取得乙方书面同意。

8.5 甲方提前还款的，应经乙方同意，且归还本金不得少于____万元，并应是____万元的整倍数。

8.6 甲方提前归还的本金，应按本合同第 8.3.2 条的还款顺序倒序冲减。

8.7 甲方于本合同约定的结息日或还本日前在乙方开立的账户上备足当期应付的利息或本金，并授权乙方于约定的结息日或还本日从甲方账户上主动划收。

第九条 担保

9.1 本合同项下借款的担保方式为：

9.2 甲方有义务积极协助乙方并使乙方与担保人就本合同之具体担保事项签订编号为_____的担保合同。

9.3 本合同项下之担保如发生了不利于乙方债权的变化，经乙方通知，甲方应按要求另行提供令乙方满意的担保。

第十条 双方的权利和义务

10.1 甲方的权利、义务：

10.1.1 按本合同规定期限和借款用途提取和使用借款；

10.1.2 未经乙方书面同意，不得提前归还借款；

10.1.3 自觉接受乙方对本合同项下借款使用情况的调查、了解及监督；

10.1.4 积极配合乙方对其有关生产、经营、项目建设情况和财务情况的调查、了解及监督，并有义务向乙方提供相关各期的利润表、资产负债表等报表资料；

10.1.5 积极支持乙方参与借款项目的三算审查（概算、预算、决算）、工程招标及工程竣工验收等相关事宜；

10.1.6 按本合同之约定清偿本合同项下的借款本金及利息；

10.1.7 承担本合同项下有关费用的支出，包括但不限于用于公证、鉴定、评估、登记等事项的费用；

10.1.8 对乙方向其寄出或以其他方式送达的催收函或催收文件，签收后应在 3 日内将回执寄出；

10.1.9 如进行承包租赁、股份制改造、联营、合并、兼并、合资、分立、减资、股权变动、重大资产转让以及其他足以影响乙方权益实现的行动时,应至少提前30日通知乙方,并经乙方书面同意,否则在清偿全部借务之前不得进行上述行为;

10.1.10 变更住所、通信地址、营业范围、法定代表人等工商登记事项的,应在有关事项变更后7日内书面通知乙方;

10.2 乙方的权利、义务:

10.2.1 要求甲方提供与本借款相关的全部资料;

10.2.2 依本合同约定或法律规定从甲方账户上划收依本合同约定甲方应偿付的借款本金、利息、复利、罚息及所有其他应付费用。

10.2.3 对甲方逃避乙方监督、拖欠借款本金及利息或其他严重违约行为,乙方有权实行信贷制度,有权向有关部门或单位予以通报,有权通过新闻媒体实现公告催收;

10.2.4 按本合同约定按期足额向甲方提供借款(因甲方原因造成迟延的除外);

10.2.5 对甲方提供的有关其债务、财务、生产、经营等方面的资料及情况保密,但本合同另有约定和法律法规另有规定的除外。

**第十一条 违约责任**

11.1 本合同生效后,甲、乙双方当事人均应履行本合同所约定的义务。任何一方不履行或不完全履行本合同所约定义务的,应当依法承担违约责任。

11.2 甲方未按本合同第7.1条约定办理并提取借款的,乙方有权按合同利率按日计收迟延违约金。

11.3 乙方未按本合同第7.1条约定办理并发放借款的,按合同利率按日支付迟延违约金。

11.4 未经乙方书面同意,甲方提前归还本合同项下借款的,乙方有权依照本合同约定的借款期限和利率计收利息。

11.5 甲方到期不偿还本合同项下借款本金及利息的,乙方有权限期清偿,有权对甲方在乙方开立的所有账户资金行使抵销权,同时对逾期借款按日计收万分之____的利息,对未支付利息计收复利。

11.6 甲方未按本合同约定用途使用借款的,乙方有权停止发放贷款、有权提前收回部分乃至全部借款或解除合同,并对甲方违约使用的借款根据违约使用天数按日计收万分之____的利息,未支付的利息计收复利。

11.7 甲方使用借款如同时出现第11.5条、第11.6条所列情形的,乙方应择其重而处罚,不能并处。

11.8 甲方有下列行为之一的,应在收到乙方通知后7日内予以改正并采取令乙方满意的补救措施,否则乙方有权停止或取消甲方尚未提取使用的借款、有权提前收回部分乃至全部借款;不能收回的,按逾期贷款利率按日计收违约金。

11.8.1 向乙方提供虚假的或者隐瞒重要事实的资产负债表、利润表和其他财务资料的。

11.8.2 不配合或拒绝接受乙方对其使用借款情况和有关生产经营、财务活动进行监督的。

11.8.3 未经乙方同意转让或处分，或者威胁转让或处分其资产重要部分的。

11.8.4 其财产的重要部分或全部被其他债权人占有，或被指定受托人、接收人或类似人员接管，或者其财产被扣押或冻结，可能使乙方遭受严重损失的。

11.8.5 未经乙方同意进行承包、租赁、股份制改造、联营、合并、兼并、合资、分立、减资、股权变动、重大资产转让以及其他足以影响乙方权益实现的行动而危及乙方债权安全的。

11.8.6 发生变更住所、通信地址、营业范围、法定代表人等工商登记事项或对外发生重大投资等情况使乙方债权实现受到严重影响或威胁的。

11.8.7 涉及重大经济纠纷或财务状况恶化等，使乙方债权实现受到严重影响或威胁的。

11.8.8 其他任何可能导致乙方借款合同项下债权实现受到威胁或遭受严重损失的。

**第十二条 合同的生效、变更、解除和终止**

12.1 本合同经甲、乙双方签字并盖章后生效、有担保的，自担保合同生效后生效，至本合同项下借款本金、利息、复利、罚息、违约金及所有其他应付费用偿清之日终止。

12.2 有下列情形之一的，乙方有权解除合同，并要求甲方提前归还贷款本息和赔偿损失：

12.2.1 甲方发生歇业、解散、停业整顿、被吊销营业执照或被撤销时；

12.2.2 本合同项下之担保发生了不利于乙方债权的变化，且甲方未能按乙方要求另行提供所需担保的；

12.2.3 其他严重的违约行为。

12.3 甲方如要求贷款展期，应于本合同到期日前30日向乙方提出书面申请及担保人同意继续担保的书面意见，经双方审查同意，并签订展期协议后，本合同项下借款才相应展期；在双方签订展期协议前，本借款合同继续执行。

12.4 本合同生效后，除本合同已有之约定外，甲、乙任何一方都不得擅自变更或提前解除本合同，如确需变更或解除本合同，应经甲、乙双方协商一致，并达成书面协议。书面协议达成之前，本合同继续执行。

**第十三条 争议的解决**

13.1 甲、乙双方在履行本合同过程中所发生的争议，首先应由甲、乙双方协商解决；协商不成的，则按下列第____项方式解决：

13.1.1 由_____进行仲裁；

13.1.2 在乙方所在地法院通过诉讼方式解决。

**第十四条 双方约定的其他事项**

14.1 _____。

14.2 _____。
14.3 _____。

**第十五条　附则**

15.1　本合同附件是本合同不可分割的组成部分，与本合同正文具有同等法律效力。

15.2　合同履行中，如某个提款、还款日为非银行工作日，则顺延至下一个银行工作日。

15.3　本合同一式____份，甲方、乙方、____方各执一份，具有同等法律效力。

| 甲方（公章）： | 乙方（公章）： |
|---|---|
| 法定代表人（或负责人）： | 法定代表人（或负责人）： |
| （或委托代理人） | （或委托代理人） |
| ____年____月____日 | ____年____月____日 |

## 教学活动3　银行授信从合同的主要条款

【活动设计】

借助对引入案例的分析，讲解担保合同的主要条款及其内容。

【案例导入】

假定"项目四学习任务一教学活动5"的导入案例中"××股份有限公司申请3 000万元流动资金贷款"的项目已获批。

思考：抵押担保合同的条款应该如何拟定？

【基础知识】

一、担保合同的主要条款

担保合同是贷款合同的从合同，主要包括保证担保合同、抵押担保合同和质押担保合同，简称保证合同、抵押合同和质押合同。其中抵押合同和质押合同的主要条款和内容类似，因此本教学活动中以保证合同和抵押合同为例讲解银行授信从合同。

（一）保证合同应当包括的主要内容

1. 被保证的主债权种类及数额
2. 主合同借款人履行债务的期限
3. 保证方式
4. 保证范围

5. 保证期间

6. 双方的权利和义务

7. 违约责任

8. 合同的生效、变更、解除和终止

（二）抵押合同的主要内容

1. 被担保的主债权种类和数额

2. 主合同借款人履行债务的期限

3. 抵押物的名称、数量、质量、状况、所在地、所有权权属或者使用权权属

4. 抵押担保的范围

5. 抵押物的登记与保险

6. 双方的权利和义务

7. 违约责任

8. 合同的生效、变更、解除和终止

二、担保合同示例

合同样式见样式5-2、样式5-3。

**样式5-2**

合同编号：____年____字 第____号

## 保证合同

保证人（甲方）：

住所（地址）：

联系电话：

法定代表人：

债权人（乙方）：

住所（地址）：

联系电话：

法定代表人（负责人）：

为了确保____年____月____日____（借款人）与本合同乙方所签订的____年____字第____号借款合同（以下简称主合同）项下借款人义务得到切实履行，甲方愿意向乙方提供保证担保。为明确双方的权利、义务，根据《合同法》、《担保法》和其他有关法律、法规，甲、乙双方经平等协商一致，订立本合同。

**第一条　甲方陈述与保证**

1.1　依据中国法律具有保证人主体资格，可以对外提供保证担保。

1.2　有足够的能力承担保证责任，并不因任何指令、财力状况的改变、与任何单位签订的任何协议而减轻或免除所承担的保证责任。

1.3　完全了解主合同借款人的借款用途，为主合同借款人提供保证担保完全出于自愿，其在本合同项下的全部意思表示真实。

1.4 如借款人未按主合同约定履行偿付借款本息和相应费用的义务，乙方可直接向甲方追索，甲方授权乙方从甲方在乙方开立的账户上划收。

第二条 被保证的主债权种类及数额

2.1 本合同所担保的主债权为乙方依据主合同发放的贷款，金额为人民币（和抵押合同分别见样式）＿＿＿万元。

第三条 主合同借款人履行债务的期限

3.1 主合同履行期限为＿＿＿个月，自＿＿＿年＿＿＿月＿＿＿日起至＿＿＿年＿＿＿月＿＿＿日止。如有变更，依主合同之约定。

第四条 保证方式

4.1 本合同保证方式为连带责任保证。

第五条 保证范围

5.1 本保证合同担保的范围包括主合同项下的借款本金、利息、复利、罚息、违约金、赔偿金、实现债权的费用和所有其他应付费用。

第六条 保证期间

6.1 本合同项下的保证期间为：自主合同确定的借款到期之次日起2年。

6.2 如主合同确定的借款是分批到期的，则每批借款的保证期间为每批借款到期之次日起2年。

6.3 如乙方根据主合同之约定提前收回贷款的，则保证期间为自乙方向借款人通知的还款日之次日起2年。

第七条 甲方权利和义务

7.1 根据乙方要求提供相关资料，并保证所提供资料的真实性、合法性。

7.2 对乙方发出的催收函或其他催收文件，甲方有义务签收并在签收后3日内寄出回执。

7.3 甲方发生下列情况之一时，应及时通知乙方：

7.3.1 经营机制发生变化，如实行承包、租赁、联营、合并、兼并、分立、股份制改造、与外商合资合作等；

7.3.2 经营范围和注册资金发生变更、股权发生变动；

7.3.3 财务状况恶化或涉及重大经济纠纷；

7.3.4 破产、歇业、解散、被停业整顿、被吊销营业执照、被撤销；

7.3.5 住所、电话、法定代表人发生变更。

7.4 发生第7.3.1条或第7.3.2条情形的，甲方应提前30日通知乙方；发生前款其他情形的，应在事后5日内通知乙方。

7.5 乙方与借款人协议变更主合同的，除展期或增加贷款金额外，无须经甲方同意，甲方仍在原保证范围内承担连带保证责任。

7.6 在本合同有效期内，乙方将主债权转让给第三人的甲方仍在原保证范围内继续承担连带保证责任。

7.7 在本合同有效期内,甲方如再向第三方提供任何形式的担保,均不得损害乙方的利益。

7.8 在本合同有效期内,甲方如发生分立、合并、股份制改造或其他事件时,保证妥善落实本合同项下全部保证责任。

7.9 借款人偿清其在主合同项下全部债务后,甲方不再承担保证责任。

第八条 乙方权利和义务

8.1 有权要求甲方提供能够证明其合法身份的有关文件。

8.2 有权要求甲方提供能够反映其资信情况的财务报告及其他资料。

8.3 主债务履行期届满,乙方债权全部或部分未受清偿的,有权要求甲方按照本合同承担保证责任。

8.4 对下列情形之一,乙方有权书面通知甲方提前承担保证责任,甲方应在接到上述通知之日起10日内履行保证责任:

8.4.1 乙方依主合同约定依法解除主合同的;

8.4.2 乙方依主合同约定的其他情形提前收回贷款的。

8.5 在本合同有效期内,乙方依法将主债权转让给第三人的,应及时通知甲方。

第九条 违约责任

9.1 甲方在本合同第一条中作虚假陈述与声明,应予赔偿。

9.2 本合同生效后,甲、乙双方应全面履行本合同约定的义务。任何一方不履行或不完全履行约定义务,应当承担相应的违约责任,并赔偿由此给对方造成的损失。

9.3 因甲方过错造成本合同无效的,甲方应在保证范围内赔偿乙方全部损失。

第十条 合同的生效、变更、解除和终止

10.1 本合同经甲、乙双方签字并盖章后生效,至主合同借款人在主合同项下的借款本金、利息、复利、罚息、违约金、赔偿金、实现债权的费用和所有其他应付费用全部偿清之日终止。

10.2 本合同独立于主合同,不因借款合同的无效而无效。如主合同无效,甲方仍应按本合同承担责任。

10.3 本合同生效后,任何一方都不得擅自变更或解除。如确需变更或解除,应经双方协商一致并达成书面协议。书面协议达成之前,本合同继续有效。

第十一条 争议的解决

11.1 甲、乙双方在履行本合同过程中所发生的争议,首先应由甲、乙双方协商解决;协商不成的,则按下列第____项方式解决:

11.1.1 由_____进行仲裁;

11.1.2 在乙方所在地法院通过诉讼方式解决。

第十二条 双方约定的其他事项

12.1 _____。

12.2 _____。

12.3 _____。

第十三条 附则

13.1 本合同一式____份,甲方、乙方、____方各执一份,具有同等法律效力。

甲方(公章):　　　　　　　　　　　　乙方(公章):
法定代表人(或负责人):　　　　　　　法定代表人(或负责人):
(或委托代理人)　　　　　　　　　　　(或委托代理人)
____年____月____日　　　　　　　　　____年____月____日

---

样式 5—3　　　　　　　　　　　　　合同编号:____年____字　第____号

## 抵押合同

抵押人(甲方):
住所(地址):
联系电话:
法定代表人:
抵押权人(乙方):
住所(地址):
联系电话:
法定代表人(负责人):

为了确保____年____月____日____(借款人)与本合同乙方____签订的____年____字第____号借款合同(以下简称主合同)项下借款人义务得到切实履行,甲方愿意提供抵押担保。为明确双方的权利、义务,根据《合同法》、《担保法》和其他有关法律、法规,甲、乙双方经平等协商一致,订立本合同。

**第一条　甲方保证及声明**

1.1 自己是本合同项下抵押物的完全的、有效的、合法的所有者或国家授权的经营管理者;该抵押物不存在所有权或经营管理权方面的争议。

1.2 完全了解主合同借款人的借款用途,为主合同借款人提供抵押担保完全出于自愿,在本合同项下的全部意思表示真实。

1.3 已对本合同项下抵押物的瑕疵作出充分合理说明。

1.4 本合同项下的抵押物依法可以设定抵押。

1.5 设立本合同的抵押不会受到任何限制。

1.6 本合同项下的抵押物未被依法查封、扣押或监管。

1.7 本合同项下的抵押物如已部分出租或全部出租,保证将设立抵押事宜告知承租人,并将有关出租情况书面告知乙方。

**第二条　被担保的主债权种类及数额**

2.1 本合同担保的主债权为乙方依据主合同发放的贷款,金额为人民币____万元。

**第三条　主合同借款人履行债务的期限**

3.1　主合同履行期限为____个月，自____年____月____日起至____年____月____日止。如有变更，依主合同之约定。

**第四条　抵押担保范围**

4.1　甲方抵押担保的范围包括：主合同项下全部借款本金、利息、复利、罚息、违约金、赔偿金、实现抵押权的费用和所有其他应付的费用。

**第五条　抵押物**

5.1　抵押物详见抵押物清单。

5.2　抵押物清单对抵押物价值的约定，并不作为乙方依本合同第九条对抵押物进行处分的估价依据，也不构成对乙方行使抵押权的任何限制。

5.3　抵押物的相关有效证明和资料由甲、乙双方确认封存后，由甲方交与乙方保管，但法律、法规另有规定的除外。

**第六条　抵押登记**

6.1　法律、法规规定或双方约定应当办理抵押登记的，甲、乙双方应在本合同签订后15日内到当地有关抵押登记机关办理抵押登记手续。

6.2　抵押登记事项发生变化，依法须进行变更登记的，甲、乙双方应在登记事项变更之日起15日内到有关抵押登记机关办理变更登记手续。

**第七条　抵押物的占管**

7.1　本合同项下的抵押物由甲方占管。甲方在占管期间应维护抵押物的完好，不得采用非合理方式使用抵押物而使抵押物价值产生减损。乙方有权检查抵押物的使用管理情况。

7.2　抵押物发生毁损、灭失的，甲方应及时告知乙方，并立即采取措施防止损失扩大，同时应及时向乙方提交有关主管机关出具的发生毁损、灭失的原因证明。

**第八条　保险**

8.1　本合同签订后15日内，甲方应到有关保险机构办理抵押物的财产保险基本险及附加险手续；保险期限不短于主合同履行期；保险金额不低于主合同贷款本息。

8.2　甲方应在保险单中注明，出险时乙方为第一受益人。保险单中不应有任何限制乙方权益的条款。

8.3　在本合同有效期内，甲方不得以任何理由中断或撤销保险；如保险中断。乙方有权代为办理保险手续，一切费用由甲方承担。

8.4　在本合同有效期内，抵押物如发生保险事件，保险赔偿金应当全额作为抵押财产提前向乙方清偿，或经乙方同意用于恢复抵押物的价值。

**第九条　抵押权的实现**

9.1　乙方在行使抵押权时，有权依据法律规定，经与甲方协商对抵押物进行折价以抵偿主合同借款人所欠债务或对抵押物进行拍卖、变卖以取得价款优先受偿。

9.2　乙方依据本合同第9.1条处分抵押物时，甲方应给予配合，不得设置任何障碍。

### 第十条 甲方的权利和义务

10.1 本合同生效后,未经乙方书面同意,保证不将本合同项下的抵押物再设立任何形式的抵押、质押,也不将抵押物出租、转让、馈赠给任何第三人。

10.2 本合同生效后,乙方依法将主债权转让给第三人的,在原抵押担保范围内继续承担担保责任。

10.3 除展期和增加贷款金额外,乙方与主合同借款人协议变更主合同,无须经甲方同意,仍在本合同确定的抵押担保范围内承担抵押担保责任。

10.4 甲方的行为足以使抵押物价值减少的,应停止其行为;造成抵押物价值减少时,有义务恢复抵押物的价值,或提供与减少的价值相当的担保。

10.5 甲方对抵押物价值减少无过错的,应当在所获损害赔偿的范围内向乙方提供担保。抵押物价值未减少的部分,仍作为债权的担保。

10.6 因国家建设需要征用本合同项下的抵押物时,应当以所获得的征用补偿金提前清偿所担保的主债权或向双方约定的第三人提存。

10.7 承担本合同项下有关的费用支出,包括但不限于律师服务、财产保险、鉴定、估价、登记、过户、保管及诉讼的费用。

10.8 在本合同生效后,如发生分立、合并、股份制改造等变更情形,应妥善落实本合同项下的担保义务。

10.9 在抵押权受到或可能受到来自任何第三方的侵害时,有义务通知乙方并协助乙方免受侵害。

10.10 有下列情形之一,应及时以书面形式通知乙方:

10.10.1 经营机制发生变化,如实行承包、租赁、联营、合并、分立、股份制改造、与外商合资合作等;

10.10.2 经营范围及注册资本发生变更,股权发生变动;

10.10.3 涉及重大经济纠纷诉讼;

10.10.4 抵押物权属发生争议;

10.10.5 破产、歇业、解散、被停业整顿、被吊销营业执照、被撤销;

10.10.6 住所、电话、法定代表人发生变更。

10.11 发生第10.10.1条和第10.10.2条的情形时,应提前30日书面通知乙方;发生第10.10条约定的其他情形的,应在事后5日内书面通知乙方。

10.12 主合同借款人清偿了主合同项下全部债务后,有权要求解除本合同项下抵押。

### 第十一条 乙方的权利和义务

11.1 主合同履行期届满,借款人未依约归还借款本金、利息及其他费用的,有权处分本合同项下的抵押物。

11.2 出现下列情形之一时,有权提前处分抵押物,并从处分所得价款中优先受偿:

11.2.1 依据主合同约定或法律规定解除主合同;

11.2.2 依据主合同约定的其他情形提前收回贷款,其主合同项下的债权未实现或未能全部实现。

11.3 有权要求甲方协助以避免抵押权受到来自任何第三方的侵害。

11.4 在本合同有效期内,依法转让主债权的,应及时通知甲方。

11.5 实现抵押权后,应尽力配合甲方行使其对借款人的追偿权。

11.6 处分抵押物所得,在偿还本合同抵押担保范围内的全部债务后还有剩余的,将剩余部分退还甲方。

### 第十二条 违约责任

12.1 甲方在本合同第一条中作虚假陈述与声明,给乙方造成损失的,应予赔偿。

12.2 本合同生效后,甲、乙双方当事人均应履行合同约定的义务,任何一方不履行或不完全履行本合同所约定义务的,应当承担相应的违约责任,并赔偿由此给对方造成的损失。

12.3 如因甲方的过错造成本合同无效,甲方应在原抵押担保范围内赔偿乙方的全部损失。

### 第十三条 合同的生效、变更、解除和终止

13.1 本合同自甲、乙双方签字并盖章之日起生效,需办理抵押登记的,自到有关抵押登记机关办理完毕抵押登记手续之日起生效,至主合同项下借款本金、利息、复利、罚息、违约金、赔偿金、实现债权的费用和所有其他应付费用全部清偿之日终止。

13.2 本合同独立于主合同,不因主合同的无效而无效。如主合同无效,甲方仍应承担本合同项下的抵押担保责任。

13.3 本合同生效后,甲、乙双方任何一方不得擅自变更或提前解除本合同。如本合同需要变更或解除时,应经甲、乙双方协商一致,并达成书面协议。书面协议达成之前,本合同各条款仍然有效。

### 第十四条 争议的解决

14.1 甲、乙双方在履行本合同过程中所发生的争议,首先应由甲、乙双方协商解决;协商不成的,则按下列第____项方式解决:

14.1.1 由_____进行仲裁;

14.1.2 在乙方所在地法院通过诉讼方式解决。

### 第十五条 双方约定的其他事项

15.1 _____。

15.2 _____。

15.3 _____。

### 第十六条 附件

16.1 本合同附件是本合同不可分割的组成部分,与本合同正文具有同等法律效力。

16.2 本合同的附件包括：
附件一 抵押物清单
附件二

**第十七条 附则**

17.1 本合同正本一式三份，甲方、乙方、有关抵押登记机关各执一份，具有同等法律效力。

甲方（公章）：  乙方（公章）：
法定代表人：  法定代表人（负责人）：
（或委托代理人）  （或委托代理人）
____年____月____日  ____年____月____日

## 教学活动 4　银行授信合同的签订

【活动设计】

借助对引入案例的分析，讲解授信合同签订时填写的要求、审核的事项及签订要求。

【案例导入】

假定"项目四学习任务一教学活动 5"引入案例的贷款项目已获批。

**思考**：银行与借款人应该如何签订授信合同？

【基础知识】

**一、银行授信合同的填写要求**

银行授信合同多采用格式合同。格式合同通常由银行法务部门或银行授信业务部门的填写完成，在填写时需要注意的事项如下。

（1）选择正确的格式合同文本。

授信合同通常使用格式文本，不同授信品种使用不同的格式文本，要选择正确的格式文本类型。对单笔授信有特殊要求的，可以在合同中"其他约定事项"中加以规定。

**相关链接 5-1**

### 某银行格式借款合同的选用

借款类型不同使用的借款合同是有差别的，某银行各类借款合同适用的范围如下：

1. "流动资金借款合同"的适用范围

三年期以内循环额度的易得金、个人创业贷款；一年期以内的"金生金"个人质押贷款；一年期以内的个人联保贷款；对与授信行业务往来频繁的私营企业、个体工商户一年期以内的流动资金贷款都适用。

2. "借款合同"的适用范围

非自然人客户不能循环使用的流动资金贷款、借新还旧的贷款、转化债务的贷款等不能循环使用的非自然人贷款适用。

3. "中（长）期借款合同"的适用范围

中长期项目贷款适用。

4. "个人借款合同"的适用范围

"方向顺"个人汽车贷款；"心连心"再就业小额担保贷款；三年期以上非循环额度的易得金、个人创业贷款；"贵宾卡"个人信用贷款等不能循环使用的个人贷款都适用。

5. "商品房按揭借款、抵押合同"的适用范围

一手房按揭贷款、二手房按揭贷款都适用。

（2）授信合同必须采用黑色签字笔或钢笔书写或打印，内容填制必须完整，正、副本的内容必须一致，重要事项不得涂改。

（3）授信合同的授信种类、币种、金额、用途、期限、利率或费率、还款方式和担保合同应与授信审批的内容一致。关于授信方案填写的内容应注意以下几点。

①对于年内多次授信，担保授信金额应填写累计数，填写的借款期限应短于担保合同有效期。如客户在一年内申请了几次授信，且每一次增加授信都签署担保函，则《不可撤销的担保函》"最高债权余额"处应填写累计授信余额，而不能仅填写本次申请授信金额。借款合同中填写的借款金额及实际借款余额均不得超过在最高额保证（抵押、质押）合同约定的最高债权额度；借款期限应控制在最高额保证（抵押、质押）合同约定的保证（抵押、质押）额度有效期内。

②对借新还旧的借款，必须在"借款用途"一栏填写：用于归还［××］号借款合同项下借款。

③合同中利率的填写要明确，对于逾期利率由于中国人民银行利率政策的变化，一定要在合同中注明采用以什么时间的利率为基准进行罚息。

（4）需要填写空白栏且空白栏有备选项的，在横线上填好选定的内容后，对未选项的内容应加横线表示删除；合同条款有空白栏，但根据实际情况不准备填写内容的，也可以加盖"此栏空白"字样的印章或在空白栏画线表示此项空白。

（5）主从合同衔接填写规范。在主、从合同的连接条款中，必须准确、完整填写对应合同的编号及债务人或担保人的全称（须与企业法人营业执照或事业法人证以及身份证上记载名称一致），在担保合同中完整、准确地填写所担保主债权的种类、本金数额。

（6）关于担保事项的填写。一份主合同项下同时对应多种担保的，除担保人提出异议外，在各担保条款中一律约定："保证人（或抵押人、出质人）自愿对主债务人所欠银行全部债务本息承担连带共同担保责任。"

在抵押物或质押物较多时，抵押物或质押物清单不够填写的，可另外复印抵押或质押物清单粘贴在后面，并在清单与担保合同粘贴处加盖双方骑缝章。

（7）各类合同的签约时间、地点必须填写。

## 二、银行授信合同的审核

授信合同填写完毕后，填写人员应及时将合同文本及相关文件资料交给审核人进行审核。填写人员与审核人不可以为同一人，审核人一般是有审核权限之人。

### （一）格式合同的审核要点

1. 格式合同整体性是否需要修改、格式文本类型选择是否正确

所使用的格式合同自制定以来，国家关于银行授信工作的法律、法规和方针政策是否有重大调整，有重大调整的可能带来合同条款的变化，需要整体性修改。

审核所使用的格式合同是否与对应的授信种类一致。

2. 合同填写是否规范

合同填写是否符合格式合同的使用说明；合同中空白处的内容是否填写完整；空白处后有选项的是否画线删除或加盖此栏空白的印章。

3. 合同中授信方案填写与授信审批是否一致

授信合同载明的授信金额、币种、期限、授信用途、利率或费率、还款方式等内容是否与授信审批表一致、是否与担保合同一致、文字表达是否清晰、完整、准确。

4. 主从合同及其附件是否齐全

针对以下情形应重点审核：

（1）以门面房作抵押的，若该门面房在抵押前已出租，且租赁期限到期日晚于授信到期日的，审核是否与承租人签署"若授信到期未还，则租赁合同自行终止"的承诺书。

（2）以在建工程抵押的，该在建工程的承建商是否签署放弃优先受偿权的承诺书。

（3）对个人创业贷款，若抵押人仅有一套住房，夫、妻双方均非行政事业单位正式员工或无稳定收入来源等不稳定高风险授信客户，审核是否有第三方签署的"同意在贵行行使抵押权后，以自有房屋供抵押人一家居住"承诺书。

（4）对以未成年人名下的房产办理抵押时，借款人是否是抵押人的父或母，禁止为第三人提供抵押。审核其父母是否同意在抵押合同中签字，其父母是否同意出具一份书面声明给银行，声明其抵押贷款是基于其子女（即房产所有人）的利益，如因声明不实，应承担因此给银行造成的全部损失。

（5）如抵押房产的所有人有一方已死亡且未办理遗产分割的，除审核是否有该房产另一方所有人在抵押合同中签字外，还有核查是否有死亡一方的子女、父母签署的同意抵

押的承诺书。

（6）如果有最高额担保的，该笔贷款的金额是否在最高额担保约定的、并且尚未使用的担保金额以内，而且该笔贷款合同的签订日期和放款日期是否在最高额担保合同约定的主债权发生的期间之内。

（7）如有最高额抵押的，是否有贷款经办人出具的"已采取向抵押登记部门查询或其他方式了解抵押物状态，该抵押物未被国家有权机关采取查封措施"的书面说明。

（8）办理借新还旧授信的，是否重新设置了担保、签订了新的担保合同。

（9）如果从属贷款合同的担保合同、公证等合同附有生效条件的，审核生效条件是否成立。

5. 签章等是否一致和规范

（1）借款人、担保人的法定代表人或主要负责人的签章是否与工商行政管理机关或其他有权机关颁发的借款人主体资格证明的记载内容和预留印鉴一致。

（2）代理人的签章与授权委托书载明的代理人姓名是否一致。

（3）各方当事人签字、盖章是否正确齐备，合同签订的时间是否填写正确。

（4）合同的其他约定事项是否经银行法务部门审查批准并附有法律意见书。

（5）如果合同中有修改的，修改处是否加盖双方公章或校对章。

---

**相关链接 5-2**

**授信合同中签字签章的规范**

（1）所有授信合同中客户均须到银行营业场所当面签字或盖章。如确实不能当面签字或盖章的应由签字人出具签章授权委托书并办理公证手续。

（2）非自然人客户在合同中的签章，一般应由法定代表人签字并加盖客户公章。如法定代表人授权经办人签署相关合同文本时，须由被授权人签字并加盖客户公章，且经办行须当面监督法定代表人签署"授权委托书"（授权委托书须由法定代表人签字并加盖公章），或将"授权委托书"进行公证，确保经办人具有签字的资格和权限。

（3）自然人客户的签字，必须与身份证件姓名完全一致并当面签署。对不会写字的自然人客户，可加盖私章并加盖手模（没有私章的可由直系亲属代签或进行公证）。

（4）借款凭证上借款单位印鉴应为单位公章、财务专用章和法定代表人签字（如授权经办人办理的，可加盖法定代表人私章和经办人签字）。

（5）合同必须先填写内容后签章。对授信、担保合同中的金额、期限、利率等关键性条款必须由授信申请人和担保人自己填写，支行不得代客户填写，否则今后引起的法律纠纷及造成的损失由该经办人全部承担。

（6）由于合同约定的事项而添加附页，必须由双方加盖骑缝章，附页内容中须有注明原合同编号、金额等衔接的内容。

（7）对所填写的合同内容，如有修改、补充，在修改、补充处应由双方签章认可（自然人应加盖手模），不得单方涂改。

## (二) 非格式合同的审核

如果确有不能使用贷款人格式合同的特殊原因（包括但不限于重大客户提供了格式合同或者根据贷款业务的具体情况需要另行制定合同的），该非格式合同应当经过管辖行或直属行的法务部门审查批准并附有法律意见书。

授信合规部门岗位审查无误后，填写"信贷业务合同合规性审查表"并留底，将原件交授信业务部门归档留存。信贷业务合同合规性审查表格式及内容如表 5-2 所示。

表 5-2　　　　　　　　　　信贷业务合同合规性审查表　　　　　　　　编号：

| 客户全称 | |
|---|---|
| 申请信贷业务品种 | |
| 信贷业务金额 | |
| 信贷业务期限 | |
| 审批文件文号 | |
| 送审合同编号 | |
| 送审人 | |
| 送审时间 | |

| 合同审查内容 | 审查记录 | 附件 | 审查记录 |
|---|---|---|---|
| 合同文本类型使用 | □正确　□错误 | 信贷业务审批文件 | □有　□无 |
| 合同当事人名称填写 | □正确　□错误 | 评价报告 | □有　□无 |
| 合同标的、期限、利率 | □正确　□错误 | 法人营业执照 | □有　□无 |
| 合同付息方式、用还款计划、违约责任 | □正确　□错误 | 保证人营业执照 | □有　□无 |
| 合同相关批复文件 | □齐全　□不全 | 授权委托书正本 | □有　□无 |
| 合同印章、书写用具、方式 | □正确　□错误 | 贷款卡 | □有　□无 |
| 本合同额度 | □正确　□错误 | 担保文件 | □有　□无 |
| 累计发放余额 | □正确　□错误 | 抵（质）押物清单 | □有　□无 |
| 本次使用金额 | □正确　□错误 | 其他说明材料 | □有　□无 |

审查结论：

　　　　□信贷业务合同合规性审查合格，可以签订合同。

　　　　□信贷业务合同合规性审查不合格，不可以签订合同。

审查人签字：

审查时间：　　　年　　　月　　　日

## 三、银行授信合同的签订

授信合规部门岗位审查无误并填写"信贷业务合同合规性审查表",将原件交授信业务部门岗位归档留存之后,授信业务部门岗位人员与借款人办理签订合同的具体手续,即与借款人(包括共同借款人)、担保人(抵押人、出质人、保证人)签订合同。签订合同时应注意以下问题:

1. 履行充分告知义务

在签订有关合同文本前,应履行充分告知义务,告知借款人(包括共同借款人)、抵押人、出质人、保证人等合同签约方关于合同内容、权利义务、还款方式以及还款过程中应注意的问题,要特别强调合同签署方不履行合同产生的法律后果。必要时让合同签署方出具已完全知晓并理解合同条款规定的权利义务的承诺书。

2. 鉴证签字签章

银行授信业务部门或法务部门必须当场监督借款人、抵押人、质押人、保证人等签字签章。借款人、保证人、抵押人、质押人为自然人的,应在当面核实身份证明文件之后,由签约人当场在合同上甲方签字处签字盖章;如果委托他人代签字的,签字人必须出具委托人委托其签字并经公证的委托授权书;借款人、保证人、抵押人、质押人为法人的,签字人应为其法定代表人或被委托人在合同文本上甲方签字处签字、盖章,被委托人也必须出示经公证处公证的签字授权委托书。签章后,银行授信业务部门应核对预留印鉴、预留签字,确保签订的合同真实、有效。授信银行鉴证人应为两人及以上,鉴证签章后在合同签字处加盖见证人名章或签字。

3. 有权签字人审查签章

银行授信业务部门或法务部门将签章后的合同文本、授信调查审批表、合同文本审核记录等材料送交银行有权授信签字人(银行行长)审查,审查通过后在合同上乙方签字处签字或加盖按个人签字笔迹制作的个人名章,之后按照用印管理规定加盖银行授信合同专用章。

4. 合同公证

授信银行可根据情况选择是否办理授信合同公证。

5. 合同编号管理

授信业务部门负责对信贷合同进行统一编号,并按照合同编号的顺序依次登记在信贷合同登记簿上,并将统一编制的信贷合同号对应填入相关信贷业务合同和担保合同中。主、从合同的编号必须相互衔接。

【单元实训】

**实训项目**:银行授信合同的签订。
**实训资料**:分组搜集整理编写贷款授信案例资料。
**实训要求**:根据整理的贷款案例资料模拟签订贷款授信的主合同和从合同。
**实训方式**:分组分角色模拟贷款主从合同签订过程,展示实训过程与成果。

## 任务二
## 银行授信合同的履行

【教师任务】
1. 以主合同履行为例,讲解贷款授信发放时审查的内容
2. 以主合同履行为例,讲解贷款授信发放的原则
3. 以主合同履行为例,讲解贷款授信的流程
4. 以主合同履行为例,讲解贷款授信发放的各种方式

【学生任务】
1. 掌握贷款授信发放时应审查的内容
2. 掌握贷款授信发放的原则
3. 掌握贷款授信发放的流程
4. 掌握贷款授信各种发放方式的要点

## 教学活动 1　银行贷款发放管理

【活动设计】

在本教学任务中以主合同履行为例,讲解授信合同的履行。在本教学活动中借助对引入案例的分析,讲解贷款发放的管理过程。

【案例导入】

接项目四学习任务一教学活动 5 的案例导入中的资料,假定"××股份有限责任公司申请 3 000 万元流动资金贷款"的项目获批,并签订了流动资金贷款合同和相应的抵押合同。

思考:银行贷款发放时应审查什么内容?贷款发放的原则是什么?银行如何办理贷款发放业务?

【基础知识】

一、贷款发放时的审查

贷款发放是指银行或者其他金融机构依据法律、行政法规和贷款合同规定,向借款人

发放贷款供其使用。信贷资金的投放对于贷款人而言是放款,对于借款人而言是提款。

授信业务部门在贷款发放时必须做好相关审查,以控制贷款授信过程中的风险,它是授信风险全过程控制的重要一环。贷款发放时的审查内容主要有:

(一) 首次放款时对合同及相关文件完备性审查

1. 再次核查贷款主合同和从合同签订是否符合规范、有效
2. 核查放款所需文件是否已全部准备齐全

对照贷款合同条款逐一审查放款所需文件是否全部具备。在银行业务中,贷款所需文件因贷款类型不同而不同,综合各类贷款一般需要核查是否具备以下文件:

(1) 客户基础信息类文件。公司客户基础信息类文件:企业法人营业执照副本;贷款卡或贷款证;公司章程;董事的名单及全体董事的签字样本;法人代表身份证复印件;担保机构基础资料(如有);其他基础信息类资料。

(2) 客户授信信息类文件。公司客户授信共同具备的信息资料:授信申请书、授信审批批复、客户评级报告、客户评级审批批复、最近三年财务报告和其他相关资料。

(3) 合同信息类文件。正式签署的借款合同;已正式签署的抵(质)押合同;已正式签署的保证合同;银行之间已正式签署的贷款协议(多用于银团贷款)。

(4) 与项目贷款相关的信息资料。已正式签署的合营合同;已正式签署的建设合同或建造合同;已正式签署的技术许可合同;已正式签署的商标和商业名称许可合同;已正式签署的培训和实施支持合同;已正式签署的土地使用权出让合同;政府主管部门出具的同意项目开工批复;项目土地使用、规划、工程设计方案的批复文件;贷款项目(概)预算资金(包括自筹资金)已全部落实的证明;有关对建设项目的投保证明;股东或政府部门出具的支持函;会计师事务所出具的验资报告和注册资本占用情况证明;其他一切必要的批文、许可或授权、委托、费用函件等。

(二) 审查贷款担保手续是否完备

贷款发放时必须按照授信批复要求再次落实担保条件,重点审核担保手续是否已办妥。

1. 对于抵押担保

要审核是否对抵押物已办理抵押登记手续,对于无明确登记部门的抵押物是否将有关产权文件及办理转让所需要的有关文件正本交由银行保管,并将抵押合同在当地公证机关办理公证;对于附有生效前提条件的抵押合同在贷款发放时要审核生效条件是否具备。例如针对不同情况分别审核的文件:海关部门就同意抵押协议项下进口设备抵押出具的批复文件;房地产登记部门就抵押协议项下房地产抵押颁发的"房地产权利及其他权利证明";工商行政管理局就抵押协议项下机器设备抵押颁发的"企业动产抵押物登记证";车辆管理所就抵押协议项下车辆抵押颁发的车辆抵押登记证明文件;保险权益转让的文件。

2. 对于质押担保

要审核质押物是否办理了备案手续以及把质押物和其产权文件、办理转让所需要的有关文件正本交由银行保管,需要公证的质押合同是否办理了公证手续。

3. 对于保证担保

要审核境内金融机构出具的不可撤销保函或备用信用证正本是否收妥;对于境外非金融机

构法人、组织或个人提供担保的保证，要审核是否有针对保证的可行性、保证合同的有效性经授信银行认可的律师出具的法律意见书。要审核保证人所属国家主管部门就担保文件出具的同意保证人提供该担保的文件；要审核就同意签署并履行相关协议而出具的董事会决议；要审核就授权有关人士签署相关协议而出具的授权委托书以及有关人士的签字样本。

### （三）提款期限审查

在长期授信项目中要审查借款人是否在规定的提款期内提款，否则提款期过后未提足的贷款不能再发放，除非借贷双方同意延长提款期。

### （四）提款申请材料审查

1. 审核提款申请书和借款凭证

银行授信业务部门应当对提款申请书中写明的提款日期、提款金额、划款路线等要素进行核查，确保提款手续正确无误。

银行授信业务部门放款时，借款人要填写和提交借款凭证。对借款凭证要审核借款人名称、提款日期、提款用途、金额、账号等各项目是否准确、完整地填写，审核印章与借款人在银行的预留印鉴是否一致。审核无误后，由有关主管签字后交由会计部门进行放款的转账处理。

除非借款合同另有规定，银行不能代客户填写借款凭证，一般情况下，应要求借款人填妥借款凭证送银行审核后办理放款转账。

2. 审核变更提款计划申请书

审核借款人改变提款计划是否符合借款合同的有关条款、是否在计划提款日以前的合理时间内向银行提出申请、是否得到银行同意。

根据我国《贷款通则》的规定，银行不得对自营贷款或特定贷款在计收利息之外收取任何其他费用。但是根据国际惯例，一般会在借款合同中规定，变更提款应收取承担费。因此当借款人变更提款计划时，银行授信业务部门根据合同可按改变的提款计划部分的贷款金额收取承担费。借款人在提款期内如部分或全额未提款，应提未提部分可收取承担费，在提款期终了时贷款额度自动注销。

3. 审核借款人的借款用途和提款进度

监督借款人按贷款合同规定的用途用款，是保证银行贷款安全的重要环节。

基本建设贷款或固定资产投资贷款的借款人提款用途通常包括：土建费用、工程设备款、购买商品费用、在建项目进度款、支付劳务费用、其他与项目工程有关的费用、用于临时周转的款项。

基本建设贷款或固定资产投资贷款要审核提款进度与工程进度是否相适应。

4. 审查有关账户

银行授信业务部门要审查有关的提款账户、还本付息账户或其他专用账户是否已经开立，账户性质是否已经明确，避免出现贷款使用混乱或被挪作他用。

## 二、贷款授信发放的原则

1. 按计划、按比例放款原则

对于项目贷款，必须按计划、按比例进行放款。计划是指已批准的贷款项目年度投资计划，贷款按照投资计划所规定的建设内容、费用，准确、及时地提供贷款。按照约定，借款人通过其他渠道为建设项目募集（如自筹资金和其他银行贷款）应与本行贷款同比例支用。

2. 按进度放款原则

在中长期贷款发放过程中，银行应按照完成工程量的多少进行付款。如果是分次发放或发放手续较复杂，银行应在计划提款日前与借款人取得联系。借款人如需变更提款计划，应于计划提款日前合理时间内，向银行提出申请，并征得银行同意。如借款人未经银行批准擅自改变款项的用途，银行有权不予支付。

3. 资本金足额原则

授信银行须审查建设项目的资本金是否已足额到位。即使因特殊原因不能按时足额到位，贷款支取的数额也应同步降低，使贷款提取比例与借款人资本金到位的比例相适应。此外，贷款原则上不能用于借款人的资本金、股本金和企业其他需自筹资金的出资。

**三、放款操作程序和注意事项**

由于各银行各部门职责分工、内部机构设置存在差异，一般各银行都制定符合本行实际的提款操作细则，规范贷款执行阶段的操作程序。基本操作程序如下。

**（一）放款操作程序**

（1）借款人按合同要求向授信业务部门提交提款申请和其他有关文件资料。

（2）银行授信业务部门受理借款人提款申请书，初步审核提款申请书是否符合借款合同约定的格式要求、并加盖企业公章及法人代表签字或在提交法人授权书的情况下由受托人签字。

（3）按内部审批流程对借款人用款审批资料（授信合同、抵质押登记等）的完整性、规范性、合法性、有效性进行审核，经有权签字人签字同意。

（4）借款人填写借款凭证、授信业务部门填写放款通知书，凭借款凭证和放款通知书到会计部门办理提款手续。

（5）会计部门对抵押物、质押物的权利凭证作实物保管和账务处理及办理提款账务手续。

银行授信业务部门将合同、借款凭证，连同审批人的批复（或复印件）、抵押或质押的权利凭证送交和移交会计部门。

会计部门收到借款凭证等相关资料，应进行审查：信贷业务是否经有权审批人审批同意，借款凭证的要素是否齐全，填制内容是否符合要求。发放抵押、质押贷款的，还应审核授信业务部门出具的担保物、待处理抵债资产收妥通知书及抵（质）押协议、抵押物和质押物的保险手续是否办妥，抵押物权证、权利质押的权利凭证是否移交等。审查无误后，办理权力凭证实物保管和账务处理及提款账务手续。

（6）授信业务部门在借款人所提款项入账后，向会计部门索取借款凭证联，入档案卷保存。

（7）授信业务部门建立台账并在提款当日记录，如果借款人、保证人均在同一地区，则根据中国人民银行的有关要求，在其信贷登记系统登记，经审核后进行发送。

（8）如为自营外汇贷款还需填写"国内外汇贷款债权人集中登记表"、"国内外汇贷款变动反馈表"并向国家外汇管理局报送。

**(二) 放款时应注意的事项**

贷款发放时由借款人填写一式五联的借款凭证（借款借据）：第一联是备查联，由银行授信业务部门留存；第二联是借据正本，代贷款科目借方传票；第三联是贷方传票，代存款科目转账贷方传票；第四联是到期检查卡；第五联是回单，给借款人的收账通知。在借款凭证上加盖借款单位公章、法定代表人章及预留银行印鉴后送交授信业务部门审查。授信业务部门审查签章后，第一联作为留存，其余四联送会计部门（相关样式见表5-3、表5-4）。

---

**相关链接5-3**

**借款凭证填制时应注意的事项**

（1）填制的借款人名称、借款金额、还款日期、借款利率等内容要与信贷业务合同的内容一致；借款日期要在信贷业务合同生效日期之后。

（2）借款凭证的、小写金额必须一致；分笔发放的，借款凭证的合计金额不得超过相应信贷业务合同的金额。

（3）借款凭证的签章应与授信业务合同的签章一致。

---

**【单元实训】**

**实训项目**：填写个人借款凭证和企业借款凭证。
**实训资料**：分小组搜集个人和企业贷款案例。
**实训要求**：根据小组搜集的的企业和个人贷款资料填写借款凭证。
**实训方式**：分组讨论展示实训成果。

表5-3 个人借款凭证（第一联）

××银行　　借款凭证

| 年 月 日 | | | | 合同编号： | | |
|---|---|---|---|---|---|---|
| 借款人 | | 身份证号码 | | | | |
| 贷款账号 | | 贷款月利率 | ‰ | 还款方式 | | |
| 还贷 | 户名 | 贷款 | 实贷日 | 年 月 日 | | |
| | 账号 | | 到期日 | 年 月 日 | 用途 | |
| 核准借款金额（大写） | | | | 百十万千百十元角分 | | |

兹根据＿＿＿＿＿＿＿＿＿＿规定申请办　　上列款项已办理转账。
理＿＿＿＿＿＿，请将上列借款金额转（划）　　　　　　此致
入＿＿＿＿＿行开户的＿＿＿＿＿存款户，账号　　信贷部门
＿＿＿＿＿。本借款由＿＿＿＿归还。　　　　　　　　　会计部门（盖章）
　　　　　　　　此致
　　××银行
　　　　　　借款人（盖章）

表 5-4　　　　　　　　　　企业借款凭证（第五联）

×× 银行　　　　　　借款凭证

年　　月　　日　　　　　合同编号：

| 借款单位全称 | | | | | 贷款户账号 | | | | | | | | | |
|---|---|---|---|---|---|---|---|---|---|---|---|---|---|---|
| 贷款种类 | | | 利率 | 月　　‰ | 存款户账号 | | | | | | | | | |
| 贷款金额（大写） | 人民币 | | | | 百 | 十 | 万 | 千 | 百 | 十 | 元 | 角 | 分 | |
| | | | | | | | | | | | | | | |
| 借款原因或用途 | | | | | 约定还款日期 | | | 年　　月　　日 | | | | | | |
| 备注： | | | | | 上列款项已转入你单位的存款账户，请列账。<br><br>（银行盖章） | | | | | | | | | |

## 教学活动 2　银行贷款支付方式和发放方式

【活动设计】

借助引入案例的分析，讲解银行贷款支付和发放的方式及各自特点。

【案例导入】

接项目四学习任务一教学活动 5 的案例导入中的资料，假定"×× 股份有限责任公司申请 3 000 万元流动资金贷款"的项目获批，并签订了流动资金贷款合同和相应的抵押合同，在合同中规定采用受托支付方式。

**思考：** 银行贷款支付和发放有哪几种方式？各有什么特点？

【基础知识】

### 一、银行贷款的支付方式

银监会发布的《流动资金贷款管理暂行办法》、《个人贷款管理暂行办法》、《固定资产贷款管理暂行办法》和《项目融资业务指引》，作为我国银行业贷款新规，被称作"三个办法一个指引"。"三个办法一个指引"明确规定：贷款人应按照借款合同约定，通过贷款人受托支付或借款人自主支付的方式对贷款资金的支付进行管理与控制，监督贷款资金按约定用途使用，其目的是实现实贷实付，使银行信贷资金为实体经济服务。

（一）贷款人受托支付

1. 贷款人受托支付的含义

贷款人受托支付是指银行业金融机构根据借款人的提款申请和支付委托，将贷款资金支付给符合合同约定用途的借款人交易对象。其目的是为了减少贷款被挪用的风险。

按照贷款用途区分，贷款人受托支付可主要分为固定资产贷款受托支付、流动资金贷款受托支付、个人贷款受托支付和其他种类贷款受托支付。

2. 贷款人受托支付的标准

（1）固定资产贷款受托支付的标准。《固定资产贷款管理暂行办法》第二十五条规定："单笔金额超过项目总投资5%或超过500万元人民币的贷款资金支付，应采用贷款人受托支付方式。"同时根据《中国银监会办公厅关于严格执行〈固定资产贷款管理暂行办法〉、〈流动资产贷款管理暂行办法〉和〈项目融资业务指引〉的通知》，在风险可控的前提下，单笔支付金额小于50万元人民币的固定资产贷款，可采取借款人自主支付方式。

（2）流动资金贷款受托支付的标准。《流动资产贷款管理暂行办法》第二十五条规定："贷款人应根据借款人的行业特征、经营规模、管理水平、信用状况等因素和贷款业务品种，合理约定贷款资金支付方式及贷款人受托支付的金额标准。"第二十六条规定：对于具有与借款人新建立信贷业务关系且借款人信用状况一般、支付对象明确且单笔支付金额较大等情形的，原则上应采用贷款人受托支付方式。

（3）个人贷款受托支付的标准。《个人贷款管理暂行办法》第三十条规定："个人贷款资金应当采用贷款人受托支付方式向借款人交易对象支付。但本办法第三十三条规定的情形除外。"

（二）借款人自主支付

1. 借款人自主支付的含义

借款人自主支付是指贷款人根据借款人的提款申请将贷款资金发放至借款人账户后，由借款人自主支付给符合合同约定用途的交易对象。

2. 借款人自主支付规定

（1）固定资产贷款的自主支付规定。《固定资产贷款管理暂行办法》第二十七条规定：采用借款人自主支付的，贷款人应要求借款人定期汇总报告贷款资金支付情况，并通过账户分析、凭证查验、现场调查等方式核查贷款支付是否符合约定用途。

在固定资产贷款发放和支付过程中，贷款人应确认与拟发放贷款同比例的项目资本金足额到位，并与贷款配套使用情况。在贷款发放和支付过程中，借款人出现以下情形的，贷款人应与借款人协商补充贷款发放和支付条件，或根据合同约定停止贷款资金的发放和支付：一是信用状况下降；二是不按合同约定支付贷款资金；三是项目进度落后于资金使用进度；四是违反合同约定，以化整为零方式规避贷款人受托支付。

（2）流动资金贷款的自主支付规定。《流动资金贷款管理暂行办法》第二十八条规定：借款人自主支付的，贷款人应按借款合同约定要求借款人定期汇总报告贷款资金支付情况，并通过账户分析、凭证查验或现场调查等方式核查贷款支付是否符合约定用途。贷款支付过程中，借款人信用状况下降、主营业务盈利能力不强、贷款资金使用出现异常的，贷款人应与借款人协商补充贷款发放和支付条件，或根据合同约定变更贷款支付方式、停止贷款资金的发放和支付。

（3）个人贷款的自主支付规定。《个人贷款管理暂行办法》第三十三条规定：有下列情形之一的个人贷款,经贷款人同意可以采取借款人自主支付方式:①借款人无法事先确定具体交易对象且金额不超过三十万元人民币的;②借款人交易对象不具备条件有效使用非现金结算方式的;③贷款资金用于生产经营且金额不超过五十万元人民币的;④法律法规规定的其他情形的。

采用借款人自主支付的,贷款人应与借款人在借款合同中事先约定,要求借款人定期报告或告知贷款人资金支付情况。贷款人应当通过账户分析、凭证查验或现场调查等方式,核查贷款支付是否符合约定用途。

## 二、银行贷款发放方式

### (一) 贷款发放方式的含义

贷款发放方式是指根据贷款的具体情况和要求而采取的发放和收回贷款的具体方法。在具体工作中,银行一般采用五种形式:逐笔申请、逐笔核贷;一次申请、定期调整;定期核定、周转使用;活放活收;透支。

### (二) 贷款发放的存量控制与流量控制

1. 存量控制的含义

所谓存量控制,是指对一定时期的贷款占用量或贷款期末余额进行控制。只要贷款期末余额不超过规定的贷款额度,便可以周转使用。贷款额度也称贷款指标,它可分为周转性指标和一次性指标。

2. 存量控制的放款方式

(1) 逐笔申请,逐笔核贷,逐笔定期限,到期收回,指标周转使用。如工商企业的周转贷款,是针对企业季节性、临时性原因引起资金占用增加而发放的。由于每笔贷款的具体原因、数量各不相同,需要逐笔申请,逐笔核贷,逐笔定期限。贷款指标是可以周转使用的,只要贷款余额不超过指标,可以借了还,还了再借。这种放款方式是与企业资金运动连续性的特点相适应的。

(2) 一次申请,集中审核,定期调整。一般对属于供应链金融的结算贷款采用这种方法。由于销货方在途资金占用与购货方承付的货款在时间上、数量上大致平衡,同时又处于联行结算范围内,在银行内部统一进行调剂,所以这类贷款在一定时期内没必要受贷款指标限制和核定每笔贷款的期限。

(3) 一次申请,进贷销还,指标周转使用。这种方法适用于采取活存透支账户的商业企业流动资金贷款。活存透支即企业平时将销售收入交存银行,视为活期存款,支用时,可不受存款额度限制,向银行透支。银行只要求企业按年、按季一次申请贷款需要量,银行审查后,确定透支额度由企业在额度内周转使用。平时进货付款视为贷款,销货存款视为还款。这种方法适合从事商品流通、购销频繁,几乎每天需要贷款,又每天向银行交存销货款的企业采用。

### (三) 流量控制

1. 流量控制的含义

所谓流量控制,是指对贷款的供应量或贷款的累计发生额进行控制,这种方法的特点是严格控制贷款总额,贷款累计发生额不能超过限额。

### 2. 流量控制贷款的发放方式

流量控制贷款的发放操作方法是逐笔申请、逐笔核贷、逐笔定期限，到期收回。贷款指标一次有效，贷款额度不允许周转使用，随用随减。固定资产贷款、项目贷款采用这种方式发放。

【单元实训】

**实训项目：** 贷款支付方式和贷款发放方式。
**实训资料：** 分组搜集贷款案例。
**实训要求：** 说明银行应采用哪种贷款支付方式和发放方式，并分析其原因。
**实训方式：** 分组讨论，展示实训结果。

## 综合训练

### 一、知识检测

#### （一）单项选择题

1. 当事人之间订立有关设立、变更、转让和消灭不动产物权的合同，除法律另有规定或者合同另有约定外，自（　　）生效。
   A. 记载于不动产登记簿　　　　B. 合同成立时
   C. 合同签订时　　　　　　　　D. 记载登记部门登记日

2. 未经保证人书面同意，债权人允许债务人转移全部或者部分债务的法律后果是（　　）。
   A. 担保人继续承担相应的担保责任　　B. 担保人不再承担相应的担保责任
   C. 担保人承担原有合同的义务　　　　D. 债权人与债务人协商确定

3. 当事人对保证方式没有约定或者约定不明确的，按照（　　）承担保证责任。
   A. 一般保证　　　　　　　　B. 连带责任保证
   C. 人民法院判定　　　　　　D. 仲裁机构仲裁

4. 当事人对保证担保的范围没有约定或者约定不明确的，法律后果是（　　）。
   A. 保证人不承担责任　　　　B. 保证人应当对全部债务承担责任
   C. 必须补充相应条件才能确定　　D. 由人民法院判定

5. 在合同约定的保证期间，债权人未对债务人提起诉讼或者申请仲裁的，（　　）。
   A. 保证人免除保证责任　　　B. 抓紧提起诉讼
   C. 抓紧提起仲裁　　　　　　D. 向上级法院上诉

6. 关于最高额抵押错误的是（　　）。
   A. 借款合同可以附最高额抵押合同
   B. 债权人与债务人就某项商品在一定期间内连续方发生交易而签订的合同，可以附最高额抵押合同
   C. 最高额抵押的主合同债权不得转让

D. 最高额度抵押的主合同债权可以转让，但必须协商一致

7. （　　）可以设定抵押权。
A. 各类土地使用权
B. 土地所有权
C. 以出让方式取得的土地使用权
D. 以划拨方式取得的集体土地使用权

8. 法人或者其他组织的法定代表人、负责人超越权限订立的担保合同效力（　　）。
A. 无效
B. 有效
C. 除相对人知道或者应当知道其超越权限的以外，该代表行为有效
D. 除相对人知道或者不知道其超越权限的以外，该代表行为有效

9. 主合同解除后，担保人对债务人应当承担的民事责任（　　）承担担保责任。但是，担保合同另有约定的除外。
A. 仍然
B. 不
C. 视情况
D. 部分

10. 抵押合同对被担保的主债权种类、抵押财产没有约定或者约定不明，根据主合同和抵押合同不能验证或者无法推定的，（　　）。
A. 有效
B. 抵押不成立
C. 法院判定
D. 视情况而定

## （二）多项选择题

1. 关于相关授信合同填写事宜，下列说法正确的有（　　）。
A. 必须使用总行示范格式合同
B. 额度协议项下贷款无须再签订相关借款合同
C. 单笔借款合同必须配套固定格式的提款申请书
D. 额度协议项下开立银行承兑汇票无须签订相关单项协议

2. 如相关授信合同签订后出现需修改情况，则下列说法正确的有（　　）。
A. 直接在错误处修改，企业在修改处加盖公章，银行加盖校对章
B. 直接在错误处修改，银行加盖校对章即可
C. 替换修改页，企业加盖骑缝章，银行加盖业务公章骑缝
D. 替换修改页，银行加盖业务公章骑缝即可

3. 关于相关授信合同要素填写事宜，下列说法正确的有（　　）。
A. 合同签字人必须是企业法定代表人或其授权人
B. 合同签字日期应在法定代表人证明书或授权委托书的有效期内
C. 主合同签订日期必须早于或等同于从合同签订日期
D. 主合同与从合同之间相互引用的合同号必须相匹配

4. 保证担保的范围包括（　　）。
A. 主债权及利息
B. 损害赔偿金和实现债权的费用
C. 违约金
D. 保证合同另有约定的，按照约定

5. 保证期间，债权人依法将主债权转让给第三人的，关于保证责任说法正确的是（　　）。

A. 保证人不再承担相应的担保责任
B. 保证人在原保证担保的范围内继续承担保证责任
C. 保证合同另有规定的，按照约定
D. 债权人与债务人协商确定

6. 担保合同是主债权债务合同的从合同，因而如主债权债务合同无效，则（　　）。
   A. 担保合同必然无效　　　　　　B. 法律另有规定的除外
   C. 一般情况下担保合同无效　　　D. 担保合同继续生效

7. 担保物权的担保范围包括（　　），当事人另有约定的，按照约定。
   A. 主债权　　　　　　　　　　　B. 违约金和损害赔偿金
   C. 利息　　　　　　　　　　　　D. 保管担保财产和实现担保物权的费用

8. 担保期间，担保财产损毁、灭失或者被征收等，按（　　）处理。
   A. 担保物权人可以就获得的保证金、赔偿金或者补偿金等优先受偿
   B. 该保险金、赔偿金或者补偿金可以专户存储
   C. 立即宣布债权提前到期予以清偿
   D. 债权人计提损失

9. 被担保的债权既有物的担保又有人的担保的，债务人不履行到期债务或者发生当事人约定的实现担保物权的情形，按（　　）原则实现债权。
   A. 债权人应当按照约定实现债权
   B. 没有约定或者约定不明确，债务人自己提供物的担保的，债权人应当先就该物的担保实现债权
   C. 没有约定或约定不明确的，第三人提供物的担保的，债权人可以就物的担保实现债权，也可以要求保证人承担保证责任
   D. 提供担保的第三人承担担保责任后，有权向债务人追偿

10. 在（　　）情形下，担保物权消灭。
    A. 主债权消灭　　　　　　　　　B. 担保物权实现
    C. 债权人放弃担保物权　　　　　D. 法律规定担保物权消灭的其他情形

11. 在贷款合同中应当约定（　　）。
    A. 贷款种类　　　　　　　　　　B. 金额、利率、还款期限、还款方式
    C. 贷款用途　　　　　　　　　　D. 违约责任和双方认为需要约定的其他事项

12. 商业银行不得向关系人发放信用贷款；向关系人发放担保贷款的条件不得优于其他借款人同类贷款的条件。关系人指的是（　　）。
    A. 商业银行的董事、监事　　　　B. 商业银行的管理人员
    C. 商业银行信贷业务人员　　　　D. 上述人员近亲属
    E. 上述人员投资或者担任高级管理职务的公司、企业和其他经济组织

13. 商业银行不得（　　）发放贷款。
    A. 违反规定提高贷款利率　　　　B. 违反规定降低贷款利率
    C. 采用其他不正当手段　　　　　D. 向关系人

14. 同一债务有两个以上保证人的，法律责任是（　　）。

A. 保证人应当按照保证合同约定的保证份额，承担保证责任

B. 没有约定保证份额的，保证人承担连带责任

C. 没有约定保证份额的，债权人可以要求任何一个保证人承担全部保证责任，保证人都负有担保全部债权实现的义务

D. 已经承担保证责任的保证人，有权向债务人追偿，或者要求承担连带责任的其他保证人清偿应当承担的份额

15. 保证合同应当包括（　　）。

　　A. 被保证的主债权种类、数额　　　B. 债务人履行债务的期限

　　C. 保证的方式　　　　　　　　　　D. 保证担保的范围和期间

16. 关于保证合同的设立正确的是（　　）。

　　A. 保证人与债权人可以就单个主合同分别订立保证合同

　　B. 保证人与债权人可以协议在最高债权额限度内就一定期间连续发生的借款合同订立一个保证合同

　　C. 保证人与债权人可以协议在最高债权额限度内就一定期间连续发生的某项商品交易合同订立一个保证合同

　　D. 保证合同应当为书面合同

17. 保证的方式包括（　　）。

　　A. 一般保证　　　　　　　　　　　B. 连带责任保证

　　C. 普通保证　　　　　　　　　　　D. 共同保证

18. 保证期间，债权人与债务人双方协议变更主合同后（　　）。

　　A. 保证人继续承担原合同项下保证责任

　　B. 未经保证人书面同意的，保证人不再承担保证责任

　　C. 保证合同另有约定的，按照约定执行

　　D. 变更行为无效

19. 最高额保证未约定保证期间的，以下正确的是（　　）。

　　A. 保证人可以随时书面通知债权人终止保证合同

　　B. 保证人对于通知到债权人前所发生的债权，承担保证责任

　　C. 保证人对于通知到债权人前所发生的债权，不承担保证责任

　　D. 保证人不承担保证责任

20. 企业法人的分支机构未经法人书面授权或者超出授权范围与债权人订立保证合同无效，按（　　）原则处理。

　　A. 该合同无效或者超出授权范围的部分无效

　　B. 债权人和企业法人有过错的，应当根据其过错各自承担相应的民事责任

　　C. 贷款合同终止

　　D. 债权人无过错的，由企业法人承担民事责任

21. 抵押合同应当包括（　　）等内容。

　　A. 被担保的主债权种类、数额

　　B. 债务人履行债务的期限

C. 抵押物的名称、数量、质量、状况、所在地、所有权权属或使用权权属

D. 抵押担保的范围

22. 抵押人将已出租的财产抵押的，（　　）。

A. 应当书面告知承租人
B. 应当口头告知承租人
C. 原租赁合同需要补正
D. 原租赁合同继续有效

23. 抵押权与债权的关系是（　　）。

A. 抵押权不得与债券分离而单独转让

B. 抵押权不得与债权分离而作为其他债权的担保

C. 抵押权与其担保的债权同时存在

D. 债权消灭的，抵押权也消灭

24. 质押合同应当包括（　　）内容。

A. 被担保的主债权种类、数额

B. 债务人履行债务的期限

C. 质物的名称、数量、质量、状况

D. 质押担保的范围和质押移交的时间

E. 其他重要条款，如在债务履行期届满质权人未受清偿时，质物的所有权转移为质权人所有

25. 以下可以质押的是（　　）。

A. 汇票、支票、本票

B. 债券、存款单、仓单、提单

C. 依法可以转让的股份、股票

D. 依法可以转让的商标专用权、专利权、著作权中的财产权

26. 质押合同应当载明（　　）等内容。

A. 定期存款确认情况

B. 定期存单的保管责任

C. 定期存单号码及所载存款的种类、户名、开立机构、数额、期限、利率

D. 出质人、借款人和质权人姓名（名称）、住址或营业场所

27. 出质人和贷款人可以在质押合同中约定（　　）事项。

A. 当借款人没有依法履行合同的，贷款人可直接将存单兑现以实现质权

B. 存单到期日晚于借款到期日的，贷款人可继续保管质押存单，在存单到期日兑现以实现质权

C. 当借款人没有依法履行合同的，存单归属贷款人所有

D. 存单到期日晚于借款到期日的，由存款人保管质押存单，在存单到期日兑现以实现质权

28. 出现（　　）情形时，贷款人可按约定方式或其他法定方式处分质押的定期存单。

A. 质押贷款合同期满，借款人未按期归还贷款本金和利息的

B. 借款人或出质人违约，贷款人需依法提前收回贷款的

C. 借款人或出质人被宣告破产的

D. 借款人或出质人死亡而无继承人履行合约的

29. 以法律、法规限定流通的财产设定担保的，应按（　　）处理。

A. 担保合同无效

B. 在实现债权时，人民法院应当按照有关法律、法规的规定对该财产进行处理

C. 担保合同有效

D. 变更担保合同

30. 以下说法正确的是（　　）。

A. 主合同有效而担保合同无效，债权人无过错的，担保人与债务人对主合同债权人的经济损失，承担连带赔偿责任；债权人、担保人有过错的，担保人承担民事责任的部分，不应超过债务人不能清偿部分的二分之一

B. 主合同无效而导致担保合同无效，担保人无过错的，担保人不承担民事责任；担保人有过错的，担保人承担民事责任的部分，不应超过债务人不能清偿部分的三分之一

C. 担保人因无效担保合同向债权人承担赔偿责任后，可以向债务人追偿，或者在承担赔偿责任的范围内，要求有过错的反担保人承担赔偿责任

D. 担保人可以根据承担赔偿责任的事实对债务人或者反担保人另行提起诉讼

## （三）简答题

1. 简述如何落实银行授信审批条件。
2. 简述如何签订授信主合同。
3. 贷款合同的主要条款的解释。
4. 简述银行贷款发放的方式及资金支付方式。

## 二、技能训练

### 案例分析

**某商场 50 万元贷款变不良**

2015 年 3 月，某商城欲购一批紧俏商品，向某银行贷款 50 万元，贷款期限为 3 个月，采用抵押担保方式，担保物为邻厂的生产大楼，并出具该厂同意的担保书。2015 年 6 月，贷款到期。商城因管理不善，加之购进了假冒伪劣商品，无力还钱。法院裁决厂方抵押生产楼时，发现抵押担保书只盖有该厂印鉴，没有取得其上级主管部门批准，此抵押无效。

结合案例分析该银行在贷款条件落实方面存在哪些问题？应怎样避免出现这样的失误？

# 项目六 Project 6
## 银行授信后管理

【知识目标】
1. 掌握授信后管理的内容
2. 了解授信后管理岗位及其职责
3. 掌握授信后管理的方法、授信后检查的主要内容
4. 掌握授信资产风险分类
5. 了解授信信用风险预警的概念和流程
6. 掌握授信到期处理的方法

【能力目标】
1. 能够对授信客户进行跟踪监管
2. 能够对客户进行授信后调查,摸清客户情况
3. 能够及时发现客户违约的潜在风险因素
4. 能够对授信资产进行风险分类
5. 能够处理授信到期的各类业务

## 任务一
## 银行授信后管理的基本要求

【教师任务】
1. 指导学生掌握授信后管理的内容
2. 指导学生掌握授信后管理的相关岗位及其职责

【学生任务】
1. 掌握授信后管理的内容
2. 掌握授信后管理的相关岗位和职责

## 教学活动　银行授信后管理的主要内容和相关岗位职责

【活动设计】

借助对引入案例的分析，讲解银行授信后管理的内容及相关岗位的职责，使学生掌握授信后管理的内容和相关岗位职责。

【案例导入】

**合肥××有限公司流动资金贷款 4 000 万元**

合肥××有限公司成立于 1978 年，注册资金 500 万元。主营业务是化工、特种纤维、建材产品生产，现具有年产 25 万吨聚乙烯醇（PVA）、1.5 万吨高强高模 PVA 纤维、300 万吨环保水泥及熟料、6 万吨差别化聚酯切片、1.5 万吨聚醋酸乙烯乳液（白乳胶）、热电联产年自发电量 4.5 亿千瓦时的生产能力。公司完成了股份制改造，注册资本 2015 年已达到 10 000 万元。由于市场销售非常好，获得大批订单，导致采购原材料出现了资金缺口。2015 年 5 月 9 日向中国农业银行安徽分行申请 4 000 万元流动资金贷款。以评估价值 2 000 万元房产和评估价值 3 000 万元的机器设备作为抵押担保。银行审核后发放了该笔贷款，并为其建立了授信档案，定期对其进行调查。

思考：银行授信后管理应从哪几方面进行？由哪些部门参与？其各自的职责是什么？

【基础知识】

### 一、什么是银行授信后管理的内容

银行授信后管理是指授信实施后直到授信结束的全过程与授信业务有关的行为总和，它包括账户监管、授信后检查、风险预警、授信资产风险分类、授信收回和总结、问题授信处理、档案管理以及客户关系维护等。

授信后管理是银行授信工作的重要组成部分，是对授信风险控制的延续。授信调查、审查、审批环节是从源头上控制风险，授信后管理是在信用存续期间和授信到期前的时间段进行风险控制。授信后管理工作是否到位直接影响到授信后风险控制与防范，对银行经营也发挥着重要作用。

## 二、银行授信后管理的内容

广义的授信后管理的内容包括资金账户监管、授信后检查、授信风险预警、授信资产风险分类、授信到期处理、问题授信管理、档案管理等等。

### (一) 资金账户监管

客户经理或银行信贷人员应按照规定做好授信资金的用前审核和用后监督,要定期检查客户账户资金往来情况,保证客户按贷款合约使用资金,防止资金被挤占挪用。

### (二) 授信后检查

授信后检查指授信实施后要对客户及其影响授信资产安全的有关因素进行时时监控和分析以及时发现早期预警信号,并采取相应的补救措施。

### (三) 授信风险预警

授信风险预警指对授信后检查获取的信息进行综合分析,对还未明确出现风险的授信进行潜在性风险的预测,判断授信总体风险状况,上报预警。与已出现风险后的授信跟踪管理不同,风险预警需要在大量的不确定性信息中去发现那些对授信安全有潜在影响的因素,需要客户经理有高度的责任感、敏锐的洞察力和通畅的信息渠道和职业判断。

### (四) 授信资产风险分类

授信资产风险分类指银行按照风险程度将授信资产分为不同档次的资产的过程,也就是判断授信客户及时足额履行偿还债务责任的可能性的大小过程。

### (五) 授信到期处理

授信到期处理指授信偿还或授信结束时的处理方式。如正常收回、提前归还和展期等都是到期处理的方式。

### (六) 问题授信管理

问题授信管理指授信客户未按授信合同按时偿还本息或履行义务,或者授信客户已有迹象表明其不能按授信合同偿还本息或履行义务的授信。按照授信风险五级分类,关注、可疑、损失均为问题授信(其具体内容详见教学项目七)。

### (七) 档案管理

档案管理是指对确定借贷双方法律关系的重要凭证和相关资料的管理。如实记录、正确保管和规范使用授信档案是加强授信管理、保护授信安全的重要基础(其具体内容详见教学项目八)。

## 三、银行授信后管理的岗位职责

从各银行授信后管理的实际来看,银行授信后的管理岗位分为管理行的授信后管理和经营行或基层行授信后管理两个层级。授信后管理部门涉及前台、中台和后台所有部门。一般经营行或基层行负责辖区授信客户的授信后管理的组织实施、风险控制、监测客户用信、定期风险分析、沟通传递风险信息、牵头处理风险事项等工作。管理行负责本级行直接授信客户的授信后管理的组织实施、总体风险控制、监测客户整体用信、定期风险分析、沟通传递风险信息、牵头处理风险事项等工作。

（一）经营行或基层行对授信后管理的主要职责

1. 经营行或基层行授信业务部门对授信后管理的主要职责

（1）制定授信后管理方案。根据客户的具体风险特点和业务管理要求，制定授信后管理方案，作为实施授信后管理的依据。

（2）资金账户监管。按照授信合同的约定做好授信资金的用前审核和用后监管，定期检查客户账户资金往来情况，防止客户挪用授信资金或改变授信资金用途。

（3）现场检查。定期现场检查客户生产经营及承兑汇票保证金、审批要求的落实情况，检查担保人或担保物的情况。

（4）日常跟踪监管。通过多种渠道搜集行业、市场、客户公开信息，走访客户，跟踪客户和担保人的情况。

（5）风险预警。发现风险信号及时提出处理建议并进行报告，实施化解风险的措施。

（6）不良授信资产管理。对未移交的不良银行承兑汇票保证金，制订处置方案并组织实施。

（7）实施授信客户信息查询、信息分类。及时搜集并分类整理客户基本信息资料、档案资料以及贷款利息、本金收回情况，并将授信客户的信息录入银行信贷管理系统。

（8）定期分析。在资金账户监管、现场检查、日常跟踪管理、风险预警等工作的基础上，定期分析客户的授信后风险状况，撰写授信后管理报告。

（9）报告。向本行行长、授信后管理例会、上级管理行授信业务部门汇报辖内客户授信后管理情况。

2. 经营行或基层行授信管理岗位的主要职责

经营行或基层行通常只设授信管理岗位，不单独设部门，其授信后管理的岗位职责如下：

（1）实时监测。通过风险管理系统实时监测客户用信及风险情况。

（2）风险分析及预警。对授信业务风险状况进行分析，发现异常情况及时进行风险预警，督促授信业务部门岗位进行处理。

（3）在线检查。通过授信后管理子系统实时监督授信业务部门的授信后管理工作。

（4）现场检查。对授信业务部门的授信后管理情况定期进行现场检查，经所在部门负责人同意，也可延伸到对客户进行现场检查。

（5）督促整改。对在线检查和现场检查发现的问题，要求授信业务部门及时整改。

（6）报告。向本级行长、授信后管理例会、上级授信管理部门报告辖内授信业务风险监控情况和向上级行授信业务部门报告辖内授信后管理工作的监督检查情况。

（二）管理行对授信后管理的主要职责

1. 管理行授信业务部门对授信后管理的主要职责

管理行授信业务部门除对辖内本业务条线授信后管理工作承担系统管理职责、指导和监督本业务条线下级行授信业务部门的授信后管理工作外，还对本级行直接管理的授信客户进行授信后管理。其主要职责如下：

（1）制定整体授信后管理方案。

（2）建立定期联系协调机制，搜集、沟通行业和客户信息。

（3）组织授信基层行进行资金账户监管。

（4）通过银行管理系统监测客户用信情况，组织和参加现场检查。

（5）牵头处理预警信号并组织实施风险化解措施，在问题授信移交前制定清收方案并组织实施。

（6）定期分析客户授信后管理情况，向行长、授信管理例会报告。

2. 管理行授信管理部门对授信后管理的主要职责

（1）通过银行管理系统重点监控本级行直接管理客户和本级行审批业务的风险变动情况。

（2）对授信业务风险状况进行分析，发现异常情况及时进行风险预警。

（3）监督和检查本级行授信业务部门和下级行的授信后管理工作，发现问题督促其及时整改。

（4）负责实施辖区和行业的信用风险限额和组合管理，组织报告有关风险事项，对本级行直接授信客户进行授信资产风险分类和客户信用等级评定工作，指导辖区行授信资产风险分类和客户信用等级评定工作，与内控合规部门协调对授信后管理工作进行内部评价和再监督；与科技部门协调共同为授信后管理电子化提供支持。

（5）向行长和授信后管理例会报告授信业务风险监控情况、对授信业务部门及下级行授信后管理工作的监督检查情况。

3. 管理行的其他相关部门对授信后管理的主要职责

（1）运营管理部门或会计部门负责配合授信业务部门制定资金监督办法、流程。会计人员根据授信客户日常经营的资金需求量，在结息日和信用到期前授信客户资金不足的，及时提示客户经理；发现授信客户资金账户往来异常的，及时向客户经理通报信息；按合同扣划到期贷款本息；根据客户经理需要提供授信客户资金明细账供查阅。

（2）资产处置部门负责制定自营不良授信资产的处置政策制度，处置业务的管理指导与监督检查，处置项目的审查，处置计划的制订与监测考核，按规定集中处置授信业务部门移交的不良贷款资产。

（3）法律事务部门为授信后管理提供法律支持，开展授信后相关法律风险的管理。

上述部门岗位职责由部门负责人和相关业务经办人共同承担，经办业务的客户经理承担授信后日常管理、发现和报告风险及授权处理风险事务的职责，风险经理承担授信风险监管和对授信业务部授信后管理工作执行情况监管的责任；客户经理和风险经理所在的部门负责人、分管行长和行长承担授信后管理组织领导和风险处理及决策责任。

【单元实训】

**实训项目**：银行授信后管理的内容和岗位设置。

**实训资料**：分组搜集多家商业银行授信后管理资料。

**实训要求**：比较不同银行之间授信后管理岗位设置和职责的异同。

**实训方式**：分组讨论，拍摄讨论过程视频，展示实训成果。

## 任务二 银行授信后检查

【教师任务】
1. 指导学生学习掌握授信后检查的方法
2. 指导学生学习掌握授信后检查的内容
3. 指导学生学习掌握授信后检查的程序

【学生任务】
1. 掌握授信后检查的方法
2. 掌握授信后检查的内容
3. 掌握授信后检查的程序，会进行授信后检查

### 教学活动1　银行授信后检查的方法

【活动设计】

借助对引入案例的分析，讲解授信后检查的方法，要求学生搜集案例、结合案例讨论如何进行授信后检查以便于及时准确发现授信客户风险因素。

【案例引入】

**中国××银行对广东汕头××有限公司流动资金贷款3 000万元**

2015年5月9日，中国××银行汕头分行对广东汕头××有限公司进行了年度统一授信，授信额度为3 000万元。公司因扩大生产需要向汕头分行申请流动资金贷款3 000万元，遂与银行达成协议，由银行提供贷款，并签订借款合同，合同约定贷款利率在基准利率5.75%的基础上浮10%，借款期限为2年，即自2015年5月19日至2017年5月19日为止，还款方式为分期等额还款，广东汕头××有限公司以1栋办公楼（价值800万元）和3栋厂房（价值3 200万元）设定抵押，并办理了抵押登记。

2016年7月10日，广东汕头××有限公司宣布将申请破产。

思考：中国××银行汕头分行对广东汕头××有限公司应如何进行授信后检查？

【基础知识】

授信后检查是客户经理在授信后管理中最基础的工作。授信检查是指授信发放后对客户情况进行多种形式的检查，及时发现影响授信资产安全的预警因素，并采取相应的措施消除风险和控制风险的扩大。按照检查地点划分分为非现场检查和现场检查。

### 一、非现场检查

1. 搜集信息，发现预警信号

通过多种渠道，如工商、税务部门、借款人及担保人、相关的竞争对手、上级主管部门、人民银行征信系统、政府管理部门、金融同业、新闻媒介等方面获取信息，尽早发现预警信号，指导现场核查。

2. 利用信贷监控系统，发现预警信号

通过授信的台账、客户账户管理系统、资金流向监控表和中国人民银行征信咨询系统，每日监测客户贷款账户往来、贷款出账、额度使用情况，密切关注异常变化，及时发现风险预警信号。

### 二、现场检查

通过走访查看借款人及担保人的主要办公、生产或经营场所、建设工地，与其主要负责人、财务主管直接接触和交流，以及查阅会计账册、会计凭证、存货等方法，对发现的主要风险点和预警信号进行实地验证核查。现场检查包括日常跟踪、定期常规检查和专项检查。

1. 日常跟踪

客户经理除对授信客户进行资金账户监管外，还应及时收集和掌握借款人和担保人的财务报表、公开信息、其他融资情况、上下游企业、所处行业及国家宏观经济政策、风险经理提供的风险预警信息等授信后的变化情况，要经常去授信客户营业场所进行观察、调研、核实相关信息。

2. 定期常规检查

定期常规检查是按照规定的检查间隔对授信客户进行的检查。客户经理进行定期常规现场检查前要进行充分的准备，结合资金账户监管、日常跟踪、风险监控掌握的信息，确定检查的重点，对客户进行定期的有针对性的现场检查，以便及早发现授信客户存在的风险因素。

一般情况下，短期授信一个月、中长期授信一个季度进行一次常规检查。对于法人客户、正常、关注类授信客户至少每季度进行一次现场检查，次级类授信客户至少每月进行一次现场检查，对可疑、损失类授信客户以及仅与银行发生低信用风险业务的客户可根据实际需要确定检查频率。

3. 专项检查

专项检查包括首次检查、到期检查和重大事项检查等。

（1）首次检查。授信后首次检查一般是在授信执行后，短期的在1周内、中长期的在15天内进行。

（2）到期前检查。短期授信到期前10天，中长期授信到期前1个月，对客户的还款能力和还贷资金落实情况进行专项检查。

（3）重大事项检查。根据授信预警信息提示或其他情况进行的专项检查。如有些银行规定，客户出现授信风险分类形态向下演变的情况时应立即进行现场检查。具体的情况如：①贷款发生欠息、展期、逾期及或有资产到期垫付；②授信客户出现停产、半停产状况；③授信客户发生可能影响信贷资产安全的投资活动、体制改革、债权债务纠纷、事故与赔偿等重大事项。

## 教学活动2　银行授信后检查的内容

【活动设计】

借助对引入案例的分析，讲解银行授信后检查的内容，要求学生搜集贷款案例，指导学生结合所搜集案例分析授信后检查的内容。

【案例导入】

接本任务教学活动1中案例导入资料，即中国××银行对广东汕头××有限公司流动资金贷款3 000万元。

**思考：** 中国××银行汕头分行对广东汕头××有限公司进行哪些方面的检查？

【基础知识】

银行授信后调查是以借款人、担保人、抵（质）押物、合作开发商及项目为对象，通过客户提供、访谈、实地检查、行内资源查询等途径获取信息，对影响公司和个人贷款资产质量的因素进行持续跟踪调查、分析，判断借款人的风险状况，提出相应的预防或补救措施。具体的调查内容如下：

### 一、对公司客户授信后的检查内容

（一）行业风险的检查

1. 授信客户的宏观经济环境变化情况

调查与授信客户相关的国家产业、税收等政策环境及外部经济环境是否发生重大变化，对其影响程度。

2. 授信客户所处行业的市场状况有无重大变化

调查授信客户所在行业的发展状况、未来发展趋势、行业周期；调查授信客户行业地位和市场份额占有的变化，如主要竞争对手的增减及实力变化、对授信客户行业竞争能力的影响程度。

（二）授信客户经营状况调查

1. 授信客户生产经营是否正常

调查内容包括：生产经营计划是否完成，产、供、销各环节的运行是否良好，其上下游企业集中程度及对他们的依赖程度,主要原材料供应渠道和销售渠道的变化情况。

2. 授信客户行业地位变动情况

调查内容包括:生产技术水平、产品研发能力和产品结构有无重大变化,是否存在技术和产品落后或被替代等情况。

**(三) 对授信用途的检查**

检查授信资金实际用途是否与授信合同上约定的一致,有无改变用途的情况,及授信资金的流向。

**(四) 对内部管理的检查**

(1) 法人代表及其他核心管理人员有无变化,对企业和贷款的影响程度。

(2) 关键技术、生产人员有无变化,队伍是否稳定,对生产和产品的影响程度。

(3) 授信客户经营方针、经营策略及管理层经营思路有无变化。

**(五) 对财务状况的检查**

1. 授信客户是否有可靠的还款来源

通过测算与比较本期与年初、上年同期资产负债表、利润表和现金流量表及主要财务比率的变化,动态地评价企业的经济实力、资产负债结构、变现能力、现金流量情况,进一步判断企业是否具备可靠的还款来源和能力。

2. 对固定资金贷款客户的财务评价

对固定资金贷款客户,要检查项目投资和建设的进度、项目施工设计方案及项目投资预算是否变更、项目自筹资金和其他银行借款是否到位、项目建设与生产条件是否变化、配套项目建设是否同步、项目投资缺口及建设工期等。

**(六) 融资能力和还款能力的测算**

(1) 授信客户在其他银行的存贷款情况和为他人担保的情况以及对外融资是否出现困难。

(2) 外汇贷款客户的外汇收付情况是否发生变化。

(3) 授信客户的还本付息的能力及落实还款计划情况检查。

(4) 检查授信客户或有负债情况,是否新增对外担保。

**(七) 对授信客户关联企业的检查**

对对授信客户有重大影响的关联企业进行检查,重点检查其与授信客户之间是否存在不正当关联交易;其是否存在对授信客户产生重大不利影响的事件,从而对授信客户履约构成影响等。

**二、对个人客户授信后的检查内容**

对个人客户授信的金融机构主要是小型商业银行,对个人授信的形式主要是贷款,因此在这里主要讲解商业银行对个人客户贷款后的检查内容。

**(一) 对借款人的一般检查**

(1) 借款人依合同约定归还贷款本息的情况。

(2) 借款人是否存在骗取银行贷款情况。

(3) 借款人品行、职业、职务、收入和住所等影响还款能力的因素是否发生变化。

## （二）对借款人的特别监管

借款人或贷款出现以下情况之一时，要对借款人特别监管：

（1）借款人未按合同约定的日期和金额归还贷款本息。

（2）借款人有违法、违纪等不良行为，受到法律、行政、经济制裁或处罚。

（3）借款人职业处于不稳定状态，收入明显下降。

（4）借款人健康状况严重恶化或遭受重大人身伤害，丧失或部分丧失劳动能力。

（5）借款人死亡、宣告死亡及丧失民事行为能力，且合法继承人、受遗赠人或法定继承人拒绝履行合同。

（6）借款人有套取银行信用，挪用银行贷款的行为。

（7）借款人所购的房屋及其他财产遇不可抗拒的自然灾害或社会灾难，导致毁损或灭失。

（8）借款人或抵押人未经银行同意，擅自将抵押物或质押的财产或权益拆迁、出租、出售、转让、馈赠或重复抵押。

（9）借款人拒绝或阻挠银行的贷后检查，或提供虚假材料和信息。

（10）借款人居所和联系方式经常变动，银行不能有效判断借款人情况和贷款实际使用情况。

（11）因抵（质）押物贬值，其价值低于贷款本息之和；或抵（质）押物受到损害，抵（质）押权难以或不能实现。

（12）期房项目未按正常进度完工或在约定时间内，未能办妥房地产产权证进行抵押。

（13）保证人的保证能力和资格出现问题。

（14）新法律法规使借款合同出现法律方面的缺陷和问题。

（15）贷款手续及信贷档案不齐全，主要文件或凭证遗失，对债权有实质性影响。

### 三、授信后对授信客户保证人的检查

1. 保证人的保证资格是否发生改变

应当定期对保证人进行检查，检查保证人的经营和财务状况是否正常、资产和负债有没有重大变化、是否具备继续担保的资格、保证人代偿能力的变化如何等等。如果保证人是企业法人，对其检查的内容与对公司客户授信后的检查内容基本一致。

2. 对不能持续经营的保证人重点检查的内容

银行应督促保证人履行保证合同规定的各项义务，发现保证人财务状况恶化和经营管理异常情况，影响保证人履行保证责任的，如宣告撤销、破产、关停等，银行应及时采取措施，限期整改，或者督促保证人，或要求借款人提供新的担保，如果借款人不更换或拒绝提供的，贷款行有权提前收回贷款本息。

3. 贷款展期时对保证人的检查内容

对于借款人不能按期归还贷款而要求展期的，必须取得保证人的书面同意。展期批准后，借款人、银行和保证人应重新签订保证担保合同。因此在贷款展期时，对保证人检查的重点为是否有保证人的同意书、是否重新签订了保证合同。

4. 如果保证人是自然人，要检查其工作单位、职务、工资、家庭住址、联系方式等信息是否发生变化。

### 四、授信后对抵（质）押物的检查

**（一）对抵押物的检查**

1. 抵押物是否安全完好

抵押人对设定抵押的财产在抵押期间内必须妥善保管，负有维修、保养、保证完好无损的责任。对设定的抵押物、在贷款本息未还清之前，抵押人未经抵押权人同意不得将抵押物转让、出租、重复抵押以及用其他方式处分。有抵押权的银行应随时对抵押物的状况进行监督检查，避免抵押物毁损、转移、转让等情况的发生。

2. 定期或不定期实地查看抵押物状态

3. 是否存在抵押物价值减少情况

若抵押人的行为足以使抵押物价值减少，银行有权要求抵押人终止该行为。抵押物价值减少时，银行有权要求抵押人恢复抵押物的价值，或提供与减少的价值相当的担保，并重新签订担保合同。

**（二）对质押物的检查**

质权银行在授信后对质押物的检查重点为：是否存在因不能归责于质权人的原因可能导致质押物的毁损或价值的明显减少，足以危害到质权人权利的情况。如有，质权人有权要求出质人另外提供相应担保；出质人不能提供时，质权人可以拍卖、变卖质押物，并与出质人协商将拍卖、变卖所得的价款提前清偿债务或者提存。

质权人在质押期间有妥善保管质押物的责任，质权银行应当选择适宜的保管场所、提供适宜的保管条件，妥善、谨慎保管质押物以确保质押物的安全，防止质押物毁损或灭失。质权人因保管不善造成质押物的毁损灭失，应承担赔偿责任。

质权人在质权存续期间，未经出质人同意使用质押物或擅自转让质押物使用权与他人，造成质押物毁损、灭失的，应当向出质人承担赔偿责任。

## 教学活动 3　银行授信后检查的操作流程

**【活动设计】**

借助引入案例分析，讲解银行授信后检查的操作流程，要求学生搜集案例，指导学生进行授信后检查的操作。

**【案例导入】**

接本任务教学活动 1 中的案例导入资料，即中国××银行对广东汕头××有限公司流动资金贷款 3 000 万元。

思考：银行对授信客户授信后检查的操作流程。

**【基础知识】**

银行授信后检查的工作步骤及工作内容，如图 6-1 所示。

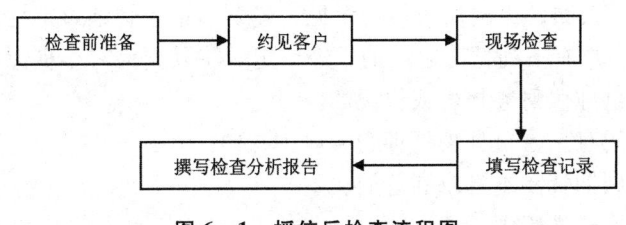

图 6-1 授信后检查流程图

## 一、检查前的准备工作

1. 拟定授信客户检查计划

检查计划包括：检查的依据、时间、对象、事项和方式等，并要准备好检查所需的文件资料。

2. 确定检查的主要内容

检查的主要内容一般包括借款人生产经营状况、管理状况、财务状况、融资能力和还款能力等方面。但每次检查时，常常集中几个或一个方面作为重点检查内容，因此一般还要确定当次检查的重点内容。

3. 确定检查的方式

根据检查的重点和检查的目的，确定检查的方法和参加检查的人员。例如是由客户经理检查，还是由团队或部门管理人员检查、还是多部门联合检查。如果是多部门联合检查，还要确定牵头部门。

## 二、约见客户

采取适当方式通知客户此次检查的范围、内容和检查时间以及要求客户做好哪些准备。

## 三、现场检查

1. 查阅资料

检查人员在检查时要告知客户的权利与义务，检查方法是查阅、审核、复制客户的相关资料。

2. 与客户面谈

在进行现场检查时，检查人员一定要与客户的一般职工和管理人员面谈，落实非现场检查和查阅资料获得的信息以摸清企业的真实情况，如对原材料和主要产品市场、生产技术和组织管理、经营计划和管理人员变动、经济纠纷，与其他债权人的往来、对外担保、关联企业及关联交易情况摸清摸透。

## 四、填写检查记录

检查人员在检查完成后，应填写检查记录。检查记录除全面反映客户生产经营、资产负债、内部管理变化情况及担保落实情况外，还要对客户发展前景、偿还授信能力及授信风险因素进行分析、预测,提出切实可行意见、建议,报主管领导审批后归档保管。

经检查,授信客户有下列情况之一的,经认定后将其列为有不良记录的企业:

(1) 向银行提供虚假财务报告或情况的。
(2) 未经银行同意,擅自处理抵押物或质押物的。
(3) 故意拖欠到期贷款本息或利息的。
(4) 通过各种形式逃废银行债务的。

对有不良记录的企业,要向中国人民银行报告,并在辖区内通报,停止对其进行一切授信业务。

### 五、撰写授信后检查报告

客户经理或授信后检查人员综合资金账户监管、现场检查、日常跟踪、风险预警等情况,每半年至少一次对授信客户进行综合分析,撰写"授信后管理分析报告"。

**(一) 授信后管理分析报告的内容**

(1) 对客户生产经营情况评价。
(2) 对客户财务情况评价。
(3) 对客户管理情况评价。
(4) 对客户发展前景评价。
(5) 对客户授信风险状况的总体评价。
(6) 建议采取的措施。

**(二) 授信后管理报告措施的具体内容**

(1) 继续支持该企业。
(2) 不再办理收回再贷款的业务。
(3) 退出该企业。
(4) 停止发放新授信。
(5) 按常规实施授信后管理。
(6) 提前收回客户未使用的授信。
(7) 帮助借款人改善经营管理。
(8) 派专人负责清收。
(9) 要求借款人提出更详细的还款计划。
(10) 追索保证单位的连带责任。
(11) 列为特殊关注对象,加大授信后检查的频率。
(12) 依法处置授信抵押物、质物和质押权利。
(13) 与客户协商以物抵贷。
(14) 从严核定最高综合授信额度,控制对该客户的融资总量。
(15) 提请法院宣告其破产还债。
(16) 依法提起诉讼。
(17) 更换担保单位、补足抵押物或质押物。
(18) 其他措施。

表 6-1 是某银行关于公司客户授信后检查报告格式，供学习参考。

表 6-1　　　　　　　　　　银行贷款授信后检查报告

关于____公司____万元贷款　第__期检查报告

为确保____（行）信贷资金的正确使用，防止出现违规行为，__市__区____（行）客户经理____于___年__月__日对_____公司贷款进行了贷后检查，现将检查结果报告如下：

一、基本情况

_____公司于___年__月__日，向____市____区____（行）申请贷款（含表外敞口、商票贴现）____万元，用途为：（具体与调查报告、借款合同一致）。

企业实际办公地点：
联系人员：
联系电话：
授信额度：　　　万元　　　　　　授信期限：____年__月__日至____年__月__日
担保方式：□抵押　□质押　□保证　　担保人名称（含抵押人、质押人）：
用信额度：　　　万元　　月利率：　%　用信期限：____年__月__日至____年__月__日
（用信逐笔填写）

二、贷后检查的主要项目
1. 批复中限制性条款的执行情况
2. 实际借款用途与使用效率
3. 贷款资金流向（是否与贷款约定一致，并注明收款人；与上报的大额支付是否一致；资金的运用有无违规行为）
4. 借款人生产经营情况
5. 借款人管理情况
6. 银行账户往来情况
7. 财务分析
8. 非财务分析
9. 担保情况分析
10. 借款人信贷档案分析
11. 授信后的信用情况
12. 分期还款计划执行情况
13. 借款人承诺兑现情况
14. 借款人对贷后检查的配合情况
15. 其他

三、附件
（一）主要经营指标分析
1. 五大经营指标分析
（1）销售利润率指标分析
（2）存货周转率指标分析
（3）销售收入增长率指标分析
（4）应收账款周转率指标分析
（5）净资产增长率指标分析
2. 两大经营资金指标情况分析
（1）销售收入指标分析

续表

| |
|---|
| （2）应收账款变化情况分析（前10位客户变化情况分析；账龄分析；坏账分析等）<br>（二）客户偿债能力分析<br>1. 五大财务指标分析<br>（1）资产负债率指标分析<br>（2）流动比率指标分析<br>（3）或有负债指标分析<br>（4）总资产周转率指标分析<br>（5）现金流量分析<br>2. 三大资金分析<br>（1）货币资金分析（白条抵库、现金流向、存款金额和结构、存款来源）<br>（2）固定资产和无形资产变化情况分析<br>（3）其他应收账款情况分析（分析最大5户的情况；是否与注册资金有关）<br>四、检查结论<br>1. 对客户生产经营情况的评价<br>2. 对客户财务状况的评价<br>3. 对客户管理情况的评价<br>4. 对客户发展前景的评价<br>5. 对客户贷款风险状况的评价<br>五、建议采取的措施<br>□ 继续支持该企业<br>□ 退出该企业<br>□ 按常规实施贷后管理和检查<br>□ 帮助借款人改善经营管理<br>□ 要求借款人提出更详细的还款计划<br>□ 列为特殊关注对象，加大贷后检查频率<br>□ 从严核定最高综合授信额度，控制对该客户的融资总量<br>□ 更换担保人，补足抵（质）押物<br>□ 不再办理收回再贷业务<br>□ 停止发放新贷款<br>□ 提前收回借款人未使用的贷款<br>□ 落实专人负责清收<br>□ 追索保证人连带责任<br>□ 依法处置抵押物、质押物、质押权利<br>□ 与客户协商以物抵贷<br>□ 依法提起诉讼<br>□ 提请法院宣告其破产还债<br>□ 其他措施 |
| 贷后检查客户经理意见：<br><br>客户经理（签名）<br><br>年　月　日 |
| 贷后检查部门意见：<br><br>总经理（签名）<br><br>年　月　日 |

表 6-2 是某银行个人客户贷款授信后检查报告格式，供学习参考。

表 6-2 　　　　　　　　个人客户贷款授信后检查报告

| 借款人 | | 借款时间 | | | |
|---|---|---|---|---|---|
| 贷款金额 | | 贷款余额 | | 发放时间 | |
| 贷款形态 | □ 正常 | | | 检查方式 | |
| | □ 违约 | 违约期数（月） | | | |

借款人及贷款重大变化情况：
1. □ 借款人未按合同约定的日期和金额归还贷款本息
2. □ 借款人有违法、违纪等不良行为，受到法律、行政、经济制裁或处罚
3. □ 借款人职业处于不稳定状态，收入明显下降
4. □ 借款人健康状况严重恶化或遭受重大人身伤害，丧失或部分丧失劳动能力
5. □ 借款人死亡、宣告失踪及丧失民事行为能力，且无合法继承人、受遗赠人或法定继承人拒绝履行合同
6. □ 借款人有套取银行信用，挪用银行贷款的行为
7. □ 借款人所购的房屋及其他财产遇不可抗拒的自然灾害或社会灾难，导致毁损或灭失
8. □ 借款人或抵押人未经银行同意，擅自将抵押物或质押的财产或权益拆迁、出租、出售、转让、馈赠或重复抵押
9. □ 借款人拒绝或阻挠银行的贷后检查，或提供虚假材料和信息
10. □ 借款人居所和联系方式经常变动，银行不能有效判断借款人情况和贷款实际使用情况
11. □ 因抵（质）押物贬值，其价值低于贷款本息和；或抵（质）押物受到损害，抵（质）押权难以或不能实现
12. □ 期房项目未按正常进度完工，或在约定时间内，未能办妥房地产权证，进行有效抵押
13. □ 保证人的保证能力和资格出现问题
14. □ 新法律法规使借款合同出现法律方面的缺陷和问题
15. □ 贷款手续及信贷档案不齐全，主要文件或凭证遗失，对债权有实质性影响
16. □ 贷款人已要求履行保证、保险责任及诉诸法律的借款案由
17. □ 其他

| 贷后客户经理意见： 　　　　　　　　　　　　　　　　　　　　签名： 　　　　　　　　　　　　　　　　　　　　　　年　月　日 |
|---|

| 授信部门主任意见： 　　　　　　　　　　　　　　　　　　　　签名： 　　　　　　　　　　　　　　　　　　　　　　年　月　日 |
|---|

【单元实训】

**实训项目**：贷款授信后检查。

**实训资料**：分组搜集的公司或个人贷款授信资料。

**实训要求**：撰写贷款授信后检查报告。

**实训方式**：分组讨论、模拟银行客户经理授信后检查的完整过程、展示实训成果。

## 任务三  银行授信资产风险分类和风险预警

【教师任务】
1. 指导学生学习掌握银行授信资产风险分类的概念和方法
2. 指导学生学会针对具体案例进行授信资产风险分类的操作
3. 指导学生掌握信用风险预警的概念、预警方法、预警信号
4. 指导学生学会针对具体案例进行授信风险预警流程操作

【学生任务】
1. 掌握银行授信资产风险分类的概念和方法
2. 会进行授信资产风险分类的操作
3. 掌握授信信用风险预警的概念、预警方法、预警信号
4. 掌握对银行授信案例信用风险预警的操作流程

### 教学活动1  银行授信资产风险分类

【活动设计】

借助对引入案例的分析，讲解我国银行授信资产风险分类的方法，指导学生针对具体案例进行风险分类。

【案例导入】

张某从某村镇银行申请个人大额经营性贷款 50 万元用于蔬菜大棚种植，期限为 9 个月（2013 年 3 月 10 日至 2013 年 12 月 10 日），约定贷款利率为 5.57%，还款方式为分期等额还款。同时，王某为其提供连带责任保证。截至 2014 年 2 月 5 日时，由于蔬菜大棚种植受到洪涝灾害，该客户暂时无力归还贷款本息；截至 2016 年 6 月 5 日该笔贷款仍未归还。

思考：2014 年 3 月 5 日和 2016 年 6 月 5 日时如何对该客户的贷款进行风险分类。

【基础知识】

一、授信资产风险分类

授信资产风险分类是指银行的授信业务部门和授信管理部门人员综合所获得的各种信息，根据授信风险程度，按照规定标准、方法、程序对授信资产质量进行全面、及时的评价与论证，把授信资产按风险大小划分为不同档次的过程。

授信资产风险分类既包括结果也包括过程，授信资产风险分类是动态的，即对授信资产所搜集的信息定期（通常按季度）进行分析、判断、审查，将审查结果分门别类进行管理。

二、我国授信资产风险的分类标准

根据中国银监会的《贷款风险分类指引》（以下简称《指引》）的规定，各类商业银行、农村合作银行、村镇银行、贷款公司和农村信用社以及政策性银行和经中国银行业监督管理委员会批准经营信贷业务的其他金融机构可参照该《指引》建立各自的分类制度，但不应低于该《指引》所提出的标准和要求。各银行都根据《指引》制定了本行的授信资产风险分类的细则，对授信资产实行12级分类管理。

依据中国银监会的《指引》按照授信资产按时、足额回收的可能性即风险程度将贷款分为五级。

1. 正常类

核心定义：借款人能够履行合同，没有足够理由怀疑贷款本息不能按时足额偿还，即有充分把握能够按时足额偿还本金。

借款人能够用正常经营收入偿还贷款本息，无论从借款人本身还是从外部环境看，都不会影响贷款按时足额偿还，正常贷款的基本特征就是"一切正常"。

2. 关注类

核心定义：尽管借款人目前有能力偿还贷款本息，但存在一些可能对偿还产生不利影响的因素。

同正常贷款一样，借款人能够用正常经营收入偿还贷款本息，但是存在潜在的缺陷，可能影响贷款的偿还，划分时要抓住"潜在缺陷"这一基本特征。从动态的角度考虑，如果这些不利因素消失，则可以重新划为正常类；如果情况恶化，影响本息偿还则要划为次级类。

3. 次级类

核心定义：借款人的还款能力出现明显问题，完全依靠其正常营业收入无法足额偿还贷款本息，即使执行担保，也可能会造成一定损失。

次级类贷款是不良贷款的分界线，划分时要格外审慎。借款人必须靠正常营业收入之外的其他来源偿还贷款本息，有可能造成一定损失的至少划为次级类。次级贷款的基本特征是"缺陷明显，可能损失"。

4. 可疑类

核心定义：借款人无法足额偿还贷款本息，即使执行担保，也肯定要造成较大损失。

可疑类贷款具有次级类贷款的所有表现，只是程度更加严重，往往是因重组或诉讼等原因损失程度难以确定而划为可疑类。划分可疑贷款要把握"肯定损失"这一基本特征。

5. 损失类

核心定义：在采取所有可能的措施或一切必要的法律程序之后，本息仍然无法收回，或只能收回极少部分。

损失类贷款的基本特征是"损失严重"。无论采取什么措施和履行什么程序，贷款都注定要全部损失或收回价值微乎其微，已经没有意义将其作为信贷资产在账面上保留。

这里需要注意的是，贷款划分为损失类只是账面的处理，是银行内部对其真实价值的确认，并不代表放弃债权，仍应该继续催收。

在授信资产分类中一个重要标志是时间因素。逾期贷款中本息偿还逾期在30天以内的贷款可视为正常贷款，但如果发现借款人的财务状况很差，或净现金流量为负值，则贷款应划为关注或关注以下；贷款本息逾期31天到180天，应至少划为关注类，逾期181天到360天，至少划为次级类；逾期361天到720天，至少划为可疑类；721天以上的归为损失类。

对于消费类贷款如住房按揭贷款、家用轿车贷款、旅游贷款和助学贷款，由于借款人不编制财务报告，银行无法判断其财务状况，一般是根据还款记录、担保条件和贷款逾期情况进行分类。如住房按揭贷款如果贷款本金或利息拖欠贷款3次或90天以内，应归为关注类；拖欠贷款4~6次或180天内，应归为次级类，拖欠贷款7次或180天以上，应归为可疑类；拖欠贷款12次或360天以上，应归为损失类。另外住房按揭贷款除考虑月供拖欠情况外，还应根据具体担保条件对其进行拆分，以便更准确地反映住房按揭贷款的损失程度。

《指引》对贷款以外的其他各类资产，包括表外项目中的直接信用替代项目，应根据资产的净值、债务人的偿还能力、债务人的信用评级情况和担保情况也划分为正常、关注、次级、可疑、损失五类，其中后三类合称为不良资产。

### 三、我国银行授信资产风险分类的业务处理

银行授信资产风险分类的步骤和工作内容，如图6-2所示。

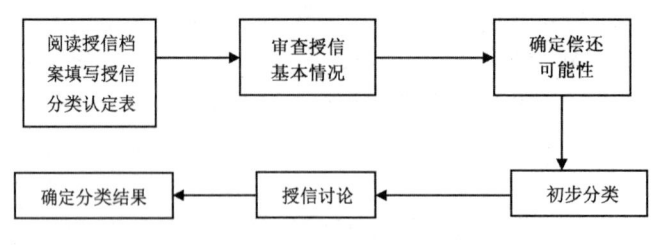

图6-2 单笔授信分类流程

（一）阅读授信档案，填写授信分类认定表

1. 阅读授信档案

通过阅读授信档案，了解授信客户的基本信息、财务状况、重要文件、往来信函、借款人还款记录和银行催款通知书、贷款检查报告。

2. 填写授信分类认定表

把阅读档案所获得的信息，填写到授信分类认定表的相应栏目。它是授信分类过程记录的载体，一切对授信客户履约还款有重要影响的因素都被记录在相应的栏目内，它贯穿授信分类过程的始终，汇集和浓缩了授信客户的相关信息。

（二）审查授信的基本情况

1. 授信实际用途是否与合同约定一致

2. 审查当前的还款来源是否与约定的一致以及第二还款来源的可靠性和充足性，如抵押物的清偿、重新筹资及担保人偿还情况等

3. 资产转化周期是否与授信审批资料的描述相一致

资产转化周期是银行授信资金由金融资本转换为实物资本，再由实物资本转换为金融资本的过程，要审查借款人实际的资产转化周期与授信审批资料的描述是否相一致。

4. 还款记录情况

还款记录中有没有逾期。如有，审查逾期天数及次数情况。

（三）确定偿还的可能性

确定偿还的可能性主要审查分析授信客户的还款能力、还款意愿、贷款偿还的法律责任、贷款的担保和银行的信贷管理能力等五个方面。

1. 还款能力

还款能力主要是从财务分析与非财务分析两个方面来审查。

2. 还款意愿

在实务中的审核，主要是以是否存在违约记录为标志，没有违约是最低限度。

3. 贷款偿还的法律责任

贷款偿还的法律责任主要审核法律文书的规范性、责任条款是否明确。

4. 贷款的担保

贷款的担保主要是评估抵押物、质押物和保证人的担保程度或覆盖风险程度。

5. 信贷管理能力

信贷管理能力主要是分析经办行的信贷管理能力，一般来说上级行或外部监管机构检查授信质量时，将经办行的信贷管理水平作为一个总体因素进行考虑。经办行信贷管理水平高，不良资产比率就会低，反之就会高，信贷管理能力影响到授信资产质量。

（四）初步分类

依据授信分类的标准、抓住各类授信的特征，开始对该笔授信业务初步分类，确定授信分类结果。

（五）授信讨论

授信资产分类的分析人员、授信经办人员和授信管理人员就被检查的授信资产质量、授信管理情况进行讨论，同时将授信分类结果与经办行自己的分类结果进行比较，从中找出两者的差异，对初步分析结果进行必要的调整。

（六）确定分类结果

根据对授信客户还款履约的可能性的分析、初步分类和充分讨论，再比照各类授信的定义和特征，对授信的信用风险程度进行再判断，最后授信风险管理部门工作人员将该笔授信的结论填写在授信分类认定表中的相关栏目，并填写"影响授信偿还的有利与不利

因素"和"授信分类理由",完成授信分类认定表的填写。

## 教学活动2　银行授信风险预警方法

【活动设计】

借助对引入案例的分析,讲解银行授信风险预警的概念、方法和风险预警信号,指导学生对搜集案例进行风险预警操作。

【案例导入】

××纸业股份有限公司流动资金贷款 900 万元

××纸业股份有限公司主营"青山"牌系列纸制品,主要产品:$70\sim110g/m^2$ 系列纸袋纸、$60\sim120g/m^2$ 系列精制牛皮纸、$110\sim250g/m^2$ 系列高强牛皮箱板纸、全木浆牛皮卡纸、$80\sim160g/m^2$ 系列高强瓦楞纸、浆粕。

2014年10月15日,××纸业股份有限公司因急需采购2 700吨双氧水,向中国工商银行××分行申请流动资金贷款900万元,以厂房设备作抵押,经评估的抵押物价值1 500万元。该贷款通过审核,签订了借款合同,办理了厂房设备的抵押手续,合同约定借款期限为3个月。

2015年1月9日银行客户经理对××纸业股份有限公司的专项检查结果如下:

××纸业股份有限公司更换了董事长、账户回款时间延长、长期拖欠供应商货款、出现了因产品质量问题退货、申请破产。

思考:应如何进行授信风险预警?对该银行的信用风险预警作出怎样的评价?

【基础知识】

### 一、什么是银行授信风险预警

银行授信风险一般特指其授信的信用风险。银行授信风险预警是指银行风险管理部门根据非现场监管、现场检查和其他渠道获得的信息,通过一定的技术手段,采用专家判断和时间序列分析、层次分析和功效计分等模型分析方法,对客户信用风险状况进行动态监测和早期预警,实现控制风险的防错和纠错机制。

银行授信风险预警是银行对尚未出现风险损失的授信进行潜在性风险的预测,需要风险专家即银行风险经理在通过对大量信息的分析,预测、发现捕捉那些对授信安全有潜在不利影响的因素,风险经理提出的风险预警是建立在客户经理提供的授信客户信息基础上运用专门方法完成的,风险经理必须具备高度的责任感、敏锐度、洞察力和可靠的信息渠道。

### 二、我国银行授信风险预警方法

在国内银行实际工作中,通常是根据风险产生的原因,分三个方面进行风险预警。

### （一）行业风险预警

行业风险预警属于中观层面的预警，主要包括对行业环境、行业经营风险、行业财务风险、行业重大突发事件等行业风险因素进行预警。

### （二）区域风险预警

区域风险通常表现为区域政策法规的重大变化、区域经营环境的恶化以及区域内经营管理水平下降、区域授信资产质量恶化等。区域风险预警中常用的一些主要措施包括区域风险监测与预警、建议调整区域授信政策、建议调整区域授信授权、建议调整区域资产质量计划和实施内部风险监管等。

### （三）授信客户风险预警

不良授信资产不是一夜之间形成的，是渐变的。在授信资产质量恶化前，会出现许多预警信息，客户风险监测和预警就是要及时探测出这些信息并提前采取措施。风险经理对客户风险监测分为财务风险监测和非财务风险监测两类。

## 三、银行授信风险预警信号

风险可能来自于行业发展状况、地区经济发展状况、客户经营状况等，但信用风险直接来源是授信客户，在此重点介绍一下客户风险预警的信号，如表6-3：

表6-3　　　　　　　　　　　授信客户风险预警信号

| 信号来源 | 常见的早期风险预警信号 |
| --- | --- |
| 客户品质 | （1）企业负责人失踪或无法联系。<br>（2）客户不愿意提供与信用审核有关的文件。<br>（3）在没有正当理由的情况下撤回或延迟提供与财务、业务、税收或抵押担保有关的信息或要求提供的其他文件。<br>（4）资产或抵押品高估。<br>（5）客户不愿意提供过去的所得税纳税单。<br>（6）客户的竞争者、供货商或其他客户对授信客户产生负面评价。<br>（7）改变主要授信银行，向许多银行借款或不断在这些银行中间借新还旧。<br>（8）客户频繁更换会计人员或主要管理人员。<br>（9）作为被告卷入法律纠纷。<br>（10）有破产经历。<br>（11）有些债务未在资产负债表上反映或列示。<br>（12）客户内部或客户的审计机构使用的会计政策不够审慎。 |
| 客户的银行账户 | （1）客户在银行的头寸不断减少。<br>（2）对授信的长期占用。<br>（3）缺乏财务计划，如总是突然向银行提出借款需求。<br>（4）短期授信和长期授信错配。<br>（5）在银行存款变化出现异常。<br>（6）经常接到供货商查询核实头寸情况的电话。<br>（7）突然出现大额资金向新交易商转移。 |

续表

| 信号来源 | 常见的早期风险预警信号 |
|---|---|
| 客户的银行账户 | （8）对授信的需求增长异常。<br>（9）经常出现止付支票和退票。<br>（10）应付票据展期过多，逾期但未赎。<br>（11）要求借款用于偿还其他银行贷款。<br>（12）要求借款用于炒作本公司股票或用于其他投资活动。<br>（13）贷款需求剧增或变动异常。<br>（14）未按要求不足抵押品的差额、拖欠税金或租金。<br>（15）贷款的担保人突然要求解除担保责任。<br>（16）借款人被其他债权人追讨欠款。<br>（17）借款人不能按期支付利息等。 |
| 财务报告 | （1）多次延误提供财务报表及有关文件，或财务报表不完整、不连续。<br>（2）有保留的会计师审计报告。<br>（3）存货及应收账款增长超过销售的增长幅度。<br>（4）经营成本的增幅远远超过销售收入的增幅。<br>（5）销售额连续下降或损失连续上升。<br>（6）相对于销售利润而言，总资产增长过快，流动资金占总资金的比重下降。<br>（7）不合理地改变或违反会计准则，如折旧计提方法和存货计价法等。<br>（8）以短期融资做长期投资。<br>（9）呆账增加，或拒绝提取呆账及损失准备。<br>（10）应收账款、应付账款的金额、账龄出现异常的增长等。 |
| 企业管理层及与银行关系 | （1）董事会或其他高级管理层发生重大人事变动，影响公司运作。<br>（2）公司主要负责人高龄，或监控状况恶化，接班人不明确或接班人能力不足。<br>（3）某负责人独断专行、刚愎自用，限制了其他负责人能力的发挥。<br>（4）无故更换会计师或管理层人士。<br>（5）管理层主要成员家庭出现问题。<br>（6）与以往合作的伙伴不再进行合作。<br>（7）不遵守授信的承诺。<br>（8）管理层能力不足或构成缺乏代表性。<br>（9）用人不当，各部门之间缺乏协调和配合。<br>（10）财务计划和报告质量下降。<br>（11）业务战略频繁变化，缺乏长远的经营策略，急功近利。<br>（12）对竞争变化或其他外部条件变化反应迟缓，缺少对策。<br>（13）核心盈利业务削弱和偏离。<br>（14）对银行的态度发生变化，缺乏坦诚的合作态度。<br>（15）在多家银行开户，或经常转换往来银行。<br>（16）故意隐瞒与某些银行的往来关系。 |

续表

| 信号来源 | 常见的早期风险预警信号 |
|---|---|
| 企业经营状况 | （1）经营管理混乱，如存货大量积压、环境差、员工老化缺乏培训、工作纪律松弛。<br>（2）设备陈旧、维修不善、运转率低。<br>（3）核心业务发生变化，或无核心业务，过分追求业务多元化。<br>（4）缺乏操作控制、程序和质量控制等。<br>（5）销售旺季仍有存货积压。<br>（6）失去一个或多个主要客户，或企业的某大客户经济状况变坏。<br>（7）主要产品投资项目失败。<br>（8）在激烈的市场竞争中，如技术、人才、资金处于不利地位。<br>（9）市场份额下降。<br>（10）生产规模过度扩张。<br>（11）与主要供应商关系紧张。 |
| 客户履约能力 | （1）成本和费用失控。<br>（2）现金流出现问题。<br>（3）产品或服务的市场需求下降。<br>（4）还款记录不正常。<br>（5）欺诈，如在交易对方付款后故意不提供相应的产品或服务。<br>（6）弄虚作假（如伪造或涂改各种批准文件或相应的业务凭证）。<br>（7）对财务分析的某些趋势未作解释（如市场份额的快速下降）。<br>（8）公司内部谣言四起，人心涣散。<br>（9）未按合同约定还款。 |

## 教学活动3　银行授信风险预警操作流程

【活动设计】

借助对引入案例的分析，使学生掌握银行授信风险预警的操作流程，指导学生针对授信案例，进行信用风险预警业务操作。

【案例导入】

### ××有限公司技术改造贷款1 900万元

××有限公司为了提高产品质量决定购买新设备，2015年10月15日向中国工商银行××分行申请技术改造贷款1 900万元，以厂房和设备作抵押，经评估抵押物价值为2 500万元。该贷款通过审核，签订了借款合同、抵押合同，办理了厂房设备的抵押手续，合同约定借款期限为3年。

2016年1月15日银行客户经理对××有限公司的专项检查结果如下：

××有限公司账户回款时间延长、长期拖欠供应商货款、出现了因产品质量问题退货、申请破产。

思考：中国工商银行××分行风险经理收到客户经理提供的贷后检查信息，该如何进行风险预警？

【基础知识】

银行授信风险预警操作步骤及工作内容，如图6-3所示。

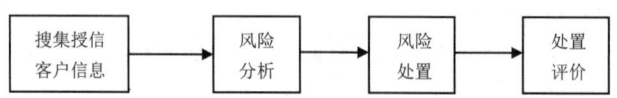

图6-3 银行授信风险预警操作流程

一、搜集授信客户信息

风险管理部门搜集与授信客户有关的所有消息，包括客户经理等提供的信息和外部取得的信息，并录入银行信用风险管理系统。

---

**相关链接6-1**

**授信客户信息资料的种类**

1. 授信档案

银行授信档案是指申请授信的客户自与银行发生授信业务关系过程中，形成的记录和反映授信业务的重要文件和凭据，主要包括：贷款调查报告、贷款审批书、贷款合同、抵（质）押担保合同及登记表、贷后调查报告、企业的财务报告等。银行授信档案是每笔授信业务从贷款的受理收回，每个阶段业务办理过程的情况记录和责任担当。

2. 授信档案中的评估资料

通过授信档案中客户的评估资料，可以发现客户经营情况和财务情况的变化、抵质押物价值的变化、担保人担保资格和能力的变化，尤其注意在复重抵押中，对新设抵押权登记保持关注和监测，防止其他抵押权人行使抵押权而本行不知情，发现和筛选风险预警信号。

3. 定期召开信贷分析汇报会资料

分析借款人的情况、贷款使用情况、发现、分析、整理、评估风险预警信号，提出解决办法和可操作的措施等资料。

4. 对借款人的调查资料

定期召开借款人座谈会，频繁与借款人的管理层、财务人员和销售人员接触，并实地调查借款人的经营、管理、财务、债务、银行账户、客户关系、银行往来等的状况形成的资料。

---

二、风险分析

将所收集的信息通过适当的分层处理、甄别和判断后，输入预测系统和预警指标体系中。预测系统运用预测方法对未来内外部环境进行预测，预警指标体系经过运算估计出未来市场和客户的风险状况，把所输出结果与预警参数进行比较，以便作出是否发出预警以及发出何种程度的警报的判断。

### 三、风险处置

风险预警处置是借助预警操作工具对银行经营全过程进行全方位实时监控考核，在接收风险信号、评估、衡量风险基础上提出有无风险、风险大小、风险危害程度及风险处置、化解的过程。

#### （一）风险处置方式

按照阶段划分，风险处置可以分成预控性处置和全面性处置。

1. 预控性处置

预控性处置是指在风险预警报告已经做出，而决策部门尚未采取相应措施之前，有风险预警部门或决策部门对尚未爆发的潜在风险提前采取控制措施，以避免风险损失扩大。

预控性处置也可以由银行的预控对策系统来完成，根据风险警报的类型和性质调用对策集合，进行辅助决策。

2. 全面处置

全面性处置是银行对风险的类型、性质和程度进行系统详细的分析后，从内部组织管理、业务经营活动等方面采取措施来控制、转移或化解风险，使风险预警信号回到正常范围。

#### （二）风险处置措施

客户风险预警信号出现后，客户部门负责人应组织力量积极进行控制和化解。要根据风险的程度和性质，采取相应的风险处置措施，风险处置措施一般包括：

（1）列入重点观察名单。

（2）要求客户限期纠正违约行为。

（3）要求增加担保措施。

（4）暂停发放新授信或收回已发放的授信额度等。

通常对于出现较大风险的授信，授信业务部门无法自行在 3 个月内控制和化解处置的，应视授信金额大小和风险状况及时报告授信审批行风险管理部门，授信审批部门也及时调整客户分类和授信方案，资产保全部门介入资产处置的同时稽核部门介入风险责任认定。

---

**相关链接 6-2**

正常贷款演变为问题贷款以至坏账一般会经历下列一系列可预测阶段。

安全区

该区表示借款人开始出现问题，这些问题可能已经表现出来，也可能是潜在的，贷款状况变坏的确切时间虽不能确定，但从历史经验来看，可以把这段时间定格在数月内还是相当准确可靠的。授信业务部门岗位通过分析授信客户财务和非财务两种类型的征兆来发现问题，并采取措施，贷款会重新回到满意状态。

傻瓜区

授信经营部门发现问题，如果借款人不予配合，银行要求借款人归还贷款并终止银企关系，借款人通常通过向其他银行融资来归还本银行借款，这家银行通常被称为"大傻瓜"。傻瓜银行的出现，是解决问题的关键，这也说明授信客户还有一定的吸引力，但当其吸引力一旦消失，很难找到傻瓜银行，已授信银行的资产就必然变为不良。

过渡区

如果借款人很难找到潜在的傻瓜银行，借款人逐渐认识到必须与原授信银行合作，此时银行选择的措施是否恰当是十分重要的，采取的措施是否得当成为解决问题的关键。选择之一是实施完善的拯救计划，例如通过追加贷款使企业走出困境，使潜在不良贷款变为正常贷款，但也可能拯救失败没能挽回企业破产结局，使原有贷款变为不良，新增贷款也沉淀了，扩大了不良资产规模。当然也可以选择让授信客户立即还款，这样可能加速授信客户破产清算，但银行可能由于收回贷款及时而控制不良资产扩大，银行如何做出选择必须充分进行论证。

车费区

该区也叫清算收账区。通常授信客户的清算行为完成，银行和其他债权人都收回贷款或债权，只给借款人留下少许"车马费"。银行必须建立一套一旦达不到目标就采取应急措施的机制，要注意企业多利用这个时机逃废债务。

泰坦尼克区

在这个区域借款人必然丧失其所有权益，银行将丧失部分或全部的贷款。一般采取专家处理方式，由部门来处理，力争使损失降到最低。

【单元实训】

**实训项目**：银行授信风险预警。
**实训资料**：分组搜集的银行贷款授信案例。
**实训要求**：针对所搜集的银行贷款授信案例作授信风险预警。
**实训方式**：分组讨论、记录讨论过程、展示实训成果。

## 任务四
## 银行授信到期处理

【教师任务】
1. 指导学生学习掌握授信到期处理的主要形式
2. 指导学生学习掌握正常回收、提前归还和展期处理三种业务的处理要点

【学生任务】
1. 掌握授信到期处理的主要形式
2. 掌握正常回收、提前归还和展期处理三种业务的处理要点

## 教学活动 1　银行授信到期的三种情形

【活动设计】

借助对引入案例的分析，讲解银行授信到期的三种情况和业务处理要点，使学生能够针对具体案例正确处理相应业务。

【案例导入】

### ××有限公司流动资金贷款人民币 800 万元

2015 年 10 月 15 日，××有限公司因资金临时性短缺，又急需采购 2 700 吨双氧水，故向银行申请流动资金贷款人民币 800 万元，以价值人民币 1 200 万元的 1 栋厂房作为抵押，签订了借款合同和抵押合同。合同约定借款期限为 9 个月，到期一次还本付息，利率 5.75%。

2016 年 7 月 15 日，××有限公司贷款到期。

假定，(1) 次日归还了银行全部贷款本息；(2) 2016 年 6 月 15 日××有限公司，因资金周转困难，所以申请贷款展期，但该公司有三笔应收账款共计人民币 1 200 万元，于 3 个月后收回到账。

**思考：** 该案例假定（1）、（2）分别属于授信到期的那种情形？

【基础知识】

### 一、什么是授信到期和授信到期处理

授信到期有两种含义，一是按照合同约定授信期满；二是授信客户主动或被动提前履行还本付息义务，或授信客户或银行提前解除授信合同而使授信到期。

授信到期处理是指授信到期后贷款本息偿还或其他授信期满而了结授信的有关事宜。一般分为正常回收、提前归还和授信展期三种情况。以贷款授信说明三种授信到期处理的情形。

### 二、正常回收

正常回收是指客户依据合同约定的偿还时间偿还贷款本息。根据国家相关法律、法规，授信客户有义务按照授信合同的约定及时清偿贷款本金和利息，一般按照合同约定银行有权从客户账户上划收贷款的本金和利息。

### 三、提前归还

（一）什么是提前归还

提前归还指客户改变贷款授信合同约定的还款计划，提前偿还贷款的全部或部分贷款以缩短原贷款期限的行为。根据授信客户是否是自愿的可分为：客户主动要求提前还款和

银行要求客户提前还款或强制性收回两种。

### （二）客户主动提前还款

1. 客户主动提前还款的原因

（1）流动资金贷款人应收账款提前回款、销售回笼货款速度加快。

（2）固定资产贷款人或项目贷款人项目提前完工并取得比预期好的经济效益，还贷能力增强。

（3）消费贷款的借款人取得额外收入。

由于以上原因，借款人为了减少利息支出，希望提前归还银行贷款，向银行提交提前还款申请。

2. 提前还款的规定

在当前银行实务中是允许贷款客户提前还款的，但通常在贷款合同中为了维护借贷双方的权益，都载明提前还款条款。提前还款条款通常有如下规定：

（1）未经银行书面同意不得提前还款。

（2）借款人可以在贷款协议规定的最后支款日后、贷款到期日前的时间内提前还款。

（3）借款人应在提前还款日前 30 天或 60 天内以书面形式向银行递交提前还款的申请书，其中应列明借款人要求提前偿还的本金金额。

（4）借款人发出的提前还款申请书是不可撤销的，在银行批准提前还款申请后，借款人有义务据此提前还款。

（5）借款人可以提前偿还全部或部分本金，如果偿还部分本金的，其金额应至少等于分期还款的一期还款额或为分期还款的一期还款的整数倍，并同时偿付截止该提前还款日前一天所相应发生的利息，以及应付的其他费用。

（6）提前还款应按贷款协议规定的还款计划以倒序进行。

（7）已提前偿还部分不得要求再贷。

（8）银行对于提前偿还的部分可以收取约定的费用。

### （三）银行要求客户提前归还贷款或强制收回贷款

按照贷款授信合同规定，贷款授信期间客户有下列情形之一的，经办行有停止支付客户尚未使用的授信的权力，并要求客户提前归还已使用贷款部分。

（1）拒绝接受银行授信后检查的。

（2）提供虚假或者隐瞒重要事实的资产负债表、损益表等财务资料，拒不改正，情节严重的；挤占、挪用贷款，拒不改正的。

（3）用信贷资金在有价证券、期货等交易市场从事投机经营的。

（4）未依法取得经营房地产资格的借款人用贷款经营房地产业务的；依法取得经营房地产资格的借款人，用贷款从事房地产投机的。

（5）套取银行贷款后相互借贷，牟取非法收入的。

（6）借款人或担保人未经银行同意发生兼并、合资等或即将停产、停止经营、解散、关闭、清理整顿、破产清算、卷入或即将卷入重大诉讼或仲裁及其他法律纠纷的。

（7）借款建设的项目被取消或缓建。

（8）其他违法或违规行为。

**四、授信展期**

**（一）什么是授信展期**

授信展期是指客户不能按照授信协议规定的还款计划按时偿付每期应偿付的授信金额，由客户提出申请，经银行审查同意，有限期地延长授信期限的行为。

因为授信展期或打乱了银行的资金安排（贷款授信）或增加了银行风险（非资金授信），因此客户必须提前与银行协商，经银行同意，授信才可以展期。

**（二）贷款授信展期的条件**

凡符合以下条件之一者，银行可以受理借款人提出的展期申请：

（1）由于国家调整价格、税率、利率等因素，影响借款人经济效益，造成现金流量明显减少，还款能力下降，不能按期还款的。

（2）不可抗拒的自然灾害或意外事故造成无法按期偿还贷款的。

（3）收国家经济、金融、财政、信贷政策的影响，商业银行原应按借款合同发放的贷款没有按期发放，影响借款人的生产经营，致使其不能按期还款的。

（4）借款人生产经营正常，原贷款期限约定过短，不适应借款人正常生产经营需要的。

（5）贷款本息没有逾期。

客户经理必须了解客户展期的真正原因，并判别风险的程度。如果贷款展期理由正常，可以受理；如果风险较大，应要求全部或部分偿还贷款，或要求增加抵（质）押物，或提高利率。

## 教学活动2　银行授信正常回收的业务处理

**【活动设计】**

借助对引入案例的分析，讲解银行授信正常回收的操作流程和业务处理要点，学生搜集贷款授信案例，结合案例指导学生掌握贷款授信正常回收的业务处理过程。

**【案例导入】**

针对本任务教学活动1中导入案例"××有限公司流动资金贷款800万元人民币"，假定在2016年7月15日到期的次日归还贷款本息。

**思考：** 银行贷款授信正常回收的业务处理过程。

**【基础知识】**

**一、银行办理授信正常回收的流程**

如图6-4所示。

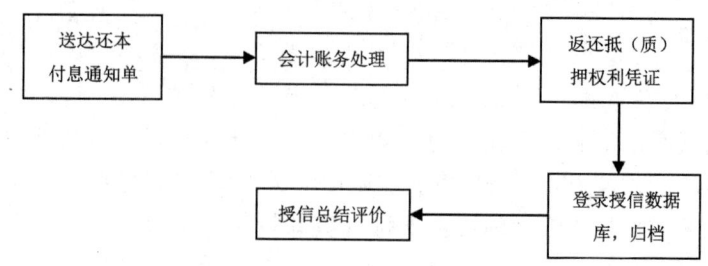

图 6-4 授信正常回收流程

## 二、银行办理授信正常回收的工作内容

**(一) 银行在贷款到期前，向借款人送达"还本付息通知书"。**

银行通常在短期贷款到期前 7 天之内，中长期贷款到期前 1 个月之内，向借款人发送"还本付息通知书"，如表 6-4 所示。

表 6-4　　　　　　　　　　　　还本付息通知书

| |
|---|
| ＿＿＿＿＿＿＿（借款人全称）：　　　　　　　编号：<br>　贵公司于　　年　月　日由　　　　提供（抵、质押）担保与我行签订　　　号借款合同，从我行借款人民币（大写）＿＿＿＿＿＿，此笔借款将于　　年　月　日到期。<br>　望在收到本通知后，积极回笼资金，并于借款到期日将款项存入贵公司在我行开立的账户上，确保按合同约定期限足额还本付息。<br>　　　　　　　　　　　　　　　　　　　　　　　　　　　贷款人（公章）：<br>　　　　　　　　　　　　　　　　　　　　　　　　　　　送达人（签字）：<br>　　　　　　　　　　　　　　　　　　　　　　　　　　　　　年　月　日 |
| 今收到＿＿＿＿＿银行（营业部）＿＿年＿＿月＿＿日签发的编号为＿＿＿《还本付息通知书》。特此复函。<br>　　　　　　　　　　　　　　　　　　　　　　　　　　　借款人（公章）：<br>　　　　　　　　　　　　　　　　　　　　　　　　　　　签收人（签字）：<br>　　　　　　　　　　　　　　　　　　　　　　　　　　　　　年　月　日 |
| 注：本通知书一式二份，借款人签收后退贷款银行一份作为回执，借款人留存一份。 |

**(二) 会计账务处理**

贷款授信到期日，借款人按照合同约定的还本付息方式主动还款的，客户在收到还本付息通知单后，会及时筹措资金、及时还本付息。

为方便还款，防止发生贷款逾期而被罚息和影响借款人信用，借款人一般与授信银行签订划款授权协议，便于借款人在贷款到期时自动还款。如果借款人与银行签订了"划款授权书"，授信业务部门就依照约定，在贷款到期日通知会计部门从借款人账户扣收本息。具体做法是，会计部门填制扣款凭证，通过计算机自动完成，对于本金部分：借记客户在银行的存款账户，贷记客户在银行的贷款账户；对于利息部分：借记客户在银行的存款账户，贷记应收利息。

（三）返还抵（质）押权利凭证，办理登记注销手续

借款人归还全部本金利息后，或非资金授信合约到期，银行返还抵（质）押权利凭证。抵（质）押权利凭证保管部门凭会计部门递交的还款凭证和客户提交的抵（质）押物清单，按照有关规定到会计部门办理拆包手续，返还抵（质）押权利凭证，并作签收登记。对于设定抵（质）押登记的，及时与抵押人和质押人共同到登记部门办理注销手续。如果是保证贷款或其他保证授信的，在借款人全部还本付息或其他授信到期后，保证合同自动失效。

（四）登录授信数据库，归档

授信结清后，授信业务部门岗位应及时在本行的授信管理系统和中国人民银行的信贷登记咨询系统录入此笔授信结清的相关信息，如在借款人和担保人的贷款卡（证）上进行贷款回收、担保撤销登记，对于文本资料要按规定归档保存。

对于在授信到期日未结清本息的，例如在还本付息日当天营业时间结束前，借款人未向银行提交偿还贷款本息的支票（人民币）或支取凭条（外币）的，并且其偿债账户或其他存款账户中的存款余额不足以让银行主动扣款的，该笔贷款即转为逾期贷款。授信业务部门岗位对逾期贷款应及时填制一式三联的逾期催收通知书，分别发送到授信客户和担保人处进行催收。会计部门从贷款授信业务到期日的次日起计收逾期贷款利息。

对于非贷款授信业务到期时授信客户未能履行合约由银行垫款代为偿付或赔付的，将所偿付或赔付的金额转为贷款，并开始计收贷款利息。

（五）授信总结评价

授信全部结清后，客户经理应对授信项目和授信工作做全面的总结以利于吸取经验教训，供其他客户经理参考借鉴。总结评价的内容主要包括：

1. 授信基本评价

主要就授信的基本情况进行分析和评价，重点从客户选择、授信综合效益分析、授信方式选择等方面进行总结。

2. 授信管理中出现的问题和解决措施

主要分析出现的问题及其原因，说明针对问题采取的措施和最终结果，从中总结的经验教训，对避免类似问题发生提出的建议。

3. 其他有益经验

针对管理过程中其他有助于提升贷后管理水平的经验、心得和处理方法进行总结。

## 教学活动3  银行授信提前归还的业务处理

【活动设计】

借助引入的贷款提前归还案例的分析，讲解贷款授信提前归还的操作流程和要点，指导学生针对具体案例进行分析讨论、掌握贷款提前归还的操作要点。

【案例导入】

针对本任务教学活动1案例导入的资料"××有限公司流动资金贷款800万元人民币",在授信后检查中发现:××有限公司更换了董事长、账户回款时间延长、长期拖欠供应商货款、出现了因产品质量问题退货、存在挪用贷款现象,银行作出了强制××有限公司提前还款的决定。

思考:强制提前还款的业务如何办理?

【基础知识】

### 一、银行贷款授信客户自愿提前还款的业务处理

(一) 贷款授信客户自愿提前还款的流程

借款人根据自己的需要,可以按照贷款合同规定自愿提前归还尚未到期的贷款。操作流程如图6-5所示。

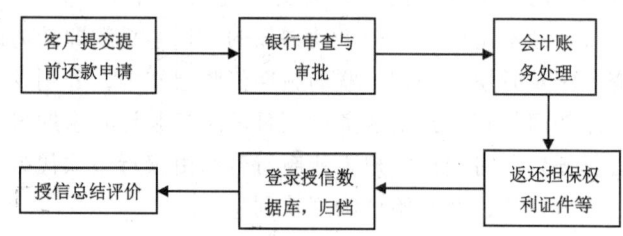

图6-5 贷款授信自愿提前还款流程

(二) 银行贷款授信客户自愿提前还款的工作要点

1. 客户向银行提交提前还款申请书

客户要求提前还款的,应于提前还款日前10～30天,以书面形式向银行递交提前还款申请书,主要内容包括:申请人全称、借款合同号、借款金额、提前还款原因、拟提前还款日期、提前还款金额、提前还款账号、承担提前还款违约赔偿金的意愿。

2. 银行审查与审批

客户经理在收到客户提前还款申请书后,进行审查、并提出是否同意的审查意见。客户经理需要审查的内容为:①借款人是否已结清提前还款日之前的所有到期贷款本息;②借款人是否同意支付一定的提前还款违约赔偿金;③借款人提前归还部分贷款时,提前还款额是否达到银行的最低额度要求;④合同另有约定的是否按照合同约定执行。

经客户经理同意提前还款的,客户经理还需提交有权人员审批。经审批同意提前还款的,客户经理通知客户办理提前还款手续;审批未通过的,也要通知客户,并做好解释工作。

3. 银行会计部门按规定从借款人账户扣收本息

如经审批同意客户提前还款的,银行会计部门即可按照约定,从借款人账户或银行卡中予以扣收贷款本金和利息。无论是借款人全额提前还款还是部分提前还款的,银行均按调整后的期限选用贷款利率并计算利息,但对已归还的贷款本金部分不再重新计算利息而进行调整。

4. 返还担保证件、办理注销登记手续

（1）对于全额提前还款的。银行授信业务部门返还抵（质）押人的抵（质）押权利凭证，及时与抵（质）押人共同到登记部门办理注销手续，以解除抵（质）押。并登录信贷管理数据库录入相关信息归档；如果是保证贷款，在借款人全部还本付息后，担保合同自动失效。解除抵押的具体手续参考正常回收操作步骤中的相关内容。

（2）对于部分提前还款的。若涉及解除部分抵（质）押权的，还应办理部分抵（质）押权的解除手续。

5. 登记授信数据库，归档

贷款本息全部结清后，应及时在本行的授信管理系统和中国人民银行的信贷管理征信咨询系统录入该笔贷款授信结清的相关信息，对于文本资料要按规定归档保管。

6. 授信总结评价

与正常回收的操作步骤相关内容一致，不再赘述。

### 二、银行贷款授信客户强制提前还款的业务处理

当贷款授信客户存在银行规定的情形之一时（参照本任务教学活动1相关内容），银行有权强制要求借款人提前还款或强制收回贷款。其操作流程从银行授信业务部门岗位发出强制还款通知书开始，然后进入会计处理程序，其工作要点参照客户主动提前归还贷款的业务处理。

## 教学活动4　银行授信展期的业务处理

【活动设计】

借助对引入案例的分析，讲解银行授信展期的操作流程与要点，结合具体案例指导学生分析讨论银行授信展期的业务处理要点。

【案例导入】

针对本任务教学活动1导入案例的资料"××有限公司流动资金贷款800万元人民币"，在贷款到期前1个月，××有限公司申请贷款展期，理由是：有3笔应收账款在3个月后将收回到账，目前资金周转困难，银行同意××有限公司贷款展期3个月。

**思考**：贷款展期的业务如何办理？

【基础知识】

银行授信展期包括贷款授信展期和非资金授信展期，如担保类授信、承诺类授信都存在展期问题，在此以贷款授信展期为例，说明银行授信展期业务处理。

### 一、银行贷款授信展期流程

如图6-6所示。

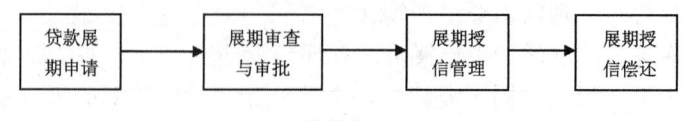

图 6-6 贷款授信展期流程

## 二、银行贷款授信展期的工作要点

### (一) 贷款授信展期申请

贷款客户不能按期偿还贷款的,应在贷款到期前 1 个月提出展期申请,填写"借款展期申请书",说明展期理由、展期期限、展期还本付息、付费计划和采取的补救措施。并提交下列材料:

(1) 财政部门核准或会计师(审计)事务所审计的上年度和最近一期的财务报表;
(2) 国家调整价格、税率、税种的有关文件;
(3) 有关部门出具的灾害或意外事故的证明材料;
(4) 国家有关部门调整项目投资计划,批准停缓建的文件;
(5) 保证人的保证意向书;
(6) 产权所有人(包括全体共有人)的抵押、质押意向书;
(7) 银行要求提供的其他材料。

### (二) 授信展期的审查与审批

1. 授信展期的审查与审批程序

贷款授信展期的审查与授信审查内容基本相同,授信展期的审批与授信的审批也一样,其审查内容和审批程序参照授信审查与审批执行。

贷款展期申请未被批准的,其贷款授信从到期日的次日起,转入逾期贷款。

2. 授信展期的担保审批

由于授信展期在一定程度上说明授信客户的偿还可能存在问题,银行在授信展期审批时更应注重担保问题。

(1) 对于保证授信的展期,银行应重新确认保证人的担保资格和担保能力问题,客户申请展期前必须经过保证人的同意。担保金额除原有本息之外再加因授信展期而增加的利息费用,担保期限因客户偿还期限的延长而延长至全部贷款本息、费用还清为止。

(2) 对于抵押授信的展期,银行为减少授信的风险应续签抵押合同。并作如下审查:①审查抵押物的账面净值或委托有资质的专业评估机构评定抵押物价值,并核查其抵押率是否符合规定标准;②审核客户的授信余额是否超过应该提供的抵押物价值的,即抵押价值不足的,则必须要求抵押人补充抵押物,重新签订抵押合同。③抵押授信展期后,审核是否办理了续期的抵押登记手续;

展期合同为原合同的一部分,具有同等法律效力。归入原合同的档案中保管。

### (三) 授信展期的管理

1. 展期期限

《贷款通则》中规定:贷款只能展期一次。短期贷款展期期限不得超过原贷款期限;中期贷款展期期限累计不得超过原贷款期限的一半;长期贷款展期期限累计不得超过 3

年；国家另有规定的除外。

《个人贷款管理暂行办法》中规定：经贷款人同意个人贷款可以展期。1年以内的个人贷款，展期期限累计不得超过原贷款期限；1年以上的个人贷款，展期期限累计与原贷款期限相加，不得超过该贷款品种规定的最长贷款期限。

《流动资金贷款管理暂行办法》中规定：流动资金贷款展期的贷款人应审核贷款所对应的资产转换周期的变化原因和实际需要，决定是否同意展期，并合理确定贷款展期期限，加强对展期贷款的后续管理。

2. 展期利率

贷款的展期期限加上原期限达到新的利率期限档次时，从展期之日起，贷款利息按新的期限档次利率计收。如原来贷款期限3个月，申请展期3个月，则应按6个月期贷款利率档次计息，并由借款人对前3个月的利息补齐差额（差额＝6个月贷款利率－3个月贷款利率）。

（四）授信展期的偿还

授信业务部门岗位应特别关注授信展期贷款的偿还，应加强贷后管理，具体办理贷款偿还手续与贷款到期正常收回相同，不再赘述。

【单元实训】

**实训项目：** 银行授信到期处理。

**实训资料：** 分组搜集银行贷款授信案例。

**实训要求：** 针对所搜集案例资料，作相应的业务处理。

**实训方式：** 分组讨论、分角色模拟贷款授信到期处理过程、记录实训过程。

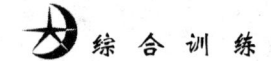

综 合 训 练

一、知识检测

（一）单项选择题

1. 贷款风险的预警信号系统中关于经营状况的信号不包括（　　）。

A. 丧失一个或多个财力雄厚的客户

B. 关系到企业生产能力的某客户的订货连续下降

C. 投机于存货，使存货超出正常水平

D. 应收账款余额或比例激增

2. 以下关于贷款偿还的描述不准确的是（　　）。

A. 贷款逾期后，银行要对应收未收的利息计收利息，即计复利

B. 对不能按借款合同约定期限归还的贷款，应当按规定加罚利息

C. 因提前还款而产生的费用应由借款人负担

D. 银行在短期贷款到期1个月之前，应当向借款人发送还本付息通知单

3. 提前还款条款的内容不包括（　　）。

A. 未经银行的书面同意，借款人不得提前还款
B. 借款人应在提前还款日前30天或60天以书面形式向银行递交提前还款的申请
C. 由借款人发出的提前还款申请是可以撤销的
D. 已提前偿还的部分不得要求再贷

4. 对贷款展期的期限表述不准确的是（　　）。
A. 短期贷款展期的期限累计不得超过原贷款期限
B. 中期贷款展期的期限累计不得超过原贷款期限的一半
C. 长期贷款展期的期限累计不得超过3年
D. 长期贷款展期的期限累计不得超过2年

（二）多项选择题

1. 对借款人的贷后监控包括（　　）。
A. 经营状况的监控　　　　　　　B. 管理状况的监控
C. 财务管理状况的监控　　　　　D. 与银行往来情况的监控

2. 企业管理状况风险主要体现在（　　）。
A. 企业发生重要人事变动
B. 最高管理者独裁，领导层不团结
C. 管理层对环境和行业中的变化反应迟缓
D. 中层管理层较为薄弱，企业人员更新过快或员工不足

3. 企业的财务风险主要体现在（　　）。
A. 经营性净现金流量持续为负值
B. 流动资产占总资产比重下降
C. 应收账款异常增加
D. 银行账户混乱，到期票据无力支付

4. 与银行往来异常现象包括（　　）。
A. 在多家银行开户
B. 对短期贷款依赖较多，要求贷款展期
C. 还款来源没有落实或还款资金为非销售回款
D. 资金回笼后，在还款期限未到的情况下挪作他用

5. 风险预警程序包括（　　）。
A. 信用信息的收集和传递　　　　B. 风险分析
C. 风险处置　　　　　　　　　　D. 后评价

6. 贷款风险的预警信号系统通常包含（　　）。
A. 有关财务状况的预警信号
B. 有关借款人与银行往来关系的预警信号
C. 有关经营者的信号
D. 有关经营状况的信号

（三）判断题

1. 银行一定要关注借款人的管理水平、管理架构、人员变化、员工士气变化以及企

业内部人员的道德风险对公司经营的影响。                                （   ）

2. 风险分析是指在风险警报的基础上，为控制和最大限度地消除银行风险而采取的一系列措施。                                                    （   ）

3. 按风险分类法分类，逾期、呆滞、呆账类贷款为不良贷款。    （   ）

4. 银行在中长期贷款到期1个月之前，应当向借款人发送还本付息通知单。（   ）

5. 银行在短期贷款到期1个星期之前，应当向借款人发送还本付息通知单。（   ）

6. 不良授信资产指到期未收回或预期难以收回的授信资产本金。  （   ）

## 二、技能训练

### （一）案例资料

××生物工程股份有限公司（下简称"公司"）成立于1989年，注册资金7 460万元。公司经营范围主要为生产经营生物化学原料、制品、试剂及其他相关制品等。2013年在××银行深圳分行贷款900万元人民币扩建一条新生产线。与银行签订的贷款合同约定，贷款利率在基准利率5.75%的基础上下浮10%，期限3年，还款方式为分期非等额还款，抵押物为第三方位于深圳市的某写字楼，总面积为2 000平方米左右（评估价值1 900万元）。

贷后检查：新项目正式经营，最初经营尚可，但是财务管理较为薄弱。2014年开始出现海外订单减少，公司销售回款缓慢，应收账款数额巨大，导致公司对其供货商付款迟缓，影响了公司的信誉。

### （二）按要求完成下列任务

（1）说明贷后检查的岗位设置及其主要工作职责、贷后检查的内容及贷后检查的方法。

（2）假定该笔贷款到期日为2014年7月15日，该公司未能如期偿还贷款本息。在2014年12月5日，如何对其按照贷款风险大小进行分类并说明分类依据。

（3）假定该笔贷款到期日为2014年7月15日，该公司如期偿还贷款本息，说明银行到期收回贷款的操作流程和业务处理要点。

# 项目七 Project 7
## 银行问题授信的管理

【知识目标】
1. 理解问题授信的概念和类型
2. 了解问题授信产生的原因和一般处置措施
3. 了解问题授信的各种处置方式

【能力目标】
1. 能够识别问题授信的类型
2. 掌握对问题授信的一般处置
3. 掌握现金清收的处理流程
4. 掌握贷款重组的处理流程
5. 掌握以资抵债的处理流程
6. 掌握呆账核销的处理流程

## 任务一
### 银行问题授信的管理

【教师任务】
1. 讲解问题授信的概念、类型和识别方法
2. 指导学生掌握识别和处置问题授信的方法

【学生任务】
1. 理解并掌握问题授信概念、类型和识别方法
2. 学会问题授信的处置方式

# 教学活动　银行问题授信及其处置措施

【活动设计】

借助对引入案例的分析，讲解问题授信的含义、类型和识别方法；指导学生讨论问题授信的处置措施。

【案例导入】

A公司为H公司贷款1 000万元提供担保；H公司贷款到期后未能足额还清本金和利息，H公司的授信银行扣划A公司存款600万元为H公司还贷，顿时A企业陷入资金紧张局面，导致A公司的2 000万元银行贷款发生欠息。

**思考：** A公司2 000万元贷款是问题授信吗？对于问题授信一般采取哪些措施？

【基础知识】

### 一、银行问题授信的概念

问题授信是指债务人不能按照贷款协议按时偿还贷款本金和利息的贷款或不能按照合约规定履行义务使银行发生垫款的授信，或已有迹象表明债务人不能按照贷款协议按时偿还贷款本金和利息的贷款或按合约履行义务的其他授信。问题授信又称不良授信和非正常授信。

### 二、银行问题授信的识别

按照授信风险五级分类方法，在正常、关注、次级、可疑、损失五级授信中，关注、次级、可疑、损失均为问题授信，其中次级、可疑和损失称为不良授信。因此不良授信一定是问题授信，但问题授信不一定都是不良授信，经过努力可以使一部分问题授信转化为正常授信。

（一）问题授信识别的流程

问题授信类型的认定流程，见图7-1。

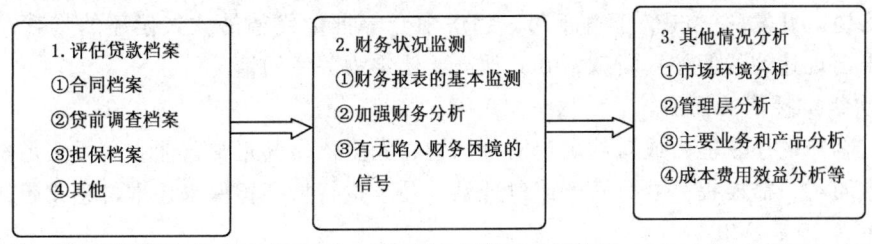

图7-1　汇总认定问题授信的类型

## (二) 各类问题授信的识别标志

### 1. 关注类授信的识别

授信客户尽管目前有能力偿还贷款本息或履约，但存在一些因素可能对偿还或履约产生不利影响。这些因素成为识别关注类授信的标志，这些因素的持续存在，可能会对授信客户的还款能力或履约能力产生不良影响。关注类贷款授信的贷款损失概率不会超过5%。

(1) 公司客户关注类授信的识别标志（即有以下情况之一的划入关注类授信）：①授信客户的销售收入、经营利润下降，或出现流动性不足的征兆，一些关键财务指标出现异常性不利变化或低于同行业平均水平；②授信客户或有负债（对外担保、签发商业汇票等）过大或与上期相比有较大幅度上升；③授信客户的固定资产贷款项目出现重大的不利于贷款偿还或履约的因素（如基建项目工期延长、预算增幅过大）；④授信客户经营管理存在重大问题或未按约定用途使用贷款或其他授信；⑤授信客户或担保人改制（如分立、兼并、租赁、承包、合资、股份制改造等）可能对贷款偿还或履约产生不利影响；⑥授信客户的主要股东、关联企业或母子公司等发生了重大的不利于贷款偿还或履约的变化；⑦授信客户的管理层出现重大意见分歧或者法定代表人和主要经营者的品行出现了不利于贷款偿还或履约的变化；⑧违反行业信贷管理规定或监管部门规章发放的授信；⑨授信客户在其他金融机构的贷款被划分为次级类贷款；⑩宏观经济、市场、行业、管理政策等外部因素的变化对授信客户的生产经营产生不利影响，并可能影响授信客户的偿还能力；⑪已处于停产和半停产状态，但抵（质）押率充足，抵（质）押物的价值远远大于贷款本息以及实现债权的费用；⑫借新还旧贷款，企业运转正常且能按约定还本付息的；⑬授信客户偿还本息能力较差，但是担保人的偿还能力强；⑭抵（质）押物的价值下降，或银行对抵（质）押物失去控制，保证有效性出现问题，可能影响贷款归还或其他授信履约。⑮本金或利息逾期（含展期，下同）90天以内的贷款，或表外业务垫款30天（含）以内。

(2) 个人客户关注类授信的识别标志（即有以下情况之一的划入关注类授信）：①贷款违约3个月（含）内；②借款人累计违约月数与贷款到期月数之比超过30%；③借款人为我行特别关注客户信息系统中"禁入"类客户；④应办未办抵押登记手续或质押冻结手续，或保证人的保证能力明显下降的贷款；⑤按揭项目停工6个月（含）以上的贷款；⑥房地产开发商、汽车经销商和二手房中介等批量代替借款人偿还的贷款；⑦经认定，尚未出现违约的假按揭贷款；⑧其他需要认定为关注的情况。

### 2. 次级类授信的识别

授信客户的还款能力或履约出现明显问题，完全依靠其正常营业收入无法足额偿还贷款本息或履约，需要提高处分资产或对外融资乃至执行抵押担保来还本付息或履约。贷款损失概率在20%~40%。

(1) 公司客户次级类授信的识别标志（即有以下情况之一的划入次级类授信）：①授信客户经营亏损，支付困难并且难以获得补充资金来源，经营活动的现金流为负数；②授信客户不能偿还其债权人的债务；③授信客户已经不得不通过出售、变卖主要的生产、经营性固定资产来维持生产经营，或者通过拍卖抵押品、履行保证责任等途径筹集还款资金；④授信客户采取隐瞒事实等不正当手段取得的授信；⑤授信客户内部管理出现问题，对正常经营构成实质损害，妨碍债务的及时足额清偿；⑥授信客户出现半停产状态，且担保为一般或较差的；⑦为清收贷款本息、保全资产等目的发放的"借旧还新"贷款；⑧可还本付息的重组贷款；⑨授信档案不齐全，重要法律文件丢失，并且对还款履约造成实质性影响；⑩授信客户在其他金融机构的授信被划为可疑类；⑪违反国家法律、行政法规发放的授信；⑫本金或利息逾期90天以上至180天（含）的贷款，或表外业务垫款30天以上至90天（含）。

（2）个人客户次级类授信的识别标志（即有以下情况之一的划入次级类授信）：①贷款违约3个月至6个月（含）；②经认定，违约3个月（含）以内的假按揭贷款；③借款人在我行或他行曾有诈骗银行贷款行为；④借款人涉及刑事或民事案件，并已影响到借款人的还款意愿及能力；⑤按揭项目停工6个月（含）以上的贷款；⑥贷款担保被认定无效，形成事实上的信用贷款；⑦其他需要认定为次级授信的情况。

（三）可疑类授信

授信客户的还款能力或履约能力明显不足，即使提高追索保证人、保险人责任，或处理抵（质）押物等方式，贷款也会发生较大损失。只是因为存在授信客户重组、兼并、合并、抵押物处理和未决诉讼等待定因素，损失金额的多少还不能确定，贷款损失概率在40%以上。

（1）公司客户可疑类授信的识别标志（即有以下情况之一的划入可疑类授信）：①授信客户处于停产、半停产状态，固定资产贷款项目处于停、缓建状态；②授信客户实际已经资不抵债；③授信客户进入清算程序；④授信客户或其法定代表人涉及重大案件，对授信客户正常经营活动造成重大影响；⑤授信客户改制后，难以落实银行债务或虽落实债务，但不能正常还本付息或履约；⑥经过多次谈判，授信客户明显没有还款或履约意愿；⑦已诉诸法律追收贷款；⑧贷款重组后仍然不能正常归还本息；⑨授信客户在其他银行的贷款被划为可疑类；⑩本金或利息逾期180天以上的贷款，或表外业务垫款90天以上。

（2）个人客户可疑类授信的识别标志（即有以下情况之一的划入可疑类授信）：①贷款违约6个月以上；②已经提起诉讼但法院尚未终结（终止）裁定，且采取多种追偿手段后仍不能还清的贷款；③贷款形态为次级，抵（质）押物已出现价值贬损或保证人保证能力明显下降，且借款人不予配合不足担保的贷款。

（四）损失类授信

授信客户已丧失还款能力或履约能力，在采取所有可能的措施或一切必要的法律程序后，仍无法收回或收回很少的贷款。贷款损失概率在95%~100%，对于这些贷款，银行按照规定程序在账面注销或按规定法律程序立即予以注销。

（1）公司客户损失类授信的识别标志（即有以下情况之一的划入损失类授信）：①授信客户被依法撤销、关闭、解散，并终止法人资格，即使执行担保，经确认仍然无法还清的贷款；②授信客户虽未终止法人资格，但生产经营活动已经停止，已经名存实亡，复工无望，即使执行担保，经确认仍然无法还清的贷款；③授信客户生产经营活动虽未停止，但产品无市场，企业资不抵债，亏损严重并濒临倒闭，且政府不予救助，即使执行担保，经确认仍然无法还清的贷款；④授信客户依法宣告破产，对其资产进行清偿，并对担保人进行追偿后未能收回的贷款；⑤经国务院专案批准核销的贷款；⑥借款人在其他金融机构的贷款划为损失类；⑦预计贷款损失率在90%以上；⑧本金或利息逾期360天以上的贷款，或表外业务垫款180天以上。

（2）个人客户损失类授信的识别标志（即有以下情况之一的划入损失类授信）：①借款人死亡，或者依据我国《民法通则》的规定宣告失踪或死亡，依法对其财产或者遗产进行清偿，并对担保人进行追偿后未能收回的贷款；②借款人遭受重大自然灾害或意外事故，损失巨大且不能获得保险补偿，或者在保险补偿后，确实无力偿还的部分或全部债务，对其财产进行清偿或担保人进行追偿后，未能收回的贷款；③借款人触犯法律，依法判处有期徒刑、无期徒刑或者死刑，其财产不足归还所借债务，又无其他债务承担者，经确认无法收回的贷款；④借款人和担保人不能偿还债务，银行诉诸法律，经法院对借款人和担保人强制执行，借款人和担保人均无财产可执行，法院裁定终结后，仍无法收回的贷款；⑤借款人或担保人涉嫌违法犯罪，被公安或检察机关立案侦查，贷款经办行为实现债权向法院对借款人和担保人提起诉讼或申请强制执行，经法院予以驳回或裁定终结、终止或中止执行，未能收回的债权；⑥贷款担保被认定无效，形成事实上的信用贷款；⑦其他需要认定为损失授信的情况。由于借款人不能偿还到期债务，贷款经办行依法取得的抵债资产金额小于贷款本息，经追偿后仍然无法收回的贷款。⑧经测算清收成本大于预期收回额的小额贷款。

### 三、问题授信形成的原因及处置措施

#### （一）问题授信形成的原因

1. 银行内部的原因

银行是授信的主体，自身管理的缺陷是问题授信形成的主要原因，具体如银行风险意识的淡薄、银行贷款制度不完善或流于形式、风险监控不得力、信贷人员品行和业务能力的不足等。

2. 授信客户的原因

授信客户也是授信业务的主体之一，是问题授信形成的最主要原因，企业"先天性体质病弱"，如资本金不足、技术落后、经营方向错误、产品滞销、法人治理结构缺损等、经营管理层品行和能力有缺陷等。

3. 宏观经济环境和政治原因

如宏观经济处于经济周期的危机和衰退期，企业破产和亏损的就多；国家政策限制要求关停并转的企业、环境污染严重的企业、创新技术企业等失败的机会多，贷款收不回的可能性也较大。

问题产生的原因就是问题解决的起点，问题授信的具体处置措施分为一般处置措施和处置方式。

#### （二）问题授信的处置措施

1. 建立问题授信报告制度

银行制定授信管理工作守则，使问题授信管理有制度保障。守则中规定：授信业务部

门岗位有责任将发现的问题授信最迟于次日营业终了前,及时向授信管理部门报送"银行信贷检查重大事项报告表",对问题授信加以简要说明,加强对逾期贷款进行催收;授信管理相关部门以解决问题为出发点,客观地分析问题、提出化解措施;为确保问题授信报告的及时性、争取宝贵的挽救时机,授信管理工作守则在授信工作考核指标中,对"问题授信及时报告"设置一定的权重,建立激励和惩罚约束机制。

2. 建立问题授信的跟踪管理制度

(1) 建立问题授信资产管理台账,对于已被认定的问题授信进行重点监测与管理。

(2) 确定责任部门和责任人对问题授信负责,及时准确地反映问题授信的动态,同时做到授信业务部门、会计部门、资产保全部门数据一致。

(3) 加强催收工作的组织和管理。年初订立问题授信盘活、清收和核销计划,并将化解问题授信指标分解到各基层银行。月末由授信业务部门岗位指定的专人根据最新情况撰写"银行问题授信化解专题报告",在报告中提出具体化解方案。定期对问题授信的盘活、清收和核销等情况做详细的说明,遇重大事项要及时报告。年末要对全年问题授信盘活、清收和核销计划执行情况进行总结,按照授信管理工作守则中的授信工作考核指标进行考核。

3. 履行贷款呆账准备金制度

为了弥补银行经营授信业务的损失,提高银行抵御风险的能力,正确核算经营损益,保持银行持续、稳健的发展,中国人民银行制定了《贷款损失准备计提指引》,财政部也颁布了《金融企业呆账准备提取管理办法》,详细规定了贷款呆账准备金的计提办法。表7-1是中国人民银行《贷款损失准备计提指引》中关于贷款呆账准备金计提比例的规定。

表 7-1  贷款呆账准备金计提比例

| 准备金类型 | | 计提比率 | 时间 | 其他计提规定 |
| --- | --- | --- | --- | --- |
| 一般准备 | | 1% | 按季 | 一般准备年末余额不低于贷款年末余额的1% |
| 专项准备 | 关注 | 2% | 按季 | |
| | 次级 | 25%(+-20%) | 按季 | |
| | 可疑 | 50%(+-20%) | 按季 | |
| | 损失 | 100% | 按季 | |
| 特种准备 | | 自定 | 按季 | 针对特定国家、地区、行业发放的贷款,应根据其特殊风险情况、风险损失概率及历史经验,自行确定比率 |

4. 对认定的问题授信分别情况进行处理

授信银行风险管理部门按照本银行制度规定,依据客户偿还能力和现金流量变化情况,对客户授信方案可以进行调整(包括展期、要求借款人提前还款),还可决定是否将该笔授信列入观察名单或划入问题授信。对列入观察名单的授信应设立明确的指标,进一步观察判断是否将该笔授信从观察名单中剔除或转入问题授信;对划入问题授信的,授信业务部门指定专人管理。授信业务部门岗位应根据授信后检查情况、风险预警情况,制定相应的处置措施。措施包括但不限于：

（1）终止没有实施的授信额度。对于没有实施的授信额度，依照约定条件和规定予以终止。依法难以终止或因终止将造成客户经营困难的，应对未实施的授信额度专户管理，未经有权部门批准，不得使用。

（2）提前收回部分或全部银行授信。对于发现银行授信资金用途与合同规定不一致的，应要求客户限期纠正，对于拒不纠正的视情节轻重可提前收回部分或全部银行授信，并根据有关规定进行追责；对于发现客户存在新的重大对外投资或建设项目计划或行为的，应密切关注该投资建设项目的资金来源和进展情况，必要时提前收回银行授信。

（3）督促客户积极整改。对于出现暂时性经营困难、已经或有可能出现风险的公司客户，应对客户或项目进行重新评价，并与客户磋商应对措施，督促客户积极整改。如对经常超限额透支的客户，可以先用电话方式后采取书面形式通知客户，以示警告；对存货积压的客户，银行可建议客户寻找存货积压原因，或拓展、疏通销售渠道，或调整产品结构、改进产品性能提高产品质量；对于应收账款异常的客户，银行建议或提醒客户调整赊销策略，积极催收货款。

（4）参与客户的管理。对于不能按期还本付息的客户，尤其对于那些经营管理混乱、计划决策屡屡失误、管理班子涣散、领导能力不强，拟进行或已进行重大体制改革的公司客户，银行可要求参与公司的管理，或密切关注公司改革的实质内容和进展。如果银行能派员进驻公司，全程参与公司经营管理与财务审计，将有助于银行授信的收回；或防止客户在进行重大体制改革期间悬空银行的债权。

（5）追加担保物、调整担保结构。如果发现客户提供的抵押物或质押物的抵押权尚未落实，或抵押（质押）物的价值由于市场价格波动或滞销，造成抵押（质押）价值不充分，要求借款人落实抵押（质押）权益或追加担保物、调整担保结构。

如果发现客户信用状况恶化和财务状况变差，或由于授信展期、增加新授信使授信风险增大，要求客户追加担保物，追加的担保物必须按有关规定，办妥鉴定、公证、登记等手续，落实抵押权益。

如果授信客户未能按时还本付息，又发现保证人的担保资格或担保能力下降，或由于授信展期造成授信风险增大或由于授信逾期，银行加收罚息导致保证人保证责任加大，但保证人不愿意追加担保额的，银行要求授信客户更换更有实力的担保人。

（6）积极催收。当借款人未按时支付利息，或未能按合同规定按期还款的，银行应立即通过电话与借款人联系并催收。倘若借款人回避，既不还本付息，又不与银行联系，银行就应向借款人发出措辞严厉的信函或电传，敦促借款人尽快还本付息。如借款人仍不还本付息，或找借口拖延不付，银行应派人上门催收，或约谈借款人的主要负责人。

（7）逾期利息与罚息。授信逾期后，银行不仅对本金计收利息，而且对应收未收利息也要计收利息，即复利。在催收的同时，对不能按期归还的贷款，应当按合同规定加罚利息，对应收未收的利息也要计收复利。

（8）冻结问题授信客户的存款。向所在地司法部门申请冻结问题授信客户的存款账户以减少损失。

（9）依法起诉。对不能归还或不能落实还本付息事宜的又不配合银行授信业务部门岗位催收工作的，应依法起诉。

【单元实训】

实训项目：授信风险分类

实训资料：

红光机械设备有限公司流动资金贷款人民币 500 万元逾期

一、基本情况

红光机械设备有限公司成立于 2002 年，主要生产机床、钻床、砂轮等机械设备。2002 年开始，该企业与银行建立合作关系，截至 2015 年 6 月末，企业在银行贷款余额人民币 3 000 万元，担保方式为土地厂房抵押。

二、发生风险原因分析

2015 年下半年以来，受宏观经济环境影响，红光公司订单不断减少，加上机械制造行业竞争激烈，企业主营产品同质性较高，缺乏核心竞争力，导致企业议价能力逐步下降，市场份额也逐渐萎缩。同时，企业因应收账款回笼周期延长，进一步加剧了资金链的紧张，致使在银行的人民币 500 万元流动资金贷款发生逾期 5 个月。企业为快速回笼资金、缓解资金链紧张状况，将原计划用于扩大生产的厂房及办公楼对外出租，使得企业生产能力进一步降低。

三、目前处置情况

2016 年 6 月，经与企业协商达成一致，银行对授信方案进行调整，压缩授信敞口额度，从人民币 500 万元减少至人民币 470 万元，原抵押物不变，追加企业法人代表 2 处房产抵押，总体抵押率控制在 40% 左右，同时追加企业股东承担无限连带责任保证。

**实训要求**：①分析 2015 年末，该企业贷款可以定为风险分类中的哪一级？为什么？同一风险级别的贷款还有哪些？②分析 2016 年 6 月，该企业贷款可以定为风险分类中的哪一级？为什么？同一风险级别的贷款还有哪些？③写出贷款调查报告，注意阐述贷款分类的理由，并提出相应的对策。

**实训方式**：分组讨论、记录实训过程。

# 任务二
# 银行不良贷款授信的处置方式

【教师任务】
 1. 讲解银行不良贷款授信四种处置方式的含义和实施条件
 2. 指导学生学习银行不良贷款授信四种处置方式的处理流程

【学生任务】
 1. 掌握银行不良贷款授信四种处置方式的含义和实施条件
 2. 掌握银行不良贷款授信四种处置方式的处理流程

## 教学活动 1　现金清收

【活动设计】

借助对引入案例的分析,讲解四种处置方式的含义和实施条件;指导学生分组讨论,使学生掌握现金清收的业务操作。

【案例导入】

某进出口公司有人民币 2 000 万元流动资金短期贷款,抵押物为存货,2015 年 6 月 30 日到期,到期日前一周该公司在银行存款余额为 1 200 万元,银行发出催收通知;2015 年 7 月 30 日该公司筹集人民币 300 万元用于还贷,尚余人民币 500 万元贷款无力归还。2015 年 8 月 10 日、20 日,分别有销售收入人民币 50 万元和 100 万元到账。

思考:银行授信业务部门岗位该如何处理?

【基础知识】

现金清收是以现金的方式收回银行不良贷款授信的本息,它是银行不良贷款授信清收的主要方式,是通过依法催收和依法扣款来实现的。

一、依法催收

依法催收是指银行授信业务部门岗位依靠法律手段做催收和清收贷款工作。

1. 催收方式

催收方式的选择是与贷款授信逾期的长短相联系的。一般依据逾期期限长短采用以下不同的催收方式：①对于虽然未逾期但已经出现风险预警信号的贷款，银行可采用短信、电话和信函等方式催收。相对正式的方式是信函方式，即给借款人发提前还款通知，要求借款人提前偿还全部借款本息；②对于逾期 90 天以内的，可以以短信、电话、上门、信函和通过中介机构等催收；③超过 90 天的一般都采用书面催收方式，即给借款人发催款通知书，并就抵押物的处置与借款人进行协商；④逾期 180 天以上的，在给借款人发催款贷款通知书的同时也要采取法律手段催收，即对拒不还款的借款人提起诉讼，对抵押物进行处置，处分抵押物所得价款用于偿还贷款利息、罚金及本金。

2. 发催收贷款通知书

为防止逾期贷款，超过诉讼时效期而丧失法律保护，银行应当在诉讼时效期间内向借款人或其保证人发出催款通知书，催款通知书发出后，诉讼时效期重新计算。授信银行向借款人发催收贷款通知书是产生法律效力的行为。

催款通知书发出后，应由借款人签署回执。

为了督促保证人履行保证责任，向保证人发出督促履行保证责任通知书，由保证人签署回执。

催款通知书格式如表 7-2，督促履行保证责任通知书如表 7-3。

表 7-2

**中国××银行催收逾期贷款本息通知书**

截至　年　月　日，贵单位共积欠我行贷款本息合计　　万元，其中：本金　　万元，利息　　万元，请抓紧筹措资金，尽快偿还。否则，我行将采取下列相应措施：
1. 降低贵单位信用等级；
2. 停止受理贷款、银行承兑汇票等融资业务申请；
3. 报请人民银行列入信用不良企业名单，向社会公布；
4. 依法向法院申请支付令、申请强制执行或直接提起诉讼，追偿贷款本息。
借款合同号如下：
借款人公章：　　　　　　　　　　　　　　　贷款人公章：
　　　　　　　　　　　　　　　　　　　　　（或签收人签字）
　　　年　月　日　　　　　　　　　　　　　　　年　月　日

注：本通知书一式两份，借款人签收后，退回贷款人一份作为回执。

表 7-3

**中国××银行督促履行保证责任通知书**

贵单位　年　月　日为　　　　　　（借款人）从我行借款　　万元提供连带责任保证，保证合同编号为　　　　。该笔贷款现已逾期，经我行催收，截止　年　月　日尚余贷款本金　万元，利息　　万元。请尽快筹措资金，履行保证责任，或督促借款人尽快偿还。我行保留依照有关法律和保证合同采取相应措施的权利。
借款合同号如下：
保证人公章：　　　　　　　　　　　　　　　贷款人公章：
（或签收人签字）
　　　年　月　日　　　　　　　　　　　　　　　年　月　日

注：本通知书一式两份，保证人签收后，退回贷款人一份作为回执。

## 二、依法扣款

根据授信合同约定，贷款授信到期后，授信银行对于未能偿还的贷款本息额可直接从借款人的账户中扣收现金，直至贷款本息还清为止。这就需要授信银行随时监控借款人在本行开立的存款账户直至冻结借款人在本行的存款账户，所有的款项，只汇入不汇出。授信银行或依据法律规定请其他金融机构配合，主动从借款人在其他金融机构的存款账户中扣收贷款。

## 三、现金催收业务处理的关键点

为了尽快收回贷款本息，降低授信银行的损失，信息分析、现金监管、资产摸底、意愿把握、时机捕捉是尽早化解问题授信的关键，它们是避免问题由量变到质变转化的关键点，授信银行应力求早判断、早部署、早行动。

### 1. 信息分析

授信信息来源于借款人和担保人定期或不定期的财务报表、经营活动计划、经营活动简报、企业工作人员的口述笔录、现场调查的见闻结论、新闻媒介的行业报道等，银行授信业务部门岗位对这些信息要做有心人，勤记录、细观察、有统计、精分析、见问题、知性质、晓环节、了关键、懂解决。

### 2. 现金监管

企业的现金主要指该企业在银行的存款。贷款的发放和收回、企业的销售收入和材料购买、工资发放都要从企业存款账户中流入流出。授信银行为收回贷款，要求授信银行会计人员，加强对企业账户的资金流向和流量进行监控、并配合授信业务部门岗位的工作以避免客户逃废债务，保证问题授信的尽早收回。

### 3. 资产摸底

企业的经营活动是不断地从现金转化成实物、再转化为现金的过程。当现金不足以偿还贷款时就看企业资产情况。摸清借款人的动产和不动产的实际情况，是保护银行贷款本息安全的必要措施，是贷款本息保全的最后"防线"。

### 4. 意愿把握

企业的法人代表、主要管理人员的人品、认识、经历和能力决定其还款意愿。有的授信客户不讲信用，有钱也不还。所以对授信客户的偿还意愿要摸清。

### 5. 时机捕捉

时机稍纵即逝，把握时机，及时采取相应措施以确保银行贷款本金的安全和利息的收回。从实际案例来看：在逾期3个月内能收回贷款本息，银行的损失最小；若6个月内还不能收回贷款本息的，则基本上要有一定损失；1年以上不能收回的，坏账的可能性非常大。

**相关链接 7-1**

### 银行不良贷款授信的诉讼

银行不良贷款授信的诉讼是指银行为了维护自身的合法权益，对于恶意不还贷款的借款人或担保人，或处置抵（质）押物后依然不能还清贷款的情况，银行可以依法提起诉讼，通过司法途径最大限度地收回贷款，减少自身的受害程度，也以此惩戒欺诈分子。该措施具有强制性，银行从被动收债变为主动要债，称作对不讲理的人"动武"。

司法诉讼获胜的前提条件是：提交的贷款发放手续合法合规；司法执行有效的前提条件是：被告人有有效的资产。

诉讼的方式归纳为三种：主动诉讼、被动诉讼和策略诉讼。

1. 主动诉讼

已摸清借款人（或担保人）合法有效的资产数量，当事人拒不还债，且银行贷款手续合法完备，即可速战速决，立即起诉，保全银行债权。

2. 被动诉讼

对不良贷款的法律时效即将到期，借款人（或担保人）的还款意愿和还款来源渺茫无盼，提出司法诉讼，可以保住银行的追索权或及时获得一定的赔偿。

3. 策略诉讼

一些有社会声望和地位的企业，也是银行积极争取的大客户，若由于种种原因迟迟不还贷款，策略诉讼可以迫使对方爱护声誉、积极还款，同时宣传了银行自己的实力、工作的纪律性和严肃性。

银行问题授信诉讼流程、资料准备及工作要点见表7-4。

表 7-4　　　　　银行问题授信诉讼流程、资料准备及工作要点表

| 步骤 | 诉讼环节 | 资料准备和工作要点 |
| --- | --- | --- |
| 1 | 认定不良贷款 | 资料准备：借款合同、担保合同、借款凭证、还款凭证、利息清单等 |
| 2 | 诉讼准备 | 工作要点：案情分析、律师选聘、证据收集、资产调查 |
| 3 | 是否诉讼 | 工作要点：提交诉讼、诉讼保全、司法立案、开庭审理、司法判决 |
| 4 | 司法执行 | 工作要点：诉后保全、折价还款、拍卖还款、变卖还款、计划还款、继续追索 |

## 教学活动 2　贷款重组

【活动设计】

借助对引入案例的分析，讲解贷款重组的含义、操作流程。指导学生分组讨论使学生

掌握贷款重组的业务处理过程。

### 【案例导入】

#### 某电气公司债务重组

某电气公司 2011 年曾为原全资附属子公司金都饭店向中国工商银行××支行借款 2 400 万元提供担保，金都饭店因经营不善，逾期未能归还该笔贷款，公司为此承担连带保证责任，并已于 2013 年度预计负债 2 400 万元。

2013 年 7 月 15 日，中国工商银行××支行的上级主管部门××分行、××资产管理公司××办事处、该电气公司三方签订"债务转让协议"，将该笔债务转让给××资产公司××办事处。

思考：什么是贷款重组？贷款重组有哪些类型？贷款重组的目的是什么？

### 【基础知识】

#### 一、贷款重组的含义

贷款重组，是指将已经发生风险的问题授信，通过变更借款主体或担保主体来降低或减少原贷款的风险和损失，从而安全收回贷款。重组贷款的借款人（或担保人）与原贷款的借款人（或担保人）不一定有关联，但其借款信用等级、还款比率均优于前者，并对此借款行为进行了法律意义上的确认。

贷款重组还包括对不良贷款的金额、还款期限、贷款品种、贷款利率或费率等要素进行重新组合和安排以改善授信客户的财务状况、增强其偿债能力，使重组后的贷款能够降低银行的信用风险，改善银行的信贷资产质量。

#### 二、贷款重组的操作流程

贷款重组的操作流程如图 7-2。

（一）选择新借款人或新担保人

（1）原贷款人或原担保人因贷款被划入问题授信，借款人信用等级下滑；

（2）严格审查评估新借款人或新担保人的信用等级；

（3）新借款人或新担保人的信用等级一定优于原贷款人或原担保人；

（4）为了选出真正优质的新主体，在操作过程中银行工作人员要克服虚荣心和甄别外部人员的虚假心。

（二）选择新的贷款方式

1. 选择贷款方式的原则

选择贷款方式的原则是：消灭不良贷款的成因、新主体的适应性要好、到期收贷具有可操作性。

2. 必须提高贷款方式的安全系数

选择安全系数高的贷款方式，即新贷款方式担保的保证系数必须高于原贷款方式，如

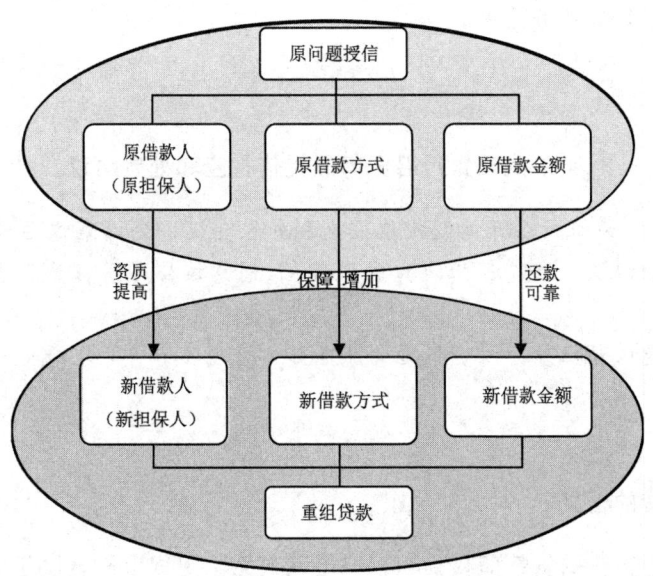

图 7-2 贷款重组操作流程

质押贷款的高于抵押贷款,抵押贷款的高于信用贷款等。

3. 贷款方式可组合

贷款方式有信用贷款、抵押贷款、质押贷款、信用证、保函等,可以单项选择,也可以组合兼容。根据利率的可调整性,可以是浮动利率贷款也可以是固定利率贷款。

(三) 重组贷款金额

(1) 正确计算银行贷款需要保全的金额、预计的损失和可承担的风险;
(2) 正确测定借款人的经营绩效、还款能力、保障方式和担保人的担保系数;
(3) 比较上述 (1) 和 (2) 项,确定能收回贷款的最大额为贷款重组金额。

(四) 重组后的监管

(1) 严格监管,确保贷款资金的流向和流量的合理性;
(2) 监测掌控管理人员品行、能力、意图和意愿的变化等;
(3) 监测掌控客户经营活动的成果变化;
(4) 监测掌控市场的变化趋势;
(5) 监测掌控借款人和担保人的开户银行、账户、有效资产分布变化情况,抵(质)押物的使用和保管情况。

贷款重组是为了收回贷款,因此重组后的监管和收回工作很重要。

## 教学活动 3  以资抵贷

【活动设计】

借助对引入案例的分析,讲解以资抵贷的含义和业务处理过程,指导学生分组讨论,使学生掌握以资抵贷的业务处理。

【案例导入】

### 哈尔滨某银行召开问题授信检查和处置会议

2016年12月，某银行召开问题授信检查和处置会议，会议审议通过了"关于与××公司签署以资抵贷协议（房产及土地）的议案"，同意该公司用房产及土地抵偿1 138.53万元的贷款。

**思考**：什么是以资抵贷？以资抵贷的业务如何处理？

【基础知识】

### 一、以资抵贷的含义

以资抵贷是指银行的贷款债权到期，但借款人无法用货币资金偿还债务，或贷款债权虽未到期，但借款人已出现严重经营问题或其他足以严重影响按时足额用货币资金偿还借款，或当借款人完全丧失清偿能力时，担保人也无力以货币资金代为偿还借款，经银行与借款人、担保人或第三人协商同意，或经人民法院、仲裁机构依法裁决，借款人、担保人或第三人以实物资产或财产权利作价抵偿银行贷款的行为。

以资抵贷的处置过程，授信银行需要考虑三个问题：抵贷资产能不能变现、如何变现、变现的充足率？从目前已有的案例来看，基本上是"十有九不足"。

### 二、以资抵贷的处理流程

以资抵贷的处理流程通常为：计算欠贷金额、获取抵贷资产、处置抵贷资产、收回贷款本息。

#### （一）计算欠贷金额

欠贷金额是指需要用抵贷资产抵偿银行贷款的金额，它等于原贷款本息额减去已偿还本息额。

#### （二）获取抵贷资产

抵债资产是指银行依法行使债权或担保物权而受偿于借款人、担保人或第三人的实物资产或财产权利。抵债资产有两类：一是原抵押物或质押物；二是原抵押物或质押物不足以偿贷，银行从借款人处所获得的其他动产、不动产和财产权利。银行获得的抵贷资产是抵（质）押物时，得到的是处置权，不是所有权。

抵贷资产取得日为抵贷协议书生效日、法院或仲裁机构裁决抵贷的终结裁决书生效日。

#### （三）处置抵贷资产

处置抵贷资产时要坚持如下原则：

1. 处置要及时

抵贷资产收取后应尽快处置变现。不动产和股权应自取得日起2年内予以处置；除股权外的其他权利应在其有效期内尽快处置,最长不得超过自取得日起的 2 年;动产应自取得日起 1 年内予以处置。

2. 抵贷资产的处置方式原则上采用拍卖方式

抵贷资产原则上应采用公开拍卖方式进行处置。选择拍卖机构时,要在综合考虑拍卖机构的业绩、管理水平、拍卖经验、客户资源、拍卖机构资信评定结果及合作关系等情况的基础上,择优选用。拍卖抵贷金额人民币 1 000 万元(含)以上的单项抵贷资产应通过公开招标方式确定拍卖机构。

抵贷资产拍卖原则上应采用有保留价拍卖的方式。确实拍卖保留价时,要对资产评估价、同类资产市场价、意向买受人询价、拍卖机构建议拍卖价进行对比分析,考虑当地市场状况、拍卖付款方式及快速变现等因素,合理确定拍卖保留价。

拍卖成功,货币资金用来还贷;拍卖不成功,则有法院裁定折价或变卖于银行,以资抵贷。

对于不适于拍卖的,可根据资产的实际情况,采用协议处置、招标处置、打包出售、委托销售等方式变现。采用拍卖方式以外的其他处置方式时,应在选择中介机构和抵贷资产买受人的过程中充分引入竞争机制,避免暗箱操作。

(四) 收回贷款本息

通过拍卖方式或的其他处置方式获得的货币资金,用来归还贷款本息。

除法律法规规定债权与债务关系已完全终结的情况外,抵贷金额不足冲减贷款债权本息的部分,应继续向借款人、担保人追偿,追偿未果的,按规定进行核销和冲减。

处置抵贷物金额超过贷款本金和表内利息的部分,在未实际收回现金时,暂不确认为利息收入,待抵贷资产处置变现后,再将实际可冲抵的表外利息确认为利息收入。

以资抵贷的业务流程如表 7-5 所示。

表 7-5 以资抵贷业务流程表

| 步骤 | 业务环节 | 业务内容 | 与司法关系 |
| --- | --- | --- | --- |
| 1 | 计算欠贷额 | 原贷款可以是信用、抵押、质押、担保贷款——欠贷 | 强制执行 |
| 2 | 获得抵贷资产 | (1) 来源:原抵(质)押物;依法由借款人或担保人提供<br>(2) 资产类型包括动产、不动产、权益、有价证券等 | 司法监控下 |
| 3 | 处置抵债资产 | (1) 处置方式:拍卖方式;其他处置方式:变卖、折价等<br>(2) 还贷方式:处置获得现金偿还;折价偿还 | 司法判决下 |
| 4 | 收回贷款本息 | 金额不足,银行可以依法再行追索权 | |

相关链接 7-2

**抵贷资产的管理**

在抵贷资产的收取直至处置期间,银行应妥善保管抵贷资产,对抵贷资产要建立定期检查、账实核对制度。

> （1）银行要根据抵贷资产的性质和状况定期或不定期进行检查和维护，及时掌握抵贷资产实物形态及价值形态的变化情况，及时发现影响抵贷资产价值的风险隐患并采取有针对性的防范和补救措施。
>
> （2）每个季度应至少组织一次对抵贷资产的账实核对，并作好核对记录。核对应做到账簿一致和账实相符，若有不符的，应查明原因，及时报告并据实处理。

## 教学活动 4　呆账核销

【活动设计】

借助对引入案例的分析，讲解呆账贷款的含义、业务处理过程和呆账核销的制度；指导学生分组讨论，使学生掌握呆账核销的业务处理。

【案例导入】

"90 后"青年小王，农大毕业后，回乡创业，贷款人民币 10 万元建起种植大棚，种植了草莓，2016 年 7 月 25 日的一场大雨，造成山洪暴发，冲毁大棚，小王血本无归，10 万元贷款全部打了水漂，小王实在没有能力偿还银行的贷款了。

思考：这笔贷款可以作为呆账核销吗？如何认定呆账贷款？

【基础知识】

### 一、呆账贷款及其认定

（一）呆账贷款的含义

银行通过催收、重组、诉讼、执行追索后，仍然不能收回的贷款本息额，形成损失，称为呆账贷款。

（二）呆账贷款的认定

具备下列情况之一的贷款认定为呆账贷款：

（1）借款人和担保人被依法宣告破产，进行清偿后，未能还清的贷款；

（2）借款人死亡或者依照我国《民法通则》的规定，宣告失踪或死亡，以其财产或遗产清偿后，未能还清的贷款；

（3）借款人遭到重大自然灾害或意外事故，损失巨大且不能获得补偿，确实无力偿还的部分或全部贷款，或者以保险清偿后，未能还清的贷款；

（4）贷款人依法处置贷款抵押物、质押物所得价款不足补偿抵押、质押贷款的部分；

（5）贷款本金逾期 2 年，贷款人向法院申请诉讼，经法院裁判后仍不能收回的贷款；

（6）对不符合前款规定的条件，但经有关部门认定，借款人或担保人事实上已经破产、被撤销、解散在 3 年以上，进行清偿后，仍未能还清的贷款；

（7）借款人触犯刑律，依法受到制裁，处分的财产不足归还所欠贷款，又无另外债务承担者，确认无法收回的贷款；

（8）其他经财政部门批准核销的贷款。

### （三）呆账贷款认定管理的要点

（1）检查呆账贷款划转是否及时，账、据、表、卡是否相符；

（2）认定是否准确，有无将不属于呆账贷款的划为呆账贷款；

（3）是否查清了形成呆账贷款的原因、是否分清责任，吸取了教训。

## 二、呆账核销及其业务处理过程

### （一）呆账核销的含义

凡是具备我国财政部规定条件的呆账贷款，经银行内部申报审批程序通过并报送国家财政部备案后，进行会计账务核销，称为呆账核销。

呆账核销的处理原则是"账销案存"，即银行内部会计核销后的呆账，只是冲减了呆账准备金，但在其法律时效内还必须向原借款人、担保人行使追索权。

### （二）核销呆账贷款必须满足的条件

（1）待核销的贷款必须符合我国财政部门规定的核销条件；

（2）银行具有一定的营利能力来进行自我消化；

（3）不能提供确凿证据证明的呆账，不得核销；不能认定呆账贷款形成责任的不得核销。

核销呆账要谨慎，采取一切可能采取的措施后仍不能收回贷款的方可核销。

### （三）呆账核销的流程

1. 提出呆账核销的申请报告

授信银行对符合呆账核销条件的贷款，由其资产保全部门岗位必须以书面形式向上级银行（分行）提出呆账核销申请报告。报告内容包括：呆账贷款形成的原因和经过；贷款保全化解收回过程；对借款人和担保人的追索过程；贷款责任人的职责履行；形成的损失；应吸取的教训；事件处理意见。并附全部佐证材料。

2. 审查和上报

上级银行（分行）收到核销申报后，由授信业务部门及管理部门、稽核、计财等各业务职能部门对各自分管的业务部分进行审查，提出意见；上级银行（分行）授信管理部门综合各职能部门的审查意见后，作出决定并向总行提出申报。

3. 总行审核

总行对各分行上报的核销材料进行审核。审核通过后，报送国家财政部，由财政部备案。

4. 核销处理

经总行审核允许核销的呆账，由核销行授信业务部门岗位下单通知计财部门，核销呆账贷款。即贷记"贷款（逾期贷款）"，尚欠的贷款本金借记"贷款损失准备金"，尚欠的贷款利息借记"坏账准备金"，贷记："应收利息"。

5. 账销案存

银行建立呆账核销后的资产保全和追收制度，对已核销呆账的清收处置提供制度保障，最大限度减少损失，维护资产安全。除法律法规规定债权与债务或投资与被投资关系已完全终结的情况外，金融企业对已核销的呆账继续保留追偿的权利，并对已核销的呆账、贷款表外应收利息以及核销后应计利息等继续催收。

银行建立呆账核销台账并进行表外登记，单独设立账户核算和管理，同时按档案管理的有关规定加强呆账核销的档案管理，并在法律时效内，继续追索。

呆账核销的流程见图7-3。

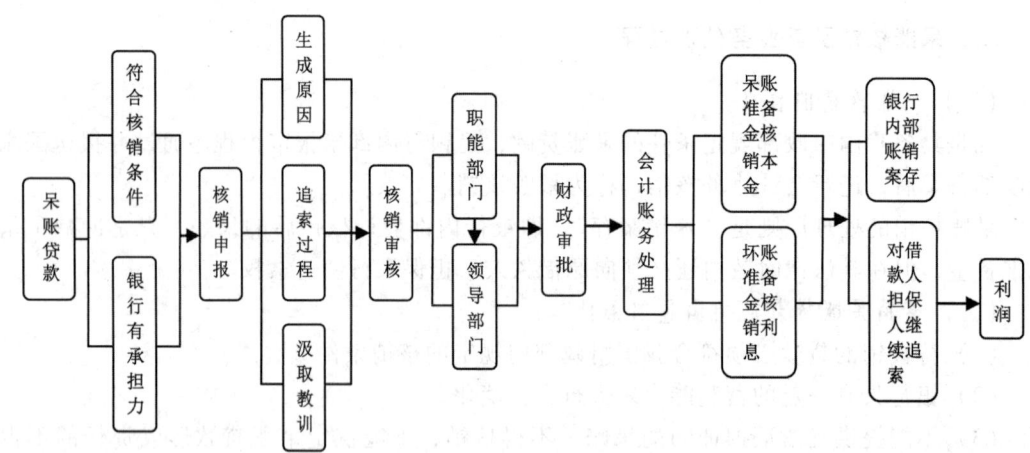

图7-3 呆账核销流程图

### 三、呆账核销的其他配套制度

1. 银行建立呆账核销责任追究制度

银行每核销一笔呆账，应查明呆账形成原因，对确系主观原因造成损失的，应在呆账核销后1年内，完成责任认定和对责任人的追究工作，明确责任人。对没有确凿证据的呆账，或弄虚作假向审核审批单位申报核销的，应追究当事人的责任，视金额大小和性质轻重进行处理。虚假核销造成损失的，对责任人给予降级或撤职及以上级别的处分，并严肃处理有责任的经办人员，涉嫌犯罪的及时移交司法机关依法处置。

2. 银行建立责任追究工作报告制度，及时向监管部门报告责任追究工作

对在已核销贷款的贷款申报、审批、发放以及贷后管理中存在违纪违规行为的，应追究有关责任人的责任，应在认定责任人后1个月内处理完毕，并将处理结果在1个月内书面报告监管部门。

3. 银行建立呆账核销保密制度

对于符合核销条件的呆账在银行内部运作，做好保密工作。

4. 财政部门负责对同级金融企业呆账核销的事后监督和管理

同级财政部门对当地国有银行分支机构呆账核销进行监督管理，每年累计检查覆盖面不低于银行当年核销呆账金额的20%。银行应在会计年度终了后1个月内向同级财政部门报送上年度呆账核销情况，包括核销金额、分项目核销情况。

**【单元实训】**

**实训项目：** 银行不良贷款授信处置。

**实训资料：**

A 公司是一家生产民用电器的中型企业，注册资本金人民币 2 000 万元，2005 年与某工行建立信贷关系。A 公司发展势头一直很好，2014 年销售收入达到人民币 35 000 万元，贷款余额人民币 5 000 万元，其中信用贷款人民币 1 000 万元，抵押贷款人民币 3 000 万元，保证贷款人民币 1 000 万元。2015 年以来，由于竞争激烈，A 公司市场份额锐减，销售收入下降严重，其中人民币 2 000 万元贷款到期不能归还。银行发出催收通知后，收回现金人民币 500 万元。目前 A 公司仍有到期的人民币贷款 1 500 万元未归还，而且已经逾期 6 个多月，其中人民币 1 000 万元是抵押贷款，人民币 500 万元是保证贷款。

**实训要求：**

（1）从风险角度认定银行不良贷款授信的类型。

（2）设计合理的不良贷款授信处置方案，说明注意事项。

综 合 训 练

## 一、知识检测

### （一）单项选择题

1. 不良贷款的处置方式不包括（　　）。

   A. 现金清收　　　　　　　　B. 长期持有

   C. 重组　　　　　　　　　　D. 核销

2. 常规现金清收不包括（　　）。

   A. 协商处置抵质押物　　　　B. 依法收贷

   C. 直接追偿　　　　　　　　D. 委托第三方清收

3. 因债务人（包括借款人和保证人）不能以货币资产足额偿付贷款本息时，银行根据有关法律、法规或债务人签订协议，取得债务人各种有效资产的处置权，以抵偿贷款本息的方式称为（　　）。

   A. 核销　　　　　　　　　　B. 以资抵贷

   C. 重组　　　　　　　　　　D. 清收

4. 抵贷资产价值确定的原则不包括（　　）。

   A. 双方协商确定　　　　　　B. 双方认可的权威评估机构认定

   C. 法院判决确定　　　　　　D. 贷款人自行确定

5. 某公司欠银行贷款本金 1 000 万元人民币，利息 120 万元人民币。经双方协商同意以该公司抵押给银行的机械设备 1 200 万元人民币（评估价）抵偿贷款本息。银行对该笔抵贷资产正确的处置方式是（　　）。

   A. 1 000 万元作为贷款本金收回，120 万元作为应收利息收回，其差额 80 万元列入

保证金科目设专户管理，待抵贷资产变现后一并处理

B. 1 000万元作为贷款本金收回，120万元作为应收利息收回，其差额80万元待抵贷资产变现后返还给借款人

C. 1 000万元作为贷款本金收回，120万元作为应收利息收回，其差额80万元列入保证金科目设专户管理，待抵贷资产变现后上缴国库

D. 1 000万元作为贷款本金收回，120万元作为应收利息收回，其差额80万元列入保证金科目设专户管理，待抵贷资产变现后上交上级行

（二）多项选择题

1. 依法收贷应注意的问题是（　　）。
   A. 信贷人员认真学习和掌握法律知识
   B. 综合运用诉讼和非诉讼手段依法收贷
   C. 既要重视诉讼又要重视执行
   D. 要区别对待

2. 按照风险分类，不良贷款包括（　　）。
   A. 逾期贷款　　　　　　　B. 次级贷款
   C. 呆滞和呆账贷款　　　　D. 可疑类和损失类贷款

3. 按照风险分类，问题授信包括（　　）。
   A. 关注类授信　　　　　　B. 次级类授信
   C. 呆滞和呆账贷款授信　　D. 可疑类和损失类贷款授信

4. 我国不良贷款的处置方式主要包括（　　）。
   A. 现金清收　　　　　　　B. 以资抵贷
   C. 重组　　　　　　　　　D. 呆账核销和依法收贷

5. 银行贷款重组的方式有（　　）。
   A. 变更借款人　　　　　　B. 变更担保条件
   C. 借新还旧和还旧借新　　D. 调整还款期限和调整利率或减免利息

6. 关于呆账核销，下面表述正确的是（　　）。
   A. 呆账核销必须经过银行内部审核确认
   B. 呆账核销是针对那些无法收回或者长期难以收回的贷款
   C. 呆账核销使呆账准备金减少，账面反映的资产和收入更为真实
   D. 经办银行可以自由动用呆账准备金对呆账予以冲销

7. 按照贷款风险五级分类标准，不良贷款包括（　　）。
   A. 次级类贷款　　　　　　B. 损失类贷款
   C. 可疑类贷款　　　　　　D. 逾期贷款

8. 呆账贷款的核销应当满足的条件有（　　）。
   A. 不良贷款经过催收、重组、诉讼、执行、追索仍未收回的贷款本息部分
   B. 抵贷资产拍卖后所得的价款，仍未偿还的本息
   C. 不良贷款经过法律诉讼，仍然无法收回的本息
   D. 核销的贷款必须符合国家财政部的核销条件，且报经同级财政部门审核批准

9. 不良贷款的诉讼方式包括（　　）。
A. 民事诉讼　　　　　　　　B. 主动诉讼
C. 被动诉讼　　　　　　　　D. 策略诉讼

（三）判断题

1. 银行发生的呆账，要逐户逐级上报，由上级行审批核销。　　　　　（　　）
2. 呆账核销是银行内部的账务处理，并不视为银行放弃债权。　　　　（　　）
3. 呆账核销只是净化了银行的资产负债表，没有从实质上盘活不良信贷资产。
　　　　　　　　　　　　　　　　　　　　　　　　　　　　　　　（　　）

## 二、技能训练

（一）案例资料

朱某在某支行的人民币 30 万元的贷款于 2013 年 12 月 20 日到期，至 2016 年 12 月已逾期 3 年，经多次催收无果。在 2016 年 12 月 28 日某支行上报申请核销朱某人民币 30 万元的贷款。经上级行审核发现：①借款人配偶陈某在该行存款账户交易明细，从 2012 年至 2016 年期间，交易正常，且 2015 年 9 月 16 日现金存入 20 万元。②配偶陈某未签订共同还款承诺书。③陈某名下在某市区某住宅小区有一套住房。

（二）任务要求

（1）从风险角度分析问题授信的类型。银行某支行上报核销朱某贷款是否合规？

（2）模拟基层行资产保全岗位人员撰写贷款核销报告。

# 项目八 Project 8
# 银行非贷款授信业务

【知识目标】
1. 了解银行现有的非贷款授信业务品种
2. 掌握银行担保业务的适用规则和操作流程
3. 掌握银行的汇票承兑业务和贴现业务的操作流程
4. 了解银行非贷款授信业务风险规避的方法

【能力目标】
1. 能识别银行担保授信适用的不同情形
2. 掌握银行担保业务的适用规则和操作流程
3. 掌握银行的汇票承兑业务和贴现业务的操作流程
4. 具备规避银行非贷款授信风险能力

## 任务一
## 银行担保授信业务

【教师任务】
　　1. 通过案例讲解、投影演示、板书和实际计算操作引导学生快速了解银行担保授信业务的基本概念和担保授信的类型
　　2. 重点讲解银行担保业务的适用规则和操作流程

【学生任务】
　　1. 了解掌握银行担保业务的概念和种类
　　2. 掌握银行担保业务的适用规则和操作流程

## 教学活动1　银行担保授信基本知识

【活动设计】

教师通过对引入案例的分析，以具体的商业银行保函业务为例，讲解银行担保授信业务的基本概念和银行担保授信业务的种类。

【案例导入】

A商业银行于2013年5月为C公司3 000万美元借款出具保函，受益人为B银行，期限为9个月，贷款利率为6.8%。由于C公司投资房地产失误，导致公司负债累累，贷款到期后未能依约归还B银行贷款。2015年2月B银行向当地人民法院起诉C公司和A银行，要求归还贷款本金及利息。通过当地人民法院调解如下：①C公司在2015年3月31日之前将其债权2 000万美元收回用于偿还B银行。余款在2015年9月30日之前还清；②如C公司不能履行调解书规定的责任，由A银行承担代偿责任。及至2015年9月底，C公司只归还了1 500万美元，仍欠本金1 500万美元及相应利息。鉴于此，当地人民法院执行庭多次上门要求A银行履行担保责任，否则将采取强制措施。为维护银行声誉，经上级行批准后A银行向B银行支付了C公司所欠本金1 500万美元及应付利息。

思考：该案例中是哪种类型的担保授信？

【基础知识】

### 一、银行担保授信的概念

银行担保授信是指银行作为担保人，应被担保人的申请，以保函或备用信用证等书面形式向受益人承诺，当被担保人未按其与受益人签订的合同约定偿还债务或履行义务时，由银行代其履行偿付责任的法律行为。银行担保授信当事人至少有担保人、担保申请人和受益人。

### 二、银行担保授信业务类型

（一）按基础交易合同性质划分，分为融资类担保和非融资类担保

这是银行担保授信业务的最基本分类。

1. 融资类担保

融资类担保是指银行为被担保人在融资性交易项下的责任或义务提供的担保。包括：

（1）借款担保。它是指银行应借款人的申请，以资金出借人作为保函受益人所提供担保。即保证借款人按照借款合同的要求向资金出借人支付本息；如借款人不履行义务，银行将按照银行保函约定承担赔付责任。

（2）发行有价证券担保。它是指银行以人民币资金向境内债权人承诺，当有价证券

发行人未按约定履行偿付义务时，由开立保函的银行履行偿付义务。有价证券包括企业普通债券、可转换债券及其他形式的有价证券，但不包括股票。

（3）透支担保。它是指银行接受在国外承包工程的施工企业的申请，向该工程所在地的银行保证，如该企业在银行开立透支账户后，在规定的期限内未能归还所透支款项，担保银行将根据被透支银行的索赔，按照保函约定承担还款责任。

（4）补偿贸易担保。它是指银行应设备或技术引进项目贸易合同中引进方的申请，以设备或技术引进项目的供给方作为受益人提供的担保。即银行担保在引进方收到与贸易合同相符的设备或技术后、未按照合同规定将所生产产品交付供给方或其指定的第三方、又不能以现汇偿付设备或技术价款及其附加利息时，则由银行按照贸易合同金额加利息及相关费用赔付给供给方。

（5）来料加工担保。它是指银行应来料加工贸易中引进方的申请，为加工装配所需原辅材料、零部件或元器件的引进以供应方作为受益人所提供的担保。即银行担保在引进方收到与来料加工合同相符的加工装配所需原辅材料、零部件或元器件后，未按照合同规定将产品交付给供应方或其指定的第三方，又不能以现汇偿付加工装配所需原辅材料、零部件或元器件及其附加利息时，则由银行按照来料加工合同金额加利息及相关费用赔付给供应方。

（6）租赁担保。它是指银行应租赁合同的承租人申请，向出租人提供担保，保证承租人在租赁合同项下向出租人支付租金，如承租人违约，则银行将根据出租人的索赔书，按照银行保函的约定承担赔偿和付款责任。

（7）票据保付担保。它是指银行应贸易合同的买方或工程项目业主方（发包方）的申请，以卖方或承包方为保函收益人开立保函，保证买方或业主方对开出的以卖方或承包方为收款人的票据履行付款义务。

（8）提货担保。它是指银行应进口商的申请，向船公司出具用于提货的书面担保，提货人向船公司承诺日后补交正本提单换回相关担保书，如违反承诺银行保证，赔偿船公司遭受的一切损失。提货担保用于跟单托书和信用证结算方式下，由于进口商未付货款无正本提单而不能办理提货手续时，提货担保具有融资担保性质。但是，如果是用于因为货物先于提单或其他物权凭证到达目的港凭借银行提货担保办理提货手续的具有履约担保性质。

2. 非融资类担保

非融资类担保是指银行为被担保人在非融资性交易项下的责任或义务提供的担保。主要包括：

（1）投标担保。它是指银行应投标方的申请，为投标方向招标方提供担保，保证投标方履行标书中所规定的义务，并约定在一定期限内如果投标方不履行义务，则由担保银行承担一定金额的支付责任或经济赔偿责任的书面保证承诺。

（2）履约担保。它是指银行应交易合同的卖方或工程承包合同承包方的要求，向交易合同的买方或工程项下的发包方担保，保证卖方或承包方履行基础交易合同所规定的义务，并约定在一定期限内如卖方或承包方不履行义务，则由银行承担一定金额的支付责任或经济赔偿责任的书面保证承诺。

（3）预付款担保。它是指银行应交易合同的卖方或承包合同的承包方的要求，向合约关系的另一方担保，保证卖方或承包方按照约定使用预付款，否则由担保银行向买方或发包方退还预付款项及相应利息的书面保证承诺。

（4）质量维修担保。它是指银行应交易合同的卖方或承包工程项下的承包方的要求，向交易合同的买方或承包工程项下的业主担保，保证卖方或承包方对在交货后或工程交付后出现的质量问题按照基础交易合同的规定承担退换、维修义务或赔偿损失。

（5）预留担保。它也称留置金担保，是指银行应买卖合同卖方或承包工程项下承包方的申请，向买卖合同的买方或承包工程项下的业主担保，保证卖方提供的货物或承包方承包的工程符合合同规定的质量标准，否则将买方或业主预支的留置金退还。

（6）海关免税担保。它是指银行应到境外承包工程或举办展览的申请人要求，向入境国的海关出具的担保，保证申请人在施工完毕或展览结束后将全部撤离施工机械或展品，否则按照担保函的规定向海关支付相应数额的关税。

（7）保释金担保。它是指银行应船东或运输公司的要求，在因船东或运输公司的责任造成货物短缺、残损而使货主遭受损失，或因碰撞等其他事故造成货主或他人损失，在确定赔偿责任前该运输船只被当地法院或港务当局扣留，需缴纳保释金方予放行时向扣船国法院或港务当局出具的担保，保证船东或运输公司将按照双方达成的协议，或法庭的判决或仲裁的裁决赔偿损失。

（8）付款担保。它是指银行为贸易合同的买方或业主方向卖方或承包方提供担保，保证买方或业主方按照基础交易合同履行付款义务，如买方或业主方未履行义务，则由银行承担付款责任的书面承诺。

（9）1年以内延期付款担保。它是指银行应贸易合同的买方或工程承包合同业主方的申请，向卖方或承包方提供担保，保证买方或业主方按照基础交易合同履行一年以内（含一年）延期付款责任。

（10）费用保付担保。它是指银行应贸易合同的买方或工程项目业主方的申请，向卖方或承包方提供担保，保证对于因基础交易所发生的费用买方或业主方将履行付款义务。

（11）1年以上延期付款担保。它是指银行应贸易合同的买方或工程承包合同业主方的申请，向卖方或承包方提供担保，保证买方或业主方在超过一年以上的时间内，从约定的时间开始、把基础交易合同金额分成若干等份，分次支付一定合同金额加利息，直至完全付清。

## （二）按受益人属地划分，分为对内担保和对外担保

对内担保是指银行接受中国境内法人或其他组织的申请向以中国境内机构为受益人提供的担保。

对外担保是指外汇银行应中国境内机构申请，为其境外注册的全资附属企业或参股企业在当地融资或非融资活动提供的担保。对外担保的受益人为中国境外机构，办理境外担保业务的银行是外汇银行。

## （三）按币种划分，分为人民币担保和外汇担保

人民币担保是指银行以人民币资金向债权人承诺，当债务人未按合同规定偿付债务时，由担保人用人民币履行偿付义务的保证。

外汇担保是指外汇银行以外汇资金向境外债权人或境内的外资银行、中外合资银行或外资、中外合资非银行金融机构承诺,当担保申请人未按合同规定偿付外汇债务时,由担保人用外币履行偿付义务的保证。

## 教学活动 2　银行担保授信业务操作

【活动设计】

教师借助引入案例的分析,讲解银行担保授信的操作方法,进而对银行担保业务操作过程进行分析,使学生理解和掌握银行担保业务操作的流程、方法。

【案例导入】

2015年5月9日A公司向B银行申请作提货担保,所担保货物价值3 000万元人民币,A公司用1张金额为人民币3 500万元的定期存单为质押,受益人为宏达公司。B银行担保A公司收到正本提单后向船公司赎回的保函,如A公司不用正本提单赎回保函给宏达公司造成的损失由B银行进行赔偿。保函约定在宏达公司提交A公司不赎回保函并形成损失的证据后的3日内B银行作出赔偿。A公司与B银行约定的保函手续费为3‰。担保书在提取货物栏记载信用证号码、货值、货名、装运日期、船名等。在保证单位栏记载:"上述货物为敝公司进口货物。倘因敝公司未凭正本提单先行提货致使贵公司遭受任何损失,敝公司负责赔偿。敝公司收到上述提单后将立即交还贵公司换回此担保书"。在银行签署栏记载:"兹证明上述承诺之履行",落款为B银行,盖B银行国际部业务专用章。

**思考:**请根据上述资料信息如何完成下列银行保函的填写(见样式8-1)?

样式8-1　　　　　　　　　　　　提货担保函

申请人(甲方):
住所(地址):
法定代表人(授权代理人):
开立人(乙方):
住所(地址):
法定代表人(负责人):

甲方因本协议第一条的需要,特向乙方申请出具(人民币/外汇)(保函/备用信用证)。乙方同意为甲方提供担保。为明确双方的权利、义务,根据《中华人民共和国合同法》、《中华人民共和国担保法》及其他有关法律规定,甲、乙双方经平等协商一致,订立本协议。

第一条　担保用途

1.1　本协议项下的担保用途为:_____。

**第二条 主要担保条款**

2.1 本协议项下的担保种类：_____。

2.2 本协议项下的担保受益人（名称及详细地址）：_____。

2.3 本协议项下的担保金额为：_____（币种）（大写）_____元。

2.4 本协议项下的担保期限自__年__月__日起至__年__月__日止。

2.5 付款条件：_____。

2.6 其他主要条款：_____。

2.7 保函/备用信用证样本见附件。

2.8 双方同意，如最终出具的保函/备用信用证与本条所述之条款不一致，以保函/备用信用证内容为准。

**第三条 担保费**

3.1 本协议项下担保费率为担保余额的__%。

3.2 甲方按下述第__种方式支付担保费：

（1）甲方在乙方出具担保前一次性支付。

（2）甲方按（月/季）支付。第一期担保费甲方应于出具担保前向乙方支付。担保出具后，甲方应于每月的20日/每季末月的20日（遇法定节假日顺延）将该期担保费存入乙方指定账户，逾期不付，按日计收万分之__的违约金。

**第四条 保证金和反担保**

4.1 在乙方向受益人出具上述担保前，甲方应在乙方指定的营业机构开立保证金账户，存入_____（币种）_____（大写）_____元的保证金，作为质押担保。

4.2 对担保金额与保证金的差额部分，甲方应提供令乙方满意的其他反担保。反担保合同另行签订。

**第五条 甲方承诺**

甲方向乙方作出如下承诺：

5.1 承担本协议项下有关费用的支出。

5.2 无条件偿还乙方在担保项下的款项支付，承担乙方因此而产生的全部损失。

5.3 随时向乙方提供与担保有关的商务合同和项目的执行情况及有关的资料文件，并为乙方了解上述情况提供方便。

5.4 对担保审查过程中所提供材料的真实性、准确性、完整性负责。

5.5 凡担保项下进口的设备和货物，在到货后立即向乙方认可的保险机构投保财产险并将有关保险单背书让渡给乙方。如果上述设备或货物发生意外损失，乙方有权向保险机构索赔并将赔款首先应用于备付担保项下的付款责任或用于归还乙方因履行担保责任而向受益人支付的款项、利息和费用。

5.6 乙方有权对其有关生产、经营和财务情况进行调查、了解及监督；甲方积极配合并有义务向乙方提供相关各期的利润表、资产负债表等财务资料。

5.7 未经乙方同意不得擅自动用保证金账户中的资金。如保证金账户资金被有关机关冻结、扣划，应立即予以补足或另行提供其他等值反担保。

5.8 本协议项下之反担保如发生了不利于乙方债权的变化，经乙方通知，应按要求另行提供令乙方满意的反担保。

5.9 乙方为实现本协议项下的全部债权，有权从甲方所有账户中扣收相应款项，并保证不提出异议并放弃任何抗辩。

5.10 如果与担保有关的商务合同发生修改，需事先取得乙方的书面同意，否则乙方不再承担担保责任，由此造成的一切损失由甲方负责。

5.11 及时将与担保有关的商务合同或项目的任何一方违约事件或可能发生的违约事件通知乙方，以便乙方采取必要的措施保证担保责任的正常履行。

5.12 如进行承包租赁、股份制改造、联营、合并、兼并、合资、分立、减资、股权变动、重大资产转让以及其他足以影响乙方权益实现的行动时，应至少提前30日通知乙方，并经乙方书面同意，否则在乙方担保责任解除之前不得进行上述行为。

5.13 变更住所、通信地址、营业范围、法定代表人等工商登记事项的，应在有关事项变更后7日内书面通知乙方。

5.14 如发生对其正常经营构成危险或对其履行本协议项下义务产生重大不利影响的任何其他事件，包括但不限于涉及重大经济纠纷、破产、财务状况的恶化等，应立即书面通知乙方。

**第六条 乙方担保责任的履行**

6.1 在担保有效期内，一旦受益人按保函/备用信用证条款向乙方提出索赔，乙方无须征得甲方同意即可以担保金额为限向受益人履行担保义务。

6.2 在向受益人履行担保责任时，乙方只负责处理证明文件或单据，对所涉及的基础合同纠纷不负任何责任，对相关索赔文件的真伪及其邮寄过程中的遗失、延误也不负任何责任。

6.3 在向受益人履行担保责任时，乙方有权从甲方的保证金账户和其他存款账户中扣划依本协议约定甲方应偿付的担保本金、利息、罚息及所有其他应付费用，同时垫付不足部分的款项。对乙方所垫款项，甲方应按每日万分之__向乙方支付利息。

6.4 若乙方提供的担保为外汇担保，而其扣划款项为人民币或其他币种外汇，或乙方提供人民币担保，而扣划款项为外汇的，则应按照国家外汇管理政策，按乙方所公布的汇率将扣划款项兑换成相应币种后向受益人履行担保责任。

**第七条 违约责任**

7.1 本协议生效后，甲、乙双方当事人均应履行本协议所约定的义务。任何一方不履行或不完全履行本协议所约定义务而给对方造成损失的，应依法赔偿。

**第八条 协议的生效、变更、解除和终止**

8.1 本协议自双方签署之日起生效，至乙方在担保项下的担保责任解除且乙方在本协议项下的债权全部清偿之日止。

8.2 除双方另有约定外,甲方如要求担保展期,应提前30日向乙方提出书面申请,经乙方审查同意,并签订担保展期协议后,本协议项下担保才相应展期;担保展期协议应作为本协议附件。

8.3 本协议生效后,除本协议已有之约定外,甲、乙任何一方都不得擅自变更或提前解除本协议,如确需变更或解除本协议,应经甲、乙双方协商一致,并达成书面协议。书面协议达成之前,本协议继续执行。

**第九条　争议的解决**

9.1 本协议的订立、效力、解释、履行及争议的解决均适用中华人民共和国法律。甲、乙双方在履行本协议过程中所发生的争议,由甲、乙双方协商解决或直接按下列第__种方式解决:

(1) 将争议提交仲裁委员会,按提交仲裁申请时该会有效之仲裁规则,在(仲裁地点)仲裁解决。仲裁裁决是终局性的,对双方均有约束力。

(2) 在乙方所在地法院通过诉讼方式解决。

**第十条　双方约定的其他事项**

10.1 _____。

10.2 _____。

10.3 _____。

**第十一条　附则**

11.1 乙方对甲方提供的有关其债务、财务、生产、经营等方面的资料及情况保密,但本协议另有约定和法律、法规另有规定的除外。

11.2 乙方为甲方出具本协议项下的担保需事先获得有关部门批准或核准的,则乙方只有在获得审批或核准后方能出具。

11.3 乙方委托__分行开立保函/备用信用证,__分行享有与乙方相同的权利,并承担相同的义务。

11.4 本协议附件是本协议不可分割的组成部分,与本协议正文具有同等法律效力。

11.5 本协议一式__份,甲方、乙方各执__份,具有同等法律效力。

甲方(公章):　　　　　　　　　　乙方(公章):
法定代表人:　　　　　　　　　　　法定代表人:
__年__月__日　　　　　　　　　　__年__月__日

【基础知识】

### 一、经办银行办理担保授信业务的一般规定

（1）银行的县级支行（含）及以上分支机构可作为人民币担保业务经办行，根据上级行的授权具体办理人民币担保业务。经中国银行监督管理机构、国家外汇管理局和总行批准经营外汇担保业务的分支机构可办理外汇担保业务。

（2）银行总行每年根据各一级（或直属）分行的经营管理水平、风险控制能力、市场需求情况等核定其担保业务审批权限，以法人授权书的形式下发。各一级（或直属）分行可根据总行确定的转授权原则和范围，核定辖内分支机构的担保业务审批权限。

（3）对能够提供符合总行规定的全额低风险反担保的担保业务，经办行可不受单笔审批权限的限制。

（4）对全额提供低风险反担保，保证期间在5年（含）以内的对外保函，可由一级（直属）分行直接审批，不受单笔审批权限的限制。

（5）担保业务纳入统一授信管理。办理担保业务时，最高综合授信额度不足的，对提供保证金的部分，可直接追加相应的最高综合授信额度，担保到期后相应调减。

（6）由总行审批的客户授信额度项下的担保业务，经办行可不受一级（直属）分行单笔审批权限制；由一级（直属）分行审批的客户授信额度项下的担保业务，经办行可不受二级分行单笔审批权的限制。

（7）总行对担保业务实行总量控制，分别核定各一级（直属）分行担保业务总量，一级（直属）分行可根据需要相应地核定辖内授权分支机构的担保业务总量。各分支机构应在上级行核定的担保总量内办理担保业务，未经批准不得突破。

### 二、客户申请银行担保时应具备的条件和提交的资料

#### （一）客户申请银行担保时应具备的条件

（1）向银行申请办理担保业务的客户应当是依法成立的企事业法人及其他经济组织。

（2）除了要具备一般流动资金贷款所要求的条件外，还要求必须具有真实、合法的交易背景，主合同条款完备，责任明确。

#### （二）申请办理担保业务的客户应提供的资料

（1）营业执照副本、法人代码、税务登记代码和法定代表人证明文件；

（2）担保涉及的有关合同、协议、标书及其他能够证明真实、合法交易背景的有关资料；

（3）担保涉及的事项按照规定须事先获得有关部门批准或核准的，须提供有关部门的批准或核准文件；

（4）申请人经会计（审计）师事务所审计的近2年度财务报表和当期财务报表（能够提供符合总行规定的全额低风险反担保的除外）；

（5）需提供反担保的，需提供反担保人的相关资料；

（6）按规定需要被授权客户提交的有关授权文件；

（7）银行要求的其他资料。

### 三、关于保证金和反担保规定

#### （一）保证金账户管理

保证金实行专户管理，必须逐笔对应存入专户。严禁保证金专户与客户结算户串用，不得在银行履行担保责任前支取保证金。对符合信用贷款条件的客户，经一级（直属）分行批准，办理担保业务可免收保证金。

#### （二）银行担保的反担保

被担保人应落实担保金额扣除保证金后差额部分的反担保。反担保为保证担保的，保证期间的到期日须在银行担保责任到期日后 6 个月以上。对符合信用贷款条件的客户，经一级（直属）分行批准，办理担保业务可免收保证金，免于提供反担保。

#### （三）银行担保业务的保证金比例

办理担保业务，应按照被担保人的信用等级收取一定比例的保证金或按照流动资金贷款要求提供其他反担保措施。银行收取保证金的标准一般按融资类担保和非融资类担保业务有所不同。

1. 融资类担保业务保证金比例

（1）AA 级（含）以上客户可免收保证金；
（2）$AA^-$ 级客户收取 10%（含）以上的保证金；
（3）$A^+$ 级、A 级客户收取 30%（含）以上的保证金；
（4）$A^-$ 级客户收取 50%（含）以上的保证金；
（5）BBB 级（含）以下客户收取 100% 的保证金。

2. 非融资类担保业务的保证金比例

（1）$AA^+$ 级（含）以上客户可免收保证金；
（2）$A^+$ 级客户收取 10%（含）以上的保证金；
（3）A 级客户收取 20%（含）以上的保证金；
（4）$A^-$ 级客户收取 30%（含）以上的保证金；
（5）BBB 级客户收取 50%（含）以上的保证金；
（6）BB 级（含）以下客户收取 100% 的保证金。

对能够提供符合总行规定的低风险反担保的，可不受上述保证金比例的限制。

### 四、担保金额、期限和费率

1. 担保金额

担保金额根据主合同金额的合理比例确定，不得办理金额敞口的担保业务。

2. 担保期限

担保的有效期应根据主合同的履行期限确定，原则上不超过 5 年（含），不得办理期限敞口的担保业务。

3. 担保费率

人民币担保业务的年费率应根据担保业务的成本和风险确定，成本越高、风险越大，费率越高。

某商业银行担保收费标准如下:融资类担保业务按担保余额的 1%~5% 收取,最低 1 000 元;非融资类担保业务按担保余额的 0.5%~3% 收取,最低 500 元。为 AA 级(含)以上客户和提供全额低风险反担保的客户办理人民币非融资类担保业务时可适当下调担保费率,按担保余额的 0.2%~3%(年费率)收取,最低 500 元。

担保费原则上应按季收取,担保期限不足一季的按一季计收,超过一季 10 天的按两季计收。对担保期限在 1 年以内(不含)的,也可一次性收取。

**五、银行担保业务办理流程**

**(一)调查及审查**

1. 担保申请人基本情况的调查与审查

收到申请人提交的材料后,经办行或授信业务部客户经理应对申请人的基本情况进行调查,授信审批部门负责审查。

调查与审查内容包括:被担保人的主体资格是否合法;有关交易、项目的真实性及可行性;被担保人资信状况及履行合同义务的能力;按规定需要提供反担保的,反担保是否合法、有效、足值;对内担保文本的金融条款等。

办理对外担保业务时,除由授信审批部门进行上述审查外,还应由国际业务部门就对外担保文本的金融条款、担保是否符合有关外汇管理政策和国际惯例等内容进行审查,并提出审查意见。对能够提供符合总行规定的全额低风险反担保的对外担保业务,可直接由国际业务部门审查。

2. 法律事务部对担保文件的审查

未采用统一格式文本的担保业务,授信管理部门签署意见后,应由法律事务部对有关文本,包括开立担保协议、反担保合同和担保文本的法律条款等内容进行审查,并签署法律审查意见。担保文本条款的审查要点包括:

(1)金融条款审查要点。文本要素应当完备;金额、币种要明确、合理,即担保人所担保的债务不应超过主合同项下被担保人应承担的债务范围,并应写明具体担保金额,担保币种原则上应与主合同保持一致;担保期限必须明确,即担保期限不应超过主合同债务履行期满后的 6 个月,并注明担保到期后自动失效;付款条件必须明确、合理;担保文本原则上不可转让,若须转让,应事先征得担保人的书面同意,并规定受让对象及转让次数等。

(2)法律条款审查要点。担保文本的合法性、有效性;担保范围、担保期限和担保责任必须明确、合理;对外担保应明确适用的法律和仲裁条款,应尽量争取适用中国法律或选择中国仲裁机构进行仲裁,经与受益人协商,也可接受适用国际认可度较高的第三国法律或选择第三国仲裁机构仲裁。

**(二)审批**

经授信审批部门审查同意后,由授信审批部门将申请人提交的材料及审查报告等报有权签批人审批。

对按规定需经贷审会审议的,提交贷审会审议。超过本级行审批权限的,由行长签字后报上级行审批。

（三）签订合同

经审批同意办理担保业务的，经办行或授信业务部门与申请人签订担保协议。

在申请人按约定提供反担保、存足保证金并交纳担保费后，经办行或授信业务部门根据担保业务审批书和会计结算部门已收妥保证金和担保费的书面证明填具担保文本，送有权签字人签发。

对内担保业务可由经授权的分支机构出具担保文本；对外担保业务应由一级（直属）分行出具担保文本，或由经授权的二级分行以一级（直属）分行的名义出具担保文本。

**六、银行担保业务的后续管理**

（1）办理担保业务后，经办行要按照总行规定的检查间隔期进行检查，及时发现可能影响被担保人履行合同或偿还债务的事项，并采取有效措施防范和化解风险。

（2）经办行业务部门应于每季约定收费日的前3个工作日将该笔业务担保余额和担保费率书面通知会计结算部门。

（3）在担保的有效期内，因交易条件变化、工程项目延期、交易货物或工程所需设备或技术价格变动、金融市场变化等客观因素需要变更担保文本的，被担保人与受益人协商一致后应向担保行提出书面申请。如变更非主要条款，经担保行审查同意后可对原担保文本进行修改；如需变更担保文本主要条款的，包括受益人、被担保人、担保金额、期限、币种、适用法律等，须按新的条件重新审批。

（4）担保期限届满需要展期的，应视同新业务履行相关审批手续。如原担保期限加展期期限超过规定的上限，须报总行审批（能够提供100%保证金的除外）。对经审批同意办理展期的，担保行应与被担保人签订担保展期协议，并重新出具担保文本或对原担保文本的期限条款进行相应修改。

（5）出具担保文本后，如因主合同变化或其他合理原因需解除担保时，经各当事人协商同意，担保行可解除担保，通知受益人退还担保文本正本，并及时办理有关注销手续。

（6）在担保的有效期内被担保人未履行合同义务，担保行受理受益人的书面追索，经审查符合条件的，向受益人履行支付或赔偿责任，并根据相关协议的约定，从被担保人保证金专户和其他存款账户扣款，不足部分由担保行垫付。同时应采取下列措施：①将担保到期日发生的垫付款项转入相应垫款科目，按中国人民银行有关规定计收利息；②向被担保人催收担保项下的垫付款项；③及时向反担保人追偿或处理抵押物、质押物；④担保项下垫款未还清之前，不再为被担保人办理新的担保；⑤对单笔担保垫款30天以上或年内发生2笔以上垫款的被担保人，不再为其办理担保业务（能够提供符合总行规定的低风险反担保的除外）。

（7）担保到期如未发生索偿，担保行应在担保到期次日向受益人发出担保失效通知，并在确认银行担保责任终止后及时注销该笔担保业务，退还该笔业务项下的保证金，核销表外账。

（8）建立担保业务档案，主要包括担保申请书、有关合同、协议、标书等文件，开立担保协议、反担保合同、担保文本，后续管理检查记录、担保付款通知、付款凭证和注销记录等。

**【单元实训】**

**实训项目：**银行担保授信。

**实训资料：**

买方 A 公司与卖方 B 公司签订了一份总价款 2 000 万元人民币的设备购销合同，约定从合同生效之日起 15 日内 A 公司向 B 公司支付预付款 500 万元人民币，余款待交货完成经验收合格后一次性支付。

在支付预付款前，B 公司按照合同约定向 A 公司提供了银行保函，银行保函规定：只要 A 公司证明 B 公司违约，无论 B 公司有何种反对理由，银行将仅凭 A 公司提供的与保函规定相符的 B 公司违约证据，立即按通知中规定的方式向 A 公司支付不超过金额为 1 000 万元人民币的赔偿。

合同约定期限届满，B 公司未能履行交货义务。A 公司遂向 B 公司提出返还预付款的要求，但 B 公司以 A 公司先有违约行为为由拒绝返还款项。于是 A 公司向银行发出书面通知，通知中陈述了 B 公司逾期不能交货的违约事实并要求银行兑付保函项下赔偿金额。

银行经审核认为：虽然 B 公司提出了 A 公司先有违约行为的拒付理由，但银行出具的是无条件的、不可撤销的、无追索权的见索即付保函，在此情况下，银行只能根据受益人 A 公司的通知履行连带保证责任。因此，银行在规定时间向 A 公司支付了保函项下的 1 000 万元人民币。

**实训要求：**

①回答案例中银行保函的类型。②结合案例简述银行保函业务处理过程。③根据案例撰写银行保函。

**实训方式：**分组讨论，展示实训成果。

## 任务二
## 银行的汇票授信业务

**【教师任务】**

1. 讲解银行的汇票承兑业务和承兑汇票贴现业务的基本概念、基本知识
2. 讲解银行的汇票承兑业务和承兑汇票贴现业务的适用规则和操作流程

**【学生任务】**

1. 掌握银行承兑汇票的要素构成和相关规定
2. 学会办理银行的汇票承兑业务
3. 学会办理银行承兑汇票的贴现业务

## 教学活动 1　认知银行承兑汇票业务

【活动设计】

教师借助网络、PPT 演示，通过对引入案例的分析，讲解银行承兑汇票和承兑业务办理过程，使学生全面理解和掌握银行的承兑汇票业务的基本知识与操作流程。

【案例导入】

### A 银行办理的银行承兑汇票业务违规吗

A 市某建筑工程公司承包建设的基建工程资金不到位，如果后续工程不能完成就不能结算已垫支的工程款，因此该公司欲向 A 市工商银行申请 2 000 万元贷款，但是工商银行授信额度已用完，无法出贷。B 市一家百货商场经理闻知，告知 B 市银行可以帮助解决资金问题。于是 A 市建筑工程公司经理、工商银行行长以及信贷科科长一行数人赶到 B 市，约见 B 市工商银行行长以及商场经理。四方商量提出一个方案：先由建筑工程公司开出 2 500 万元的银行承兑汇票，经 A 市工商银行（以下称 A 银行）承兑后，再由百货商场送交 B 市工商银行（以下称 B 银行）办理汇票贴现，所得 2 500 万元，转汇 A 银行 2 000 万元，贷给建筑公司使用，留下 500 万元留给商场使用，到期则由 B 银行收回各方票款。A 银行当场承兑两张汇票，一张 2 000 万元，一张 500 万元，两张汇票上均未填写交易合同号码和承兑契约编号。当天，B 银行即办理了票据贴现，次日则以百货商场的名义转汇建筑工程公司在 A 银行账户 2 000 万元，留下 500 万元冲抵了百货商场的债务。到期建筑工程公司如期归还百货商场 2 000 万元借款本息，但是，百货商场无力归还 500 万元借款本息，汇票到期后 B 银行要求 A 银行归还票据款遭到拒绝。B 银行遂起诉 A 银行，并将百货商场和建筑工程公司列为第三人。

思考：1. A 银行承兑的无商品交易的银行承兑汇票是否有效？
　　　2. A 银行办理的银行承兑汇票业务有没有违规？

【基础知识】

### 一、银行承兑汇票的概念

银行承兑汇票是商业汇票的一种。它是由存款人出票，向开户银行申请并经开户银行审查同意在指定日期无条件支付确定的金额给收款人或持票人的票据。简而言之，银行承兑汇票是一种由银行信用作保证的商业汇票，是由公司企业出票、银行承诺到期付款的汇票称为银行承兑汇票。

银行承兑汇票一式三联。一般银行承兑汇票是记名汇票，允许背书转让。

## 二、银行承兑汇票的期限、金额和承兑手续费

（1）我国银行承兑汇票的承兑期限最长不超过 6 个月，承兑申请人在银行承兑汇票到期未付款的，按规定计收逾期罚息。

（2）我国的银行承兑汇票每张票面金额最高为 1 000 万元。

（3）银行承兑手续费一般按票面金额向承兑申请人收取 0.5‰的手续费，但可浮动，不足 10 元的按 10 元计。

承兑汇票的样式如图 8-1 所示：

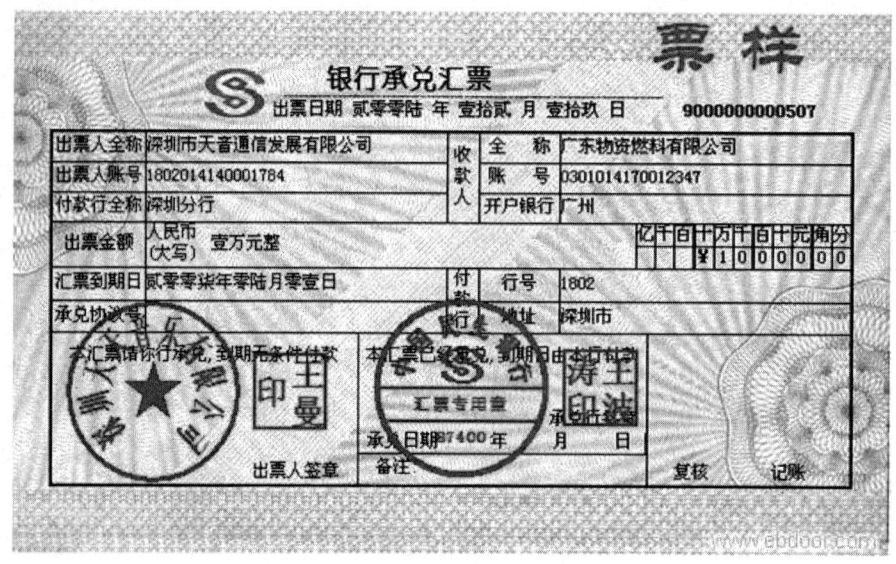

图 8-1　银行承兑汇票样式

## 三、银行对承兑申请人的要求

在我国一般承兑申请人即汇票的出票人，银行承兑汇票的出票人必须在银行开设账户，银行对出票人的信用要认可，才会对其签发的汇票进行承兑。出票人签发汇票要获得银行承兑必须具备下列条件：

（1）出票人是法人以及其他组织并且在承兑银行开立存款账户；

（2）与承兑银行具有真实的委托付款关系；

（3）能提供具有法律效力的购销合同及其增值税发票；

（4）有足够的支付能力，良好的结算记录和结算信誉；

（5）与银行信贷关系良好，无贷款逾期记录；

（6）能提供相应的担保，或按要求存入一定比例的保证金。担保方式可以是部分保证金、部分抵押或质押；全额质押；全额抵押三种的任何一种。抵押承兑额不超过抵押物变现价值的 70%，质押承兑额不超过质押物变现价值的 80%。

## 四、申请银行承兑应提交的资料

（1）须提交银行承兑业务申请书；

（2）提交一般流动资金贷款所需材料；

（3）提供出票时所依据的商品交易合同、增值税发票、货运凭证等原件及复印件。

## 五、银行承兑汇票业务的流程

商业银行承兑汇票业务主要包括承兑申请受理、调查与初审、承兑审批、签订协议、银行承兑和承兑到期管理等过程。

### （一）承兑申请受理

银行授信业务部门岗位受理客户提交的商业汇票和相应的承兑申请书（承兑申请书的内容如图 8-2 所示）和其他申请承兑的资料。对收妥的汇票进行登记，填写汇票的信息（汇票信息填写内容如图 8-3 所示）。

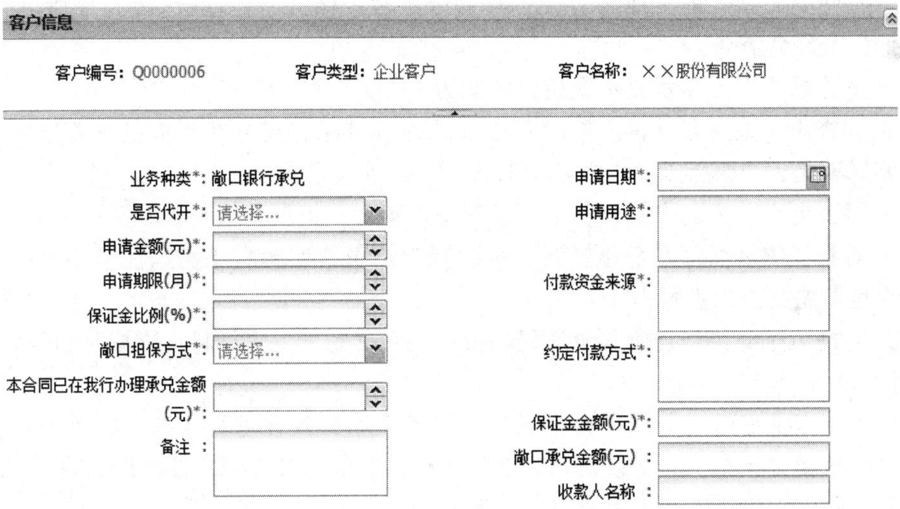

图 8-2 承兑申请书

图 8-3 汇票信息

## （二）调查与初审

授信业务部门岗位调查承兑申请客户信息，掌握其经营变化情况，重点调查承兑申请人或出票人经营行业风险、产品的市场风险、管理状况、财务状况、资金回笼情况，是否有足够的资金支付到期汇票金额以及对担保人担保能力的变化和抵（质）押物状况的价值变化的分析。

1. 调查承兑申请事项是否建立在真实合法的商品、劳务交易基础上

（1）出票人和担保人的身份与资格是否真实有效；

（2）出票人和担保人提供的资料是否真实合法；

（3）出票人申请承兑是否属于货款支付或劳务支付，是否符合规定用途，是否存在以银行承兑汇票套取资金；

（4）购销合同标的物是否属于国家法律、政策禁止生产经营的范围，或是国家法律、政策禁止的流通物或未经许可的限制流通物，或是国家法律、政策所不允许的行为；

（5）购销合同内容是否超过出票人营业执照的经营范围和经营方式；

（6）通过对出票人的实地调查，对其生产经营、材料储备进行查验，判断是否属于出票人的生产经营需要。

2. 审查出票人对到期承兑汇票的偿债能力

（1）调查出票人到期支付汇票的资金来源是否可靠，充分考虑商品是否适销对路及货款回笼周期是否与银行承兑汇票期限对称；

（2）对工业企业要调查其近期生产经营是否正常，销售货款是否顺畅；

（3）对物资贸易和批发企业要调查所购货物是否落实销售下游，先货后款方式清算的货物在运输中是否出现毁损；

（4）对施工企业要调查所承包工程的投资是否落实，工程材料是否按时到位等。

## （三）承兑审批

授信审查审批部门对申请材料合规性、完备性和有效性进行审查。经资格审查合格的，签注同意承兑意见，向出票人开具申请材料收妥单，对不符合授信规定的，应对客户进行解释，婉言拒绝其申请。审查内容如下：

（1）承兑申请人的条件；

（2）申请资料的完整性、合规性和合法性；

（3）商品交易合同的真实性、合法性；

（4）评价承兑申请人的支付能力和担保人的担保能力及担保的有效性。

## （四）签订承兑协议，办理承兑

银行授信业务部门与承兑申请人签订承兑协议，打印承兑通知书，办理承兑手续。

相关链接 8-1

## 银行承兑协议

出票人全称：　　　　　　　　　编　号：
开户银行：　　　　　　　　　　收款人全称：
账　号：　　　　　　　　　　　开户银行：
汇票号码：　　　　　　　　　　账　号：
出票日期：__年__月__日　　　　汇票金额（大写）：
　　　　　　　　　　　　　　　到期日期：__年__月__日

以上汇票经银行承兑，出票人愿遵守《支付结算办法》的规定及下列条款：

一、出票人于汇票到期日前将应付票款足额交存承兑银行。

二、出票人按汇票金额的百分之__存入保证金，并对汇票金额与保证金差额部分提供__（保证/抵押/质押）担保，担保合同号为__。如承兑银行免收保证金或免除担保，未经承兑银行同意，出票人不得将其资产抵（质）押给他人或为他人提供保证担保。

三、承兑手续费按票面金额的千分之__计算，在银行承兑时一次付清。

四、出票人与持票人如发生任何交易纠纷，均由其双方自行处理，票款于到期前仍按第一条办理不误。

五、出票人有下列行为之一的，应在收到承兑银行通知后7日内予以改正并采取令承兑银行满意的补救措施，否则承兑银行有权要求出票人提前交付足额票款或从出票人在承兑银行的其他存款账户扣划票款：

（1）向承兑银行提供虚假财务报表及其他财务资料的；

（2）不配合或拒绝接受承兑银行对其生产经营、财务活动进行监督的；

（3）其财产的重要部分或全部被其他债权人占有，或被指定受托人、接收人或类似人员接管，或者其财产被扣押或冻结，可能使承兑银行债权遭受严重损失的；

（4）未经承兑银行同意进行承包、租赁、股份制改造、联营、合并、兼并、合资、分立、减资、股权变动、转让等行动，可能危及承兑银行债权安全的；

（5）发生变更住所、通信地址、营业范围、法定代表人等工商登记事项或对外发生重大投资等情况使承兑银行债权实现受到严重影响或威胁的；

（6）涉及重大经济纠纷或财务状况恶化等，使承兑银行债权实现受到严重影响或威胁的；

（7）其他任何可能导致承兑银行债权实现受到威胁或严重损失的。

六、承兑到期日，承兑银行凭票无条件支付票款。如到期日之前出票人不能足额交付票款，承兑银行有权从保证金账户及出票人在承兑银行所有存款账户上扣划。对扣划后仍不足支付部分的票款转作出票人逾期贷款，按照有关规定计收罚息，在承兑银行垫付余额得到清偿前，不再对出票人办理新的承兑业务。

七、出票人付清承兑汇票票款后，本协议自动失效。

出票人公章：
承兑银行公章：
　　__年__月__日

## （五）银行承兑到期管理

（1）在银行承兑汇票到期前7天，查询出票人在承兑人开立账户的存款情况，如账户存款不足以支付汇票金额的，应书面通知出票人和担保人，督促其将票款足额存入其账户。

（2）保证金必须实行逐户逐笔、专户管理，不得提前支取保证金。

（3）逐笔建立档案登记，落实专人管理。

# 教学活动2　银行承兑汇票贴现

【活动设计】

通过对引入的银行承兑汇票贴现案例的分析，讲解银行承兑汇票贴现的基本概念和构成要素，指导学生理解和掌握银行承兑汇票贴现的操作流程和方法。

【案例导入】

假设宏达有限责任公司在2016年6月5日要贴现一张金额为1万元、出票日为2016年4月9日、到期日为2016年9月9日的银行承兑汇票，请计算其贴现利息，填写图8-4、图8-5贴现凭证（信息不全，依据合理原则补齐）。

**贴现凭证（代申请书）1**

填写日期：　　年　月　日　　　　　　　　　　　　　第　号

| 贴现汇票 | 种类 | | 号码 | | | | 申请人 | 名称 | | | | | | | | | | 此联银行作贴现借方凭证 |
|---|---|---|---|---|---|---|---|---|---|---|---|---|---|---|---|---|---|---|
| | 出票日 | | 年 | 月 | 日 | | | 账号 | | | | | | | | | | |
| | 到期日 | | 年 | 月 | 日 | | | 开户银行 | | | | | | | | | | |
| 汇票承兑人（或银行） | | 名称 | | | | | 账号 | | | 开户银行 | | | | | | | | |
| 汇票金额 | | 人民币（大写） | | | | | 千 | 百 | 十 | 万 | 千 | 百 | 十 | 元 | 角 | 分 | | |
| 贴现率 | ％ | 贴现利息 | 千 | 百 | 十 | 万 | 千 | 百 | 十 | 元 | 角 | 分 | 实付贴现金额 | 千 | 百 | 十 | 万 | 千 | 百 | 十 | 元 | 角 | 分 |
| 附送承兑汇票申请贴现，请审核。此致　　贴现银行　　　　申请人签章 | | | | | | 银行审批 | | | 负责人　　　信贷员 | | | | | | | | | |
| 复核 | | | | | | | | | 记账 | | | | | | | | | |

图8-4　贴现凭证

贴现凭证（收账通知）4

填写日期： 年 月 日　　　　　　　　　　　第　号

| 贴现汇票 | 种类 | | 号码 | | 申请人 | 名称 | | 此联银行给贴现申请人的收账通知 |
|---|---|---|---|---|---|---|---|---|
| | 出票日 | | 年 月 日 | | | 账号 | | |
| | 到期日 | | 年 月 日 | | | 开户银行 | | |
| 汇票承兑人（或银行） | | 名称 | | 账号 | | 开户银行 | | |
| 汇票金额 | | 人民币（大写） | | | | 千百十万千百十元角分 | | |
| 贴现率 | % | 贴现利息 | 千百十万千百十元角分 | | | 实付贴现金额 | 千百十万千百十元角分 | |
| 上述款项已入你单位账户。<br>　　此致 | | | | 备注： | | | | |
| | | 银行盖章<br>年　月　日 | | | | | | |
| 复核 | | | | | | 记账 | | |

图 8-5　贴现凭证

【基础知识】

一、银行承兑汇票贴现的概念

银行承兑汇票贴现是指持票人将未到期的银行承兑汇票背书转让给银行，银行再按贴现率扣除贴现利息后将余额票款付给持票人的一种授信业务。

二、贴现申请人应具备的资格条件

（1）依法登记注册的企业法人或其他经济组织，并依法从事经营活动；持有中国人民银行核发的"贷款卡"；
（2）与出票人或前手之间具有真实合法的商品交易关系并提供相关证明材料；
（3）在银行开立结算账户；
（4）非银行承兑汇票的出票人；
（5）满足贴现行要求的其他条件。

三、贴现申请人需要提供的资料

（1）通过年审的营业执照、经营许可证、企业代码、法定代表人资格证明及本人身

份证、护照原件及复印件;申请人章程、验资报告、税务登记代码;

(2) 经中国人民银行年审合格的贷款卡原件;

(3) 申请人与其前手之间的商品交易合同、增值税发票等资料的原件及复印件;

(4) 开户行要求的其他资料。

### 四、银行贴现业务办理过程

(1) 持票人持未到期的银行承兑汇票到银行申请贴现时,应根据汇票填制一式五联的贴现凭证。第一联代申请书,银行作贴现借方凭证,第二联银行作贴现申请人账户贷方凭证,第三联银行作贴现利息贷方凭证,第四联是银行发给贴现申请人的收账通知,第五联为到期卡,由银行会计部门按到期日排列保管,到期日收回贴现款时作贴现贷方凭证。

(2) 贴现申请人在贴现凭证第一联上加盖预留银行印鉴,连同汇票一并送交开户银行。

(3) 银行授信审批部门按照有关规定对贴现申请人所提交申请材料进行审查,符合条件的,在贴现凭证上签注"同意"字样,并在加盖有关人员印章后送交会计部门。

(4) 会计部门接到授信审批部门签批的贴现凭证和汇票后,除审查汇票真实无误外,还应审查贴现凭证的填写和汇票是否相符,无误后,按照规定计算出贴现利息和实付金额。

### 五、贴现的利息的计算

贴现利息 = 贴现金额 × 贴现天数 × 日贴现率

日贴现率 = 月贴现率 ÷ 30

实际付款金额 = 票面金额 - 贴现利息

凡是承兑申请人在异地的,贴现、转贴现和再贴现的期限以及贴现利息的计算应另加3天的划款时间。

目前我国办理的票据贴现业务主要是银行承兑汇票的贴现,它是代表银行信用的商业汇票范畴。一般来说国有大银行开出的银行承兑汇票,信用很高,转让或贴现都很方便,一般不会出现信用问题。大型的股份制银行信用也比较好,风险比较高的是地方的农信社、农村商业银行、城市商业银行承兑的汇票,时而发生假票和到期无法承兑的事情,因此在贴现时相对比较难。

---

**相关链接 8-2**

### 银行承兑汇票真伪的鉴别

承兑汇票贴现业务迅猛发展的同时,假冒、变造、"克隆"承兑汇票也随之涌现。鉴别汇票真伪对于防范票据风险也显得十分必要。鉴别真伪的五种方法:一查、二听、三摸、四比、五照,实用有效。

一查,即通过审查票面的"四性"——清晰性、完整性、准确性、合法性来辨别票据的真伪。

1. 清晰性

主要指票据平整洁净，字迹印章清晰可辨，达到"两无"——无污损、无涂改。无污损是指票面无折痕、水迹、油渍或其他污物；无涂改是指票面各记载要素、签章及背书无涂改痕迹。

2. 完整性

主要指票据没有破损且各记载要素及签章齐全，达到"两无"——无残缺、无漏项。无残缺，指票据无缺角、撕痕或其他损坏。无漏项，指票面各记载要素及背书填写完整、各种签章齐全。

3. 准确性

主要指票据各记载要素填写正确，签章符合《票据法》规定，达到"二无"——无错项、无笔误。无错项，指票据的行名、行号、汇票专用章等应准确无误，背书必须连续等。无笔误，指票据大、小写金额应一致，书写规范，签发及支付日期的填写符合要求（月份要求1~9月前加零，日期要求1~9前加零）。

4. 合法性

主要指票据能正常流转和受理，达到"两无"——无免责、无禁令。无免责，指注有"不得转让"、"质押"、"委托收款"字样的票据不得办理贴现。无禁令，指票据应不属于被盗、被骗、遗失范围及公检法禁止流通和公示催告范围。

二听，即通过听抖动汇票纸张发出的声响来辨别票据的真伪。

用手抖动汇票，汇票纸张会发出清脆的响声，能明显感到纸张韧性，而假票的纸张手感则软、绵、不清脆，而且票面颜色发暗、发污，个别印刷处字迹模糊。

三摸，即通过触摸汇票号码凹凸感来辨别票据的真伪。

汇票号码正、反面分别为棕黑色和红色的渗透性油墨，用手指触摸时有明显的凹凸感，假票的号码则很少使用渗透性油墨，而且用手指触摸时凹凸感不明显。

四比，即借助票面"四种防伪标志"比较来辨别票据的真伪。

1. 纸张防伪

不需借助仪器可看到在汇票表面无规则地分布着色彩纤维；汇票纸张若加入酸、碱性物质进行涂改，汇票则会变色。

2. 油墨防伪

汇票正中大写金额线由荧光水溶线组成，如票据被涂改、变造，此处则会发生变化，线条会消失。

3. 缩微文字

汇票正面"银行承兑汇票"字样的下划线是由汉语拼音"HUIPIAO"的字样组成；汇票中间是由汉语拼音"HUIPIAO"字样的缩微文字组成的右斜线，横贯整个票面的宽带区域。

4. 印刷防伪

汇票右下角的梅花花心内为小写汉语拼音h的字样。注意h字母应为空心。

五照，即借助鉴别仪的"四个灯"来辨别票据的真伪。

### 1. 放大灯

在放大灯下可观测到汇票正面的印刷纹路清晰连续，且纸张无涂改变色痕迹；同时，还可通过子母放大镜的子镜观测到汇票正面清晰连续的缩微文字。

### 2. 短波灯

在短波灯下可观测到汇票背面的二维标识码在灯下呈淡绿色荧光反应。

### 3. 长波灯

在长波灯下可以观测到在汇票表面无规则地分布着荧光纤维；汇票正面大写金额线有红色荧光反应；汇票的左上角印有红色的承兑行行徽，呈现橘红色；汇票字样右侧有暗记，为各行行徽（如工行为"ICBC"字样），长波灯下呈淡绿色荧光反应。

### 4. 水印灯

在水印灯下可以观测到汇票内部排列着黑白水印相间的小梅花，以及"HP"字样，一正一倒，一阴一阳地进行排列，位置不固定，定向不定位。

此外，还要注意鉴别银行承兑汇票的"月票"和"被查票"

"月票"是指距离银行承兑汇票到期日的剩余期限在一个月以内的汇票。一般对到期日仅剩一个月或一个月以内的银行承兑汇票银行不予再办贴现。

"被查票"是一种已被银行列入黑名单查询或被司法机关催示公告或票面有一定瑕疵的承兑汇票。一般这种被银行列入黑名单或被司法机关催示公告的汇票，银行是不受理贴现的，有瑕疵的汇票要补办相关手续后才能使用，但银行一般也不愿受理贴现。

【单元实训】

**实训项目**：银行承兑汇票和贴现银行承兑汇票的业务。

**实训资料**：见图 8-6 银行业务流程图。

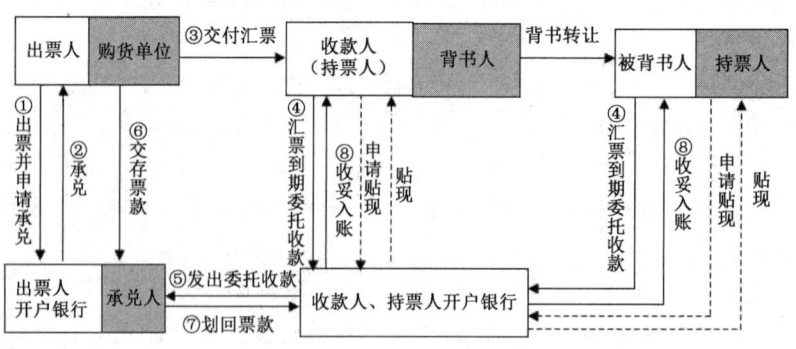

图 8-6　银行业务流程图

**实训要求**：根据图 8-6 银行业务流程图说明银行汇票承兑业务和贴现的业务过程。

**实训方式**：分组讨论，展示实训成果。

## 任务三
## 认识贷款承诺、票据发行便利、透支额度、信贷证明、信用证

【教师任务】
1. 引导学生学习掌握银行贷款承诺、票据发行便利、透支额度、信贷证明、信用证的基本知识
2. 重点讲解银行贷款承诺的适用规则和操作流程

【学生任务】
1. 掌握银行贷款承诺业务的内涵和操作要点
2. 掌握票据发行便利、透支额度、信贷证明、信用证业务的基本概念

## 教学活动1　认知贷款承诺业务

【活动设计】

通过对引入案例的分析，讲解银行贷款承诺业务的基本概念和业务构成要素，进而通过对银行贷款承诺业务操作的分析，使学生理解和掌握银行贷款承诺业务的操作流程。

【案例导入】

**法国雪铁龙汽车股份有限公司获得银团贷款承诺**

北京时间2014年2月20日凌晨消息，法国汽车制造商标致雪铁龙公司周三宣布，已经得到九家银行提出的价值27亿欧元（37.1亿美元）的新贷款承诺。

这也被视作标致雪铁龙引入东风汽车集团这样一个股东的优势所在——规模相当庞大的新贷款资金池的支持。

Chine Analyse公司的高级主管弗朗索瓦·杜福尔说，"来自中国的新贷款才是交易的重点。你不需要引进中国股东就能进入中国市场，但是你一定需要一个中国股东才能获得来自中国的贷款。"

标致雪铁龙公司，已经更新了一组27亿欧元的信贷协议，其中包括一组5年期20亿欧元贷款，一组3年期7亿欧元贷款，以及将贷款延期1年的选择权。这些贷款将会取代现有的、将在2014年和2015年到期的4亿欧元贷款协议。不过公司也承认，信贷协议的

执行将取决于增资计划的完成情况。

**思考**：贷款承诺与贷款有什么不同？

【基础知识】

### 一、贷款承诺的概念

贷款承诺是银行与借款人达成的一种具有法律约束力的正式契约，银行在承诺期限之内履行对客户按约定的条件发放贷款的诺言。作为银行提供承诺的报酬，可获得全部限额 0.25%～0.75% 的承诺费。在双方签订贷款承诺协议以后直至全部贷款还清、协议履行完毕之前，企业必须按规定定期向银行呈送有关经营状况、财务状况的各类报表，以便银行随时掌握企业资信状况变化，确保贷款的安全。

贷款承诺是银行向潜在借款客户作出的在未来一定时期内按约定条件向该客户提供贷款的承诺。贷款承诺为借款人的融资安排提供了灵活性。在银根较紧的情况下，企业为了避免将来需要资金而不可得，往往要求银行作出在未来放贷的承诺。获得贷款承诺保证后，借款人可以根据自身的实际经营情况确定使用贷款的金额和期限，以便高效合理地使用资金。贷款承诺具有法律约束力，银行在有效承诺期内随时准备应客户的要求向其提供信贷服务。由于贷款承诺对银行实际头寸的控制存在不确定性，银行需要具备较高的流动性管理水平，并不可避免地保持较高的备付准备，因而银行对承诺的贷款而未支用的部分要向客户收取一定的承诺费，对于承诺已转换为贷款部分银行收取贷款利息。

### 二、贷款承诺的类型

#### （一）定期贷款承诺

在定期贷款承诺下，借款人可以全部或部分地提用承诺金额，但仅能提用一次；如果借款人不能一次提用所承诺的全部资金，那么承诺实际就降至已提用的金额为止，贷款的期限通常是从借款人提用承诺贷款开始至承诺期满为止的时间段。

#### （二）备用承诺

在备用承诺下，借款人可多次提用，一次提用部分贷款并不失去对剩余承诺在剩余有效期内的使用权力。然而，一旦借款人开始偿还贷款，尽管偿还发生在承诺到期之前，已偿还的部分就不能被再次提用。

备用承诺还有两种变异：

1. 递减备用承诺

递减备用承诺是在备用承诺的基础上，附加承诺额度将定期递减的规定，当剩余未使用的承诺不足以扣减时，银行可要求借款人提前偿还本金，以补足扣减的承诺额。

2. 可转换备用承诺

可转换备用承诺是在备用承诺的基础上，附加一个承诺转换日期的规定。在此日期之前，借款人可按直接的备用承诺多次提用；如果一直未用，那么在此日期之后，备用承诺将变成定期贷款承诺。

#### （三）循环承诺

循环承诺就是借款人在承诺有效期内可多次提用，并且可反复使用已偿还的贷款，只要借款人在某一时刻使用的贷款不超过全部承诺额就可以,即对贷款额度实行存量管理。

循环承诺也有两种变异:

1. 递减循环承诺

递减循环承诺是在循环承诺的基础上,提前确定一个递减额度,每隔一定时期扣减承诺额。

2. 可转换循环承诺

可转换循环承诺是在循环承诺的基础上,在转换日期之前循环承诺;在转换日期之后是定期贷款承诺,承诺额就降至已提用而又未偿还的金额,未提用的承诺失效。

### 三、银行办理贷款承诺业务的步骤

(一) 银行授信业务部门岗位受理借款人提出的贷款承诺申请

借款人向银行授信业务部门提出贷款承诺的申请时,必须提交正式的书面申请书,同时还要提交借款人详细的财务资料和生产经营状况资料,作为银行是否进行贷款承诺的根据。具体提交的资料按资金用途和时间长短来定,可以参照流动资金贷款和固定资产贷款申请所提交的资料。

(二) 银行授信业务部门岗位对贷款承诺申请客户进行调查

(三) 银行授信审批部门岗位进行审查和审批

银行在合法性、合规性审查的基础上,如果银行认为有进行承诺的可行性,就和借款人进行贷款承诺条件的协商,主要包括承诺的类型、承诺的金额、承诺的期限、佣金率、偿还安排和保障条款等。根据授信审批程序由贷审会审批,有权人进行贷款承诺决策。

(四) 银行授信业务部门岗位和借款人签订贷款承诺协议书

银行和借款人对上述的承诺条件协商一致后,签订正式的贷款承诺协议书和担保合同,办理抵押、质押手续,以明确规定双方的义务,保障双方的权利。

(五) 借款人贷款资金的提用

借款人在承诺额度之内提用资金之前,必须在合同规定的时间内通知银行,以便银行能够及时地组织资金;银行必须在合同规定的时间内将资金划入借款人的存款账户,供借款人使用。

(六) 归还借款本息和支付佣金

借款人必须按期缴纳佣金和支付贷款本息,并按贷款承诺合同约定按时偿还贷款本金。

## 教学活动 2 认知票据发行便利、透支额度、信贷证明和信用证业务

【活动设计】

以国内某公司向当地某银行申请开立跟单信用证的非贷款授信业务为例,讲解银行其

他非贷款授信业务基本知识。

### 【案例导入】

#### 银行开展信用证业务有风险吗

12月5日,国内某公司(下称受益人)向当地某银行(下称议付行)提呈了S国某银行(下称开证行)开出的信用证项下出口单据一套,金额为390 000美元。信用证规定:正本检验证书由申请人的授权签字人签发,其签字样式须由开证行证实。议付行审核单据后,于次日以单证相符向国外寄单索汇。

12月16日,议付行收到开证行的拒付电,拒付理由为:"Inspection Certificate Cannot Varified by the Issueing Bank."当日议付行即联络受益人征询意见,并调阅公司留底单据进行核实。受益人坚称其所提交的检验证书为对方客户(即申请人)亲自来验货时签发的,其签字的真实性当无问题,开证行所提不符点纯属无理挑剔,以故意拖延付款时间。应受益人要求,12月17日议付行去电开证行陈述受益人观点,并请开证行联系申请人以取得进一步的处理意见。12月20日开证行复电议付行,仍以先前所列不符点为由拒付,并进一步说明检验证上签字样式与开证行留底记录上的签字样式不一致。议付行随即委托其在S国的分行协助调查此事。12月24日议付行收到其S国分行来电证实,经核查检验证上的签字样式确与开证行的留底记录不符。议付行立即知会受益人有关情况及注意事项,并建议受益人,为防止诈骗应立即着手查实货物下落及检验证书的真伪性。12月30日,受益人致函议付行要求去电开证行收回全套单据。次年1月6日,开证行同意退单,此案闭卷。

思考:案例中是银行信用证业务,类似的银行非贷款授信业务还有哪些?

### 【基础知识】

#### 一、票据发行便利

**(一)票据发行便利概念**

票据发行便利是银行向工商企业和金融机构提供的一种中期周转性票据发行融资的承诺。具体而言就是客户事先与银行签订协议,规定客户可以在一定时期内循环发行短期票据,银行承诺购买其未能按期售出的全部票据或提供备用信贷。

**(二)票据发行便利的作用**

票据发行便利的作用主要是发行人能够以较低的短期利率获得中长期融资。

票据发行人可以是其他银行或非银行机构,前者通常发行短期存款凭证,后者则发行本票,多为3个月或6个月到期,但银行提供的票据发行便利通常为期3~7年,在此期间内,通过滚动发行、借新还旧的期限转换效应,发行人能够以较低的短期利率获得中长期融资。银行的包销承诺为票据发行人提供了连续融资的保障,在承诺期限和金额限度内,每次发行短期票据时未售出部分均由银行承购。

**(三)银行票据发行便利业务的风险与防控**

1. 银行票据发行便利业务的风险

流动性风险和信用风险是银行提供票据发行便利的风险。银行提供票据发行便利的服务，收取承诺费构成了其收入来源，同时它也承担流动性风险和信用风险。

2. 银行控制风险的手段

银行做票据发行便利业务除按规定的授信程序和操作规程处理业务外，还必须从如下两方面入手：①银行须对票据发行人的资信状况作详细调查，在票据发行便利协议中设置在承诺有效期内借款人资信度下降时的特别处理条款，银行还须跟踪监测其信用品质变化情况，以及时应变。②在借款人融资规模很大时，多家银行通常在主办银行组织下组成承购银行团，按比例承购未推销出去的剩余票据，或提供同等金额的短期贷款。

(四) 票据发行便利的形式

票据发行便利有循环包销便利、可转让的循环包销便利和多元票据发行便利等形式。

1. 循环包销便利

循环包销便利是最早出现的票据发行便利。银行负责包销客户当期发行的短期票据，当某期票据无法全部销出时，银行需自行对客户提供所需资金，金额等于未能如期售出部分。

2. 可转让的循环包销便利

可转让的循环指包销银行在协议有效期内，随时可以将其包销承诺的所有权利和义务转让给另一家机构。

3. 多元票据发行便利

这种票据发行便利方式允许借款人以更灵活的方式提取资金，它集短期预支条款、摆动信贷、银行承兑票据等提款方式于一身，使借款人在提取资金的期限和币种等方面都获得了更大的选择余地。

自1984年以后，在经济合作与发展组织成员国中出现了无包销的票据发行便利，即不承诺"包销不能售出的票据"的票据发行便利。拥有较高资信等级的银行客户往往采取这种形式，它们自信凭借其市场信誉即可完成票据发行计划，故而无须寻求银行的承诺包销支持，以节约发行成本。同时，由于银行监管者在测定银行资本充足度时将包销承诺转为表内业务，为降低资本要求，银行也尽量对客户提供无包销的票据发行便利。

二、银行透支额度

(一) 银行透支额度的概念

银行透支额度是指银行预先对客户确定一个透支额度，客户就可以按照自己的需要随时支取贷款和随时归还透支款。银行授予透支额度的客户是信誉良好的企业或自然人。透支利息一般较高，其中包含了银行的承诺费。

(二) 银行透支额度的形式

银行透支额度的形式中信用卡和支票存款的透支额度最具代表性。

信用卡持卡人急需资金时可以进行透支，随借随还，不必提供担保品，银行一般只对超过免息期还款的客户收取利息。

支票存款账户的持有者经开户银行批准也可以在额度内透支款项。银行在协议中约定，对客户的支票账户核定一个最高透支限额，允许客户在限额内超过存款余额签发支票,银行按实际透支数额每日计收利息。如果借款人在规定时间内存入足够金额的款项即为自动归还透支贷款。

### 三、资产销售和回购协议

资产销售和回购协议是一种约定,银行根据协议向第三者出售信贷资产,并承诺在某一时间里或在某一可能发生的情况下,购回上述资产。资产出售和回购协议的基本形态可以分为以下三种:

1. 参与贷款

在贷款银行和债务人签订的贷款合同中,注明"可以将依据贷款债权收回全部或部分本息的权利出售给第三者(参加人)"的条款,贷款人就可以将收回贷款本息的权利全部或部分转让给第三者。

2. 债权转让

在事先通知债务人的前提下,可以将贷款债权出售给第三者,债权购买银行取得直接向债务人要求还本付息的权利。

3. 更改协议

贷款银行与债务人修改所签订的合同,更换该项资产的债权人,取消原合同中贷款银行与债务人的债权、债务协议,按规定,在债权购买银行与债务人之间建立内容相同的、新的债权、债务关系。

进行资产销售和回购协议,一是可以降低贷款的风险。对资产的出售者来说,银行出售贷款能降低贷款风险,增强资产的流动性,提高资产的质量;而对贷款的购买者来说,可以通过承担较多的风险而获得较高的收益。二是给银行带来了新的盈利空间。在利率上升时,为银行贷款的出售提供了一个机会,银行能以出售低收益资产的方式将原来的非流动性资产转化为流动性资产。

### 四、信贷证明

信贷证明是指根据授信申请企业要求,在其参与工程等项目建设的资格预审、投标、履约时,向银行提出申请,经银行评审同意后,由银行出具的一种融资证明,旨在证明申请人在承包工程中有能力从银行获得必要的信贷支持。信贷证明一般被要求与投标或履约担保一并出具。

信贷证明的最长期限不得超过 3 年。信贷证明的收费标准为 0.1% ~ 0.45% 的年费率。

### 五、信用证业务

信用证是指由银行(开证行)依据申请人(进出口贸易中的买方)的要求和指示开立信用证,作出在符合信用证条款的条件下,向交单人或其指定方进行承兑或付款的书面文件。信用证是一种银行开立的有条件的承诺付款的书面文件。付款条件即指"相符交单"也即指"单单一致、单证一致";交单人可以是信用证中的受益人(进出口贸易中的卖方)或出口方的银行或议付行。

**【单元实训】**

**实训项目：** 银行贷款承诺、票据发行便利等非资金授信业务。
**实训资料：** 搜集相关银行业务开展情况。
**实训要求：** 撰写银行开展非资金授信业务的调查报告。
**实训方式：** 分组调研、展示实训成果。

## 综合训练

一、知识检测

（一）单项选择题

1. 融资类担保是指（　　）为被担保人在融资性交易项下的责任或义务提供的担保。
　　A. 政府　　　　　　　　　　B. 医院
　　C. 银行　　　　　　　　　　D. 红十字会

2. 对内担保是指（　　）为中国境内机构的担保。
　　A. 债务人　　　　　　　　　B. 债权人
　　C. 法人　　　　　　　　　　D. 受益人

3. 银行承兑汇票是由在（　　）开立存款账户的存款人出票，向开户银行申请并经银行承兑的商业票据。
　　A. 政府机构　　　　　　　　B. 证券公司
　　C. 保险公司　　　　　　　　D. 承兑银行

4. 银行承兑汇票的承兑期限最长不超过（　　）个月。
　　A. 9　　　　　　　　　　　　B. 2
　　C. 3　　　　　　　　　　　　D. 6

5. 银行承兑汇票贴现是指持票人持有（　　）的银行承兑汇票背书转让给银行。
　　A. 已发行　　　　　　　　　B. 未发行
　　C. 已到期　　　　　　　　　D. 未到期

6. 银行一般对剩余期限为（　　）个月以内的银行承兑汇票不予办理贴现。
　　A. 1　　　　　　　　　　　　B. 3
　　C. 6　　　　　　　　　　　　D. 9

7. 贷款承诺是银行与（　　）达成的一种具有法律约束力的正式契约。
　　A. 自然人　　　　　　　　　B. 法人
　　C. 贷款人　　　　　　　　　D. 借款人

8. 银行对客户的贷款承诺可获得承诺贷款限额（　　）%~0.75%的承诺费。
　　A. 0.1　　　　　　　　　　　B. 0.25
　　C. 0.2　　　　　　　　　　　D. 0.15

9. 循环承诺是借款人在承诺有效期内可（　　）次提用，并且可反复使用已偿还的贷款额度。
   A. 1　　　　　　　　　　　　B. 多
   C. 6　　　　　　　　　　　　D. 9
10. 票据发行便利是银行提供的一种中（　　）期周转性票据发行融资的承诺。
    A. 短　　　　　　　　　　　B. 中
    C. 长　　　　　　　　　　　D. 无限

（二）多项选择题
1. 融资类担保主要包括（　　）。
   A. 借款担保　　　　　　　　B. 租赁担保
   C. 投资担保　　　　　　　　D. 投标担保
2. 银行承兑汇票业务规定：抵押承兑的承兑额不超过抵押物变现值的（　　）%，质押承兑的承兑额不超过质押物变现值的（　　）%
   A. 70　　　　　　　　　　　B. 80
   C. 50　　　　　　　　　　　D. 90
3. 融资类担保业务的保证金比例规定：AA⁻级客户收取10%（含）以上的保证金；对于A⁺级、A级客户收取（　　）%（含）以上的保证金；A⁻级客户收取（　　）%（含）以上的保证金。可选项为（　　）
   A. 10　　　　　　　　　　　B. 30
   C. 50　　　　　　　　　　　D. 80
4. 属于循环贷款承诺的有（　　）。
   A. 可转换金额的承诺　　　　B. 可转换循环承诺
   C. 递减循环承诺　　　　　　D. 缩短承诺期的承诺
5. 贷款承诺的类型包括（　　）。
   A. 定期贷款承诺　　　　　　B. 可转换期限承诺
   C. 备用承诺　　　　　　　　D. 无限期承诺

（三）判断题
1. 融资类担保是指银行为被担保人在融资性交易项下的责任或义务提供的担保。（　　）
2. 对外担保是指担保人是中国境外机构的担保。（　　）
3. 一般银行县级支行（含）以上机构可作为人民币担保业务经办行。（　　）
4. 对全额提供低风险反担保，保证期间在3年（含）以内的对外保函，可由一级（直属）分行直接审批，不受单笔审批权限的限制。（　　）
5. 总行对担保业务实行比率控制，分别核定各一级（直属）分行担保业务总量。（　　）
6. 非融资类担保业务中AA⁻级（含）以上客户可免收保证金。（　　）
7. 保证金实行专户管理，保证金专户与客户结算户可以串用。（　　）

8. 反担保为保证担保的，保证期间的到期日须在银行担保责任到期日后 3 个月以上。
（　　）
9. 非融资类担保业务按担保余额的 0.5%~3% 收取，最低 500 元。（　　）
10. 担保费原则上应按季收取，担保期限不足一季的按一季计收。（　　）
11. 商业汇票分为商业承兑汇票和银行承兑汇票。（　　）
12. 我国的银行承兑汇票每张票面金额最高为 1 000 万元。（　　）
13. 银行承兑汇票的承兑期限最长不超过 6 个月。（　　）
14. 贷款承诺是银行与借款人达成的一种具有法律约束力的正式契约。（　　）
15. 信贷证明的最长期限不得超过 3 年。（　　）

## 二、技能训练

**请阅读以下材料，分析讨论银行金融债权转让行为的有效性**

绿源有限公司（以下简称：绿源）2015 年 8 月 28 日与中国××银行××市分行（以下简称：××分行）签订抵押合同，约定绿源将其所有的房屋及国有建设用地使用权、机械设备提供最高额抵押担保。××分行分别取得了前述抵押房屋及国有建设用地使用权、机器设备的抵押权证。2015 年 9 月 20 日，××分行与绿源签订了"流动资金借款合同"，绿源向××分行借款人民币 2 000 万元。

××分行依约提供了贷款。贷款到期后，绿源仅归还××分行本金人民币 100 万元。××分行在告知绿源拟将拥有的债权转让给某城市建设投资有限公司（以下简称：城建投）后，城建投与××分行于 2016 年 11 月 21 日签订了《债权转让协议》，××分行将其对绿源的前述贷款债权和抵押权转让给城建投，城建投没有重新办理抵押权登记。同日，城建投代为清偿了绿源所欠××分行的贷款本金及利息。2016 年 12 月 4 日，城建投向绿源送达了"清偿到期债务通知书"，通知其于 2016 年 12 月 9 日前归还欠款，但此后绿源并没有在限定的期限内偿还债务。

2016 年 12 月 24 日，城建投向××省××市中级人民法院（一审法院）提起诉讼，要求绿源立即偿还对城建投的欠款及相应利息等；同时城建投对绿源提供的抵押物享有优先受偿权。案件的争议焦点有二：一是××分行与城建投之间签订的"债权转让协议"是否有效？二是随债权转让的抵押权未办理变更登记，是否失效？

一审法院认为：根据我国合同法规定，债权人可以将合同的权利全部或者部分转让给第三人，债权转让只要通知债务人就发生效力，债务人应向受让人履行偿还义务。本案中，××分行将债权转让给城建投后已经通知绿源的事实，原、被告双方当事人均无异议，足以认定债权转让合法有效。

绿源不服一审判决，向××省高级人民法院提起上诉。二审法院认为：城建投取得涉案债权的方式为，受让××分行对绿源所享有的涉案金融债权，并非城建投自行直接向绿源发放金融贷款。城建投受让该金融债权的行为，不属于《中华人民共和国银行业监督管理法》第十九条（即：未经国务院银行业监督管理机构批准，任何单位或者个人不得设立银行业金融机构或者从事银行业金融机构的业务活动）及《贷款通则》第二十一条（即：贷款人必须经中国人民银行批准经营贷款业务，持有中国人民银行颁发的《金融机构法人许可证》或《金融机构营业许可证》，并经工商行政管理部门核准登记）的调整范围，故认定"债权转让协议"合法有效。

绿源不服二审判决，向最高人民法院提起再审申请，再审法院认为"虽然《贷款通则》等对从事贷款业务的主体作出规定，但并未明确禁止从事信贷业务的银行将相关金融债权转让给第三人。银监办24号批复第二条明确规定，'转让具体的贷款债权，属于债权人将合同的权利转让给第三人，并非向社会不特定对象发放贷款的经营性活动，不涉及从事贷款业务的资格问题，受让主体无须具备从事贷款业务的资格'，本案中城建投公司并未直接与绿源公司签订贷款合同，发放贷款，而系受让××分行对绿源公司依法享有的债权，符合银行业关于贷款债权合法转让的规定"，故认定"债权转让协议"合法有效。

**要求：**

学生分组网上查阅《贷款通则》、《中华人民共和国银行业监督管理法》、《中华人民共和国担保法》，按法律条文讨论、判断案例中债权转让有效性和城建投实现抵押权的依据。

# 项目九 Project 9
# 银行授信基础管理

【知识目标】
1. 掌握银行授信基础管理的主要内容
2. 掌握授信管理信息系统操作的要求
3. 掌握授信档案管理岗位职责和管理方法
4. 掌握授信业务台账管理的基本要求
5. 掌握授信业务统计报表编制与报告撰写的基本要求

【能力目标】
1. 能够操作使用银行授信管理信息系统
2. 能够对授信档案进行规范管理
3. 能够按要求登记授信业务台账
4. 会编制授信业务统计报表和撰写报告，并具有一定的分析能力

## 任务一
## 银行授信基础管理

【教师任务】
1. 讲解银行授信基础管理的概念和主要内容
2. 讲解银行授信信息系统管理，指导学生模拟使用银行授信信息管理系统
3. 讲解银行授信档案管理、台账管理
4. 讲解银行授信业务统计报表编制与报告的撰写方法

【学生任务】
1. 理解并掌握银行授信基础管理的概念和主要内容
2. 掌握银行授信信息系统管理，会使用银行授信信息管理系统
3. 学会银行授信档案管理、台账管理
4. 掌握银行授信业务统计报表编制与报告的撰写方法

教学活动 银行授信基础管理的内容

## 教学活动　银行授信基础管理的内容

【活动设计】

通过介绍某一家银行授信基础管理的实际情况，讲解银行授信基础管理的主要内容。

【案例导入】

××实业有限公司成立于2006年9月，注册资金2亿元，主要从事金属制品涂镀层板材生产。2007年建设1期项目，总投资5亿元，中国银行给予项目融资1.5亿元，2008年顺利投产。2009年建设2期项目，总投资约6亿元，中国银行给予项目融资2.8亿元，2011年底建成后，2012年前8个月企业产值26.9亿元。2007年中国银行给予项目融资支持以后，其他商业银行开始纷纷以短期信用方式介入该企业及其关联公司，且授信额度巨大，企业也由此大肆扩张，短时间内公司规模急剧膨胀。据调查，××实业有限公司关联企业达五十多家（含紧密型关联、松散型关联、疑似关联三类企业），横跨冶金、房地产、商贸、担保等行业，其中仅中国银行介入的××实业、××商贸、××贸易三家公司就有10家银行同时对其融资，最高峰时融资总额高达26亿元，明显超过其实际经营所需。2012年下半年国家实施稳健的信贷政策后信贷规模开始收紧，个别股份制银行对该实业有限公司关联企业率先收贷，在短短半年内，各银行累计压缩贷款近10亿元。该实业有限公司由于资金短缺于2012年底停产。从繁荣到停产，多家银行参与其中。

思考：银行授信基础管理的内容包括哪些方面？

【基础知识】

一、银行授信基础管理的概念

银行授信基础管理是银行为了防范授信风险、促进授信业务规范化和制度化而采用的对授信信息系统软件管理、授信档案管理、授信业务台账管理和授信业务统计报表及报告管理的一系列管理方式。它是银行授信操作过程的重要组成部分，是保障银行各项授信正

常运行的基础和重要手段。

银行授信基础管理涉及内容比较广泛，有广义和狭义之分。广义的银行授信基础管理既包括各项授信业务资料的管理、授信业务信息的处理、授信业务报表与报告管理，又包括对银行授信人员的管理等内容。而狭义的银行授信基础管理主要是指对授信资料的管理、授信业务信息的处理和授信业务报表与报告管理等主要内容。本书所讲的银行授信基础管理是狭义上的概念，具体包括银行授信管理信息系统管理、授信档案管理、授信业务台账管理、授信业务统计报表与报告管理等内容。

**二、银行授信基础管理的主要内容**

1. 银行授信管理信息系统管理

授信管理信息系统是我国银行授信管理的重要组成部分，是授信业务信息处理的重要载体。它主要以授信管理信息为基础，以计算机网络技术为手段，通过按照制度、流程操作银行授信业务、对授信客户和担保人的信息进行登记和处理，全面反映银行授信业务的运行态势及授信客户和担保人的资信情况，对可能存在的授信风险进行科学预测和防范，对银行和授信客户的授信行为进行实时监控的信息管理系统。授信管理信息系统的管理工作是授信基础管理工作的重要组成部分，是其他授信业务基础管理的重要支撑。

2. 银行授信档案管理

银行授信档案管理是指银行总行分支行在授信业务经营管理过程中，对形成的具有法律意义、拥有史料价值、具备查询价值的授信管理专业技术资料进行收集、整理、归档和保管的整个过程。

3. 银行授信业务台账管理

银行授信业务台账管理是指银行按照规定的格式和分类方法对各授信业务部门发生的授信业务进行登记和汇总，从而形成授信业务账簿，并对授信业务账簿进行管理的过程。有效的授信业务台账管理能够使银行管理者、决策者及时、准确、动态地掌握银行授信业务情况。银行授信业务台账由银行授信业务部门指定专人进行登记、整理和保管。银行授信业务台账的管理和登记可以按照授信管理信息系统的设置要求进行相关操作。

4. 银行授信业务统计报表与报告

授信业务统计报表格式及报告的内容要求一般由各银行总行予以规定并根据业务需求进行适时调整。各级银行按要求编制统计报表和撰写统计报告。银行管理部门通过分析授信业务统计报表与报告能够及时、准确、全面掌握银行授信业务开展情况、分析授信资产状况，是防范和化解银行经营风险的重要依据。

【单元实训】

**实训项目**：银行授信基础管理。
**实训资料**：搜集当地银行授信基础管理资料。
**实训要求**：对所搜集的资料进行整理、讨论，完成该银行授信基础管理的调研报告。
**实训方式**：分组讨论、展示实训成果。

# 任务二

## 银行授信基础管理的方式

【教师任务】
1. 讲解银行授信管理信息系统管理方法
2. 讲解授信档案管理内容
3. 讲解授信业务台账管理内容
4. 讲解授信业务统计报表编制方法与报告的构成内容

【学生任务】
1. 学习掌握银行授信管理信息系统管理、授信档案管理、授信台账管理、授信统计报表与报告的主要知识点
2. 能够使用银行的授信管理信息系统
3. 能够管理授信档案
4. 会登记授信业务台账
5. 会编制授信业务统计报表和撰写授信统计报告。

## 教学活动1 银行授信管理信息系统的管理

【活动设计】

利用对引入案例的分析，讲解银行授信管理信息系统的各岗位职责和权限设置，并模拟银行授信业务，对发生的授信业务进行登记、查询操作。指导学生到银行进行调研银行授信管理信息系统的使用情况。

【案例导入】

中国建设银行在全国约有13630家分支银行，营销网络覆盖全国各个地区，在海外的许多发达国家也设有分行。它是以中长期信贷为主导的商业银行，其业务产品可划分为四大类：资产类产品、负债类产品、中间业务类产品和电子载体类产品。中国建设银行率先在国内银行推出信息管理系统，但在信息系统建设之初，各部门信息系统重复建设、资源分散、交互不畅。因为系统规划分析论证不充分，导致后期软件系统繁多、体系复杂、难以兼容，既浪费了大量的资源，也给银行管理信息化带来障碍，增加了系统管理的难度。银行认识到拥有先进和完善的业务管理信息技术无疑会助力银行发展，于是投入大量的人

力和物力进行管理信息系统的开发，建设了完备的授信管理信息系统。

目前，银行业正处在以客户为中心、以市场为导向的激烈竞争时代，如何利用授信管理信息系统综合分析、挖掘客户的潜在价值，利用有价值的信息为银行改进服务手段，提高竞争能力，防范业务风险，提高业务分析数据的时效性及准确性是商业银行决策层关注的主要问题。

思考：银行授信管理信息系统是如何操作和使用的呢？

## 【基础知识】

### 一、银行授信管理信息系统的管理职责和权限

银行总行是实施授信管理信息系统制度的主要管理机构，系统管理由总行专门的授信管理部门和机构负责，系统技术则由银行科技部门人员负责。银行授信管理信息系统的权限具体设置为：业务操作层、审查决策层、系统管理层。设置专门的系统管理员负责系统管理权限操作授权。

#### （一）业务操作层的职责和权限

业务操作层主要负责银行授信业务的办理，依据授信业务处理情况的需要可对授信系统数据进行相应的增加、修改、查询等操作。

1. 总行业务操作层分为审查员和授信管理员（高级管理员）两个岗位

审查员的具体职责和权限主要表现为：对银行全部客户基本资料、财务资料、信用等级、财务分析、贷款调查、承兑汇票、票据贴现、贷款合同、贷款台账、贷款业务监控、贷款质量管理、授权授信管理、贷款预警管理、客户经理管理、统计查询、报表管理、系统维护等数据进行查询、统计分析，对贷款进行风险分类，按时生成全行的授信统计报表。

授信管理员（高级管理员）主要负责授信管理信息系统的业务管理以及重大问题的决定、操作和授权等，可对全行用户和授信数据进行查询、统计分析，并发布系统重大公共信息。

2. 分行业务操作层分为审查员和综合管理员岗位

他们的具体职责和权限主要表现为：对分行所有客户的基本资料、财务资料、信用等级、财务分析、贷款调查、承兑汇票、票据贴现、贷款合同、贷款台账、贷款质量管理、授权授信管理、贷款预警管理、客户经理管理、统计查询综合分析、报表管理、系统维护等数据进行查询、统计分析，分行对贷款风险分类的认定，按时生成或登录分行的授信统计报表，可对分行客户授信情况进行查询等，并确保授信统计报表数据的真实、完整、准确。

3. 支行业务操作层分为授信员和综合员两个岗位

授信员具体职责和权限主要表现为：对本行客户基本资料、授信限额、财务资料、信用等级、财务分析、贷款调查、承兑汇票、票据贴现、贷款合同、贷款台账、贷款质量管理、贷款业务监控、贷款预警管理、客户综合查询、口令修改等进行录入、修改和查询操作；综合员除具备上述授信员的权限外，还可完成授权授信管理、客户经理管理、统计查

询、报表管理、维护贷款台账，初分贷款风险类别，按时生成或登录授信统计报表，保证报表数据的完整、准确、及时。

**（二）审查决策层的职责和权限**

1. 对授信审批提出意见

授信审批人员在职权范围内，对授信调查人员提供的资料进行核实、评定，结合系统自动生成的授信审批意见，最后形成最终审批意见。

2. 对授信业务部门岗位的尽职情况进行审查

审查决策层主要负责授信业务的审查和决策，确保授信业务资料的完整性、合理性、合规性，对业务岗人员的尽职情况进行审查，评价授信业务风险程度等。

3. 查询辖内授信客户信息和授信的信息

银行支行、分行及总行审查决策层可查看辖内客户各类信息和各项授信数据，检查授信政策落实情况，获取统计和分析资料，对审查结论负责，但无权对相关数据进行修改。

**（三）系统管理员的职责和权限**

银行根据业务发展的需要在各个地区的分支行及总行分别设置了系统管理员职位，其具体职责和权限为：

（1）负责授信管理信息系统的日常管理与维护，包括用户管理（如增删用户、密码管理及用户权限管理等）、访问控制管理（如IP限定等）、数据库备份及系统状态监视等。

（2）负责设置与规划授权管理信息系统的有关参数，配合相关授信部门及授信操作人员做好系统的应用工作。

（3）负责客户授信信息的安全，定期检查服务器状态，确保系统运行正常。

（4）负责授信操作人员的系统权限设置与管理、授信系统的更新与升级、授信系统数据报错维护等，保证服务器和操作端的正常运转。

（5）系统管理员和授信管理权限设定监督员共同对授信操作人员进行权限设定

系统管理员用户登录的密码由系统管理员和授信管理权限设定监督员双人设定，即授信管理员设定密码前半部分，授信管理权限设定监督员设定密码后半部分。只有当双方同时到场分别输入各自控制的密码后才能进行授信操作人员的用户登记和权限设定操作，并要求至少一名授信管理部门的处级以上领导现场监督权限设定工作。

**二、银行授信管理信息系统的管理流程**

银行总分行设科技部门作为授信管理信息系统的业务支持层，负责授信管理信息系统的安全运行，业务操作层即授信业务部和授信管理部门，操作使用授信管理系统。见图9-1。

**三、银行授信登记管理**

**（一）授信的及时登记**

1. 基层经办行的登记

经办银行授信业务人员应在授信业务发生日或更改当日，将该授信的相关内容和信息

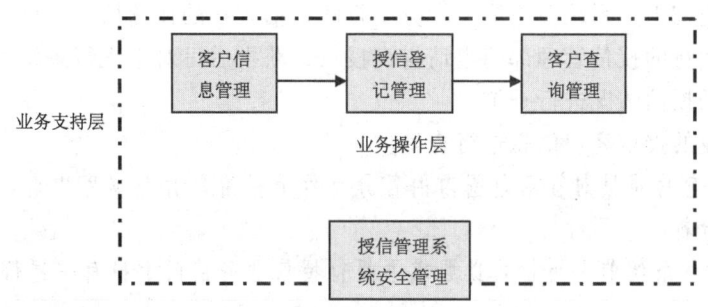

图 9-1 授信管理信息系统管理流程

在银行授信管理系统中进行录入，授信业务人员应进行逐笔复核，确保客户授信信息和数据的完整、准确。

2. 分行一级统计报表的编报

分行一级的授信业务人员应将当月发生的授信业务的相关统计报表最晚于次月第 3 日之前在授信管理系统中生成登录，并与分行计划财务部门的相关授信信息进行核对，保证分支行客户授信信息的准确性。

3. 总行一级的核查

银行总行授信人员应按月检查各分行向授信管理系统报送的客户授信信息是否完整、准确、真实，并确保相关信息登记的及时性。

（二）授信业务的变更登记

1. 经办行对授信信息的变更登记

经办行的授信业务部门岗位人员在授信的性质、贷款授信用途、贷款授信或其他授信的风险分类发生变化时，要及时在授信管理信息系统中对该授信信息进行相应调整和更改，以确保系统中的授信客户信息是最新状态。

2. 经办行对呆账贷款核销的登记

通过核销审批的呆账贷款，授信业务人员应及时在授信管理信息系统中做相应的呆账冲销录入，以保证呆账核销记录的准确性。

**四、银行授信信息查询管理**

（一）经办行对辖内授信客户的信息查询

1. 查询方法

授信业务部门岗位的操作人员登录授信管理信息系统后，可用授信客户的名称、贷款卡编码、机构代码等关键信息进行查找。

2. 查询内容

对授信客户的状态（无业务销户、结清销户等）、资信状况进行查询。

（二）银行各分支行对授信客户的信息查询

（1）查询总行发布的公开信息。

（2）查询本分支行已授信或正在申请授信的客户的相关信息。

（3）查询本行系统但不属于本分支行管辖的授信客户信息

如果需要查询本行系统但不属于本分支行的授信客户的授信情况，可向对授信客户具备管辖权的其他行的授信管理部门申请查询授权，获批后可对本银行系统但不属于本分支行的授信客户的授信情况进行查询。

不能对同业的授信客户信息进行查询。

（三）银行总行可以对管辖范围内的各分支行上报给总行数据库中心的数据信息进行查询、汇总和分析

（四）本银行系统的上级行可以要求下级行授信业务部门上报有关授信管理信息数据

银行总行及各分支行通过银行授信管理系统查询并获取的授信客户的相关信息，禁止向该银行以外的机构或个人泄露，一旦出现授信客户信息泄露造成损失将追究相关泄密人员责任。

**五、银行授信管理信息系统安全管理**

银行授信管理信息系统具有良好的安全设置，可以有效避免计算机病毒和人为破坏，从而保证系统中授信信息的机密性、安全性、完整性和可用性。

1. 授信管理信息系统设备的安装、使用必须符合银行总行有关电脑设备的相关规定和要求，各分支行应定期对授信管理系统和电脑设备运行情况进行检查和维护

2. 授信管理信息系统的安全管理应符合银行计算机信息系统安全保护工作的相关规定，定期进行检查和升级操作

3. 应做好授信管理信息系统的数据备份工作，并应符合总行信息管理部有关数据备份要求的相关规定

4. 授信管理信息系统的操作端必须专机专用，不得挪作其他用途

授信管理系统操作端不得与因特网有任何物理连接（包括拨号上网和专线连接），严禁与其他计算机互相串用软盘，有需要软盘从其他计算机向操作端拷贝文件的，软盘必须经过严格的计算机病毒检查。严禁使用外插U盘、硬盘传输文件或拷贝资料等

5. 系统管理员和系统操作人员的相互制约机制

（1）银行分支行的授信业务系统操作人员和系统管理员须分别报总行授信管理部予以备案。

（2）采用相互监督的用户权限管理方式，系统管理员和授信业务系统操作人员不得由一人担任，不得互相串岗。

6. 严格密码管理

（1）定期更换密码。授信管理信息系统的操作必须严格按照银行总行的有关规定执行，进入该系统各层次的密码只允许被授权人员自己掌握，并定期对密码进行更换，以防泄露。

（2）人员交接的密码管理。系统管理员或授信业务系统操作人员调离岗位时，对其权限登记必须立即更换到接任人员的名下，并且密码必须由接任人员重新设定更换。

（3）系统管理员和授信业务系统操作人员调离该工作岗位之前，需要在有关部门的监督下办理交接手续，并在脱离岗位后一个月方可离职。

## 教学活动 2　银行授信档案管理

【活动设计】

通过对引入案例的分析，讲解银行授信档案资料收集、整理、立卷、归档和保存及调阅的方法和步骤。

【案例导入】

A 银行临时决定将授信部门小张借调到档案管理部门工作两个月，借调的第二天为了给新购进的复印纸腾出存放地点，小张在未请示行领导、未亲自监督查看的情况下，擅自批准工作人员将 2000 年至 2015 年期间形成的客户档案资料从银行档案柜中搬出，装入麻袋中堆放在银行档案室的角落，后因办公室调整又被转放到其他科室。两个月后，小张因借调期限届满回到原部门工作，在长达半年的时间里，小张既没有安排银行档案管理人员去整理、保管这部分档案，也没有再过问这批档案的下落，使得该批档案资料最终被误认为废纸予以销毁。事发后银行对小张进行了警告处分，但小张本人对此事件很是委屈。

思考：小张在档案管理过程中有哪些不规范行为？应不应该受到相应处分？银行应如何进行档案管理呢？

【基础知识】

授信档案是银行档案的重要门类，主要包括：公司授信业务档案、零售贷款业务档案、风险审批档案和不良资产清收档案等。授信档案是银行在办理授信业务中形成的、与授信业务直接相关的文件材料。授信档案属于银行的一种专门业务档案，是银行档案全宗不可分割的组成部分，银行授信档案的管理工作也是银行授信管理一项重要内容。

### 一、银行授信档案管理部门岗位的职责分工

授信档案管理涉及银行众多部门，例如授信业务部门、授信管理部门、会计出纳部门等。对于授信档案管理，不同部门具有不同的职责，一般各部门设置专人管理档案。

（一）授信业务部门岗位职责

银行授信业务部门岗位主要承担了分支行有关授信档案资料的收集、整理、组卷、归档、保管等具体工作。银行授信业务部门一般要配备专（兼）职授信业务档案管理人员，负责统一管理分支行授信业务档案资料的收集、整理、组卷、归档、查询和保管等工作。银行授信业务档案管理人员要遵守银行总分行授信业务档案管理制度，严格依据授信操作规程，做好银行授信业务档案资料的管理工作。

1. 授信业务经办人员职责

（1）应依据授信业务操作规程，及时收集和整理经办授信业务的所有档案资料，按照不同标准（如按客户不同）逐笔进行整理归档，并确保授信业务资料所需要素齐全、

内容完整、数据真实可靠。

（2）应按照总分行关于授信档案资料保管的有关规定，认真填写登记授信档案资料的有关表格、台账，做到字迹清晰，简单易懂，能使相关查阅人员更易理解。

（3）应依据总分行授信档案资料管理要求，及时将授信档案资料移交给授信业务档案管理人员。为方便日常授信查询工作，授信经办人可对有关的授信档案资料复印留存，但禁止保留资料原件。

2. 授信业务档案管理人员的职责

银行授信业务档案资料应指定专人负责管理，管理档案资料的相关工作人员必须具备档案管理的理论知识和实践技能，并熟知银行授信业务基本知识和操作流程，银行授信业务的客户经理不得兼任授信业务档案管理人员。

（1）定期指导和检查银行授信业务人员对授信档案资料的收集、整理和归档工作，确保授信档案资料完整、及时。

（2）负责分支行授信业务档案资料的日常交接、装订和保管以及授信业务档案资料的查阅和借阅等工作。

（3）应依据银行总行授信业务档案管理相关规定，履行授信业务档案的查阅和借阅手续，以及对授信业务档案补充的资料进行补录和入库等工作。

（4）负责建立和保管"授信档案借阅登记簿"、"授信档案交接登记簿"，并督促银行授信业务人员认真进行登记填写，确保授信业务档案资料的准确性、完整性以及连续性。

（5）做好授信业务档案资料的防火、防潮、防尘、防蛀、防盗等工作，妥善保管授信业务档案资料，确保授信业务档案资料安全存放。一旦发生授信业务档案资料的丢失、毁损、违章使用等异常情况时，除应及时采取必要措施予以补救外，应根据情况的严重程度及时上报给授信业务档案管理相关负责人。

（6）应对涉及银行授信秘密、客户商业信息、客户禁止公开信息的授信业务档案资料做好严格的保密工作，防止客户秘密信息泄露。

（二）授信管理部门职责

银行授信管理部门主要负责对授信业务部门的有关授信业务档案管理工作进行必要的组织、协调和监督检查工作，并负责银行授信审批档案资料的相关管理工作。

（1）制订授信业务档案资料管理制度和具体操作规程，并组织授信业务部的授信业务人员贯彻执行，确保授信业务档案管理工作落实到位。

（2）对授信档案资料管理工作进行监督，应定期检查和不定期抽查相关部门授信档案管理情况。

（3）应设立专职授信档案管理人员负责银行授信审批档案管理工作，确保授信审批档案管理工作责任落实到个人，一旦出现工作失误，以便追究档案管理人员的相关责任。

（三）会计出纳部门职责

会计出纳部门作为银行的职能部门，也是银行授信档案管理的协作部门。会计出纳部门负责授信档案资料中抵（质）押物权证的相关核算和保管工作，其余授信辅助部门主要负责银行授信业务档案资料的综合管理、监督检查、接收保管等辅助性工作。

**二、银行授信档案资料分类**

银行授信档案资料按照重要程度的不同进行划分，一般将授信档案资料分为一级档案资料和二级档案资料。

**（一）一级档案资料**

一级档案资料一般包括：抵（质）押的房产证、财产保险单、货币存单、有价证券、贴现票据等可以作为抵（质）押物的证明文件。

一级档案资料一律由经办行按照上级行的有关规定进行登记后，移交给银行会计出纳部门进行授信资料的核算、入库和保管等工作。

**（二）二级档案资料**

二级档案资料包括定义为一级档案资料的复印件以及除以上所列一级档案资料以外的其他授信资料。

依据分类标准不同，二级档案资料有如下种类：

1. 客户情况档案资料和单笔授信档案资料

为了便于授信档案资料的装订和查找工作，将二级档案资料划分为客户情况档案资料和单笔授信档案资料。

（1）客户情况档案资料。客户情况档案资料是指经办行相关授信业务办理完结后，在授信业务日常管理过程中所形成的客户资料，主要包括授信业务客户基本资料、贷后管理资料和特殊情况处理资料。

（2）单笔授信档案资料。单笔授信档案资料是指经办行在每笔授信业务发生受理、授信批准和贷款授信发放、授信到期和贷款授信回收过程中所形成的档案资料。

2. 授信业务档案资料和授信审批档案资料

按照授信档案资料保管部门的不同，将二级档案资料分为授信业务档案资料和授信审批档案资料。

（1）授信业务档案资料。授信业务档案资料是由经办行授信人员负责收集和整理，经办行授信档案管理人员负责保管的档案资料。主要包括授信前调查、授信审查审批、贷款授信发放以及授信后管理中形成的相关资料，具体包括客户基本情况档案、全部单笔授信档案资料等。

（2）授信审批档案资料。授信审批档案资料是由授信审查部门负责收集和保管的档案资料，具体内容为授信调查、授信审查过程形成的资料，主要由客户情况审查档案、部分单笔授信档案资料组成。

**三、银行授信档案管理操作过程**

**（一）银行授信档案管理的具体流程**

完善的银行授信档案管理操作流程是银行授信基础管理的重要环节，授信档案应按照相关规定进行操作，具体的操作流程如图9-2。

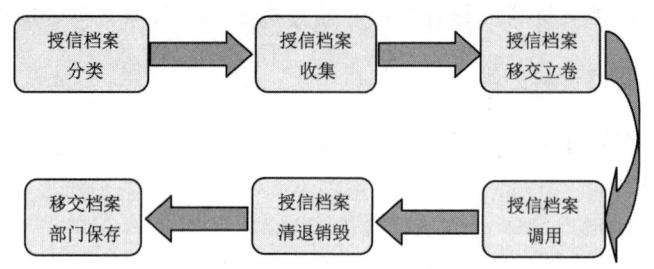

图9-2 银行授信档案管理流程

### (二) 银行授信档案管理的工作要点

**1. 授信档案的分类**

授信档案管理主要是指二级档案资料的管理。它分别由授信业务部门和授信管理部门根据各自职责和权限的不同,具体负责档案的搜集分类。经办授信业务银行的授信业务部门主要负责授信业务档案资料的收集和保管,经办授信业务银行的授信管理部门的档案管理人员主要负责本行授信审批档案资料的收集和保管工作,为方便查找和装订一般将二级档案资料按客户情况档案和单笔授信档案资料分类。

**2. 授信档案的收集工作**

授信业务档案资料由经办行的授信人员依据申请授信客户的授信品种收集、整理,授信档案资料中为复印件的,必须加盖提供原件部门的公章,并由主管授信人员认真核对后加盖"与原件核对无误"的印章。并按客户情况档案和单笔授信档案进行归集;授信审批档案则由授信审查部门根据下级行报送的授信材料和审批过程中形成的材料进行归集。

**3. 授信档案的移交和组卷**

(1) 授信档案的移交。①一级档案移交。经办行授信人员应在收到一级授信档案资料的当日,应确认授信资料内容的真实性和有效性,复印备份后,交由授信档案管理人员进行查验,授信档案管理人员应在确保一级授信档案资料查验无误后,在相应的"授信档案交接登记簿"上签收,并由授信档案管理人员逐笔登记"抵押物及权证登记簿"或"质物及权证登记簿",然后向银行会计出纳部门签发"银行抵(质)押物入库通知书",会计出纳部门根据上述通知书填制"抵(质)押品代保管收据"一式四联,并加盖会计出纳部门业务章及个人名章。抵(质)押品代保管收据第一联与抵(质)押物权证原件一并装入相应授信业务档案袋中,并在档案袋封口处加盖授信部门骑缝章后,交出纳人员登记入库保管;收据第二联交会计人员进行核算;第三联交由授信业务部门入档保管;第四联则交由抵(质)押人进行收执。抵(质)押权证收妥后,银行出纳部门专管人员应在"授信档案交接登记簿"上签字,确保手续交接完毕。②二级档案移交。经办银行授信人员在授信审批后或贷款授信发放后统一收集授信档案资料、整理齐全后并按单笔授信档案和客户情况档案进行分类归集,于授信业务发生后2日内移交给本部门的授信业务档案管理人员。在此之后收集的授信档案材料,均应在授信档案资料完结后2日内移交且不得有任何遗漏。经办银行授信人员在二级授信档案移交时,应首先填写拟移交档案资料的"授信档案移交清单"一式两份,授信经办人员和授信业务档案管理人员必须双方在场,并依照清单逐份确认核实,确保每份授信业务档案材料要素完整、确认是否是规定必须留存的原件、原稿或指定的复印件等。授信业务档案资料如有缺少项目，授信业务档案管理人员应要求授信经办人员补齐相关资料，因特殊原因无法补齐资料的，应由授信经办人员在档案资料清单备注中注明缺项原因。授信业务档案交接程序完毕后，交接清单一份由授信经办人员负责保管，另一份则作为授信档案资料首页存放。授信经办人员与授信业务档案管理人员双方还要必须登记"授信档案交接登记簿"。而授信审查与审批档案则由总分行授信审查与审批部门的经办人在授信审批后集中收集、整理，移交给本部门的档案管理人员进行管理，并按规范办理档案交接手续。

（2）授信档案的立卷工作。授信档案管理人员应根据目录和编号存放在本年度授信档案立卷盒中，按以下标准进行立卷工作：①应对每位客户基本情况档案资料设立专项卷宗，确保每年按时装订一次。授信保证人的相关资料应视同授信客户资料合并管理。每一单笔授信档案应设一专项卷宗，并按照授信业务发生的时间顺序进行相应排序，确保授信业务结清完结后装订入卷。②确保每份卷宗填制两份"授信档案资料目录"。其中一份作为卷首，便于分类整理；另一份则用作检索，便于档案资料的查询。③确保每份卷宗内的档案资料以件为单位进行装订，即以每份有效档案资料为单位，应在每份档案资料首页的左上角编写文件号，并在每份档案资料的有效页正面的右上角和背面的左上角编写页码，将文件号和页数登记在卷宗的"授信档案资料目录"中，并在备注中注明密级。④立卷档案应使用统一规格的纸张打印存档。其中，借款借据、还款回执、抵（质）押代保管凭证、信贷留存联等重要原始单证应粘贴在相应的纸张上一并装订保存。

（3）授信档案的归档工作。对于已还清的贷款、超过1年未发生授信业务的客户资料、已失效或已处置完毕的单笔授信业务资料、综合类授信资料等应从本年度信贷立卷盒中抽出，并按结清日期进行排序，按顺序编写页码，页码编写完成后填写卷宗目录和封面。按照一定标准分类装订后存放在相应的档案盒中，并编制档案资料移交清单，移交给授信档案管理人员进行管理。

（4）授信档案的存放工作。银行授信档案管理人员负责对客户的每份卷宗进行统一编号整理，并按照不同客户建立不同的档案盒，并对档案盒进行统一编号，具体内容主要体现为以下几点：①授信客户基本情况档案资料应按年度不同进行分卷保存，每位客户归入不同的档案盒进行存放，所有的客户档案盒应集中保管存放。②单笔授信档案首先应按照客户不同进行相应区分，并且每位客户再按照授信业务品种的不同进行分类归集，对于同种授信业务应按照时间顺序进行排列整理，同一位客户的同一授信业务品种应归入同一档案盒进行保管。授信档案管理人员应建立授信档案目录索引记录本，且索引应确保每年至少整理并更新一次。

4. 授信档案的查（调）阅管理

银行建立授信档案查（调）阅登记制度，查（调）阅有关的授信档案资料必须办理相应的登记手续。其中包括登记查（调）阅人姓名、日期、查（调）阅内容等资料，并要求查（调）阅人在规定期限内归还所查（调）阅的档案资料，禁止查（调）阅人对授信档案资料进行涂改、抽换、遗失或毁损。

（1）一级档案的查阅和调阅工作。①一级档案的查阅。相关人员如须查阅一级授信档案资料，须由授信档案管理人员填写"××银行抵（质）押物出库通知书"，并经银行主管行长签字批准后，登记相应的《授信档案借阅登记簿》。查阅人须将该通知书交于出纳部门申请档案资料出库，并按照出纳部门的相关规定办理出库手续后可对授信档案进行查阅。查阅人现场查阅，可记录、可拍照。查阅完毕后，须将档案资料连同查阅结果一并交给授信档案管理人员查验。授信档案管理人员查验无误后，将档案资料重新封口盖章，并交于出纳部门专管人员按照出纳部门规定办理相关交接手续。一级档案查阅时，须由出纳人员及授信档案管理人员共同在场进行监督。②一级档案的调阅。当贷款还清或其他原因须取走授信档案资料时，授信档案管理人员须填写"××银行抵（质）押物出库通知书"，并经银行主管行长签字批准后，交由出纳部门申请出库，并按照出纳部门的规定办理相应出库手续，并销记"抵押物及权证登记簿"或"质物及权证登记簿"。将调阅的档案资料交授信经办人员，并在"授信档案交接登记簿"上进行相应登记。

（2）二级档案的查阅和调阅工作。①查阅、调阅的人员规定。银行或上级行授信部门、纪检部门以及稽核部门因工作需要，可直接办理有关查阅和调阅手续，直接查阅、调阅、复印所需的授信业务档案资料；其他业务部门如因业务需要须查阅授信档案资料时并经银行主管行长同意后，方可由授信档案管理人员代为查阅相关授信档案资料；公安机关、司法机关办案人员因案件需要，持有关部门签发的查询或调阅函或相关证件，经银行主管行长同意并签字后，可查询、调阅和复印相关授信档案资料；银行法律部门和资产保全部门如因诉讼需要、可经银行主管行长批准后，查阅、调阅和复印相关授信档案资料。②办理查阅手续。有权查阅人员在查阅授信档案资料，须在"授信档案查阅登记簿"上签字，授信档案资料只能在其档案保管地进行查阅，不得将授信档案资料带离保管地点。③办理调阅手续。有权调阅人员如调阅、复印授信档案资料时，须填写"授信档案借阅登记簿"，经授信档案管理人员同意后方可进行调阅或复印工作。

5. 授信档案的清退及销毁管理

（1）授信档案的清退。对已经结清债权债务关系的授信档案资料，其中包括应退还给客户的有关资料，须经银行主管行长的签字批准后，可办理退还手续。

（2）授信档案的销毁。对债权债务关系已灭失、已失去法律效力、已失去参考意义的无保存价值的各类授信档案资料，须报经银行授信审查委员会及银行档案管理部门批准后，须在档案管理部门的监督下，由与授信业务不相关联的两人负责销毁。授信档案销毁前，授信档案管理部门必须对要销毁的档案资料逐一登记造册，且授信档案资料登记册须永久保存备查。未经有关部门批准任何人不得擅自销毁授信档案资料。

6. 授信档案的保存管理

（1）授信档案保管地点和档案使用设备必须符合银行关于档案资料保管的基本要求，授信档案资料的摆放顺序和排列方式必须符合银行关于档案管理的有关要求。

（2）授信档案管理人员应对授信档案进行妥善保管，严格遵守银行授信保密制度，定期检查授信档案的保存状况，并对保存情况作书面记录。

（3）在会计年度终了后的 2 个月内，授信档案管理人员应对在会计年度内已全部结清贷款的有关档案进行整理，并向档案室进行移交，授信档案管理人员和档案室的管理人员在"授信档案交接登记簿"上签字确认。

（4）对已批准核销的贷款，支行授信档案管理人员应在收到核销通知的 1 个月内，将该客户的授信档案资料移交给分行档案室进行统一保管。国家重点建设项目贷款档案和具有史料价值建设项目贷款档案应永久保存,中长期贷款项目档案资料的保存期限一般为15—20年,小型项目及短期贷款档案的保存期限一般为5年。

## 教学活动3　银行授信业务台账管理

【活动设计】

借助对引入案例的分析,讲解授信业务台账的设置要求和登记要求。

【案例导入】

2013年10月15日,广州A客车有限公司与B银行广州分行签署一笔授信业务,涉及金额2亿元人民币,B银行广州分行员工王某负责该项目,在该笔授信业务发放后,王某因其他事务繁忙,未及时登记上述相关授信台账,且有一部分资料未及时补充齐全。2015年末,广州A客车有限公司出现财务危机,不能及时归还B银行广州分行的贷款,B银行广州分行遂将其告上法庭。B银行广州分行在整理相关资料的时才发现2013年签署的那笔贷款授信未登记台账、资料也不全。B银行因授信台账登记管理的疏漏造成巨大经济损失。

**思考**:银行应对授信业务台账如何进行管理呢?

【基础知识】

授信业务台账用来反映每笔授信业务的详细情况,包括授信业务发生情况、五级分类情况、信用额度使用情况、欠息情况、授信余额等信息。其记录涉及企业、机构、个人及其贷款和其他授信的各类业务信息。台账根据授信种类不同有授信额度台账、贷款台账、贴现台账、银行承兑台账、保证金台账等。银行授信业务台账管理是银行授信基础管理的数据基础,实行日清月结制度,保证数据资料的一致性。

### 一、银行业务授信台账设置要求

银行授信业务台账按照财务记载内容的不同,可以分为授信总账、授信分户账两种类型。银行一般根据账页格式要求运用Excel表格制作电子版台账。

1. 授信总账

授信总账一般分为授信业务流水总账和授信业务科目总账。授信业务流水总账一般是指记载授信业务部门按授信发生的时间先后顺序记录的全部日常业务,如贷款流水台账、银行承兑汇票流水台账等。授信业务科目总账是授信业务部门按照授信业务科目记载的分科目台账。

2. 授信分户账

授信分户账一般分为授信业务分户账和不良贷款分户账。授信业务分户账是指逐笔记载每位授信客户每笔授信业务的发生额和余额情况，对账户余额进行实时跟踪。不良贷款分户账要求对每笔不良授信业务开设账户进行专门记载。

### 二、银行授信业务台账登记要求

（1）各经办行授信人员应负责银行授信客户每笔授信业务台账的具体登记工作。

（2）各类授信业务台账必须于每笔授信业务发生的当日进行登记完成，做到授信业务台账记载准确、及时、完整。

（3）授信人员不仅需要手工登记各类台账，而且还要对发生的授信业务及时在授信管理信息系统中予以登记录入。各经办行授信人员应对每位客户的授信业务登记分户账，并于每月末将所登记台账数据信息与授信管理人员登记的各类授信账务数据核对一致，如出现差错应及时进行更正。

（4）授信经办人员对授信业务台账的填写必须做到日清月结，即每笔授信业务发生的当天必须登记台账，每月应与会计部门的授信数据进行核对。如果银行使用授信业务电子台账，安排专人负责授信业务电子台账的登记录入工作，系统会自动进行授信业务分类汇总和备份工作。

（5）年末各类授信业务台账装订成册，并移交银行档案库保管。

## 教学活动4　银行授信业务统计报表与报告

【活动设计】

借助对引入案例的分析，讲解银行授信业务统计报表与报告的编制和撰写要求。

【案例导入】

B银行崇明路分行是一家大型国有商业银行，它与本市的众多国有企业和大型民营企业都有业务往来。2010年年末，银行进行年末总结时，该行财务人员对比几年的统计报表时发现：分行的授信业务量不断上升，且不良贷款率基本控制在合理区间，其中给予授信业务量最为集中的是该市的3家大型民营企业，这3家民营企业的不良贷款率几乎为零。B银行崇明路分行通过分析决定加大对这3家民营企业的授信额度，且增加对民营企业客户挖掘力度和扩大合作意向。截至2015年年末报告显示，该分行授信思路的变化给银行带来了可观的收入，且不良贷款率呈逐年下降趋势。由此可见通过对银行授信业务统计报表与报告的分析和研究，找到了提升银行业绩、提高银行授信质量的途径和思路。

思考：如何完成银行授信统计报表的编制和撰写统计报告呢？

【基础知识】

### 一、银行授信业务统计报表的基本要求

（1）授信业务统计报表的相关数据应记载准确，各报表横向比较和报表前后期竖向

比较之间的相关统计数据应保持一致性和可比性。

（2）授信业务统计报表填制的各项指标应全面和完整，应注意各项统计指标之间的层次关系和勾稽关系，授信统计报表各横行和竖列子项合计数应与母项相吻合。

## 二、银行授信业务统计报告的基本要求

授信业务统计报告一般包括对授信业务统计报表的数据分析和实例分析，并对银行授信业务经营的状况进行预测。

1. 授信业务基本评价

授信业务统计报告可根据报告期授信运行基本数据及总体情况，对银行授信运行状况进行总体评价。

2. 授信业务结构分析

授信业务统计报告应按照授信品种、授信期限、授信行业以及授信额度等为划分标准，对授信业务结构进行相应分析，以判断授信资产的流动状况，评价授信业务余额结构以及新增授信业务结构的合理程度。

3. 授信业务风险状况分析

授信业务统计报告应分别按照"一逾两呆"和五级分类口径，对授信资产的风险状况进行进一步分析，对不良资产增加的原因进行详细说明和分析，对不良资产的清收进度和遇到的主要问题进行进一步说明，并预测不良资产的增减趋势。

4. 授信业务典型分析

授信业务统计报告应列出每笔贷款超过规定额度的贷款明细，如1 000万元以上、授信余额前十名的客户等，并按照一定的标准对典型客户进行繁简适当的分析，以作为授信业务开展的案例指导。

5. 重点说明

授信业务统计报告应对不良资产额度较大的客户、近期清收有进展或有望取得进展的客户进行重点说明。具体应说明下一报告期到期授信业务总量情况、预计能收回不良贷款数量、预计收回有问题的贷款总额度、不良贷款客户情况以及不良资产难以回收的具体原因。

6. 提出授信业务存在的主要问题

授信业务统计报告应重点提出银行授信业务操作过程、授信业务管理过程中存在的主要问题。

7. 提出工作重心和改进建议

通过对授信业务存在的问题进行分析，授信业务统计报告应重点指出下一报告期银行授信业务工作开展的重点，以及对授信业务存在的问题进行改进的具体建议。

## 三、银行授信业务统计报表和报告格式及报送时限要求

（1）下级行一般应按照上级行规定的授信业务统计报表和报告格式要求以及纸型规格进行报送，通常用电子格式（Excel、Word等）。

（2）所有授信业务统计报表和报告必须由报表和报告制表人、审核人和负责人签字（签章）并加盖报表和报告单位公章。授信业务统计报表和报告正本应一式两份，其中一

份报上级行,另一份进行存档。

(3) 授信业务统计报表与报告应严格遵守上级行有关文件规定的报送时间和范围进行。

(4) 授信业务统计报表和分析报告须在上级行规定的时间内报送,如遇特殊情况无法报送相关资料的应提前予以请示。

(5) 各分支行应在办理相关授信业务时,按照相关要求在授信管理信息系统中进行报表的录入、生成和发送工作,为报表和报告分析人员使用系统报送各类报表创造有利条件。

### 四、授信业务统计报表与报告的管理要求

(1) 授信业务部门应指定专职人员负责授信业务统计报表的编制和分析工作,并应做到仔细、认真、谨慎。

(2) 授信业务统计与报告应每年集中移交档案管理部门统一进行保管,授信业务统计与报告移交时应按授信档案管理规定办理交接手续。

(3) 授信业务统计与报告作为记录银行授信业务发展变化的档案资料,应长期妥善保管。

(4) 授信业务统计与报告的调阅和借阅手续,应比照二级授信档案的调阅和借阅手续的有关规定进行办理。

【单元实训】

**实训项目**:银行授信统计表的编制。

**实训资料**:模拟某银行第二季度发生 10 笔贷款授信业务。

**实训要求**:完成 9-1 统计报表。

**实训方式**:分组讨论,展示实训成果。

表 9-1　　　　　　　××银行第二季度授信业务统计表

| 序号 | 授信基本情况 | | | | | 担保情况 | | | | 对我行贡献度 | | | | 备注 |
|---|---|---|---|---|---|---|---|---|---|---|---|---|---|---|
| | 客户名称 | 管护机构 | 授信额度 | 敞口余额 | 表内余额 | 表外余额 | 其中:信用、保证敞口余额 | 保证人名称 | | 抵质押情况 | | 贷款利率上浮% | 保证金比例% | 本期*结算账户贷款发生额 | 日均存款(含保证金等) | 本期*网银发生额 | |
| | | | | | | | | 公司 | 是否关联 | 个人 | 数量 | 名称 | 评估净值 | | | | | |
| 1 | | | | | | | | | | | | | | | | | | |
| 2 | | | | | | | | | | | | | | | | | | |
| 3 | | | | | | | | | | | | | | | | | | |
| 4 | | | | | | | | | | | | | | | | | | |

续表

××银行授信业务统计表

| 序号 | 授信基本情况 | | | | | 担保情况 | | 对我行贡献度 | | | | 备注 |
|---|---|---|---|---|---|---|---|---|---|---|---|---|
| | 客户名称 | 管护机构 | 授信额度 | 敞口余额 | 表内余额 | 表外余额 | 其中：信用、保证敞口余额 | 保证人名称 | 抵质押情况 | 贷款利率上浮% | 保证金比例% | 本期*结算账户贷款发生额 | 日均存款（含保证金等） | 本期*网银发生额 | |
| 5 | | | | | | | | | | | | | | | |
| 6 | | | | | | | | | | | | | | | |
| 7 | | | | | | | | | | | | | | | |
| 8 | | | | | | | | | | | | | | | |
| 9 | | | | | | | | | | | | | | | |
| 10 | | | | | | | | | | | | | | | |
| 11 | | | | | | | | | | | | | | | |
| 12 | | | | | | | | | | | | | | | |
| 13 | | | | | | | | | | | | | | | |
| 14 | | | | | | | | | | | | | | | |
| 15 | | | | | | | | | | | | | | | |
| 16 | | | | | | | | | | | | | | | |
| 17 | | | | | | | | | | | | | | | |
| 18 | 合计 | | | | | | | | | | | | | | |

注：1. 本期*是指本年度内累计数；2. 本表每季末的10日前报风险管理部

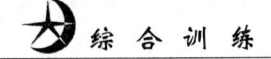

## 综合训练

### 一、知识检测

#### （一）单项选择题

1. 授信管理信息系统是以（　　）为基础进行管理。
   A. 计算机网络技术　　　　　　B. 授信管理信息
   C. 授信登录系统　　　　　　　D. 授信人员

2. （　　）具体承担该部门的授信档案资料的收集、整理、立卷、归档等工作。
   A. 授信经办人员　　　　　　　B. 授信系统人员

C. 银行行长 D. 授信审查人员
3. 授信档案资料在查阅、调阅的过程中，应填写（　　）。
A. 授信档案交接登记簿 B. 授信档案资料目录
C. 授信档案资料稽查登记簿 D. 授信档案借阅登记簿
4. （　　）是记载本部门全部日常业务的，它是按授信业务发生的先后顺序记载的。
A. 授信业务科目总账 B. 授信业务流水台账
C. 授信业务分户账 D. 不良贷款分户账
5. 所有授信报表和报告必须由制表人、（　　）和负责人签字盖章并加盖制表单位公章。
A. 授信人 B. 授信管理人
C. 审核人 D. 支行行长

### （二）多项选择题

1. 授信业务基础管理的主要内容包括（　　）。
A. 授信业务信息系统管理 B. 授信业务统计报表与报告
C. 授信档案管理 D. 授信业务台账管理
2. 授信管理信息系统的管理权限设置分为（　　）。
A. 业务操作层 B. 数据支持层
C. 系统管理层 D. 审查决策层
3. 授信档案资料按照重要程度不同，可以划分为（　　）。
A. 一级档案资料 B. 客户情况档案资料
C. 二级档案资料 D. 单笔授信档案资料
4. 按照账务记载内容的不同，授信业务台账可分为（　　）。
A. 明细账 B. 总账
C. 分户账 D. 分类账
5. （　　）是授信业务统计分析报告基本要求的内容。
A. 授信业务结构分析 B. 授信业务典型分析
C. 授信基本格式 D. 授信业务风险状况分析

### （三）判断题

1. 在授信管理信息系统中，业务操作层一般作为审查层和综合管理员角色。（　　）
2. 系统管理员和授信人员可以由一人担任。（　　）
3. 授信档案在移交过程中，应由移交人和授信档案接收人共同填写"授信档案交接登记簿"。（　　）
4. 授信业务统计与报告在下一年度结束后，应进行集中销毁。（　　）
5. 下级行必须按照上级行规定的授信业务统计报表和报告格式进行报送。（　　）

## 二、技能训练

分组分角色模拟授信档案管理全过程。

# 参考答案

**项目一**

一、

（一）1. A　　2. B　　3. C　　4. D　　5. A
　　　6. B　　7. B

（二）1. ABCD　2. ABCD　3. BCD

（三）1. √　　2. √　　3. √　　4. √　　5. √

二、

1. 指导与要求：调查方式可以网上也可以实地调查两家银行。资金授信与非资金授信产品的区别特征：（1）资金授信是银行的贷款资产业务，占用银行资金，是表内业务，收益表现是利息收入。（2）非资金授信是银行担保承诺类业务，属于银行有风险的中间业务，是表外业务，发生时不占用银行资金，是银行或有资产业务，收益表现是手续费收入。

2. 指导与要求：（1）撰写的贷款授信案例，包括授信的基本要素；（2）参考教材中银行授信坚持的基本原则和贷款流程及授信业务部门岗位、管理部门岗位、后台部门岗位的业务与职责。

**项目二**

一、

（一）1. D　　2. A　　3. C　　4. D　　5. A　　6. D　　7. B

（二）1. ABCDE　2. ACDE　3. ABCDE　4. ABD　5. ABCDE
　　　6. ABD　　7. ABCDE　8. ABCDE

（三）1. ×　　2. √　　3. √　　4. √　　5. ×
　　　6. √　　7. √　　8. ×　　9. ×　　10. √

二、指导与要求：说明授信营销的策略：产品营销、品牌营销、服务营销；结合旅游套餐分析产品营销、品牌营销、服务营销的在其中的体现。

**项目三**

一、
(一) 1. D    2. C    3. C    4. D    5. D    6. A    7. A
      8. A    9. D    10. B    11. A    12. D    13. C    14. D

(二) 1. BCD    2. BDE    3. ABCDE    4. ABE    5. ABD
      6. BDE    7. ABCDE    8. ABC    9. ABCE    10. BCD
      11. BCD    12. ACD    13. ABCDE    14. ABCD    15. ABCD

(三) 简答题
略（见教材书上相关内容）

二、指导与要求

**基本面分析**

(1) 周××（暂定为申请人），46 岁，户口衡阳市，大专文凭，常住自有的位于长沙市××区××花园 ×栋×××号，另×小区也有房产 1 套，已婚，配偶胡×，大学本科，目前未上班，夫妻双方名下有不动产两处，市值达（132 + 54）= 186 万元，私家轿车两部，市值有（40 - 10 + 35）= 65 万元，家庭总资产达 239 万元，但目前未上班的配偶以及膝下瘫痪多年的儿子，刚上大学的女儿，均需要周××一个人承担家庭的经济负担，家庭负担较重；另一方面周××于 2009 年个人独资成立了湖南××工程机械有限公司，且目前经营较好，有一定的效益。总的来说，申请人有较强的个人经济实力，符合兴业银行某支行的个人经营贷款申请基本条件。

(2) 经营实体湖南××工程机械有限公司属商品流通型企业，2005 年成立，注册资本 400 万元，已经营 4 年，且连续 3 年盈利，代理品牌有三一、山河智能、柳工等多种名牌挖掘机和推土机，代理品牌较好，销售范围较广，涉及河南、河北、广东、江西等地，经营范围覆盖较广，还涉及相关五金零部件的批发与销售。在多家金融机构有结算账户，且往来结算金额较大，资产总额达 1 500 万元，有厂房 1 处，市值达 200 万元，有较大的资产规模，符合兴业银行某支行个人经营贷款中对经营实体的准入条件。

**经营实体主要财务指标分析**

(1) 资产结构分析：2013—2015 年 3 年的资产负债率分别为：

2013 年资产负债率 = 318.39 ÷ 783.67 × 100% = 40.63%

2014 年资产负债率 = 480.75 ÷ 1 037 × 100% = 46.36%

2015 年资产负债率 = 524.26 ÷ 1 505.51 × 100% = 34.82%

由以上数据可以看出，资产负债率有所下降，总体负债处于较低的水平，有一定的举债空间，而在负债逐年增加的同时，固定资产也是同样快速增长。2015 年固定资产占资产总额的 507.85 ÷ 1 505.51 × 100% = 33.73%，占比仍然较小，但考虑到资本固定化比率在 2015 年达到 507.85 ÷ 981.25 × 100% = 51.75%，有短贷长用、资本固化的重大嫌疑，必须防范，但是经营实体有短期借款、又有长期借款，针对银行的借款安排比较合理，总的来看资产结构尚可，较为合理。

(2) 偿债能力分析。

由财务数据可以计算出：

2013年流动比率为662.56÷318.39＝2.08，速动比率为（662.56－258－83）÷318.39＝1.01，利息保障倍数为（86.02＋5.58）÷5.58＝16.42（倍）。

2014年流动比率为793.9÷430.75＝1.84，速动比率为（793.9－299－105.94）÷430.75＝0.9，利息保障倍数为（109.3＋11.43）÷11.43＝10.56（倍）。

2015年流动比率为997.66÷374.26＝2.67，速动比率为（997.66－355.23－101.02）÷374.26＝1.45，利息保障倍数为（155.83＋20.34）÷20.34＝8.66（倍）。

由以上数据可以看出，流动比率大于2，速动比率大于1，均比较合理，有较强的短期偿债能力；利息保障倍数逐年递减，是由于企业借款负担加重产生利息所致，如果对借款安排合理的话，短期偿债能力还是比较强的。

（3）经营能力分析。

2014年应收账款周转速度为978.25×2÷（230.05＋220.48）＝4.34（次），存货周转速度为684.78×2÷（258＋299）＝2.46（次）。

2015年应收账款周转速度为1 405.89×2÷（220.48＋268.48）＝5.75（次），存货周转速度为984.12×2÷（299＋355.23）＝3.01（次）。

可以看出，2014到2015年应收账款周转越来越好，资金回笼越来越快，周转情况良好，不存在坏账损失；而存货周转情况有所好转，基本上不存在积压库存产品，看来销售情况基本正常，经营正常。

（4）盈利能力分析。

从报表数据可以计算出：

2013、2014、2015年毛利率分别为27%、30%、30%；

2013、2014、2015年营业利润率分别为10.99%、11%、11%；

2014、2015年净资产收益率分别为17.8%、16.3%；

2014、2015年总资产报酬率分别为13.26%、13.86%。

以上数据显示：

2013年到2015年毛利率有所增加，成本率有一定的下降，企业对主营业务成本有较好的控制；

营业利润率有一定波动，不是很稳定，主要是因为公司对费用控制不够稳定，特别是2015年长期借款的突然增加致使财务费用猛增；

净资产收益率有小幅度下降，主要是因为2015年公司将借款投入到注册资本以追加实收资本投资（兴业银行某支行政策禁止的用途之一）导致；

总资产报酬率2014、2015年均为13%左右，总的来讲处于比较稳定的水平，而且效益是比较好的。

再看主营业务收入，2015年较2014年有43.7%的增幅，净利润达到125万元，成本控制较好，总的来说，该公司有较强的盈利能力。

**还款来源分析**

第一还款来源：申请人个人有房有车，有较强的经济能力，经营实体湖南××工程机械有限公司经营正常，盈利能力较强，预计未来两年内可以实现净利润500万元，第一还款来源充足。

第二还款来源：申请人拥有的两处房产，地处长沙商业活动比较活跃的地区，周围环境较好，变现能力较强，并且追加经营实体承担连带责任保证担保，第二还款来源能够得到保障。

**贷款用途分析**

从申请人个人和经营实体的经营情况来看，经营实体需要部分流动资金周转，但要防止短贷长用；另外要严格跟踪控制贷款用途，杜绝再次将借款投入到注册资本中去。

**风险点分析**

（1）信用风险，及时跟踪经营实体目前所有借款到期偿还的情况；

（2）政策风险，随时关注国家宏观政策变动对行业的影响。

**信用安排**

从以上几个方面综合考虑，申请人以及经营实体均符合兴业银行某支行的个人经营贷款基本申请条件，周××个人有较强的经济实力，虽然家庭负担较重，但经营实体经营情况较好，财务结构比较合理，短期偿债能力较强，盈利能力较强，抵押物位置较好，变现能力较强，第一、二还款来源有保障，有一定的举债空间，可以采用授信方式给予申请人一定额度的贷款。

建议在满足以下几个条件下给予申请人授信期限 5 年，利率在基准利率的基础上上浮 30%，再以申请人名下两套住房抵押，抵押率控制在 60% 以内，授信额度控制在 $(120 + 54) \times 60\% = 104.4$ 万元以内，并追加经营实体承担全程连带责任保证担保，用于经营实体正常的流动资金周转。

必须满足以下几个条件：

（1）在兴业银行某支行开立一般结算往来账户，并要求将所有往来划转至兴业银行某支行；

（2）办理完善、有效的经营实体保证责任担保手续；

（3）签订《综合收益承诺函》，承诺 5 年内给兴业银行某支行带来 150 万元的综合效率。

## 项目四

一、

（一）1. A　　2. A　　3. B　　4. A　　5. C

（二）1. ABCD　2. BC　　3. BC　　4. BCD　　5. ABCD

（三）1. √　　2. √　　3. √　　4. √　　5. √

二、指导与要求：

（1）资料中涉及的是授信审批部门的授信审批审查受理岗、业务主审查人岗位、贷审会秘书岗位。结合本案例情况具体说明工作要点即可。

（2）授信审查人员按照信贷政策、制度、工作程序对借款人及其办理信贷业务的风险收益状况资料进行充分审查分析，作出表决，具体审查内容参考教材相关内容。

**项目五**

一、

（一）1. B　　2. B　　3. B　　4. B　　5. A
　　　6. D　　7. C　　8. C　　9. A　　10. B

（二）1. ACD　　2. AC　　3. ABCD　　4. ABCD　　5. BC
　　　6. BC　　7. ABCD　　8. AB　　9. ABCD　　10. ABCD
　　　11. ABCD　　12. ABCDE　　13. ABC　　14. ABCD　　15. ABCD
　　　16. ABCD　　17. AB　　18. BC　　19. AB　　20. ABD
　　　21. ABC　　22. AD　　23. ABCD　　24. ABCD　　25. ABCD
　　　26. ABCD　　27. AB　　28. ABCD　　29. BC　　30. ABCD

（三）略（见教材上相关内容）

二、指导与要求：

此案件说明应在签订贷款合同前和发放贷款前必须落实抵押担保贷款手续：

（1）国有企业单位以国家授予其经营管理的关键设备、成套设备或重要建筑物抵押的，应当经其上级主管部门批准和国有资产管理部门确认同意。

（2）城镇集体所有制企业以其财产抵押的，必须经集体所有制企业职工大会通过，并报其上级主管部门备案。

（3）由农村集体经济组织投资设立的乡镇企业以其财产抵押的，应当经设立该企业的农民大会通过。

（4）有限责任公司、股份公司以其财产抵押的，必须经企业职工股东大会通过。

（5）股份合作制企业以其财产抵押的，必须经企业职工股东大会通过。

（6）合伙企业以其财产抵押的，必须经全体合伙人同意。

（7）联营企业以其财产抵押的，应当经营各方共同商定。

（8）中外合资企业以其财产抵押的，必须经董事会通过。

（9）以共有的财产抵押的，抵押必须出具财产所有权人同意抵押的书面文件。

**项目六**

一、

（一）1. A　　2. D　　3. C　　4. D

（二）1. ABCD　　2. ABCD　　3. ABCD　　4. ABC　　5. ABCD
　　　6. ABCD

（三）1. √　　2. ×　　3. ×　　4. √　　5. √
　　　6. ×

二、指导与要求：

（1）贷后检查的岗位涉及授信业务部门岗位、授信管理部门的风险管理部门岗位，其职责参考项目一的相关内容。贷后检查的内容与方法参考本项目的相关教学活动。

（2）在2014年12月5日时贷款本息逾期143天，在31天到180天内，至少划为关注类。

（3）假定该笔贷款到期日为2014年7月15日，××生物工程股份有限公司如期偿还贷款本息，说明银行到期收回贷款的操作流程和业务处理要点。参照教材中"银行授信正常回收的业务处理"教学活动中的处理流程和工作内容要点即可。

**项目七**

一、

（一）1. B　　　2. A　　　3. B　　　4. D　　　5. B

（二）1. ABC　　2. BD　　　3. ABD　　4. ABCD　　5. ABCD

　　　6. ABC　　7. ABC　　8. ABC　　9. BCD

（三）1. ×　　　2. √　　　3. √

二、指导与要求：

（1）类型为损失类：人民币30万元贷款全部核销是不符合规定的，理由参考本教学项目中呆账贷款的认定条件。

（2）基层行资产保全岗位人员，撰写贷款核销申请报告参考本项目贷款核销申请报告的格式，构成要素要全。

**项目八**

一、

（一）1. C　　　2. A　　　3. D　　　4. D　　　5. D

　　　6. A　　　7. D　　　8. B　　　9. B　　　10. C

（二）1. AB　　　2. AB　　　3. BC　　　4. BC　　　5. AC

（三）1. √　　　2. ×　　　3. √　　　4. √　　　5. √

　　　6. ×　　　7. ×　　　8. √　　　9. √　　　10. √

　　　11. √　　12. √　　13. √　　14. √　　15. √

二、指导与要求：找到《贷款通则》《中华人民共和国银行业监督管理法》《中华人民共和国担保法》，结合案例的情况找到对应的法律条文。

**项目九**

一、

（一）1. B　　　2. A　　　3. D　　　4. B　　　5. C

（二）1. ABCD　2. ACD　　3. AC　　　4. BC　　　5. ABD

（三）1. ×　　　2. ×　　　3. √　　　4. ×　　　5. √

二、指导与要求：

（1）学生可以三人一组，分别模拟授信业务部门档案管理岗、银行档案室岗位、借阅银行授信档案的银行职员，进行情景模拟。

（2）可以编写脚本，配解说词。

（3）演练呈现出本项目关于档案管理的要点。

# 参 考 文 献

1. 李春，梁桂云．商业银行经营管理．北京：中国财政经济出版社，2016．
2. 罗平，吴军梅．银行监管学．北京：中国财政经济出版社，2015．
3. 潘修平，等．金融创新法律风险防范精析．北京：中国金融出版社，2015．
4. 唐友清，黄敏．商业银行信贷管理与实务．北京：清华大学出版社，2016．
5. 张树基．商业银行信贷业务．杭州：浙江大学出版社，2016．
6. 王淑敏，李竹秋．商业银行经营管理（第2版）．北京交通大学出版社，2015．
7. 张晓华．汽车信贷与保险．北京：机械工业出版社，2016．
8. 唐士奇．现代商业银行经营管理原理与实务．北京：中国人民大学出版社，2015．
9. 孙建林．优秀信贷客户经理指引．北京：中国金融出版社，2015．
10. 阎敏．银行信贷风险管理案例分析．北京：清华大学出版社，2015．
11. 高顺芝，丁宁．商业银行经营管理学（第2版）．大连：东北财经大学出版社，2015．
12. 施晓春，周江银．商业银行会计．北京：中国财政经济出版社，2015．
13. 甘当善．商业银行经营管理（第3版）．上海财经大学出版社，2016．